U0966076

普通高等教育经管类专业系列教材

管理运筹学

编著　李　军

中国轻工业出版社

图书在版编目（CIP）数据

管理运筹学/李军编著．—北京：中国轻工业出版社，2025.8
普通高等教育“十三五”规划教材
ISBN 978－7－5184－0308－0

Ⅰ.①管…　Ⅱ.①李…　Ⅲ.①管理学—高等学—高等学校—教材　Ⅳ.①C931.1

中国版本图书馆 CIP 数据核字（2016）第 048549 号

责任编辑：张文佳
文字编辑：姜瑞雪　　责任终审：张乃柬　　封面设计：锋尚设计
版式设计：砚祥志远　　责任校对：晋　洁　　责任监印：张京华

出版发行：中国轻工业出版社（北京鲁谷东街 5 号，邮编：100040）
印　　刷：三河市万龙印装有限公司
经　　销：各地新华书店
版　　次：2025 年 8 月第 1 版第 6 次印刷
开　　本：787×1092　1/16　印张：20.5
字　　数：470 千字
书　　号：ISBN 978－7－5184－0308－0　定价：45.00 元
邮购电话：010－85119873
发行电话：010－85119832　010－85119912
网　　址：http://www.chlip.com.cn
Email：club@chlip.com.cn
版权所有　侵权必究
如发现图书残缺请与我社邮购联系调换
251416J1C106ZBW

前　言

运筹学是一门依照给定条件和目标从众多方案中选择最佳决策方案的应用科学。在管理学科领域，运筹学的发展为管理理论和管理实践的发展做出了突出的贡献。正如康奈尔大学运筹学与工业工程学院副院长 Mark Eisner 曾说过的，运筹学“可能是从没有人听说过的最重要的领域”，其严谨的思想、科学的方法，在人才培养和素质提高方面起到了十分重要的作用。目前，运筹学已成为高等学校管理学门类和非管理学门类许多专业的必修课。

本书主要内容包括：线性规划、对偶规划、运输问题、整数规划、目标规划、图与网络分析、网络计划和决策分析等十二章内容。在内容选择上，兼顾了多个层次读者的需要，包含了运筹学的重要分支，适合本科生、研究生等各层次教学的需要。每章末都有小结，帮助读者掌握各章重点，每章后均有丰富的习题供读者复习巩固所学内容。

本书编写的特色主要体现在以下几个方面：

（1）内容丰富新颖。借鉴国外最新的教材，融合当前有关经济管理学科的最新理论和实践经验，用最新知识充实教材内容，并对运筹学中的重点和难点内容进行了适当的分散。

（2）面向管理实践。书中选用了大量的现实组织在管理中采用数量分析的材料，通过案例分析、课堂讨论和课后练习等方式，培养学生用定量化方法解决实际问题的能力。

（3）注重计算机应用。在讲清原理和方法的基础上，对比较复杂的问题应用 WinQSB 软件求解，使学习者能从运筹学繁复的计算中解脱出来，有较多的时间思考运筹学在管理实践中的应用问题。

编者在编写本书的过程中，参考了近年来国内外相关的教材和文献及全国许多运筹学精品课程网站，并引用了其中的部分内容，谨此致谢！

由于编者水平有限，书中可能存在许多疏漏和不妥之处，恳请各方面专家、学者及广大读者批评指正。

本书在编写过程中得到了广西高等学校工业工程特色专业与课程一体化建设项目、桂林电子科技大学研究生管理运筹学课程建设项目等的资助；研究生魏玲艳、玉淑媛、汪鹤飞、范炳毅等也参与了其中的部分工作，在此一并表示感谢。

同时，还要特别感谢中国轻工业出版社的张文佳编辑在本教材编写过程中给予的多方面支持、引导和帮助！

本书配有与教材同步的多媒体课件、习题案例、实验指书等教学资源，可为选用本教材的老师免费提供，联系邮箱：269200942@ qq. com。

李　军

2015 年 12 月 15 日

前言

目 录

第1章 绪论 …… 1

1.1 运筹学的产生与发展 …… 1

1.1.1 早期朴素的运筹思想 …… 1

1.1.2 运筹学的形成和发展 …… 2

1.2 运筹学的概念、特点与分支 …… 4

1.2.1 运筹学的概念 …… 4

1.2.2 运筹学的主要特点 …… 5

1.2.3 运筹学解决问题的基本过程 …… 5

1.2.4 运筹学的分支 …… 11

1.2.5 运筹学与其他学科的关系 …… 12

1.3 运筹学在科学管理中的作用 …… 12

1.4 运筹学发展展望 …… 14

1.5 管理运筹学的学习 …… 15

1.5.1 运筹学教学面临的挑战 …… 15

1.5.2 本课程的主要任务 …… 15

1.5.3 学习方法和建议 …… 15

本章小结 …… 17

习题1 …… 18

第2章 线性规划 …… 20

2.1 线性规划模型 …… 20

2.1.1 线性规划问题 …… 21

2.1.2 线性规划模型的一般形式 …… 23

2.1.3 线性规划隐含的假定 …… 24

2.2 线性规划图解法 …… 25

2.2.1 线性规划的图解法 …… 25

2.2.2 一些基本概念 …… 28

2.2.3 图解法的几何意义 …… 28

2.3 线性规划在工商管理中的应用 …… 29

本章小结 …… 36

习题2 …… 36

第3章 单纯形法 …… 40

3.1 线性规划问题的标准型 …… 40

3.1.1 线性规划的标准型 …… 40

3.1.2　一般形式的线性规划模型化为标准型的规则 …… 40
3.1.3　线性规划的典范型 …… 41
3.2　解的概念 …… 42
3.2.1　标准线性规划的矩阵形式 …… 42
3.2.2　基本可行解及有关概念 …… 42
3.2.3　解的性质 …… 44
3.3　单纯形法 …… 45
3.3.1　单纯形法的计算步骤 …… 45
3.3.2　解的判断 …… 49
3.3.3　单纯形法计算中的几个问题 …… 50
3.4　人工变量法 …… 51
3.4.1　大 M 法 …… 51
3.4.2　两阶段法 …… 53
本章小结 …… 55
习题 3 …… 55
第 4 章　对偶规划 …… 61
4.1　对偶问题的提出 …… 61
4.1.1　对偶问题引例 …… 61
4.1.2　对偶问题的形式 …… 63
4.2　对偶问题的基本性质 …… 67
4.3　对偶问题的经济解释——影子价格 …… 73
4.3.1　影子价格的概念 …… 74
4.3.2　影子价格在经营管理中的应用 …… 75
4.4　对偶单纯形法 …… 76
4.4.1　对偶单纯形法的基本思路 …… 76
4.4.2　对偶单纯形法的计算步骤 …… 78
4.4.3　交替单纯形法 …… 81
4.5　案例分析 …… 84
本章小结 …… 86
习题 4 …… 86
第 5 章　灵敏度分析 …… 91
5.1　灵敏度分析的基本概念 …… 91
5.1.1　灵敏度分析的缘由 …… 91
5.1.2　灵敏度分析的依据 …… 91
5.2　目标函数中价值系数 c_j 的变化分析 …… 92
5.2.1　非基变量价值系数的变化 …… 92
5.2.2　基变量的价值系数的变化 …… 93
5.3　约束条件中资源数量 b_i 的变化分析 …… 95

5.4　新增一个变量 x_j 的分析 …… 99
5.5　约束条件中技术系数 a_{ij} 的变化分析 …… 100
5.6　增加新约束条件的分析 …… 102
5.7　几个系数同时变化的分析 …… 103
5.8　参数线性规划 …… 104
5.9　一个灵敏度分析的案例 …… 108
本章小结 …… 110
习题5 …… 110
第6章　运输问题 …… 117
6.1　运输问题的数学模型 …… 117
6.1.1　问题的提出 …… 117
6.1.2　运输问题模型的特点 …… 119
6.2　表上作业法 …… 120
6.2.1　初始方案的确定 …… 121
6.2.2　方案的最优性检验 …… 124
6.2.3　方案的调整 …… 127
6.3　不平衡运输问题及其他 …… 128
6.3.1　产大于销的问题 …… 128
6.3.2　销（需求）大于产的问题 …… 130
6.3.3　无通路的情形 …… 132
6.3.4　极大化问题 …… 132
6.3.5　运输问题的灵敏度分析 …… 133
6.3.6　转运问题 …… 134
6.3.7　运输问题悖论 …… 137
6.4　案例分析 …… 139
本章小结 …… 143
习题6 …… 143
第7章　整数规划 …… 148
7.1　整数规划问题及其数学模型 …… 148
7.1.1　整数规划的几个典型问题 …… 148
7.1.2　整数规划的数学模型 …… 149
7.1.3　整数规划的特点 …… 150
7.2　整数规划的求解思路 …… 151
7.3　整数规划求解的分枝定界法 …… 151
7.4　整数规划求解的割平面法 …… 156
7.5　整数规划应用举例 …… 160
本章小结 …… 163
习题7 …… 163

第 8 章　0－1 整数规划 ………………………… 168

8.1　0－1 规划问题的提出 ………………………… 168

8.2　0－1 规划问题建模 ………………………… 170

8.2.1　投资问题 ………………………… 170

8.2.2　背包问题 ………………………… 172

8.2.3　布点问题 ………………………… 173

8.2.4　相互排斥的约束问题 ………………………… 173

8.2.5　固定成本问题 ………………………… 175

8.3　0－1 规划求解的隐枚举法 ………………………… 177

8.4　指派问题 ………………………… 180

8.4.1　指派问题的描述 ………………………… 180

8.4.2　指派问题求解原理及算法 ………………………… 181

8.4.3　非标准形式的指派问题 ………………………… 183

本章小结 ………………………… 189

习题 8 ………………………… 189

第 9 章　目标规划 ………………………… 196

9.1　目标规划模型 ………………………… 196

9.1.1　目标规划问题的提出 ………………………… 196

9.1.2　目标规划建模 ………………………… 197

9.2　目标规划的求解 ………………………… 200

9.2.1　图解法 ………………………… 200

9.2.2　目标规划的单纯形解法 ………………………… 202

9.3　目标规划的灵敏度分析 ………………………… 205

9.4　目标规划案例分析 ………………………… 207

本章小结 ………………………… 212

习题 9 ………………………… 212

第 10 章　图与网络分析 ………………………… 217

10.1　图的基本概念与模型 ………………………… 217

10.1.1　图及其图解 ………………………… 217

10.1.2　几个基本概念 ………………………… 218

10.2　树及最小树问题 ………………………… 221

10.2.1　树的基本概念及问题描述 ………………………… 221

10.2.2　树的性质 ………………………… 222

10.2.3　最小树的算法 ………………………… 222

10.2.4　应用举例 ………………………… 224

10.3　最短路问题 ………………………… 225

10.3.1　最短路 ………………………… 225

10.3.2　最短路算法 ………………………… 226

10.3.3 最短路问题的应用 …… 228
10.3.4 含负权的最短路问题 …… 230
10.4 最大流问题 …… 231
10.4.1 基本概念和基本定理 …… 231
10.4.2 寻找最大流的标号法 …… 235
10.5 最小费用最大流问题 …… 237
10.6 图与网络案例分析 …… 239
本章小结 …… 241
习题10 …… 241
第11章 网络计划 …… 246
11.1 网络图构成及绘制 …… 246
11.1.1 双代号网络图的组成要素 …… 246
11.1.2 绘制网络图的原则 …… 248
11.1.3 双代号网络图的绘制 …… 250
11.1.4 单代号网络图的绘制 …… 252
11.2 网络时间参数计算 …… 253
11.2.1 作业时间估计 …… 253
11.2.2 节点的时间参数计算 …… 254
11.2.3 作业的时间参数计算 …… 255
11.2.4 作业时差 …… 255
11.3 工程项目按期完工的概率分布 …… 257
11.3.1 项目完成时间的分布 …… 257
11.3.2 按期完工的概率计算 …… 258
11.4 网络计划的优化 …… 260
11.4.1 工程工期优化 …… 261
11.4.2 工期—费用优化 …… 262
11.4.3 工期—资源优化 …… 267
11.5 网络计划应用案例分析 …… 270
11.5.1 问题的提出 …… 270
11.5.2 工程分析 …… 270
11.5.3 绘制网络图 …… 270
11.5.4 找出双代号网络中的关键线路 …… 272
本章小结 …… 274
习题11 …… 274
第12章 决策分析 …… 282
12.1 决策的基本概念 …… 282
12.2 确定型和非确定型决策 …… 284
12.2.1 确定型决策 …… 284

12.2.2 非确定型决策 …… 285
12.3 风险型决策 …… 287
12.3.1 期望值准则 …… 287
12.3.2 决策树法 …… 288
12.3.3 贝叶斯决策 …… 291
12.3.4 效用理论 …… 293
12.4 决策分析应用案例 …… 296
本章小结 …… 298
习题 12 …… 299
附录 上机实验指导 …… 304
互联网站及参考书目 …… 314

第1章　绪　　论

运筹学是一门用数学方法，依照给定条件和目标而从众多方案中选择最佳决策方案的应用科学，自诞生以来，在军事、工业、农业、经济和社会问题等多个领域得到了广泛的重视和应用。在管理学科领域，运筹学的发展为管理理论和管理实践的发展也做出了突出的贡献。到现在，运筹学已成为工商管理学科中的一门重要的基础学科。

1.1　运筹学的产生与发展

运筹学在英国称为 Operational Research，在美国称为 Operations Research，缩写为 OR，可直译为“运用研究”或“作业研究”，我国科学家把它译成“运筹学”，其中“运筹”两个字出自《史记·高祖本纪》“夫运筹策帷帐之中，决胜于千里之外”。中文“运筹学”表示运用、筹划，以策略取胜之意。运筹学正式开始的标志并不清晰，很多早期先驱者所做的工作现在也可以看成是运筹学思想的雏形。现在一般认为运筹学是 20 世纪 40 年代开始形成的一门学科。

1.1.1　早期朴素的运筹思想

我国朴素的运筹思想可追溯到公元前 600 多年前的春秋时期。这种朴素的运筹思想可以体现在军事领域与日常生活与管理中。公元前 684 年（鲁庄公十年），鲁国的曹刿在齐国攻打鲁国时，全面分析了两国的形势，统筹全局，及时把握战机，在齐、鲁长勺之战中，弱小的鲁国打败了强大的齐国，成为我国历史上以弱胜强的典型战例之一。战国时期，齐国田忌和齐威王赛马的故事是对策论中的一个典型例子。三国时期曹操与袁绍的“官渡之战”，南北朝时期秦、晋的“淝水之战”等，都是历史上十分典型的战例。历史上运用运筹的思想，以弱胜强、以少胜多的例子不胜枚举。运筹学的思想应用于交通运输、兴修水利、土木建筑和开挖运河等方面的生动例子也有许多记载。如战国时期，秦国太守李冰父子主持修建了驰名中外的都江堰水利枢纽工程，就是应用运筹学思想的一个突出事例。在土木建筑方面，北宋时期，宋真宗大中祥符年间（公元 1008—1016 年）京都失火，烧毁一座皇宫。宋真宗派宰相丁渭主持修复宫室任务。丁渭考虑到取土太远影响工期，经过统筹规划，最后提出如下施工方案：①确定施工方案；②把几条主要街道挖成渠道，③用挖出的土就地烧制砖瓦；④渠挖成后引汴河之水入渠；⑤把建筑材料和烧制出来的砖瓦沿渠运往工地；⑥施工；⑦把碎杂砖土运出填渠修复主要街道，施工结束。这就巧妙地解决了取土之难、运输之难、清场之难，可谓“一石三鸟”，使重建皇城事半功倍。这一事例表明，早在北宋时期，在处理一项复杂的工程时，就注重从总体出发，通盘筹划，在施工步骤上则注重工程之间各环节的衔接及先后顺序，具有统筹方法的思想。

在西方，运筹思想的产生和运用可以追溯到公元前 3 世纪。古希腊大数学家阿基米德为希龙君主提供了一个设防方案，粉碎了罗马船只攻占西那库斯城的企图。这是西方史籍中最早关于应用运筹思想制定军事方案的记载。达·芬奇、伽利略等著名科学家都曾为军事运筹学做出了贡献。

1.1.2 运筹学的形成和发展

1. 酝酿阶段

早在1914年英国人兰彻斯特（F. W. Lanchester）曾发表过关于人力和火力的优势与胜利之间的理论关系的文章。在美国，第一次世界大战期间，托马斯·爱迪生（Thomas Edison）接受了一个任务：找出商船运行策略，使它能最有效地减少敌人潜艇对商船的损害。为了避免在实战条件下船只冒风险，他用了一个“战术对策板”来求解。大约与此同时（在20世纪10年代后期），在哥本哈根电话公司工作的丹麦工程师爱尔朗（A. K. Erlang）正在进行关于自动拨号设备对电话需求影响的实验，他的工作是今天用于排队理论的数学模型的基础。1928年，德国犹太人冯·诺伊曼（后移居美国）证明了博弈论的一个基本定理，为对策论奠定了理论基础。1926年苏联提供的“国民经济平衡的棋盘表”和1936年美国的利昂节夫发表的《美国经济体系的投入—产出数量关系》，奠定了用数学方法研究经济平衡理论的基础。1935年，苏联数学家康托洛维奇出版了《生产组织与计划中的数学方法》一书，书中对运输、计划、合理利用原材料、生产的配置等都给出了数学模型和确定最优方案的具体方法。上述这一时期，可视为运筹学在理论上的酝酿阶段。

2. 军事运筹学

1937年，英国有一些科学家被请去帮助军队运用新发展的雷达以确定敌机的位置。1939年9月研究此问题的不同方面的科学家都被集中到英国皇家空军战斗机指挥总部。这些科学家被看成第一个运筹学小组的核心。它逐步地扩展业务范围，甚至超过了原来的雷达和与它构成整体的地面观察站的任务。

这个组成立后不久便和防空司令部研究组合并到一起研究空防目标问题（1940年8月）。杰出的挪威诺贝尔物理学奖获得者布莱凯特领导这个小组，研究野外火炮控制设备的效能，尤其是在实战中的应用。这个小组起先包括了2名生物学家、2名理论物理学家、1名天体物理学家、1名军官和1名测量员，后来又补充了1名生物学家、1名一般物理学家和2名数学家。他们11人成为有名的布莱凯特小组，对外称布莱凯特马戏团。这些科学家组成的小组专业面很广，它进一步发展并分为一个陆军组和一个海军组，结果使战争初期（1941年）在英国所有军队中都有一个运筹学组从事军事研究。由于最初的研究是致力于雷达的运行，并由雷达研究科学家所实现，从此，在英国把这种类型的科学活动叫Operational Research，简称OR，直译为中文就是“作战研究”。

第二次世界大战中比较典型的OR应用如1942年麻省理工学院的Morse教授应美国大西洋舰队反潜战官员Baker舰长的请求担任反潜战运筹组的计划与监督工作，其最出色的工作之一是协助英国打破了德国对英吉利海峡的海上封锁，研究所提出的两条重要建议是：①将反潜攻击由反潜舰艇投掷水雷改为飞机投掷深水炸弹，起爆深度由100米改为25米左右，即当德方潜艇刚下潜时攻击效果最佳；②运送物资的船队及护航舰艇的编队由小规模、多批次改为大规模、少批次，从而减少了损失率。丘吉尔采纳了Morse的建议，打破德国海上封锁，重创德国潜艇部队。由于其杰出的贡献，Morse同时获得英国及美国战时最高勋章。

在美国，罗伯特·华生－华特（Sir Robert Watson－Watt）推荐把运筹学引入到陆军和海军的各个部门，到1942年4月已做出引入高水平运筹学的决策并予以实现。最初的研究问题是雷达和旨在减少受敌方潜艇损害的商船海运的问题，在美国空军被称为“运行分析”，而在美国陆军和海军叫作“运行研究和运行评价”。这种类型的活动在第二次世界大战期间在加拿大也有比较多的应用。

在第二次世界大战期间，运筹学处于早期发展阶段，也称为“军事运筹学”阶段。在第二次世界大战中，定量化、系统化的方法迅速发展，且很有特点。由上面几个例子可以看出这一时期运筹学的特点：①真实的实际数据；②多学科密切协作；③解决方法渗透着物理学思想。可以毫不夸张地说，运筹学的广泛应用为第二次世界大战中同盟国打败法西斯，获得最终胜利立下了汗马功劳。

3. 工商业运筹学

第二次世界大战后，世界经济不断走向新的繁荣，于是人们开始把二战中发挥过重大作用的运筹学迅速地应用到经济领域。很多从事军事运筹学研究的科学家转向工业和经济发展等新的领域。1947年美国年轻的数学家丹捷格（George Dantzig）（第二次世界大战期间，曾在美国空军工作，为规划计划专家）提出的求解线性规划问题的单纯形法是运筹学发展史上重要的进展之一。这套完备的理论和方法，使运筹学有了最重要的方法求解基础和理论分析基础，并使运筹学作为一门理论性和应用性很强的学科逐渐形成并得到迅速发展。1953年世界上第一个运筹学学会在美国成立，1955年又在美国举行了首次国际运筹学会议。此后，许多国家相继建立了运筹学学会。20世纪50年代末，很多经典的运筹学方法，如动态规划、排队论、存贮论等都已基本发展成熟。

促进这一时期运筹学蓬勃发展的另一因素是计算机的发展。因为运筹学中很多复杂问题需要大量的计算，在过去需要花费很多时间进行手工运算的过程，通过计算机应用很快就能完成。这为运筹学的推广应用和方法学上的发展奠定了良好的基础。

运筹学引进中国是20世纪50年代中期由钱学森等著名科学家首倡的，后来一大批中国学者如华罗庚、许国志、周华章等在推广运筹学及其应用中做了大量工作，并取得了很大成绩。我国第一个运筹学小组于1956年在中国科学院力学研究所成立，1958年建立了运筹学研究室，1960年在山东济南召开了全国应用运筹学的经验交流和推广会议，1962年和1978年先后在北京和成都召开了全国运筹学专业学术会议，1980年4月成立中国运筹学学会。在农林、交通运输、建筑、机械、冶金、石油化工、水利、邮电、纺织等部门，运筹学的方法已开始得到应用推广。在运筹学的发展中，中国对运筹学的研究和应用也做出了自己的贡献，主要有：优选法（0.618法）、运输问题图上作业法、中国邮递员问题，等等。除中国运筹学学会外，中国系统工程学会以及与国民经济各部门有关的专业学会，也都把运筹学应用作为重要的研究领域。我国各高等院校，特别是各经济管理类专业中已普遍把运筹学作为一门专业的主干课程列入教学计划之中。例如，工业工程学科认为，由于运筹学的诞生才使工业工程由经验成为科学，所以工业工程专业把运筹学作为其专业的理论基础，一般都开设有运筹学数学规划部分和随机规划的内容。

由于运筹学在提高组织机构的效率方面已取得显著成效，它的影响还在继续扩展。据美国劳动局在20世纪90年代初做的预测，认为从1991—2005年运筹学是美国高校毕业生第三位增长最快的职业选择。目前国际上著名的运筹学刊物有：Management Science，Operations Research，Interfaces，Journal of Operational Research Society，European Journal of Operations Research 等。

1.2 运筹学的概念、特点与分支

1.2.1 运筹学的概念

运筹学是一门应用学科，至今还没有统一确切的定义，因为它仍是一门新兴的、不断发展的学科，不同的学术组织从不同的角度定义运筹学。

英国运筹学会的定义："运筹学是运用科学的方法，解决工业、商业、政府和国防事业中，由人、机器、材料、资金等构成的大型系统管理中所出现的复杂问题的一门学科。它的一个显著特点是科学地建立系统模型和对机会与风险的评价体系去预测和比较不同的决策策略与控制方法的结果，其目的是帮助管理者科学地确定他的政策和行动。"

1951 年美国的运筹学先驱 P. M. Morse 等著的《运筹学方法》给运筹学的定义："运筹学是一种向行政领导提供定量材料，使得他们能对所负责的行动做出最好决策的科学方法。"最近的趋势把定量也放松了，变成了："运筹学是一种适用于系统运行的方法和工具，它是一种科学方法，它能对运行管理人员的问题提供最合适的解答。"

我国学者许国志认为事有常规，物有定理。事物的活动也有其规律可进行研究，这些规律统称为"事理"；运筹学就是研究事物活动规律的科学，即研究如何把事情做好，亦称"事理学"。

在我国《辞海》（1979 年版）中有关运筹学条目的释义为："运筹学主要研究经济活动与军事活动中能用数量来表达的有关应用、筹划与管理方面的问题，它根据问题的要求，通过数学的分析与运算，做出综合性的合理安排，以达到较经济、较有效地使用人力和物力"。

由此可见，运筹学的对象是人参与的系统，方法是科学，目标是最优化，在许多领域都有广泛的应用。所以我们可以毫不夸张地说，运筹学是经营管理的科学，作战指挥的科学，规划计划的科学，治理国家的科学。

我国运筹学研究工作者一般认为，运筹学是指应用系统的、科学的、数学分析的方法，通过建立、分析、检验和求解数学模型，而获得最优决策的科学。

综上所述，以上若干个定义都包含有这样的观点："运筹学是一门应用科学，它广泛应用现有的科学技术知识和数学方法，通过规范化的分析方法和步骤，提高人们对实际事物的把握和理解，从而发现需要解决的管理与决策问题，并为选择最优决策提供定量分析的依据。"这表明运筹学具有多学科交叉的特点，如综合应用经济学、心理学、物理学、化学中的一些方法。运筹学强调使用数学工具（包括概率统计、数量分析、线性代数等）和逻辑判断方法，强调最优决策，但"最"是过分理想了。在实际应用中往往用次优、满意等概念代替最优。因此，"运筹学是一种给出问题坏的答案的艺术，否则的话问题的结果会更坏"。

1.2.2　运筹学的主要特点

运筹学是从 20 世纪 30 ~ 40 年代发展起来的一门新兴学科，它的研究对象是人类对社会、经济、生产管理、军事等活动中的各种资源的运用及筹划活动，它的研究目的在于了解和发现这种运用及筹划活动的基本规律，以便发挥有限资源的最大效益，来达到总体、全局最优的目标。这里所说的“资源”是广义的，既包括物质材料，也包括人力配备；既包括技术装备，也包括社会结构。作为一门定量优化决策科学，运筹学利用了现代数学、计算机科学以及其他科学的最新成果来研究人类从事各种活动中处理事务的数量化规律，使有限的人、财、物、时、空、信息等资源得到充分和合理的利用，以期获得尽可能满意的经济和社会效果。就其理论和应用意义来归纳，运筹学具有以下的基本特征。

1. **科学性**

运筹学的研究是建立在科学的基础之上的。运筹学研究的科学性表现在两个方面：首先，它是在科学方法论的指导下通过一系列规范化步骤进行的；其次，它是广泛利用多种学科的科学技术知识进行的研究。运筹学的研究不仅仅涉及数学，还涉及经济科学、系统科学、工程物理科学等其他学科。

2. **实践性**

运筹学是一门实践性很强的科学，它完全是面向应用的。离开了实践，运筹学就失去了存在的意义。运筹学以实际问题为分析对象，通过鉴别问题的性质、系统的目标以及系统内主要变量之间的关系，利用数学方法达到对系统进行优化的目的。更为重要的是分析获得的结果要能被实践检验，并被用来指导实际系统的运行。

3. **系统性**

运筹学用系统的观点来分析一个组织（或系统），它着眼于整个系统而不是一个局部，要把有关的各种主要因素和条件，从相互联系中尽量全面地去考察问题，通过协调各组成部分之间的相互关系，使整个系统达到最优状态。

4. **综合性**

用运筹学方法解决实际问题时，除了要熟悉与研究对象有关的科学知识之外，还要运用适宜的数学方法和计算机技术，有时还可能需要与经济学、社会学和有关技术科学的知识相交叉，才能建立起适宜的模型，使问题得以很好地解决。为了在组织上得到保证，常常需要建立包括有关学科成员在内的组织机构，以利实施。

1.2.3　运筹学解决问题的基本过程

运筹学的分析步骤一般包括：发现和定义待研究的问题，构造数学模型；寻找经过模型优化的结果，并通过应用这些结果来改善系统的运行效率。具体步骤如图 1 – 1 所示。

1. **系统分析和问题描述**

应用运筹学的主要目的是解决实际问题，而解决实际问题应首先提出问题，并对其进行系统分析，这里主要是指通过定性分析辨明问题中的关键要素，以便按照建模规范对问题进行描述。描述问题主要需明确这样四个要素，即决策目标是什么、决策中关键因素是什么、决策中相关因素的关系是什么以及有哪些决策约束条件。通过这些分析，可对研究的困难程度，可能发生的成本，不可控的重要影响因素，可能获得的成功和收益做到心中

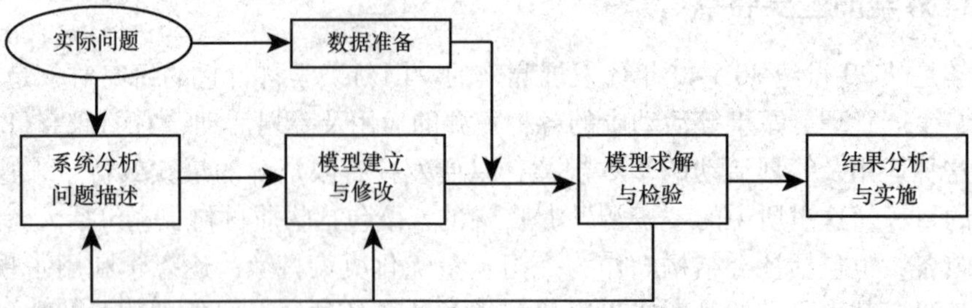

图 1－1　运筹学解决问题的基本过程

有数，使研究的目的更加明确。明确问题以后，还要对其做类型判别，即先看它属于能用运筹学中的哪类方法解决。比如是资源分配，还是人员安排，或是工程计划等。

2. **模型的建立和修改**

模型是对现实世界事物、现象和系统的简化表述，或其部分属性的模仿，是对实际问题的抽象概括和严格的逻辑表达。建立模型是运筹学解决问题的关键步骤。一方面，它可使问题的描述高度规范化，便于掌握其本质规律；另一方面，建立模型后，通过收集数据对问题进行求解，并可分析各因素与系统目标之间的关系；建立系统的模型还便于利用计算机技术解决实际问题。

一个典型的运筹学模型包括四个部分：①一组需要通过求解模型确定的决策变量；②一个反映决策目标的目标函数；③一组反映系统逻辑和约束关系的约束方程；④模型中涉及的各种参数。建立运筹学模型的本质就是将问题中决策变量、参数、目标以及约束之间的关系用适当的形式表示出来。一个具体问题的模型必须建立在调查研究的基础上，必须有真实数据的支持，所以建模和求解时一定要先做好数据准备。

3. **模型求解与检验**

这里主要指用数学方法或其他方法对第二步中建立的模型进行求解。根据问题需求，可分别求出最优解、次优解或满意解。对于复杂模型的求解可通过计算机来实现。依据决策者对解的精度要求不同，可将解分为精确解和近似解两种。然而不管是哪种解，由于模型和实际问题总是存在一定差异，都需要对其进行相应的检验。通过检验，首先检查求解步骤和程序是否有误，然后检查模型是否反映现实问题，只有当模型较准确地反映实际问题时，运筹学求解问题才达到了理想的效果。其次要分析模型中的参数发生小范围变化时对解的影响。如果解对参数变化的反应不过于灵敏，则在实际中可能会更容易应用。

4. **结果分析与方案实施**

运筹学研究的最终目的是提高被研究系统的效率，因此，求解方案的实施是很重要的步骤，同时也是比较困难的一步。在这一步，最重要的是对模型解的实际意义给予解释并将其交给管理决策者，同时还要考虑方案在实施过程中可能产生哪些问题以及遇到问题时如何修改模型等。如果管理决策者认为可以实施，则运筹学的分析结果得以实现；如果认为仍不能实施，则要再次对问题进行分析并适当修改模型。只有最优化的方案得到顺利实施后，前面各步骤所做的工作才算是真正有价值。

运筹学应用的实例 1：年度配矿计划优化

1. 问题的提出

某大型冶金矿山公司共有 14 个出矿点，年产量及各矿点矿石的平均品位（含铁量的百分比）如表 1－1 所示。

表 1－1　　各矿点的采矿量及品位

矿点号	出矿量/万吨	平均铁品位/%	矿点号	出矿量/万吨	平均铁品位/%
1	70	37.16	8	15.4	48.34
2	7	51.25	9	2.7	49.08
3	17	40.00	10	7.6	40.22
4	23	47.00	11	13.5	52.71
5	3	42.00	12	2.7	56.92
6	9.5	49.96	13	1.2	40.73
7	1	51.41	14	7.2	50.20

按照炼铁生产要求，在矿石产出后，需按要求指定的品位值 T_{Fe} 进行不同品位矿石的混合配料，然后进入烧结工序。最后，将小球状的烧结球团矿送入高炉进行高温冶炼，生产出生铁。

该企业要求：将这 14 个出矿点的矿石进行混合配矿。依据生产设备及生产工艺要求，混合矿石的平均品位 T_{Fe} 规定为 45%。

问：应如何配矿才能获得最佳效益？

2. 分析与建模

这是一个线性规划问题，根据资料可进行如下处理：

（1）决策变量。设 x_j（$j=1，2，\cdots，14$）分别表示出矿点 1～14 所产矿石中参与配矿的数量（单位：万吨）。

（2）约束条件。包括三部分：

1）供给（资源）约束：参与配矿量不能超过各矿点实际采掘量。

$$x_1 \leqslant 70, x_2 \leqslant 7, x_3 \leqslant 17, x_4 \leqslant 23, x_5 \leqslant 3, x_6 \leqslant 9.5, x_7 \leqslant 1, x_8 \leqslant 15.4, x_9 \leqslant 2.7,$$
$$x_{10} \leqslant 7.6, x_{11} \leqslant 13.5, x_{12} \leqslant 2.7, x_{13} \leqslant 1.2, x_{14} \leqslant 7.2$$

2）品位约束：按工艺要求必须达到 45%。

$$0.3716x_1 + 0.5125x_2 + 0.4x_3 + 0.47x_4 + 0.42x_5 + 0.4996x_6 + 0.5141x_7 +$$
$$0.4834x_8 + 0.4908x_9 + 0.4022x_{10} + 0.5271x_{11} + 0.5692x_{12} + 0.4073x_{13} + 0.502x_{14}$$
$$= 0.45\sum_{j=1}^{14} x_j$$

3）非负约束：$x_j \geqslant 0$，$j = 1,2,\cdots,14$。

（3）目标函数：此题目要求“效益最佳”有一定的模糊性，由于配矿后的混合矿石将作为后面工序的原料而产生利润，故在初始阶段，可将目标函数选作配矿总量的极大化。

$$\max Z = \sum_{j=1}^{14} x_j$$

3. 计算结果及分析

(1) 计算结果。

利用单纯形法可得出该问题的最优解为：$x_1 = 31.12$，$x_2 = 7$，$x_3 = 17$，$x_4 = 23$，$x_5 = 3$，$x_6 = 9.5$，$x_7 = 1$，$x_8 = 15.4$，$x_9 = 2.7$，$x_{10} = 7.6$，$x_{11} = 13.5$，$x_{12} = 2.7$，$x_{13} = 1.2$，$x_{14} = 7.2$，最优值：$Z^* = 141.92$（万吨）。

(2) 分析与讨论。

1) 计算结果是否可被该公司接受？——回答是否定！

因为：①在最优解中，除第1个采矿点有富余外，其余13个采矿点的出矿量全部参与了配矿。而矿点1在配矿以后尚有富余量 70 − 31.12 = 38.88（万吨），但矿点1的矿石品位仅为37.16%，属贫矿。②该公司花费了大量人力、物力、财力后，在矿点1生产的贫矿中却有近39万吨矿石被闲置，而且在大量积压的同时，还会对环境造成破坏，作为该公司的负责人或公司决策者是难以接受这样的生产方案的。

——原因何在？出路何在？

2) 解决问题的思路。

经过分析后可知：在矿石品位 T_{Fe} 及出矿量都不可变更的情况下，只能把注意力集中在混合矿石的品位 T_{Fe} 要求上。

——不难看出，降低 T_{Fe} 混合品位的值，可以使更多的低品位矿石参与配矿。

问题：①T_{Fe} 混合品位的值有可能降低吗？②在降低 T_{Fe} 混合品位的值，使更多的贫矿入选的同时，会产生什么影响？

——以上问题就属于运筹学的灵敏度分析（优化后分析）。

3) 经调查，以及与现场操作人员、工程技术人员、管理人员学习、咨询，拟定了三个 T_{Fe} 的新值：44%、43%、42%。

(3) 变动参数之后再计算。

结果如表1-2所示。

表1-2　不同方案及结果

矿点	铁品位/%	出矿量/万吨	$T_{Fe} = 45\%$		$T_{Fe} = 44\%$		$T_{Fe} = 43\%$		$T_{Fe} = 42\%$	
			X^*	剩余量	X^*	剩余量	X^*	剩余量	X^*	剩余量
1	37.16	70	31.12	38.88	51.87	18.13	70	0	70	0
2	51.25	7	7	0	7	0	7	0	7	0
3	40.00	17	17	0	17	0	17	0	17	0
4	47.00	23	23	0	23	0	23	0	23	0
5	42.00	3	3	0	3	0	3	0	3	0
6	49.96	9.5	9.5	0	9.5	0	9.5	0	9.5	0
7	51.41	1	1	0	1	0	1	0	1	0
8	48.34	15.4	15.4	0	15.4	0	15.4	0	15.4	0

续表

矿点	铁品位/%	出矿量/万吨	$T_{Fe}=45\%$		$T_{Fe}=44\%$		$T_{Fe}=43\%$		$T_{Fe}=42\%$	
			X^*	剩余量	X^*	剩余量	X^*	剩余量	X^*	剩余量
9	49.08	2.7	2.7	0	2.7	0	2.7	0	2.7	0
10	40.22	7.6	7.6	0	7.6	0	7.6	0	7.6	0
11	52.71	13.5	13.5	0	13.5	0	13.5	0	0	13.5
12	56.92	2.7	2.7	0	2.7	0	0	2.7	0	2.7
13	40.73	1.2	1.2	0	1.2	0	1.2	0	1.2	0
14	50.20	7.2	7.2	0	7.2	0	4.53	2.67	0.77	6.43
配矿总量			141.92	38.88	162.67	18.13	175.43	5.37	158.17	22.63

4. 综合评判及结果

1）T_{Fe}值取45%和44%的两个方案，均不能解决贫矿石大量积压的问题，且造成对环境的破坏，故不予以考虑。

2）T_{Fe}值取43%和42%的两个方案，可使贫矿石全部入选，配矿总量均在150万吨以上，且剩余的矿石皆为含铁品位超过50%的富矿，可以用于生产高附加值的产品——精矿粉，大大提高经济效益。因而，这两个方案对资源的利用比较合理。

3）经测算，按T_{Fe}值取42%的方案配矿，其混合矿石经选矿烧结后，混合铁精矿品位仅达51%，不能满足冶炼要求，即从技术上看缺乏可行性，故也不能采用。

4）$T_{Fe}=43\%$的方案，在工艺操作上只需做不大的改进即可正常生产，即技术上可行。

5）经会计师测算，按$T_{Fe}=43\%$的方案得出的配矿总量最多，高达175万吨且可生产数量可观的精矿粉，两项合计，按当时的价格计算，比$T_{Fe}=45\%$的方案同比增加产值931.86万元。

结论：$T_{Fe}=43\%$的方案为最佳方案。

5. 一点思考

1）由线性规划模型的目标函数及决策准则来看，具有单一性，即追求总量最大。

2）从企业要求来看，在追求利益最大化的同时，还往往需要考虑资金周转、环境保护、资源合理利用以及企业生存等多方面的因素。因此，企业的“效益最佳”具有系统性。

3）以上两者之间存在一定的差异，甚至可能是相互冲突和矛盾的。

4）解决问题的关键之一是：不能只拘泥于书本及文献资料，而应深入实际，与相关人员、相关学科相结合、交叉、渗透、融合、互补，从而达到技术可行、经济合理以及系统优化的目的。

（注：本案例选自周素蕙：《应用线性规划编制配矿计划的初步实践》，中国运筹学会会议论文）

运筹学应用的实例2：房地产开发项目决策

A市面临着严重的财政收入不足问题，为了寻求一种长期解决方案，市政府决定征用一块内城的住宅区域，进行一项现代化的房地产开发项目，以增加税收来源。改造工程分为两个阶段：①拆除不符合标准的住宅，为新的开发提供土地；②建设新的建筑。下面是情况概要：

（1）最多可拆除300套不符合标准的旧住宅，每套住宅占地0.25英亩，拆除一套征地住宅的成本是2000美元。

（2）新建设的单、双、三和四户型住宅的占地面积分别为0.18英亩、0.28英亩、0.4英亩和0.5英亩。街道、开阔地和公共设施占可利用面积总量的15%。

（3）在新的开发项目中，三户型和四户型的住宅单元数的总和至少占住宅单元总量的25%；单户型住宅单元数至少占总单元数的20%，双户型住宅单元数至少占总单元数的10%。

（4）对于单、双、三和四户型住宅，每个单元的征税额分别为1000美元、1900美元、2700美元和3400美元。

（5）对于单、双、三和四户型住宅，每个单元的建筑成本分别为50000美元、70000美元、130000美元和160000美元。通过当地银行筹措资金总计最高达到1500万美元。

问：各种户型的住宅单元分别应建多少套，可使税收总额达到最大？

这个问题除了确定建造每种类型住宅单元的数量外，还需要确定有多少套旧房屋必须拆除，为新的开发项目提供场地。

因此，问题的变量可定义如下：x_1——建造单户型住宅的单元数；x_2——建造双户型住宅的单元数；x_3——建造三户型住宅的单元数；x_4——建造四户型住宅的单元数；x_5——拆除旧住宅的单元数。

目标函数是从新建的四类住宅中获得的税收最大，即：$\max Z = 1000x_1 + 1900x_2 + 2700x_3 + 3400x_4$

第一个约束条件是土地可用量：①用于新建住宅的面积≤净可用面积；②新建住宅的面积$=0.18x_1+0.28x_2+0.4x_3+0.5x_4$；③净可用面积$=0.25x_5(1-15\%)$；④净可用面积约束是：$0.18x_1+0.28x_2+0.4x_3+0.5x_4 \leqslant 0.25x_5(1-15\%)$；⑤第二个约束条件是被拆除住宅的数量不能超过300套：$x_5 \leqslant 300$。

另外，各种类型住宅单元的数量还有比例限制：①单户型住宅数量≥总单元数量的20%；②双户型住宅数量≥总单元数量的10%；③三户型和四户型住宅数量之和≥总单元数量的25%。

这些要求可表示为约束：$x_1 \geqslant 0.2(x_1+x_2+x_3+x_4)$；$x_2 \geqslant 0.1(x_1+x_2+x_3+x_4)$；$x_3+x_4 \geqslant 0.25(x_1+x_2+x_3+x_4)$。

还剩下一个约束就是要保证拆除和建设的总费用在允许的预算内，以1000美元表示费用的单位，可表示为：$(50x_1+70x_2+130x_3+160x_4)+2x_5 \leqslant 15000$。

综合后的数学模型：

$$\max Z = 1000x_1 + 1900x_2 + 2700x_3 + 3400x_4$$

$$s.t.\begin{cases} 0.18x_1 + 0.28x_2 + 0.4x_3 + 0.5x_4 \leqslant 0.25x_5(1-15\%) \\ x_5 \leqslant 300 \\ x_1 \geqslant 0.2(x_1+x_2+x_3+x_4) \\ x_2 \geqslant 0.1(x_1+x_2+x_3+x_4) \\ x_3+x_4 \geqslant 0.25(x_1+x_2+x_3+x_4) \\ (50x_1+70x_2+130x_3+160x_4)+2x_5 \leqslant 15000 \\ x_j \geqslant 0, j=1,2,\cdots,5 \end{cases}$$

用WinQSB软件求解得，$x_1=35.8$，$x_2=98.5$，$x_3=44.8$，$x_4=0$，$x_5=244.5$，$\max Z=343965.2$（千美元）。即新建单户型36套、双户型99套、三户型45套，四户型不建，拆除旧住宅245套，可使税收达到最大343965.2（千美元）。

1.2.4　运筹学的分支

运筹学发展到现在虽然只有五十多年的历史，但是内容丰富，涉及面广，应用范围大，已形成了一个相当庞大的学科。运筹学按所解决问题性质的差别，将实际的问题归结为不同类型的数学模型。这些不同类型的数学模型构成了运筹学的各个分支，主要的分支有以下几个。

1. **线性规划**（Linear Programming，LP）

经营管理的基本问题是资源优化配置问题。线性规划是解决这些问题的有效方法，它把问题归结为在线性约束条件下，决策变量的线性目标函数求极值的数学模型，其一般解法是单纯形法。

2. **目标规划**（Goal Programming，GP）

目标规划是线性规划的推广和发展，它对约束条件与目标函数的处理更加灵活而有弹性，可以容纳更为细致深入的限制与要求，因此能够适用于更复杂的实际问题。

3. **整数规划**（Integer Programming，IP）

整数规划是指部分或全体决策变量必须取整数值的线性规划，在现实中有特殊的用途，它也是在线性规划基础上的一个发展。

4. **动态规划**（Dynamic Programming，DP）

动态规划是研究多阶段决策过程最优化问题的运筹学分支。具体来说就是研究多阶段决策过程的总体优化，即从系统总体出发，要求各阶段决策所构成的决策序列使目标函数值达到最优。有此管理活动是由一系列相互关联的阶段组成的，在每个阶段依次进行决策而且上一阶段的输出状态即是下一阶段的输入状态，各阶段的决策之间是互相关联的，因而形成一个多阶段决策过程。

5. **图与网络分析及网络计划**（Graph Theory and Network Analysis）

图论是研究由节点和边所组成图形的数学理论和方法。图是网络分析的基础，根据研究的具体网络对象（如铁路网、电力网、通信网等），赋予图中各边某个具体的参数，如时间、流量、费用、距离等，规定图中各节点代表具体网络中任何一种流动的起点、中转点或终点，然后利用图论方法来研究各类网络结构和流量的优化分析。网络分析还包括利用网络图形来描述一项工程中各项作业的进度和结构关系，以便对工程进度进行优化控制，即网络计划技术，在我国又称为统筹法。

6. **排队论**（Queuing Theory）

排队论是一种研究公共服务系统的运行与优化的数学理论与方法。它通过对随机服务现象的统计研究，找出反映这些随机现象的平均特性，从而研究提高服务系统水平和工作效率的方法。

7. **存贮论**（Inventory Theory）

又称库存论，它是研究经营生产中各种物资应当在什么时间，以多少数量来补充库存，才能使库存和采购的总费用最小的一门学科。它在提高系统工作效率、降低产品成本上有重要作用。

8. **对策论**（Game Theory）

又称博弈论，它是一种研究在竞争环境下决策者行为的数学方法。在竞争形势下，竞争双方为了达到自己的利益和目标，都必须考虑对方可能采取的各种可能的行动方案，然后选取一种对自己最有利的行动方案。对策论就是研究双方是否都有最合乎理性的行动方案以及如何确定合理行动方案的理论与方法。

9. **决策论**（Decision Theory）

决策是指为最优地达到目标，依据一定准则，对若干备选行动的方案进行的抉择。随着科学技术的发展，生产规模和人类社会活动的扩大，要求用科学的决策替代经验决策。即实行科学的决策程序，采用科学的决策技术和具有科学的思维方法。决策过程一般是指：形成决策问题，包括提出方案，确定目标及效果的度量；确定各方案对应的结局及出现的概率；确定决策者对不同结局的效用值；综合评价，决定方案的取舍。决策论是对整个决策过程中涉及方案目标选取、度量、概率值确定、效用值计算，一直到最优方案和策略选取的有关科学理论。

此外，运筹学还包括模拟论、可靠性理论、多目标规划、随机规划、组合优化等。近年来又提出冲突分析，可以说运筹学的研究也出现了定量与定性分析相结合的发展趋势。本书仅选其中最基本的内容。

1.2.5 运筹学与其他学科的关系

运筹学与技术经济学，生产组织与计划学有密切关系，它们都涉及一个系统中的具体业务问题，但运筹学侧重于研究问题的数量方面，技术经济学侧重于研究问题的本质。

运筹学与工农业，建筑业等行业的技术科学也有密切关系，前者以后者为理论基础。

运筹学与数学，计算技术关系密切，后者为前者提供数学方法和计算方法。

1.3 运筹学在科学管理中的作用

运筹学是管理科学的理论基础之一。因为运筹学中的数学规划、组合优化、随机优化等理论和方法，可以用来描述、分析和设计多种不同类型的运行系统，寻求最优结果。将以上方法用于产品和市场决策可以实现降低成本、提高效率的目标，即帮助实现管理的目标。有人曾对世界上500家著名的企业集团或跨国公司进行调查，发现其中95%曾使用过线性规划，75%使用过运输模型，90%使用过网络计划技术，90%使用过存贮模型，43%使用过动态规划模型等。所以说，运筹学是一门应用性很强的学科。

运筹学在管理中的应用涉及生产计划、库存管理、运输问题、人事管理、市场营销、财务和会计、网络流控制问题、证券投资、设备维修与更新、项目选择与评价、工程的优化设计、交通控制与管理、计算机与信息系统的设计、城市管理等。

（1）市场营销。在广告预算和媒体的选择、竞争性定价、新产品开发、销售计划的制定等方面。如美国杜邦公司在20世纪50年代起就非常重视将运筹学用于研究如何做好广告工作、产品定价和新产品的引入；通用电力公司对某些市场进行模拟研究等。

（2）生产计划。在总体计划方面主要是从总体确定生产、储存和劳动力的配合等计划以适应需求计划，主要用线性规划和仿真方法等。此外，还可用于生产作业计划、日程表的编排等，还有在合理下料、配料问题、物料管理等方面的应用。

（3）库存管理。存货模型将库存理论与物料管理信息系统相结合，主要应用于多种物料库存量的管理，确定某些设备的能力或容量，如工厂的库存、停车场的大小、新增发电设备容量大小、计算机的主存储器容量、合理的水库容量等。

（4）运输问题。涉及空运、水运、公路运输、铁路运输、捷运、管道运输和厂内运输等，包括班次调度计划及人员服务时间安排等问题。

（5）财务和会计。涉及预算、贷款、成本分析、定价、投资、证券管理、现金管理等。用得较多的方法是：统计分析、数学规划、决策分析。此外，还有盈亏点分析法、价值分析等。

（6）人事管理。人员的获得和需求估计，人才的教育和训练，人员的各种指派问题，各类人员的合理利用问题、人才的评价、测定问题，人员薪资和津贴的确定等。

（7）设备维修。更新和可靠度、项目选择和评价。如电力系统的可靠度分析、核能电厂的可靠度以及风险评估等。

（8）工程的最佳化设计。在土木工程、建筑、水利、信息、电子、电机、光学、机械、环境和化工等领域均涉及动作研究的应用。

（9）计算机和信息系统。将运筹学应用于计算机的主存储器配置，研究排队理论在不同排队规则下对磁盘、磁鼓和光盘工作性能的影响，例如利用整数规划寻找满足一组需求档案的寻找次序，利用图论、数学规划等方法研究计算机信息系统的自动设计。

（10）城市管理。例如各种紧急服务救难系统的设计和运用，包括消防队救火站、救火车、警车等分布点的设立。美国曾用等候理论方法来确定纽约市紧急电话站的值班人数。加拿大亦曾研究城市警车的配置和负责范围，事故发生后警车应走的路线等。此外，诸如城市垃圾的清扫、搬运和处理；城市供水和污水处理系统的规划等问题。

我国运筹学的应用 1957 年始于建筑业和纺织业，从 1958 年开始又在交通运输、工业、农业、水利建设、邮电等方面有所应用。在解决邮递员合理投递路线时，山东大学的管梅谷教授提出了国外称之为“中国邮路问题”的解法。从 20 世纪 60 年代起我国的运筹学工作者在钢铁和石油部门较全面和深入地应用了运筹学，投入产出法在钢铁部门首先得到应用，而线性规划在石油勘探中取得了非常好的效果。在 1965 年统筹法应用于建筑业、大型设备维修计划，从 70 年代起，华罗庚和他的研究生用十年时间在全国大部分省市推广优选法和统筹法。70 年代中期最优化方法在工程设计界得到广泛的重视。在光学设计、船舶设计、飞机设计、变压器设计、电子线路设计、建筑结构设计和化工过程设计等方面都有显著的成果。70 年代中期的排队论开始应用于研究港口、矿山、电讯和计算机设计等方面。图论曾被用于线路布置和计算机设计、化学物品的存放等。存贮论在我国应用较晚，70 年代末在汽车工业和物资部门取得成功，近年来运筹学的应用已趋于研究规模大和复杂的问题，如部门计划、区域经济规划、物流与供应链管理、社会保障与服务业、证券投资等，并已与系统工程融合在一起。

近 20 年来，信息科学、生命科学等现代高科技对人类社会产生了巨大影响，运筹学从中起到了一定的作用。例如，将全局最优化、图论、神经网络等运筹学理论及方法应用于分子生物信息学中的 DNA 与蛋白质序列比较、芯片测试、生物进化分析、蛋白质结构预测等问题的研究；在金融管理方面，将优化及决策分析方法应用于金融风险控制与管理、资产评估与定价分析模型等；在网络管理上，利用随机过程方法，研究排队网络的数量指标分析；在供应链管理问题中，利用随机动态规划模型，研究多重决策最优策略的计算方法等。运筹学作为一门年轻的学科，现有的分支、理论和方法还远远满足不了描述复杂的管理运动过程和规律的需要。可以预见，管理科学的发展必将为运筹学的进一步发展开辟更加广阔的领域。而运筹学的发展必将进一步研究和解决管理学中越来越多的问题，并对其他学科产生一定的影响。

1.4 运筹学发展展望

关于运筹学将往哪个方向发展，从 20 世纪 70 年代起就在西方运筹学界引起过争论，至今还没有一个统一的结论，这里提出某些运筹学界的观点，供大家进一步学习和研究时参考。

美国前运筹学会主席邦德（S. Bonder）认为，运筹学应在三个领域发展：运筹学应用、运筹科学、运筹数学，并强调在协调发展的同时重点发展前两者。这是由于运筹数学在 70 年代已形成一个强有力的分支，对问题的数学描述已相当完善，却忘掉了运筹学的原有特色，忽视了对多学科的横向交叉联系和解决实际问题的研究。现在，运筹学工作者面临的大量新问题是：经济、技术、社会、生态和政治因素交叉在一起的复杂系统，所以 70 年代末 80 年代初，不少运筹学家提出“要注意研究大系统”，“要从运筹学到系统分析”。由于研究大系统的时间范围有可能很长，还必须与未来学紧密结合起来；面临的问题大多是涉及技术、经济、社会、心理等综合因素，在运筹学中除了常用的数学方法，还引入了一些非数学的方法和理论。如美国运筹学家沙旦（T. L. Saaty）于 20 世纪 70 年代末期提出的层次分析法（AHP），可以看作是解决非结构问题的一个尝试。针对这种状况，切克兰特（P. B. Checkland）从方法论上对此进行了划分。他把传统的运筹学方法称为硬系统思考，认为它适合解决那种结构明确的系统的战术及技术问题，而对于结构不明确的、有人参与活动的系统就要采用软系统思考的方法。借助电子计算机，研究软系统的概念和运用方法应是今后运筹学发展的一个方向。

另一方面，实际问题的柔性、智能化特点，要求运筹学发展能同样体现智能化、柔性的模型和方法与之相适应。这些是运筹学未来发展的另一个重要趋势。另外，随着计算机技术、人工智能理论的发展，如何将决策者的经验与数学模型相集成，用以更好地解决半结构化以至非结构化问题，也是运筹学发展的重要趋势。

还有，运筹学操作的“浅化”，操作越来越程序化，目前国内外已开发了众多应用软件，使用比较容易，即使数学水平不太高的人也能方便地使用，因而也越来越普及。

综上所述，运筹学作为一门学科，在理论及应用方面，无论就其广度还是深度来说，都有着无限广阔的前景。所以运筹学界认为，更新思想、实践为本和多学科交融是运筹学发展的必由之路。运筹学是在解决实际管理问题中发展起来的，而管理科学的发展又必将为它的进一步研究发展开辟广阔的领域。本书作为一本教材，所提供的一些运筹学思想和方法都是最基本的，作为学习运筹学的读者必须掌握的知识。我们深信，随着我国经济社会的快速发展，运筹学必将在管理现代化的进程中发挥巨大的作用。

1.5　管理运筹学的学习

我们要把运筹学的学习放到现代科技，尤其是计算机的迅速发展与应用的背景中来，在学习中要充分使用计算机软件；我们要把运筹学的学习与管理的实践紧密结合起来，要认识到学习运筹学的目的是用运筹学的方法去解决管理中的问题，而不是为学习运筹学而学习运筹学。运筹学是一门基础性的应用学科，主要研究系统最优化的问题，通过对建立的模型求解，为管理人员作决策提供科学依据。本课程是大学管理类专业的必修基础课，为学习有关专业课打好基础，进而为学生毕业后在管理工作中运用模型技术、数量分析及优化方法打下良好的基础。

1.5.1　运筹学教学面临的挑战

（1）运筹学教育问题：职业运筹学人员的培养，与其他学科交流问题，不是附属于管理、工程和数学的学生。

（2）运筹学软件问题：缺少面向用户的各种运筹学软件，与计算机的迅猛发展拉开了距离。

（3）运筹学交流问题：运筹学专家学者如何与一般的管理人员进行交流，吸引更多的企业应用人员参与学术交流。

（4）对运筹学理论理解的误区：缺少非数学理论、为工程师们所用的理论，正是缺少了它们，造成了理论与实践的脱节。

1.5.2　本课程的主要任务

（1）要求学生掌握运筹学的基本概念、基本原理、基本方法和解题技巧。

（2）培养学生根据实际问题建立运筹学模型的能力及求解模型的能力。

（3）培养学生分析解题结果及经济评价的能力。

（4）培养学生理论联系实际的能力及自学能力。

通过教学，培养学生严谨的学风及勤奋刻苦的学习态度和科学的协作精神。

1.5.3　学习方法和建议

运筹学是一门以训练逻辑思维为主的课程，注重模型和定量分析方法，但又不是运筹数学；具有很强的实践性，注重原理、方法和应用，教学中对理论推导可不做过高要求。学生创造性思维培养离不开逻辑思维，但学习过程中也不应忽视非逻辑思维能力的培养。

运筹学的灵魂是“整体优化”，教与学的过程都应重视三个结合。一是注重先进思想与坚实基础的结合；二是注重理论与实践的结合；三是注重方法、工具与创造性思维的结合。如何做到这些呢？我们对同学们的基本要求是：会说、会写、会算。

（1）所谓会“说”，就是能够用自己的语言比较清晰地说出每个运筹学问题的基本含义，比如：

1）如何应用运筹学方法解决一个实际问题？

2）何为线性规划模型的标准型？如何标准化？

3）试述单纯形计算的方法和步骤？

……

(2) 所谓会“写”，是指能够运用运筹学的基本概念、规则和方法及相关的背景知识，建立起问题的数学模型或图型模型，比如：

1）某工厂生产A、B、C三种产品，每种产品的原材料消耗量、机械台时消耗量以及这些资源的限量，单位产品的利润如表1－3所示。

表1－3　　数据表

资源/产品	A	B	C	资源限量
原材料	1.0	1.5	4.0	2000
机械台时	2.0	1.2	1.0	1000
单位利润	10	14	12	

根据客户订货，三种产品的最低月需要量分别为200，250和100件，最大月销售量分别为250，280和120件。问如何安排生产计划，使总利润最大。

2）某石油企业要从以下10个可供选择的井位中选择5个进行钻探，要求使总的钻探费用为最小。若10个井位的代号为y_1，y_2，…，y_{10}，相应的钻探费用为c_1，c_2，…，c_{10}，并且井位的选择上要满足下列限制条件：①或选择y_1和y_7钻探，或选择钻探y_8；②若选择y_3钻探，就不能选y_4或y_5钻探；③y_5、y_6、y_7、y_8中最多只能选两个钻探。

3）某厂生产A、B、C三种产品，装配工作在同一生产线上完成，三种产品的工时消耗分别为6、8、10小时，生产线每月正常工作时间为200小时；三种产品销售后，每台可获利分别为500、650和800元；每月销售量预计为12、10和6台。该厂经营目标如下：①利润指标为每月16000元，争取超额完成；②充分利用现有生产能力；③可以适当加班，但加班时间不得超过24小时；④产量以预计销售量为准。试建立这个问题的目标规划模型。

……

(3) 所谓会“算”，就是根据问题的类型和模型，选择一个合适的计算方法，经济地求解出这个问题的最优解或满意解来。比如：

1）已知：

$$\min Z = 12x_1 + 8x_2 + 16x_3 + 12x_4$$

$$s.t.\begin{cases} 2x_1 + x_2 + x_3 \geqslant 2 \\ 2x_1 + 2x_2 + 4x_4 \geqslant 3 \\ x_1, x_2, x_3, x_4 \geqslant 0 \end{cases}$$

①写出此问题的对偶模型；

②用合适的方法求出对偶问题的最优解。

2）已知：

$$\min Z = P_1 d_1^- + P_2 d_2^+ + P_3(2d_3^- + d_4^-)$$

$$s.t.\begin{cases}x_1+x_2+d_1^- - d_1^+ = 40\\x_1+x_2+d_2^- - d_2^+ = 50\\x_1+d_3^- - d_3^+ = 24\\x_2+d_4^- - d_4^+ = 30\\x_1,x_2,d_i^-,d_i^+,i=1,2,\cdots,4\end{cases}$$

①用图解法求其满意解；

②并对结果进行分析。

3）已知某容量网络，如图1－2所示。（弧上数字为每段弧上允许通过的最大流转物的量）

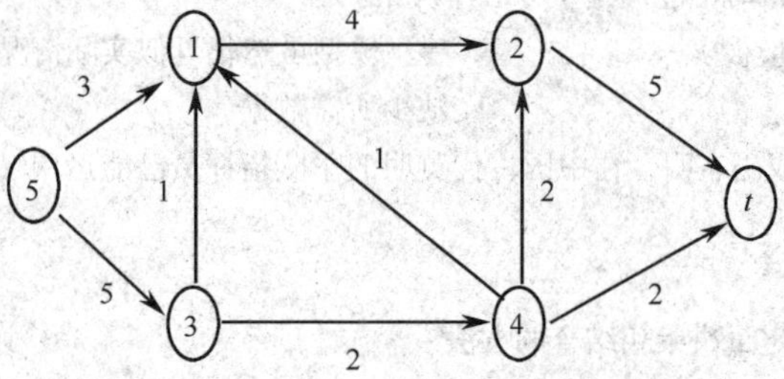

图1－2　某容量网络

①求出此网络的最大流；

②找出网络流达到最大时的瓶颈。

在第一章，你可能还不能够完全回答这些问题。因为运筹学的学习是一个循序渐进的过程，只要一直坚持对每章、每节所涉及的运筹学的最基本的问题都这样进行“说、写、算”的练习，就一定能很好地掌握运筹学的基本知识，能够比较清楚地回答这些问题，并且为后续专业课程的学习和进一步的提高学习打下良好的基础。

本书的目的就是要在管理者与运筹学之间架起一座桥梁，帮助使用者进一步了解运筹学技术，了解运筹学的重要性，使他们既懂得运用运筹学和咨询运筹学专家为各自的工作服务，又能看懂、理解和正确解释运筹学服务的结果，告诉他们在管理工作中如何使用运筹学进行更好的决策，创造更好的效益。

本章小结

运筹学是一门应用科学，它广泛应用现有的科学技术知识和数学方法，解决实际中提出的专门问题，为决策者选择最优决策提供定量依据。运筹学以系统为研究对象、以优化为目标、以模型为核心、以计算机为工具实施应用研究，与管理科学关系密切。本章主要介绍了运筹学的发展历史、研究步骤、研究内容、应用方向和未来展望，帮助读者对运筹学这门课程有一个整体的认识，为后面章节的学习打下基础。

习 题 1

一、选择题

1. 运筹学解决问题主要依靠（　　）。

A. 计算机模拟　　B. 定性分析　　C. 定量分析　　D. 经验的积累

2. （　　）是运筹学模型中最费时间的部分。

A. 了解环境　　B. 分析问题　　C. 建立模型　　D. 选择最优解

3. 运筹学为管理人员制定决策提供了（　　）。

A. 定性基础　　B. 定量基础　　C. 预测和计划　　D. 数学基础

4. 决策人员在（　　）时不能用定量方法作决策。

A. 决策问题复杂且变量很多　　B. 建立模型虽然很近似实际情况，但不能完全描述现实

C. 数学模型过于简单　　D. 缺少所需数据

5. “运筹帷幄”这句成语表明，在中国古代英明的军队指挥员已能运用（　　）。

A. 单纯的主观判断法

B. 定性决策方法

C. 定性决策与简单的定量决策相结合的方法

D. 只凭自己的经验决策的方法

6. 下列关于运筹学的优点中，不正确的是（　　）。

A. 凡是可以建立数学模型的问题，一定能用运筹学的方法求得最优解

B. 运筹学可以量化分析许多问题

C. 大量复杂的运筹学问题，可以借助计算机来处理

D. 对复杂的问题可以较快地找到最优的解决方法

二、填空题

1. 应用运筹学决策的一般步骤是：熟悉环境、分析问题、（　　）、收集数据、提出并验证解答、实施最优解。

2. 运筹学的三个来源是：军事、（　　）和（　　）。

3. 运筹学的核心主要是运用（　　）研究各种系统的优化途径及方案，为决策者提供科学决策的依据。

4. 运筹学的主要目的在于求得一个合理运用人力、物力和财力的（　　）。

5. 运筹学工作者的任务就是对问题的解决提出一种能预测某些（　　）与（　　）的模型。

6. 运筹学工作者拟定研究目标，即确定问题的（　　）及其（　　）。

三、简答题

1. 在运筹学工作者分析和定义待决策的问题时，首先要确定问题的范围，这个问题的范围是内部环境还是外部环境？为什么？

2. 数学模型的主要作用是什么？运筹学工作者的主要任务是什么？

3. 决策人员在什么情况下需要采用定量方法？

4. 一个笑话的运筹思维。

这是一个网上流传的笑话，笑完之后不得不敬佩主人公的智慧。

父亲对儿子说：我想给你找个媳妇。

儿子说：可我愿意自己找！

父亲说：但这个女孩子是比尔·盖茨的女儿！

儿子说：要是这样，可以。

然后父亲找到比尔·盖茨，说：我给你女儿找了一个老公。

比尔·盖茨说：不行，我女儿还小！

父亲说：可是这个小伙子是世界银行的副总裁！

比尔·盖茨说：啊，这样，行！

最后，父亲找到了世界银行的总裁，说：我给你推荐一个副总裁！

总裁说：可是我有太多副总裁了，多余！

父亲说：可是这个小伙子是比尔·盖茨的女婿！总裁说：这样呀，行！

这个笑话的精妙之处在哪里？

第2章　线性规划

线性规划（Linear Programming，LP）是运筹学中研究较早，理论和算法均比较成熟的一个重要分支。在管理科学领域中，规划是指将问题用数学工具建模并求解。线性规划最早是1939年由苏联数学家康托洛维奇（Канторович，1975年诺贝尔经济学奖获得者）在研究铁路运输的组织问题、工业生产的管理问题时提出来的。特别是在计算机能处理成千上万个约束条件和决策变量的线性规划问题之后，它的适用领域更为广泛了，已成为现代管理中经常采用的基本方法之一。在对财富500强公司的一项调查中，80%的被调查者声称使用了线性规划技术。相对于其他运筹学分支，线性规划理论完善，方法简单，应用广泛，是其他运筹学分支首先要阐明的基本知识。本章主要介绍线性规划数学模型、图解法、基本概念以及线性规划在工商管理中的一些典型应用，下一章介绍基本算法——单纯形法及其应用。

2.1　线性规划模型

线性规划是一种对问题进行求解的方法，可以帮助管理者制定决策。以下是几种应该使用线性规划方法的典型情况：

（1）制造者希望建立一个生产时间表和库存计划，以满足未来一段时间的市场需求。最理想的情况是，既满足市场上产品的需求，同时又使生产和库存的成本最低。

（2）金融分析员必须选择一种股票或证券进行投资。金融分析员希望使自己的投资有最大的回报率。

（3）营销经理希望能够从广播、电视、报纸、杂志这几种媒体中选择一种合适的组合，确定广告预算使自己的广告效益最好。

（4）公司的仓库分布于全国各地，现在有一些顾客订单，公司希望确定每个仓库的发货量，使总成本最低。

……

这些只是线性规划应用的一部分，但足可以看出线性规划广泛的应用。仔细观察，可以发现这些例子有个共同的特点：每个问题都要求实现目标函数值最大化或最小化。在第一个例子中，制造者希望实现成本最小化；在第二个例子中，金融分析员希望投资收益最大化；在第三个例子中，营销经理希望实现广告效益的最大化；在第四个例子中，公司希望实现运输成本的最小化，等等。在所有使用线性规划解决的问题中，目标都是实现某些量的最大化或最小化。

线性规划问题还有另一个特点，即一定存在约束条件，而且这些约束条件会影响目标的实现。在上面所列出的例子中，制造者应该努力制造出满足市场需要数量的产品，而且计划产量不可以超过公司的生产能力。金融分析员必须在总投资量一定的前提下，使自己的获利最大。营销经理希望使广告的效用最大，而前提是广告预算一定，广告所依托的媒体种类也一定。在运输的问题中，单个仓库的存储量是一定的。因此，具有约束条件也是线性规划问题所共有的一个特点。而这一切，在运筹学中都必须先采用模型的方法表达出来才能进行进一步的处理。

2.1.1　线性规划问题

运筹学的主要思维模式是“分析问题→建立模型→求解”，而最重要、也最难的一步是问题建模。问题建模是将语言文字上的问题转化为数学问题。虽然，实际生活中的每个问题都有其独特之处，但其中大部分还是有共性的。以下通过具体问题来说明如何建立线性规划模型。

【例 2-1】生产计划问题。某工厂近期要安排生产甲、乙两种产品，产品甲需要原料 A，产品乙需要原料 B，由于两种产品都在同一个设备上生产，且设备工时有限，管理者必须合理安排两种产品的产量，使得在资源有限的条件下获得利润最大。因此这个问题的决策目标是利润的最大化，研究者根据这一目标需要收集以下有关数据，如表 2-1 所示。

表 2-1　　甲、乙产品的生产信息

资源/消耗量/产品	甲	乙	资源成本	资源限量
原料 A	2	0	20（元/千克）	16（千克）
原料 B	0	2	15（元/千克）	10（千克）
加工设备	3	4	10（元/小时）	32（小时）
产品售价/元	73	75		

这些数据可以通过调研或估算得出。

解：分析建模

（1）设置变量：为了建立数学模型，引入变量：x_1 = 产品甲的产量；x_2 = 产品乙的产量；Z = 总利润。

（2）确定目标：由表 2-1 中给定的信息可知，每单位甲产品的利润为：$73-2\times20-0\times15-3\times10=3$（元/件），同理可算出乙产品的单件利润为 5 元/件，即两种产品各生产 x_1 和 x_2 件后可获总利润：$Z=3x_1+5x_2$。

（3）寻找约束：决策目标是如何确定 x_1、x_2 使得该厂获利最大，同时需满足资源约束。对于原料 A 和原料 B，有：

$$2x_1 \leqslant 16$$
$$2x_2 \leqslant 10$$

对于加工设备工时，有：$3x_1+4x_2 \leqslant 32$

（4）添加非负约束：因为我们研究的问题是客观存在的，故甲、乙两种产品的生产数量不可能是负值，因此，有如下对变量的非负约束：$x_1 \geqslant 0$，$x_2 \geqslant 0$。

综上所述，问题完整的数学模型现在可以用代数形式描述如下：

$$\max Z = 3x_1 + 5x_2$$
$$s.t.\begin{cases}2x_1 \leqslant 16\\ 2x_2 \leqslant 10\\ 3x_1+4x_2 \leqslant 32\\ x_1 \geqslant 0, x_2 \geqslant 0\end{cases}$$

其中“*s. t.*”是 subject to 的英文缩写，它表示所追求的目标“以……为条件”“假定”“满足”之意。

【例 2－2】靠近某河流有两个化工厂，如图 2－1 所示，流经第一化工厂的河流流量为每天 500 万米^3，在两个工厂之间有一条流量为每天 200 万米^3 的支流，第一化工厂每天排放含有某种有害物质的工业污水 2 万米^3，第二化工厂每天排放这种工业污水 1.4 万米^3。从第一化工厂排出的工业污水流到第二化工厂以前，有 20% 可自然净化，根据环保要求，河流中工业污水的含量应不大于 0.2%。这两个工厂都需各自处理一部分工业污水，第一化工厂处理工业污水的成本是 1000 元/万米^3，第二化工厂处理工业污水的成本是 800 元/万米^3。现在要问在满足环保要求的条件下，每厂各应处理多少工业污水，使这两个工厂总的处理工业污水费用最小。

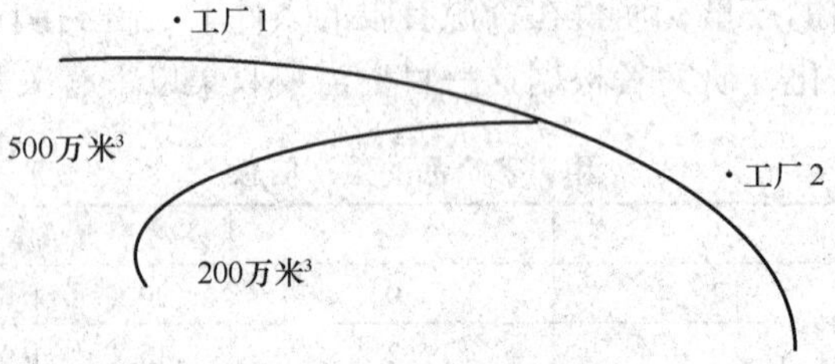

图 2－1　示意图

解：分析建模

设第一化工厂每天处理工业污水量为 x_1 万米^3，第二化工厂每天处理工业污水量为 x_2 万米^3，从第一化工厂到第二化工厂之间，河流中工业污水含量要不大于 0.2%，由此可得近似关系式：

$$(2-x_1)/500 \leqslant 2/1000$$

流经第二化工厂后，河流中的工业污水量仍要不大于 0.2%，这时有近似关系式：

$$[0.8(2-x_1)+(1.4-x_2)]/700 \leqslant 2/1000$$

由于每个工厂每天处理的工业污水量不会大于每天排放量，故有：$x_1 \leqslant 2$，$x_2 \leqslant 1.4$

这个问题的目标是要求两厂用于处理工业污水的总费用最小，即 $Z=1000x_1+800x_2$。综上所述，这个环保问题可用数学模型表示为：

$$\min Z = 1000x_1 + 800x_2$$

$$s.t. \begin{cases} x_1 \geqslant 1 \\ 0.8x_1 + x_2 \geqslant 1.6 \\ x_1 \leqslant 2 \\ x_2 \leqslant 1.4 \\ x_1, x_2 \geqslant 0 \end{cases}$$

这是两个比较典型的线性规划问题建模实例。一般来说，从实际问题中建立线性规划问题的数学模型可按照以下步骤进行：

第一步，定义问题。理解要解决的问题，明确在什么条件下，要追求什么目标，还有一些什么特殊要求等。

第二步，收集数据。收集原始数据是建立模型的依据，其内容是按所提出的问题，对分类、整理后的资料进行编撰，找出数据之间的联系，发现系统的规律，编出反映系统各因素之间相互关系的数据表。

第三步，定义变量。每个问题都用一组决策变量表示，当这组决策变量取具体值时就代表一个具体方案，一般对实际问题这些变量取值是非负的。

第四步，明确目标。用决策变量的线性函数形式写出所要追求的目标，即目标函数，按问题的不同，要求目标函数实现最大化或最小化。

第五步，确定限制条件。用一组决策变量的等式或不等式来表示在解决问题过程中所必须遵循的约束条件和满足的特殊要求。

第六步，添加非负约束。对于客观存在的事物，其取值不能为负值，所以在确定完正式约束后，还需要再添加上非负约束，使建立的模型更加完整、清楚。

建立模型是复杂的创造过程，它不仅是一门技术，而且是一门艺术。所建立的模型能否反映提出问题的实质是模型成功与否的标志。一般情况下，建立模型的准则：在准确地反映所提出问题的前提下，建立简单明了、通俗易懂的模型，切忌故弄玄虚，搞数学游戏，把本来已清楚的问题复杂化；同时也要注意把复杂系统简单化的倾向，也就是在建立模型时，要注意防止掉进过于简单的陷阱和陷入过于复杂的泥潭。

2.1.2　线性规划模型的一般形式

从以上两例可以看出，它们都是属于同一类优化问题，其共同特征是：①每一个问题都用一组决策变量 x_1，x_2，…，x_n 表示某一方案；这组决策变量的值就代表一个具体方案，一般这些变量取值是非负的。②存在一定的约束条件，这些约束条件用一组线性等式或不等式来表示。③都有一个要达到的目标，它可用决策变量的线性函数，即目标函数来表示，按问题的要求不同，要求目标函数实现最大化或最小化。

满足以上三个条件的数学模型称为线性规划的数学模型，其一般形式为：

$$\max(\min)Z = c_1x_1 + c_2x_2 + \cdots + c_nx_n \qquad \text{(目标函数,或实现最大化,或实现最小化)}$$

$$s.t.\begin{cases} a_{11}x_1 + a_{12}x_2 + \cdots a_{1n}x_n \leqslant (=,\geqslant)\ b_1 \\ a_{21}x_1 + a_{22}x_2 + \cdots a_{2n}x_n \leqslant (=,\geqslant)\ b_2 \quad \text{(资源约束)} \\ \cdots \quad \cdots \quad \cdots \quad \cdots \quad \cdots \quad \cdots \\ a_{m1}x_1 + a_{m2}x_2 + \cdots a_{mn}x_n \leqslant (=,\geqslant)\ b_m \\ x_1,\ x_2,\ \cdots\ x_n \geqslant 0 \quad \text{(非负约束)} \end{cases}$$

通常称目标函数中 x_j 的系数 c_j 为价值系数，b_i 表示第 i 种资源的拥有量，a_{ij} 称为技术系数，表示加工第 j 种产品一个单位需消耗第 i 种资源的量，它与不同企业的技术状况有关。

由此给出线性规划的一般定义：求一组变量的值，使之满足关于这组变量的若干个线性等式或不等式的约束条件，而且使这组变量的一个线性函数取得极大值或极小值，这些变量是取实数值的连续变量，称为决策变量，所要优化的函数称为目标函数，这样的问题称为线性规划。

简言之，线性规划问题就是在一组线性约束条件的限制下，求一个线性目标函数最大或最小的问题。

在不同的场合，线性规划模型还有其他的表示形式，如：

用∑可将上述模型简化成：

$$\max(\min)Z = \sum_{j=1}^{n} c_j x_j$$

$$s.t.\begin{cases}\sum_{j=1}^{n} a_{ij}x_j & \leqslant(=,\geqslant) \quad b_j \quad (i=1,\cdots,m)\\ x_j \geqslant 0 & \qquad (j=1,\cdots,n)\end{cases}$$

用向量形式表示时，上述模型可写为：

$$\max(\min)Z = CX$$

$$s.t.\begin{cases}\sum_{j=1}^{n} P_j x_j & \leqslant(=,\geqslant) \quad b\\ X \geqslant 0\end{cases}$$

式中 $C=(c_1,c_2,\cdots,c_n)$，$X=\begin{pmatrix}x_1\\x_2\\\vdots\\x_n\end{pmatrix}$，$P_j=\begin{pmatrix}a_{1j}\\a_{2j}\\\vdots\\a_{mj}\end{pmatrix}$，$b=\begin{pmatrix}b_1\\b_2\\\vdots\\b_m\end{pmatrix}$

用矩阵表示为：

$$\max(\min)Z = CX$$

$$s.t.\begin{cases}AX & \leqslant(=,\geqslant) \quad b\\ X \geqslant 0\end{cases}$$

其中

$$A=\begin{pmatrix}a_{11} & a_{12} & \cdots & a_{1n}\\ a_{21} & a_{22} & \cdots & a_{2n}\\ \cdots & \cdots & \cdots & \cdots\\ a_{m1} & a_{m2} & \cdots & a_{mn}\end{pmatrix}$$

称为约束方程组的系数矩阵。

建立了模型不是最终目的，我们期望得到变量的值，以便决策，故接下来必须寻找对LP模型求解的方法。

2.1.3 线性规划隐含的假定

线性规划要求目标函数和约束方程必须是线性函数隐含了如下假定：

（1）比例性假定：决策变量引起的目标函数的改变量和决策变量的改变量成比例，同样，每个决策变量的变化引起的约束方程左端值的改变的改变量和该变量的改变量成比例。比例性假定意味着每种经营活动对目标函数的贡献是一个常数，对资源的消耗也是一个常数。

（2）可加性假定：每个决策变量对目标函数和约束方程的影响是独立于其他变量的，目标函数值是每个决策变量对目标函数贡献的总和。

（3）连续性假定：线性规划问题中的决策变量应取连续值。

（4）确定性假定：线性规划中的所有参数都是确定的参数。线性规划问题是确定性问题，不包含随机因素。

上述隐含的假定条件是很强的，在现实生活中，完全满足这些条件的例子并不多见。因此在使用线性规划时必须注意我们面临的问题在什么程度上满足这些假定。如果不满足，那么不满足的程度有多大？当不满足的程度较大时，就应考虑使用其他方法，如非线性规划、整数规划或不确定性分析方法等。

2.2　线性规划图解法

2.2.1　线性规划的图解法

对于只有两个决策变量的线性规划模型可用图解法求解。虽然图解法难以推广到多变量的情形，但能帮助我们直观地理解求解的思路，并在此启发下帮助找出更一般的求解方法。

图解法具体步骤为：第一步，建立直角坐标系：以适当比例画出坐标系，并标注刻度。第二步，确定可行域：先找出每个函数约束的约束边界，用原点（或其他不在边界上的点）判断直线的哪一边是约束条件所允许的，然后再找出所有约束条件都同时满足的区域，即可行域；第三步，确定优化方向：给定目标函数一个特定的值 k，画出目标函数等值线，当 k 变化时，目标函数等值线将平行移动；对于目标函数最大化的问题，找出目标函数增加的方向；对于目标函数最小化的问题，找出目标函数减少的方向；第四步：确定极值。目标函数最后离开可行域的那个点（切点）即是我们要寻找的最优解。

以下用【例2-1】的问题来说明如何应用图解法来求解一个线性规划问题。

【例2-3】求解

$$\max Z = 3x_1 + 5x_2$$
$$s.t.\begin{cases} 2x_1 \leqslant 16 \\ 2x_2 \leqslant 10 \\ 3x_1 + 4x_2 \leqslant 32 \\ x_1 \geqslant 0, x_2 \geqslant 0 \end{cases}$$

解：首先，分别以 x_1，x_2为横坐标与纵坐标，建立平面直角坐标系；其次，根据约束条件在平面上画出相应区域（通常是凸多边形），解的取值范围就在该区域上，如图2-2中剖面线所示。

再次，先给出目标函数的一个值 Z_1，画出目标函数等值线，然后再给出一个值 Z_2，并使 $Z_2 > Z_1$，观察目标函数等值线的移动方向，图2-2中用箭头表示了目标函数的寻优方向。

最后，根据找到的优化方向，使目标函数等值线沿箭头所示方向平移，最后与 Q_3点相切，则此切点坐标就是该区域内使 Z 达到最大的决策变量的值，即最优解。此点对应的 Z 值就是最优值。

而 Q_3点的坐标也可由方程组解出 $\begin{cases} 2x_2 = 10 \\ 3x_1 + 4x_2 = 32 \end{cases}$，解得 $x_1 = 4$，$x_2 = 5$，$\max Z = 37$。

因为目标函数的等值线与可行域只有一个切点，故该问题有唯一最优解。

一般情况下，线性规划问题的解可能还有其他结果：无穷、无界和无解。以下通过实例说明。

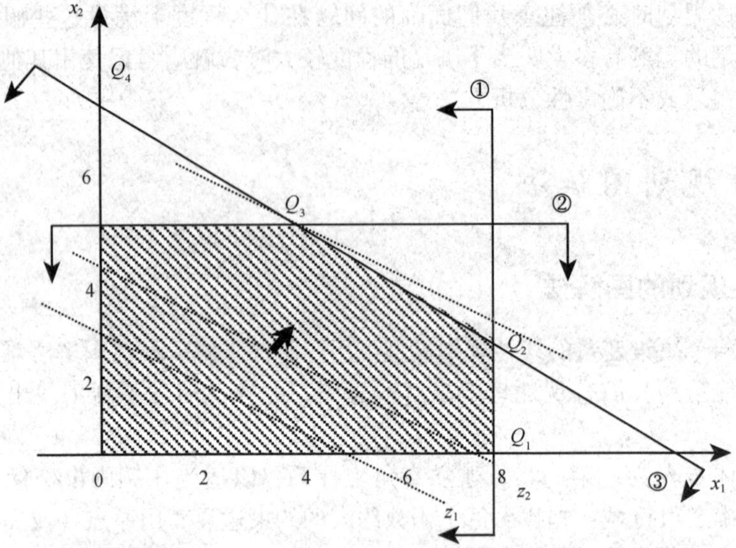

图 2－2　图解法图示

【例 2－4】无穷多最优解。考虑下列线性规划问题。

$$\max Z = 4x_1 + 6x_2$$

$$s.t.\begin{cases} x_1 \leqslant 6 \\ 2x_2 \leqslant 8 \\ 2x_1 + 3x_2 \leqslant 18 \\ x_1, x_2 \geqslant 0 \end{cases}$$

该问题有无穷多最优解。其特征是：当目标函数的斜率与构成可行域的某一约束的斜率相等时就可能出现这种情况。如本例中目标函数为求 $\max Z = 4x_1 + 6x_2$，则目标函数的等值线与边界线 $2x_1 + 3x_2 = 18$ 平行，即斜率相等，线段 BC 上的任意一点都使 Z 取得相同的最大值，此时线性规划问题有无穷多最优解，如图 2－3 所示。

【例 2－5】无界解。考虑下列线性规划问题：

$$\max Z = x_1 + x_2$$

$$s.t.\begin{cases} 2x_1 - x_2 \geqslant 3 \\ x_1 - 2x_2 \leqslant 4 \\ x_1, x_2 \geqslant 0 \end{cases}$$

在 x_1，x_2 坐标平面上作边界线 l_1、l_2，确定可行域，如图 2－4 中的阴影部分所示，可以看出可行域无界，为求最优解作等值线 $x_1 + x_2 = k$，当 k 由小变大时，等值线沿正法线方向 $(1, 1)^T$ 平行移动，无论 k 值增大多少，等值线上总有一段位于可行域内，因此，目标函数无上界，故该问题无有限最优解。

事实上，可行域无界时线性规划问题并不一定就是无界解，还可能唯一最优解，甚至无穷多最优解存在，这主要与目标函数优化的方向有关。如上例中当目标函数变为 $\min Z = x_1 + x_2$ 时，线性规划问题就有最优解 $x_1 = 3/2$，$x_2 = 0$，即目标函数在 A 点处取得最小值。所以对可行域为开集的情况，解存在的可能性就比较复杂，需要认真判断。

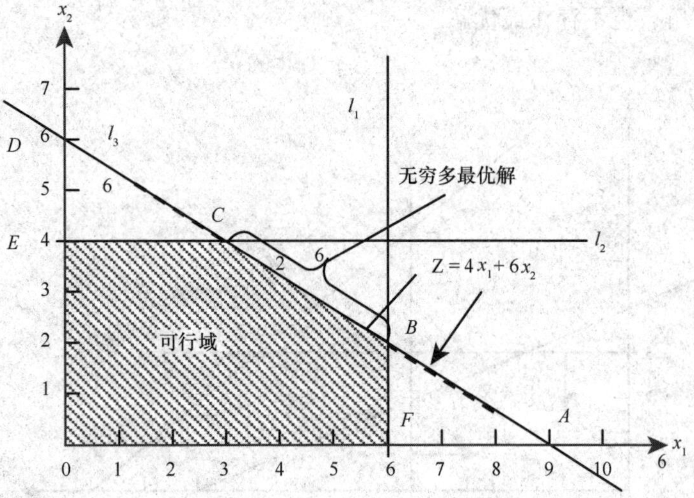

图 2－3　无穷多最优解情形

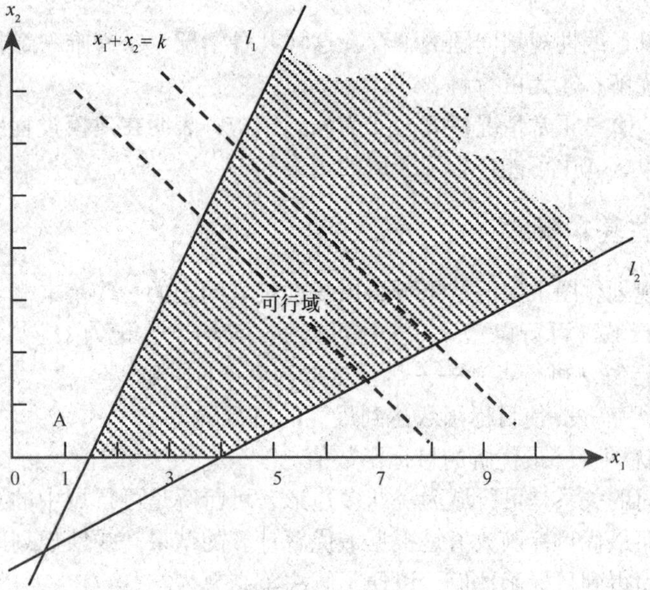

图 2－4　无界解情形

【例 2－6】无可行解。考虑下列线性规划问题：

$$\max Z = 2x_1 + 3x_2$$

$$s.t.\begin{cases} x_1 + 2x_2 \leqslant 8 \\ 4x_1 \leqslant 16 \\ 4x_2 \leqslant 12 \\ x_1 + x_2 \geqslant 10 \\ x_1, x_2 \geqslant 0 \end{cases}$$

该问题的可行域为空集，即没有一个点满足所有的约束条件，如图 2－5 所示。所以这个问题无可行解，也不存在最优解。

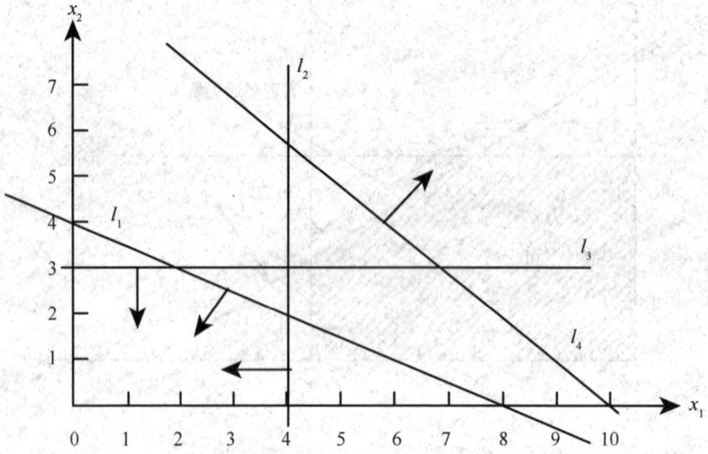

图 2－5　无可行解的情形

由此可见，线性规划问题的解存在这样几种情况：①有唯一最优解；②有无穷多最优解；③无最优解；④无可行解。

其中①、②是正常情况，③、④为病态结构，表明在建模过程中有错误，③中可能漏掉了一些约束，④中可能产生了矛盾的约束。

2.2.2　一些基本概念

由线性规划作图求解的结果可给出线性规划问题的一些基本概念：

（1）可行域（可行集）——全体可行解的集合，常记为 Ω。

（2）可行解（可行点）——满足全部约束条件的解。

（3）最优解——使目标函数达到最优的可行解。

（4）最优值——最优解的目标函数值。

它们之间的关系是可行域为一凸多边形，可行解是可行域中的点集，最优解是可行解中的子集，而最优目标函数值是根据最优解计算的结果。线性规划问题求解就是设法找出最优解，从而得到目标函数值，以便了解决策结果。

2.2.3　图解法的几何意义

图解法的优点是简单直观，但由于受到维数限制，能求解问题的变量个数不能超过两个。所以说，图解法的使用是有局限性的。那么图解法的价值在哪里呢？由图解法的求解结果可发现线性规划问题：

（1）可行域为一个凸集。

（2）如果有最优解，其必在可行域的某一个顶点上找到。

（3）可行域的顶点个数是有限的。

（4）若在两个顶点同时得到最优解，则其连线上的所有点都是最优解。

故，对一般线性规划问题要寻找最优解，只需在可行域边界的顶点上去找。将寻优问题大大简化，这才是我们学习图解法的真正价值，它为我们寻找一般算法指明了方向。对于含有三个或三个以上变量的线性规划问题通常都使用单纯形求解，这将在下一章详解。

特别提示：

（1）用图解法求解时，要求坐标轴的刻度要准确，否则判断可能会出现差错。

（2）在线性规划解的类型中，“无界解”与“无可行解”有着完全不同的名义。无界解有可行解，但在有限范围内没有最优解，但是无可行解则是约束条件出现矛盾导致无解。

2.3　线性规划在工商管理中的应用

虽然线性规划在实际当中应用广泛，但是它不是万能的。一般说来，一个工商管理问题满足这样一些条件时才能适用线性规划求解：①实际问题所要达到的目标能用数值指标的线性函数表示；②存在多种实现目标的可行方案；③要实现的目标受到一定条件的制约，而这些条件均能用线性方程（等式或不等式）描述。

对满足上述条件的实际问题，能否成功地应用线性规划加以解决，关键在于能否恰当地建立其线性规划模型，简称建模。由于实际问题的复杂性，这往往是最困难的工作。本节仅介绍线性规划的几种典型问题，以便读者对线性规划的应用概况有个初步了解。更为复杂的实例以及有关建模的更深的内容，可参阅线性规划案例和数学建模等专著。

对于经过概括、抽象而简化了的实际问题，一般可按照①决策变量；②约束条件；③目标函数的次序，逐步建立其线性规划模型。其中步骤①至关重要，模型的好坏以及成败与否，在很大程度上取决于决策变量选定得如何，因此，恰当地设计决策变量是建模的首要环节。

【例2－7】某昼夜服务的公交线路每天各时间段内所需司机和乘务人员数如表2－2所示。

表2－2　　各时段所需司乘人数

班次	时间	所需人数
1	6：00～10：00	60
2	10：00～14：00	70
3	14：00～18：00	60
4	18：00～22：00	50
5	22：00～2：00	20
6	2：00～6：00	30

设司机和乘务人员分别在各时间段一开始时上班，并连续工作8h，问该公交线路怎样安排司机和乘务人员，既能满足工作需要，又配备最少司机和乘务人员？

解法1：

分析：决策变量：设 x_i 表示第 i 时段上班的人数；约束条件：各时段的工作人员不能少于需求，例如第一时段：$x_1 \geqslant 60$，其余以此类推；目标函数：对公司来说，当然是总的雇佣人数越少越好。

由此得完整的数学模型如下：

$$\min Z = x_1 + x_2 + x_3 + x_4 + x_5 + x_6$$

$$s.t.\begin{cases} x_1 \geqslant 60 \\ x_2 \geqslant 70 \\ x_3 \geqslant 60 \\ x_4 \geqslant 50 \\ x_5 \geqslant 20 \\ x_6 \geqslant 30 \\ x_j \geqslant 0 \end{cases}$$

用 WinQSB 软件求解，得 $X^* = (60, 70, 60, 50, 20, 30)$；$Z^* = 290$，但实际的最优值 = 150。

这是为什么呢？因为按解法 1 设置的变量不独立，在同一时段内上班的人数有不同时间开始的。

解法 2：

分析：决策变量：设 x_i 表示第 i 班次时开始上班的司机和乘务人员数；约束方程：在第一时段上班的人有从早上六点开始的，还有从夜间两点开始没有下班的人，因为每个班次上班的工作人员要连续工作 8 小时，故对第一时段有 $x_1 + x_6 \geqslant 60$，其余时段表达式与此类似；目标函数：从公司追求来看，当然是总使用的人数为最小。

由此得完整的数学模型如下：

$$\min Z = x_1 + x_2 + x_3 + x_4 + x_5 + x_6$$

$$s.t.\begin{cases} x_1 + x_6 \geqslant 60 \\ x_1 + x_2 \geqslant 70 \\ x_2 + x_3 \geqslant 60 \\ x_3 + x_4 \geqslant 50 \\ x_4 + x_5 \geqslant 20 \\ x_5 + x_6 \geqslant 30 \\ x_1, x_2, \cdots, x_6 \geqslant 0, \text{且为整数} \end{cases}$$

人力资源管理是企业管理中很重要的一个问题。对此，我们可借助此题的分析思路，对类似问题进行分析建模和求解，以解决相似的实际问题。

思考题 1：一个企业每周七天都要生产或营业，每个工作人员每周连续工作 5 天，根据统计，每天的上班人数分别为 60、40、50、30、65、70 和 75 人，问该企业至少需要多少个职工？

思考题 2：某医院在每天各时段内需护士人数如表 2－3 所示。

表 2－3　　所需护士人数

时段	6：00～8：00	8：00～14：00	14：00～16：00	16：00～22：00	22：00～6：00
需护士人数	25	35	32	28	22

该医院安排 4 个护士上班班次：早班 6：00～14：00，白班 8：00～16：00，晚班 14：00～22：00，夜班 22：00～6：00（次日），每名护士每天值一个班次。

（1）该医院每天至少需要多少名护士才能满足值班需要？

（2）有人提议为简化管理，只设早、晚、夜三个班，取消白班，这种情况下又需要多少名护士能满足值班需要？

对（1）（2）两种情况分别建立数学模型，不需求解，但需做出直观判断，哪一种情况需要护士数多一些，为什么？

【例 2－8】某汽车公司有资金 600 000 元，打算用来购买 A，B，C 三种汽车，已知汽车 A 每辆为 10000 元，汽车 B 每辆为 20000 元，汽车 C 每辆为 23000 元，又汽车 A 每辆每班需要一名司机，可完成 2100 吨·千米；汽车 B 每辆每班需要两名司机，可完成 3600 吨·千米；汽车 C 每辆每班需要两名司机，可完成 3780 吨·千米。每辆汽车每天最多安排三班，每个司机每天最多安排一班，限制购买汽车不超过 30 辆，司机不超过 145 人。问：每种汽车购买多少辆，可使每天的吨·千米总数最大？

解：设购买的汽车 A 中，每天只安排一班的为 A_1 辆，每天只安排两班的为 A_2 辆，每天安排三班的为 A_3 辆；同理，设有变量 B_1，B_2，B_3 和 C_1，C_2，C_3，于是可得目标函数为：

$$\max Z = 2100A_1 + 4200A_2 + 6300A_3 + 3600B_1 + 7200B_2 + 10800B_3 + 3780C_1 + 7560C_2 + 11340C_3$$

$$s.t.\begin{cases} 10000(A_1 + A_2 + A_3) + 20000(B_1 + B_2 + B_3) + 23000(C_1 + C_2 + C_3) \leqslant 600000 \\ A_1 + A_2 + A_3 + B_1 + B_2 + B_3 + C_1 + C_2 + C_3 \leqslant 30 \\ A_1 + 2A_2 + 3A_3 + 2B_1 + 4B_2 + 6B_3 + 2C_1 + 4C_2 + 6C_3 \leqslant 145 \\ A_i \geqslant 0, B_i \geqslant 0, C_i \geqslant 0 \text{ 且为整数}(i = 1,2,3) \end{cases}$$

此题可用 WinQSB 软件求得最优解，此处从略。

【例 2－9】某公司生产甲、乙、丙三种产品，都需要经过铸造、机加工和装配三个车间。甲、乙两种产品的铸件可以外包协作，亦可以自行生产，但产品丙必须本厂铸造才能保证质量。数据如表 2－4 所示。问：公司为了获得最大利润，甲、乙、丙三种产品各生产多少件？甲、乙两种产品的铸造中，由本公司铸造和由外包协作各应多少件？

表 2－4　　生产数据

	甲	乙	丙	资源限制
铸造工时（小时/件）	5	10	7	8000
机加工工时（小时/件）	6	4	8	12000
装配工时（小时/件）	3	2	2	10000
自产铸件成本（元/件）	3	5	4	
外协铸件成本（元/件）	5	6	—	
机加工成本（元/件）	2	1	3	
装配成本（元/件）	3	2	2	
产品售价（元/件）	23	18	16	

解：设 x_1，x_2，x_3 分别为三道工序都由本公司加工的甲、乙、丙三种产品的件数，x_4，x_5 分别为由外协铸造再由本公司机加工和装配的甲、乙两种产品的件数。求 x_i 的利润：利

润=售价-成本，如甲产品单件利润：售价23-自铸3-机加2-装配3=15；其余类似，可得到x_i（$i=1, 2, \cdots, 5$）的利润分别为15、10、7、13、9元。

$$\max Z = 15x_1 + 10x_2 + 7x_3 + 13x_4 + 9x_5$$

$$s.t.\begin{cases} 5x_1 + 10x_2 + 7x_3 \leqslant 8000 \\ 6x_1 + 4x_2 + 8x_3 + 6x_4 + 4x_5 \leqslant 12000 \\ 3x_1 + 2x_2 + 2x_3 + 3x_4 + 2x_5 \leqslant 10000 \\ x_1, x_2, \cdots, x_5 \geqslant 0 \end{cases}$$

用WinQSB可求得最优解：$x_1=1600$，$x_2=x_3=x_4=0$，$x_5=600$，即甲产品自己生产1600件，乙产品外协600件，可获得最大利润29400元。

【例2-10】某部门现有资金200万元，今后五年内考虑给以下的项目投资。已知：项目A：从第一年到第五年每年年初都可投资，当年末能收回本利110%；项目B：从第一年到第四年每年年初都可投资，次年末能收回本利125%，但规定每年最大投资额不能超过30万元；项目C：需在第三年年初投资，第五年年末能收回本利140%，但规定最大投资额不能超过80万元；项目D：需在第二年年初投资，第五年年末能收回本利155%，但规定最大投资额不能超过100万元。

据测定每万元每次投资的风险指数如表2-5所示。

表2-5　　风险指数

项目	A	B	C	D
风险指数（次/万元）	1	3	4	5.5

问：a）应如何确定这些项目的每年投资额，使得第五年年末拥有资金的本利金额为最大？b）应如何确定这些项目的每年投资额，使得第五年年末拥有资金的本利在330万元的基础上使得其投资总的风险系数为最小？

解：a）投资拥有本利金额最大

1）确定决策变量：连续投资问题

设x_{ij}（$i=1\sim5$，$j=1, 2, 3, 4$）表示第i年年初投资于A（$j=1$）、B（$j=2$）、C（$j=3$）、D（$j=4$）项目的金额。这样我们建立如下决策变量：

A：x_{11}，x_{21}，x_{31}，x_{41}，x_{51}

B：x_{12}，x_{22}，x_{32}，x_{42}

C：x_{33}

D：x_{24}

2）约束条件：

第一年：A当年年末可收回投资，故第一年年初应把全部资金投出去，于是：$x_{11} + x_{12} = 200$

第二年：B次年年末才可收回投资，故第二年年初的资金为$1.1x_{11}$，于是：$x_{21} + x_{22} + x_{24} = 1.1x_{11}$

第三年：年初的资金为$1.1x_{21} + 1.25x_{12}$，于是：$x_{31} + x_{32} + x_{33} = 1.1x_{21} + 1.25x_{12}$

第四年：年初的资金为$1.1x_{31} + 1.25x_{22}$，于是：$x_{41} + x_{42} = 1.1x_{31} + 1.25x_{2}$

第五年：年初的资金为 $1.1x_{41}+1.25x_{32}$，于是：$x_{51}=1.1x_{41}+1.25x_{32}$

B、C、D 的投资限制：$x_{i2}\leqslant 30$（$i=1,2,3,4$），$x_{33}\leqslant 80$，$x_{24}\leqslant 100$

3）目标函数及模型：

a）

$$\max Z = 1.1x_{51}+1.25x_{42}+1.4x_{33}+1.55x_{24}$$

$$s.t.\begin{cases} x_{11}+x_{12}=200 \\ x_{21}+x_{22}+x_{24}=1.1x_{11} \\ x_{31}+x_{32}+x_{33}=1.1x_{21}+1.25x_{12} \\ x_{41}+x_{42}=1.1x_{31}+1.25x_{22} \\ x_{51}=1.1x_{41}+1.25x_{32} \\ x_{i2}\leqslant 30(i=1,2,\cdots,4) \\ x_{23}\leqslant 80, x_{24}\leqslant 100 \\ x_{ij}\geqslant 0(i=1,2,\cdots,5;j=1,2,\cdots,4) \end{cases}$$

b）同理，要使所进行的投资风险最小，且第五年年末拥有资金的本利不低于 330 万元，则有如下模型：

$$\min Z = 1\times(x_{11}+x_{21}+x_{31}+x_{41}+x_{51})+3\times(x_{12}+x_{22}+x_{32}+x_{42})+4x_{33}+5.5x_{24}$$

$$s.t.\begin{cases} x_{11}+x_{12}\leqslant 200 \\ x_{21}+x_{22}+x_{24}\leqslant 1.1x_{11} \\ x_{31}+x_{32}+x_{33}\leqslant 1.1x_{21}+1.25x_{12} \\ x_{41}+x_{42}\leqslant 1.1x_{31}+1.25x_{22} \\ x_{51}\leqslant 1.1x_{41}+1.25x_{32} \\ x_{i2}\leqslant 30(i=1,2,\cdots,4), x_{23}\leqslant 80, x_{24}\leqslant 100 \\ 1.1x_{51}+1.25x_{42}+1.4x_{33}+1.55x_{24}\geqslant 330 \\ x_{ij}\geqslant 0(i=1,2,\cdots,5;j=1,2,\cdots,4) \end{cases}$$

【例 2－11】某公司拟在下一年的 1～4 月的 4 个月内租用仓库堆放物资。已知各月所需仓库面积如表 2－6 所示。仓库租借费用随合同期而定，期限越长，折扣越大，具体如表 2－7 所示。该公司可根据需要在任何一个月月初办理租借合同，每次办理时可签订各类合同。试建立总租借费用最小的租借计划。

表 2－6　公司各月所需仓库面积

月份	1	2	3	4
面积/100m^2	12	20	15	10

表 2－7　不同租借面积的费用

租借期限	1 个月	2 个月	3 个月	4 个月
合同期内租费/（元/100m^2）	2000	3200	4200	4800

解：根据公司的要求，可以设计公司可能签订的合同的种类，设决策变量为 x_{ij}（$i,j=1,2,3,4$）为第 i 月月初公司签订租借期为 j 个月的合同所租借的面积数。于是，得到如下数学模型：

$$\min Z = 2000(x_{11} + x_{21} + x_{31} + x_{41}) + 3200(x_{12} + x_{22} + x_{32}) + 4200(x_{13} + x_{23}) + 4800x_{14}$$

$$s.t.\begin{cases} x_{11} + x_{12} + x_{13} + x_{14} \geqslant 12 \\ x_{21} + x_{22} + x_{23} + x_{12} + x_{13} + x_{14} \geqslant 20 \\ x_{31} + x_{22} + x_{32} + x_{13} + x_{23} + x_{14} \geqslant 15 \\ x_{41} + x_{32} + x_{23} + x_{14} \geqslant 10 \\ x_{ij} \geqslant 0(i = 1,2,4; j = 1,2,3,4) \end{cases}$$

【例 2-12】某厂生产一种产品，该产品在未来 5 个月的需求量、每个月最大生产能力和单位生产成本如表 2-8 所示。

表 2-8　　产品生产信息

月份	1	2	3	4	5
需求量 d_j	11	15	22	23	15
生产成本 c_j	8	7	6	4	10
最大生产能力 k_j	31	22	30	15	16

另外，每件产品每月的存储费用为 2 元，假定 1 月初库存为 5 件。

管理层希望制定合理的月生产计划，既满足需求又使总生产成本最低。试建立此问题的一般线性规划模型。

解：设第 j 月生产量为 x_j 件，需求量为 d_j，上月未交货量（第 j 月月初库存）为 s_{j-1}，本月未交货量（第 $j+1$ 月月初库存）为 s_j，单位生产成本为 c_j，单位存储费为 B 和最大生产能力为 k_j。

则第 j 月所发生的产品流转与费用如图 2-6 所示。

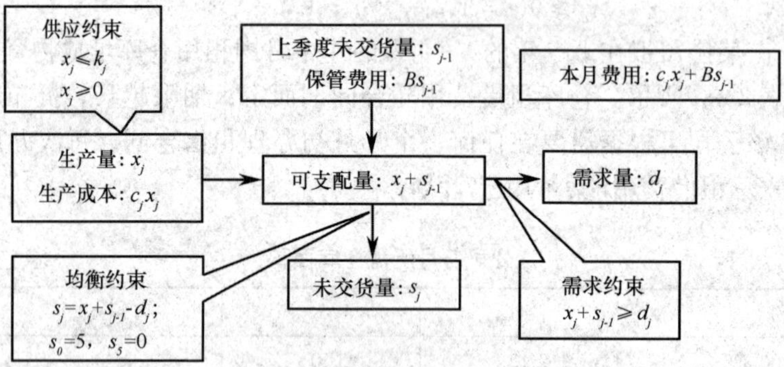

图 2-6　变量之间的关系

$$\min Z = 16x_1 + 13x_2 + 10x_3 + 6x_4 + 10x_5 - 272$$

$$s.t.\begin{cases} x_1 + 5 \geqslant 11 \\ x_1 + x_2 - 6 \geqslant 15 \\ x_1 + x_2 + x_3 - 21 \geqslant 22 \\ x_1 + x_2 + x_3 + x_4 - 43 \geqslant 23 \\ x_1 + x_2 + x_3 + x_4 + x_5 - 66 = 15 \\ 0 \leqslant x_1 \leqslant 31, 0 \leqslant x_2 \leqslant 22, 0 \leqslant x_3 \leqslant 30, 0 \leqslant x_4 \leqslant 15, 0 \leqslant x_5 \leqslant 16 \end{cases}$$

目标函数的形成：$Z=(8x_1+7x_2+6x_3+4x_4+10x_5)+2((x_1-6)+(x_1+x_2-21)+(x_1+x_2+x_3-43)+(x_1+x_2+x_3+x_4-66))$

$=16x_1+13x_2+10x_3+6x_4+10x_5-272$

从以上几个案例可以看出，线性规划是解决稀缺资源最优分配的有效方法，使付出的费用最小或获得的收益最大。它是辅助人们进行科学管理的一种数学方法。线性规划是运筹学中最基本的方法之一。网络规划、整数规划、目标规划和多目标规划等都是以线性规划为基础的。提高一个经济系统的效率一般有两种途径：一是技术方面的改进，例如改善生产工艺，使用新设备和新型原材料；二是对系统的组织与计划进行改进，即合理利用人力、物力、财力等资源，以使系统的运行达到最佳状态。线性规划能通过这两种途径来提高系统的利用率，因此，也得到了经济学家的重视。

（1）1960 年康托洛维奇和库伯斯（Koopmans）的“最佳资源利用的经济计算”，因为资源分配理论的贡献而获 1975 年诺贝尔奖。

（2）冯·诺依曼（Von Neumann）和摩根斯坦（Morgenstern）1944 年发表的《对策论行为》涉及与线性规划等价的对策问题及线性规划的对偶理论。

（3）自 1964 年诺贝尔奖设经济学奖后到 1992 年，28 年间的 32 名获奖者中有 13 人（40%）从事过与线性规划有关的研究工作，其中比较著名的有 Simon，Samullson，Leontief，Aroow，Miller 等。

线性规划可以运用于经济管理、交通运输、工农业生产等经济活动中，表 2－9 列出了其中的一部分，可作为研究应用时的参考。

表 2－9　线性规划的应用

应用领域	目　标	约　束
制造业	确定产量，使利润最大化	①可用工人数量；②可用资源数量
财务	合理分配资金，使期望收益最大化	①经营的多样化；②可接受的风险水平
广告	选择媒体组合，使得针对特定人群的广告效应最大化	①预算；②广告的持续时间
员工培训	在组建员工团队时，有效分配员工进行生产与培训活动，以使得总利润最大化	①生产额度；②培训者与受训者的可用数量
建筑	为满足特定的生产要求对任务及人力合理分配	①任务之间的次序关系；②项目截止日期
炼油	将原油掺入不同等级的汽油中	①原油供给与不同等级汽油的需求；②为同等级汽油所需的特性
运输	对物资的运输进行规划，使得运输成本最小	①产品的供给/需求；②装载量
农业	确定轮作计划，使得长期利润最大化	①粮食的预期需求；②轮作限制
军事	对军队及物资进行规划，完成军事任务	①可用部队；②物资运输

线性规划运用广泛的原因是：

（1）大部分结构化决策问题可以表示为线性规划模型。

（2）线性规划有十分有效的算法——单纯形法。

（3）线性规划便于灵敏度分析（或称为最优解分析），可有效提高模型的使用价值。

因此，运筹学的学习和研究一般要从线性规划开始。

本章小结

线性规划主要解决紧缺资源的分配问题。线性规划的数学模型包括三要素：决策变量、目标函数和约束条件。线性规划问题的解有 4 种情况：①有唯一最优解；②有无穷多最优解，但最优解值唯一；③有可行解，但在有限范围内无最优解，即为无界解；④没有可行解。本章介绍了求解线性规划问题的一个最简单的方法：图解法，其主要目的是想通过直观的图示，发现求解线性规划问题的一般规律，为寻找通用算法打下基础。最后介绍了线性规划在经济管理领域中的应用以及如何用 WinQSB 软件对线性规划问题进行求解。这是运筹学学习的难点，但是是最有用的，需要我们认真用心体会，从而找到解决实际问题的窍门。

习　题　2

一、判断题

1. 在线性规划的模型中全部变量要求是整数。(　　)
2. 如果一个线性规划问题有两个不同的最优解，则它有无穷多个最优解。(　　)
3. 如果一个线性规划问题有可行解，就一定有最优解。(　　)
4. 线性规划的基本类型是“max”型问题。(　　)
5. 图解法提供了求解线性规划问题的通用方法。(　　)
6. 线性规划问题的可行解集不一定是凸集。(　　)
7. 若线性规划问题的可行域无界，则该线性规划问题一定没有最优解。(　　)
8. 若线性规划模型的可行域非空有界，则其顶点中必存在最优解。(　　)
9. 线性规划数学模型中的决策变量必须是非负的。(　　)
10. 凡具备优化、限制、选择条件且能将有关条件用关于决策变量的线性表达式表示出来的问题可以考虑用线性规划模型来处理。(　　)

二、选择题

1. 建立模型的一个基本理由是去揭晓那些重要的或有关的（　　）。

A. 数量　　B. 变量

C. 约束条件　　D. 目标函数

2. 线性规划模型不包括下列（　　）要素。

A. 目标函数　　B. 约束条件

C. 决策变量　　D. 状态变量

3. 下面（　　）不属于构成线性规划问题的必要条件。

A. 有一个待实现的目标　　B. 有若干个可供选择的方案

C. 所有资源具有一定的约束限制　　D. 明确求目标函数的极大值

4. 关于线性规划模型，下面（　　）的叙述正确。

A. 约束方程的个数多于一个

B. 求极大值问题时，约束条件都是小于或等于号

C. 求极小值问题时，目标函数中变量的系数均为正

D. 变量的个数一般多于约束方程的个数

5. 对于线性规划问题，下列说法正确的是（　　）。

A. 线性规划问题可能没有可行解

B. 用图解法求线性规划问题时，其可行解区域都是“凸”区域

C. 线性规划问题如果有最优解，则最优解一定可以在可行解区域的某一顶点上达到

D. 上述说法都正确

6. $\min Z=3x_1+4x_2$，$x_1+x_2\geqslant 4$，$2x_1+x_2\leqslant 2$，x_1，$x_2\geqslant 0$，则（　　）。

A. 无可行解　　B. 有唯一最优解

C. 有多重最优解　　D. 无界解

7. 用图解法求解一个关于最大利润的线性规划问题时，若其等利润线与可行解域相交，但不存在可行解域最边缘的等利润线，则该线性规划问题有（　　）而无最优解。

A. 最优解　　B. 可行解

C. 基解　　D. 基可行解

8. 若线性规划问题的最优解同时在可行域的两个顶点达到，则该问题的最优解有（　　）个。

A. 无穷多个　　B. 过这两点的整条直线

C. 不可能发生　　D. 有两个

9. 线性规划问题有可行解且凸多边形无界，这时（　　）。

A. 没有无界解　　B. 没有可行解

C. 可能有无界解　　D. 有有限最优解

10. 用图解法求解线性规划问题时，等利润（成本）线意味着（　　）。

A. 所有各条等利润（成本）线代表的利润（成本）相等

B. 多条等利润（成本）线将可行解区分割成多个等利润（成本）的区域

C. 每条等利润（成本）线包围一个等利润（成本）值区域

D. 每条等利润（成本）线代表一个利润（成本）值

三、简答题

1. 线性规划研究的是什么样的问题？

2. 为什么在建立线性规划问题时需要先确定决策变量？

3. 在线性规划模型中是不是要求所有的变量 x_j 都大于零呢？

4. 什么是可行解和最优解？

5. 用图解法求解时，线性规划的解有哪几种情况？

6. 线性规划都有哪些隐含假定？

四、计算、建模题

1. 用图解法求解下列线性规划问题，并指出哪些问题具有唯一最优解、无穷最优解、无界解还是无可行解。

（1）$\min Z=2x_1+3x_2$

$$s.t.\begin{cases}4x_1+6x_2\geqslant 6\\4x_1+2x_2\geqslant 4\\x_1,x_2\geqslant 0\end{cases}$$

（2）$\max Z=3x_1+2x_2$

$$s.t.\begin{cases}2x_1+x_2\leqslant 2\\3x_1+4x_2\geqslant 12\\x_1,x_2\geqslant 0\end{cases}$$

(3) $\max Z = x_1 + x_2$

$$s.t.\begin{cases}6x_1 + 10x_2 \leqslant 120\\ 5 \leqslant x_1 \leqslant 10\\ 3 \leqslant x_2 \leqslant 8\end{cases}$$

(4) $\max Z = 5x_1 + 6x_2$

$$s.t.\begin{cases}2x_1 - x_2 \geqslant 2\\ -2x_1 + 3x_2 \leqslant 2\\ x_1, x_2 \geqslant 0\end{cases}$$

2. 某厂准备生产A、B、C三种产品，各种产品原料消耗量、机械台时占用量、单位产品盈利等数据如表2-10所示。

表2-10　　习题2数据

产品资源	A	B	C	资源限量
原料（千克）	1.0	1.5	4.0	2000
机械台时（台时）	2.0	1.2	1.0	1000
单位盈利（元/千克）	10	14	12	

根据客户订货，三种产品最低月需求量分别为200、250、100件；又根据工厂生产部门预测，三种产品最大生产能力分别为250、300、150件；试建立月份盈利最大的最优化模型。

3. 恒业投资公司有100万资金可用于A、B和C三个项目的投资，每个项目的投入产出情况如下：

项目A：当年投入1元钱，一年后可收回0.1元，三年后可收回1.4元。

项目B：当年投入1元钱，一年后可收回0.2元，三年后可收回1.3元。

项目C：当年投入1元钱，三年后可收回1.6元。

每个项目的最大投资额为50万元，此外，公司还可将钱存入银行，存款利息为每年10%。请构造一个使该公司三年后收益最大的线性规划模型。

4. 一个企业每周7天都要生产或营业，每个工作人员每周连续5天，据分析每天的上班人数分别为60、40、50、30、65、70和75人，问该企业至少需要多少个职工？

5. 某昼夜服务的公交线路每天各时间区段所需司机和乘务员人数如表2-11所示。设司机和乘务人员分别在各时间区段一开始时上班，并连续工作8小时，问该公交线路至少需配备多少名司机和乘务人员，试列出这个问题的线性规划模型。

表2-11　　每班次对司机和乘务人员的需求情况

班次	时间	所需司机人数/人	所需乘务人员人数/人
1	6：00—10：00	20	10
2	10：00—14：00	12	6
3	14：00—18：00	20	10
4	18：00—22：00	16	8
5	22：00—2：00	10	5
6	2：00—6：00	8	4

6. 某厂生产A、B、C三种产品，消耗三种资源，已知单位产品消耗资源数量及单位产品销售利润如表2-12所示。一个月内生产上可利用的煤为P吨，可利用的工时为Q小时，工厂在一个月内完成的利润不少于R元，在恰好用完工时的条件下，如何安排生产，可使耗电量最省？

表 2－12　　习题 6 数据资料

产品/能源	煤/吨	工时/小时	电/度	利润/元
产品 A	8	20	5	85
产品 B	6	18	8	96
产品 C	10	15	6	100

五、案例研究

1. 线性规划法在工程项目投标决策中的应用。某承包企业在同一时期内有八项工程可供选择投标，其中有五项住宅工程，三项工业车间工程。由于这些工程要求同时施工，而企业又没有能力同时承担，这就需要根据自身的能力，分析这两类工程的盈利水平，做出正确的投标方案。有关数据见表 2－13。

表 2－13　　可供选择投标工程的有关数据统计

工程类型	预期利润/元	抹灰量/m^2	混凝土量/m^3	砌筑量/m^3
住宅每项	50000	25000	280	4200
工业车间每项	80000	480	880	1800
企业尚有能力		108000	3680	13800

2. 库存控制问题。赛欧帆船公司在年初的时候要确定年内 4 个季度的生产计划安排。根据以往的历史数据做出的市场预测是：一季度市场需求量为 30 艘，二季度市场需求量为 60 艘，三季度市场需求量为 75 艘，四季度市场需求量为 25 艘。公司必须确保能够满足这些市场需求。每个季度期初开始生产，每个季度最大的产能是 40 艘，所需成本为每艘 400 元。如果安排加班生产，则加班生产的数量不能超过 20 艘，加班生产的单位成本为 450 元/艘。如果没有销售出去，每艘帆船每季度的库存持有成本是 20 元。赛欧公司的年度生产计划该如何安排才能实现生产成本和库存成本的最小化。

第3章　单纯形法

通过第二章的学习，我们已了解到通过几何做图的方法可以求得线性规划问题的最优解，而且这种方法简单直观，初学者容易接受。但是，图解法最大的不足是受维数的限制，其问题模型中变量的个数一般不能超过 2 个，这显然不符合实际情况，因为实际当中的问题，通常变量的个数都远远多于 2 个，所以我们需要另外开辟思路，寻找更通用的算法。1947 年，美国学者丹捷格（G. B. Dantzig）提出了求解线性规划问题的单纯形方法，从理论上讲能适用任意多个变量的线性规划问题的求解。后来，库普曼（T. C. Koopmans）和查恩斯（A. Charnes）对线性规划的理论和应用也做出了突出贡献。这种算法是建立在新的思路和基本概念的基础上的，所以本章主要讨论线性规划问题的标准型、基本概念、算法原理和求解步骤等。

3.1　线性规划问题的标准型

受图解的启发，寻找求解线性规划问题的通用算法的基本思路是：一般模型→标准型→基解→基可行解→基最优解。故要求解一般的线性规划问题，首先要将一般模型化为标准型。

3.1.1　线性规划的标准型

所谓线性规划的标准型，即将满足这样四个条件：①目标函数求最大值；②每个变量非负；③除非负条件外，约束条件均为等式（也称为约束方程）；④右端项非负。符合这四个条件的线性规划模型称为线性规划问题的标准型。即：

$$\max Z = \sum_{j=1}^{n} c_j x_j$$

$$s.t.\begin{cases} \sum_{j=1}^{n} a_{ij}x_j = b_i(i = 1,2,\cdots,m) \\ x_j \geqslant 0(j = 1,2,\cdots,n) \end{cases}$$

建立标准模型的目的是为了寻找一个求解线性规划问题的统一算法，以方便线性规划问题的求解，否则将会使不同形式的问题计算复杂化。

3.1.2　一般形式的线性规划模型化为标准型的规则

对于不符合标准型要求的一般线性规划问题，需要按以下规则进行转换为标准型：

（1）若是求 $\min Z = \sum_{j=1}^{n} c_j x_j$，则可令 $z' = -z$，改求新问题的目标函数为 $\max Z' = \sum_{j=1}^{n}(-c_j)x_j$，则新问题与原问题同解，只是目标函数反号而已。

（2）对于形如 $\sum_{j=1}^{n} a_{ij}x_j \leqslant b_i$ 的约束，可引进松弛变量 $x_s = b_i - \sum_{j=1}^{n} a_{ij}x_j$，

$$\text{则原约束等价于}\begin{cases}\sum_{j=1}^{n} a_{ij}x_j + x_s = b_i \\ x_s \geqslant 0\end{cases}$$

（3）对于形如 $\sum_{j=1}^{n} a_{ij}x_j \geqslant b_i$ 的约束，可引进剩余变量 $x_r = \sum_{j=1}^{n} a_{ij}x_j - b_i$，

$$\text{则原约束等价于}\begin{cases}\sum_{j=1}^{n} a_{ij}x_j - x_r = b_i \\ x_r \geqslant 0\end{cases}$$

（4）若约束条件中有形如 $x_j \geqslant b_j(b_j \neq 0)$ 的约束，则可令 $y_j = x_j - b_j$ 并代入原模型中消去 x_j(即作平移)，这样 $x_j \geqslant b_j$ 便化作 $y_j \geqslant 0$。

（5）若某决策变量 x_j 是自由变量（即符号不受限制），则可引进两个非负变量 $x_j' \geqslant 0$ 与 $x_j'' \geqslant 0$；令 $x_j = x_j' - x_j''$，代入原模型中消去 x_j，化为 $x_j' \geqslant 0$ 与 $x_j'' \geqslant 0$。

（6）当对模型中某决策变量作平移后，新的目标函数与原来的可能会差一个常数，这时可先放弃该常数，得标准型再求解，最后在最优目标函数值中补回该常数即可。

例如，

$$\max Z = 3x_1 + 4x_2 \quad s.t.\begin{cases}\cdots\cdots \\ x_2 \geqslant 5\end{cases} \quad \xrightarrow[\text{即 } x_2 = x_2' + 5]{\text{令 } x_2' = x_2 - 5} \quad \max Z = 3x_1 + 4x_2' + 20 \quad s.t.\begin{cases}\cdots\cdots \\ x_2' \geqslant 0\end{cases}$$

先求解标准型

$$\max S = 3x_1 + 4x_2' \quad s.t.\begin{cases}\cdots\cdots \\ x_2' \geqslant 0\end{cases} \quad \text{最后 } Z = S + 20$$

【例 3-1】把下列线形规划问题化为标准型：

$$\min Z = 3x_1 - x_2 + 4x_3$$
$$s.t.\begin{cases}x_1 - 2x_2 + 5x_3 \geqslant 0 \\ -2x_1 + x_2 - 3x_3 \leqslant 0 \\ -3x_1 - x_2 = 0 \\ x_1 \geqslant 0, x_2 \leqslant 0, x_3 \text{ 无约束}\end{cases}$$

解：令 $Z' = -Z$，$x_2 = -x_2'$，$x_3 = x_3' - x_3''$，其中 $x_2', x_3', x_3'' \geqslant 0$，对约束①引入剩余变量 x_4，对约束②引入松弛变量 x_5，则原模型可化为：

$$\max Z' = -3x_1 - x_2' - 4x_3' + 4x_3''$$
$$s.t.\begin{cases}x_1 + 2x_2' + 5x_3' - 5x_3'' - x_4 = 0 \\ -2x_1 - x_2' - 3x_3' + 3x_3'' + x_5 = 0 \\ -3x_1 + x_2' = 0 \\ x_1, x_2', x_3'', x_4, x_5 \geqslant 0\end{cases}$$

3.1.3　线性规划的典范型

在线性规划中，常称如下形式的模型为典范型：

$$\max Z = \sum_{j=1}^{n} c_j x_j \text{（目标求最大值）}$$

$$s.t.\begin{cases}\sum a_{ij}x_j \leqslant b_i(i = 1,2,\cdots,m)\text{（全部是“}\leqslant\text{”约束）}\\ x_j \geqslant 0(j = 1,2,\cdots,n)\text{（每个决策变量非负）}\end{cases}$$

注：标准型与典范型是可互相转化的，等式约束也可化为不等式约束。

例：$x_1 + 2x_2 = 3 \Leftrightarrow \begin{cases}x_1 + 2x_2 \geqslant 3\\ x_1 + 2x_2 \leqslant 3\end{cases} \Leftrightarrow \begin{cases}x_1 + 2x_2 \geqslant 3\\ -x_1 - 2x_2 \geqslant -3\end{cases}$

3.2 解的概念

3.2.1 标准线性规划的矩阵形式

设 $c = \begin{bmatrix}c_1\\ c_2\\ \vdots\\ c_n\end{bmatrix}$；$b = \begin{bmatrix}b_1\\ b_2\\ \vdots\\ b_m\end{bmatrix}$；$A = [a_{ij}]_{m\times n}$；$A_{nj} = \begin{bmatrix}a_{1j}\\ a_{2j}\\ \vdots\\ a_{nj}\end{bmatrix}$；$x = \begin{bmatrix}x_1\\ x_2\\ \vdots\\ x_n\end{bmatrix}$ 于是（LP）可写成

$$\max Z = c^T x$$

$$s.t.\begin{cases}Ax = b\text{（约束方程组）}\\ X \geqslant 0\text{（表示每个分量 } x_j \geqslant 0\text{）}\end{cases}$$

3.2.2 基本可行解及有关概念

要掌握 LP 问题的一般解法，首先必须理解以下概念。

（1）基（basis）：A 中 $m \times m$ 子矩阵 B 并且有 r（B）$=B$，则称 B 是线性规划的一个基（或基矩阵 basis matrix）。当 $m = n$ 时，基矩阵唯一，当 $m < n$ 时，基矩阵就可能有多个，但数目不会超过 C_n^m。

由线性代数知，基矩阵 B 必为非奇异矩阵并且 $|B| \neq 0$。

（2）向量。当确定某一矩阵为基矩阵时，则基矩阵对应的列向量称为基向量（basis vector），其余列向量称为非基向量。向量通常用 p_j 表示。

基向量对应的变量称为基变量（basis variable），非基向量对应的变量称为非基变量。通常用 x_B 表示基变量，用 x_N 表示非基变量。

例：$\begin{cases}x_1 + 2x_2 + 2x_3 + 4x_4 = 2\\ \quad\ \ 3x_2 + x_3 + 2x_4 = 4\end{cases}$

如果取：$B = (p_2, p_3) = \begin{pmatrix}2 & 2\\ 3 & 1\end{pmatrix}$，则 $|B| = 2 - 6 = -4 \neq 0$，故此 B 是一个基，对于此 B 而言，$x_B = (x_2, x_3)^T, x_N = (x_1, x_4)^T$。

（3）基解（basis solution），对某一确定的基 B，令所有非基变量等于零，利用约束 $AX = b$ 解出基变量，则这组特殊的解称为基 B 的基解。基、基向量、基变量、基解之间的对应关系如图 3－1 所示。

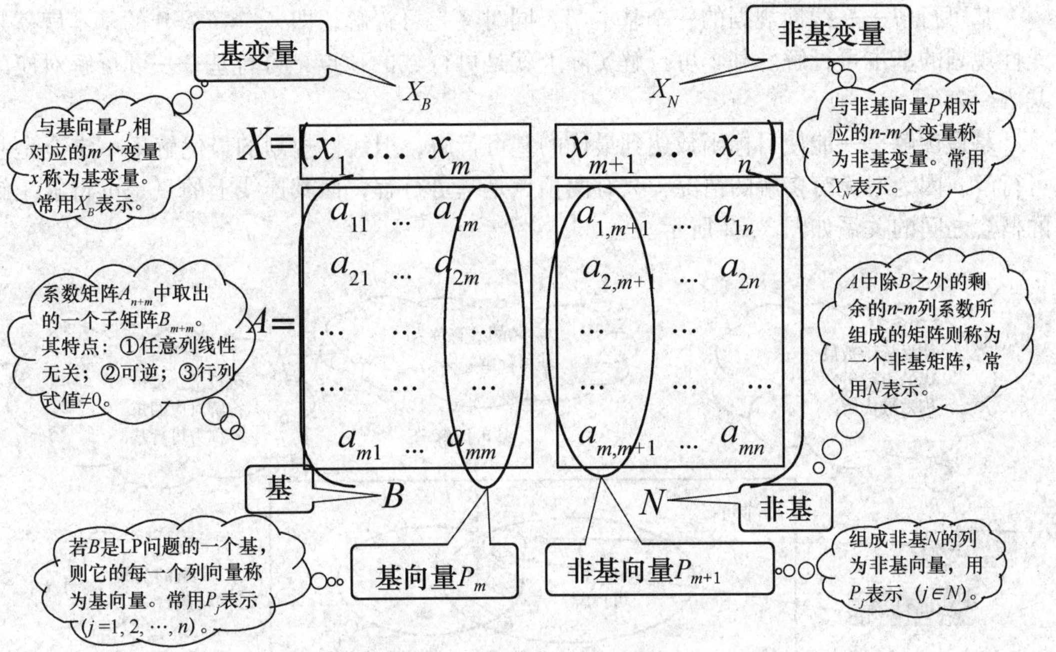

图 3－1　基、基向量、基变量、基解之间的对应关系

在上例中令 $x_1 = x_4 = 0$，得$\begin{cases} 2x_2 + 2x_3 = 2 \\ 3x_2 + x_3 = 4 \end{cases}$

解得 $x_2 = \dfrac{3}{2}, x_3 = -\dfrac{1}{2}$

则解 $x = \begin{pmatrix} 0 \\ \dfrac{3}{2} \\ -\dfrac{1}{2} \\ 0 \end{pmatrix}$ 为关于基 $B = (p_2, p_3)$ 的基解。

基解的特点：

（1）基解的非零分量的数目小于等于约束方程数目 m。

（2）基解是约束方程的交点。

（3）基解只满足约束条件，不一定满足非负约束，因此基解中的分量有可能为负数（说明线性规划有很多基解，初次选定的不一定合适）。

（4）基解的个数有限，不超过 C_n^m。

基可行解（basis feasible solution），将基解大于等于零的解称为基可行解。要特别说明的是，对线性规划而言，同时满足 $AX = b$ 与 $X \geqslant 0$ 的解，才是可行解，而基解只满足 $AX = b$，未必满足 $X \geqslant 0$，故基解未必是可行解。

基最优解：能使目标函数达到最优的基可行解。

可行基：基可行解对应的基称为可行基。

最优基：基最优解对应的基称为最优基。

基可行解——线性规划的一个基本解，同时又是可行解，即 $x_B = \bar{b} \geqslant 0$ 的基本解就是线性规划的基本可行解。基本可行解实际上就是可行域的顶点，可行基——可行解对应的基 B。

基最优解——能使目标函数达到最优的基可行解，但线性规划的最优解不一定全是基可行解。因为对无穷多解的情况，只有两顶点是基可行解，而其连线上的只是可行解。解的概念之间的关系如图 3－2 所示。

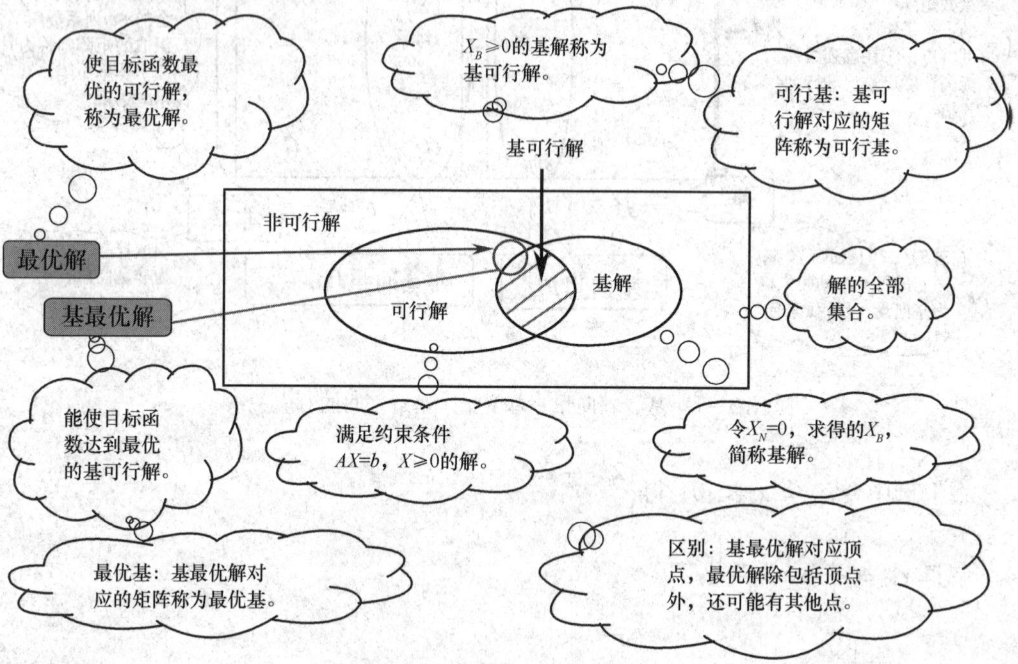

图 3－2　解的几个基本概念之间的关系

从几何图形上看，每一个基可行解对应着凸多边形的一个顶点，引入基的概念的重要性在于将寻找最优解由几何问题变为代数问题，从而不受维数限制，这样即可找到一种通用算法，解决更复杂的线性规划问题。

求最优解路线：可行解→基可行解→最优解；区域→交点→顶点→某顶点。

3.2.3　解的性质

基本定理：对于标准型线性规划：①若有可行解，则必有基本可行解；②若有最优解，则必有基本最优解（即既是基本解又是最优解）。

定理的意义：本定理告诉我们，寻找线性规划的最优解，无须在全部可行解（一般有无穷多）中去寻找，而只需在有限个基本可行解（至多 C_n^m 个）中去寻找，故当 C_n^m 不大时，可通过比较全部基本可行解的目标值而求出最优解。

退化解：一个基本解中如果存在取零值的基变量，则该解称作退化的基本可行解，该解对应的基称作退化基。如果有关的线性规划问题的所有基本可行解都是非退化解，则该问题称作非退化的线性规划问题。

由于退化会引起线性规划求解的困难，因此，在研究中通常总是假定所研究的问题为非退化的线性规划问题。

退化的基本可行解中的非零分量一定小于 m 个，非退化解中的非零分量一定等于 m 个。

3.3　单纯形法

单纯形的基本思想：它是先假定标准型系数矩阵 A 中可以观察得到一个可行基（通常是一个单位矩阵或 m 个线性无关的单位列向量组成的矩阵），可以通过解线性方程组求得基本可行解，然后判断基本可行解是否最优，如果是，则算法结束，否则，根据某种方法向更好的基可行解移动，直到求得最优解为止，如图3－3所示。

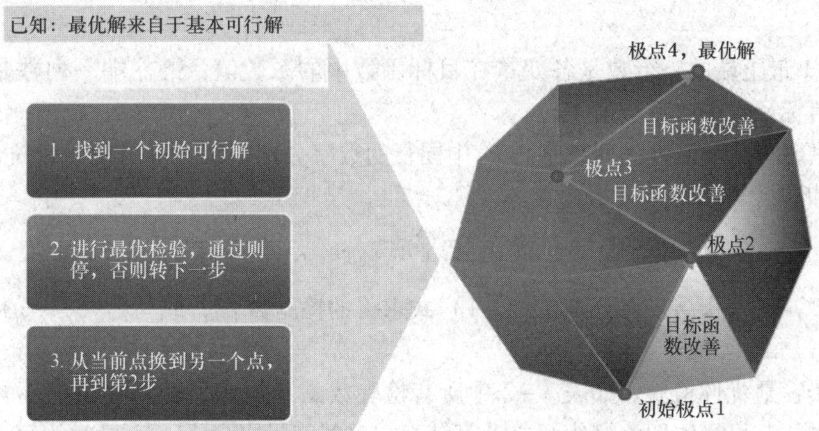

图3－3　单纯形法解题原理示意

这种方法简单易懂，它是一种逐步逼近最优解的迭代方法。目前单纯形法基本有四种，分别是：普通单纯形法、大M单纯形法、两阶段单纯形法和对偶单纯形法。

3.3.1　单纯形法的计算步骤

根据上节中讲述的原理，单纯形法的计算步骤如下：

第一步：求初始基可行解，列出初始单纯形表。对非标准型的线性规划问题首先要化成标准形式。由于总可以设法使约束方程的系数矩阵中包含一个单位矩阵（p_1，p_2，…，p_m），以此作为基求出问题的一个初始基可行解。

为检验一个基可行解是否最优，需要将其目标函数值与相邻基可行解的目标函数值进行比较。为了书写规范和便于计算，对单纯形法的计算设计了一种专门表格，称为单纯形表（表3－1）。迭代计算中每找出一个新的基可行解，就重画一张单纯形表。含初始基可行解的单纯形表称初始单纯形表，含最优解的单纯形表称最终单纯形表。

表 3-1　　单纯形表

	c_j		c_1	$\cdots$	c_m	$\cdots$	c_j	$\cdots$	c_n
C_B	X_B	b	x_1	$\cdots$	x_m	$\cdots$	x_j	$\cdots$	x_n
C_1	x_1	b_1	1		0	$\cdots$	a_{1j}	$\cdots$	a_{1n}
C_2	x_2	b_2	0		0	$\cdots$	a_{2j}	$\cdots$	a_{2n}
$\vdots$	$\vdots$	$\vdots$	$\vdots$		$\vdots$	$\vdots$	$\vdots$	$\vdots$	$\vdots$
C_m	x_m	b_m	0		1	$\cdots$	a_{mj}	$\cdots$	a_{mn}
	σ		0	$\cdots$	0	$\cdots$	$c_j - \sum_{i=1}^{m} c_i a_{ij}$	$\cdots$	$c_n - \sum_{i=1}^{m} c_i a_{in}$

单纯形表 3-1 的结构为：表的第2、3 列列出基可行解中的基变量及其取值。接下来列出问题所有变量，基变量下面列是单位矩阵，非基变量 x_j 下面数字是该变量系数向量 p_j 表为基向量线性组合时的系数。因 p_1，…，p_m是单位向量，故有：$p_j = a_{1j}p_1 + a_{2j}p_2 + \cdots + a_{mj}p_m$。

表 3-1 最上端的一行数是各变量在目标函数中的系数值，最左端一列数是与各基变量对应的目标函数中的系数值 C_B。

对 x_j 只要将它下面这一列数字与 C_B 中同行的数字分别相乘，再用它上端的 c_j 值减去上述乘积之和有

$$\sigma_j = c_j - (c_1 a_{1j} + c_2 a_{2j} + \cdots + c_m a_{mj}) = c_j - \sum_{i=1}^{m} c_i a_{ij} \tag{3.1}$$

对 $j=1, 2, \cdots, n$，将分别按（3.1）式求得的检验数 σ_j，或写为（$c_j - z_j$）记入表的最下面一行。

第二步：最优性检验。如表 3-2 中所有检验数 $c_j - z_j \leq 0$，且基变量中不含有人工变量时，表中的基可行解即为最优解，计算结束。对基变量中含人工变量时的解最优性检验将在下一节讨论。当表中存在 $c_j - z_j > 0$ 时，如有 $p_j \leq 0$，则问题为无界解，计算结束；否则转下一步。

第三步：从一个基可行解转换到相邻的目标函数值更大的基可行解，列出新的单纯形表。

（1）确定转入基的变量。只要有检验数 $\sigma_j > 0$，对应的变量 x_j 就可作为换入基的变量，当有一个以上检验数大于零时，一般从中找出最大一个 σ_k：$\sigma_k = \max_j \{\sigma_j \mid \sigma_j > 0\}$，其对应的变量 x_k 为换入基的变量（简称进基变量）。

（2）确定换出基的变量。根据最小可行比 θ 的规则，对 P_k 列计算得到

$$\theta = \min\left\{\frac{b_i}{a_{ik}} \middle| a_{ik} > 0\right\} = \frac{b_l}{a_{lk}} \tag{3.2}$$

确定 x_l 是换出基的变量（简称出基变量）。元素 a_{lk} 决定了从一个基可行解到相邻基可行解的转移去向，取名主元素，简称主元（进基列和出基行交叉位置的元素）。

（3）用入基变量 x_k 替换基变量中的出基变量 x_l，得到一个新的基（$p_1, \cdots, p_{l-1}, p_k, p_{l+1}, \cdots, p_m$）。对应这个基可以找出一个新的基本可行解，并相应地可以画出一个新的单纯形表（表 3-2）。

在这个新的表中的基仍应是单位矩阵，即 p_k 应变换成单位向量。为此在表 3-1 中进行系数矩阵行的初等变换，并将运算结果填入表 3-2 的相应格中。

（4）将主元素所在 l 行数字除以主元素 a_{lk}，即有：

$$\begin{cases} b'_l = b_l / a_{lk} \\ a'_{lj} = a_{lj} / a_{lk} \end{cases} \tag{3.3}$$

（5）将表 3-2 中刚计算得到的第 l 行数字乘上（$-a_{ik}$）加到表 3-1 的第 i 行数字上，记入表 3-2 的相应行即有：

$$b'_i = b_i - \frac{b_l}{a_{lk}} a_{ik} \quad (i \neq l)$$

$$a'_{ij} = a_{ij} - \frac{a_{lj}}{a_{lk}} a_{ik} \quad (i \neq l) \tag{3.4}$$

表 3-2　　矩阵变换

		c_j	c_1	…	c_l	…	c_m	…	c_j	…	c_k	…
C_B	X_B	b	x_1	…	x_l	…	x_m	…	x_j	…	x_k	…
c_1	x_1	$b_1 - b_l \frac{a_{1k}}{a_{lk}}$	1	…	$-\frac{a_{1k}}{a_{lk}}$	…	0	…	$a_{1j} - a_{1k} \frac{a_{lj}}{a_{lk}}$	…	0	…
⋮	⋮	⋮	⋮	⋮	⋮	⋮	⋮					
c_k	x_k	$\frac{b_l}{a_{lk}}$	0	…	$\frac{1}{a_{lk}}$	…	0	…	$\frac{a_{lk}}{a_{lk}}$	…	1	…
⋮	⋮	⋮	⋮	⋮	⋮	⋮	⋮					
c_m	x_m	$b_m - b_l \frac{a_{mk}}{a_{lk}}$	0	…	$-\frac{a_{mk}}{a_{lk}}$	…	1	…	$a_{mj} - a_{mk} \frac{a_{lj}}{a_{lk}}$	…	0	…
		σ	0	…	$-\frac{(c_k - z_k)}{a_{lk}}$	…	0	…	$(c_j - z_j) - \frac{a_{lj}}{a_{lk}}(c_k - z_k)$	…	0	…

（6）表 3-2 中各变量的检验数求法见式（3.1）。

第四步：重复第二、三两步，一直到计算结束为止。

【例 3-2】用单纯形法计算【例 2-1】。

解：【例 2-1】的一般数学模型化为标准型：

$$\max Z = 3x_1 + 5x_2 \qquad\qquad \max Z = 3x_1 + 5x_2$$

$$s.t.\begin{cases} 2x_1 \leqslant 16 \\ 2x_2 \leqslant 10 \\ 3x_1 + 4x_2 \leqslant 32 \\ x_1 \geqslant 0, x_2 \geqslant 0 \end{cases} \quad \text{转化为标准型：} \quad s.t.\begin{cases} 2x_1 + x_3 = 16 \\ 2x_2 + x_4 = 10 \\ 3x_1 + 4x_2 + x_5 = 32 \\ x_j \geqslant 0, j = 1 \cdots 5 \end{cases}$$

其约束方程的系数矩阵的增广矩阵为：

$$\begin{array}{cccccc} p_1 & p_2 & p_3 & p_4 & p_5 & b \end{array}$$

$$\left[\begin{array}{ccccc|c} 2 & 0 & 1 & 0 & 0 & 16 \\ 0 & 2 & 0 & 1 & 0 & 10 \\ 3 & 4 & 0 & 0 & 1 & 32 \end{array}\right]$$

因为 p_3，p_4，p_5 是单位矩阵，构成一个基，其列向量对应变量 x_3，x_4，x_5 是基变量。

这时，令非基变量等于零，即找到一个初始基可行解 $X=(0, 0, 16, 10, 32)^T$。

以此列出初始单纯形表，如表 3-3 所示。（注：初表不包括 θ 列）

表 3-3　　初始单纯形表

	c_j		3	5	0	0	0	
C_B	X_B	b	x_1	x_2	x_3	x_4	x_5	θ
0	x_3	16	2	0	1	0	0	–
0	x_4	10	0	[2]	0	1	0	10/2
0	x_5	32	3	4	0	0	1	32/4
	σ		3	5	0	0	0	

因表 3-3 中有大于零的检验数，故表 3-3 中基可行解不是最优解。因 $\sigma_2>\sigma_1$，故确定 x_2 为换入变量。为确定换出变量，将 b 列除以 p_2 的同行数字得：$\theta=\min\left(-,\frac{10}{2},\frac{32}{4}\right)=\frac{10}{2}=5$。

换入列与换出行交叉位置元素称为主元，即第二行第二列对应元素 2 为主元。作为标志对主元素“2”加上方括号，主元素所在行基变量 x_4 为换出变量。用 x_2 替换基变量 x_4，得到一个新的基 p_3，p_2，p_5，按上述单纯形法计算步骤第 3 步之（3），可以找到新的基可行解，并列出新的单纯形表，如表 3-4 所示。

表 3-4　　单纯形表迭代 I

	c_j		3	5	0	0	0	
C_B	X_B	b	x_1	x_2	x_3	x_4	x_5	θ
0	x_3	16	2	0	1	0	0	16/2
5	x_2	5	0	1	0	1/2	0	–
0	x_5	12	[3]	0	0	-2	1	12/3
	σ		3	0	0	-5/2	0	

由于表 3-4 中还存在大于零的检验数 σ_1，故重复上述步骤得表 3-5。

表 3-5　　单纯形表迭代 II

	c_j		3	5	0	0	0	
C_B	X_B	b	x_1	x_2	x_3	x_4	x_5	θ
0	x_3	8	0	0	1	4/3	-2/3	
5	x_2	5	0	1	0	1/2	0	
3	x_1	4	1	0	0	-2/3	1/3	
	σ		0	0	0	-1/2	-1	

表 3-5 中，所有 $\sigma_j\leqslant 0$，满足最优条件，故表中的基可行解：$X=(4, 5, 8, 0, 0)$ 为最优解，代入目标函数得 $Z^*=37$。

3.3.2　解的判断

根据图解法求解线性规划问题的结果知，一个线性规划问题的解可能有四种情况：唯一、无穷、无界和无解。那么利用单纯形计算时，如何判断一个线性规划问题的解可能是哪一种情况呢？这里给出四个判定定理（以标准型线性规划为例）。

定理1：所有非基变量的检验数小于零，该线性规划问题有唯一最优解。

如【例3-1】，用单纯形法求解的结果如表3-6所示。

表3-6　　单纯形表

c_j			3	5	0	0	0	
C_B	X_B	b	x_1	x_2	x_3	x_4	x_5	θ
0	x_3	8	0	0	1	4/3	-2/3	
5	x_2	5	0	1	0	1/2	0	
3	x_1	4	1	0	0	-2/3	1/3	
σ			0	0	0	-1/2	-1	

观察可见，非基变量的检验为（-1/2，-1），即所有非基变量的检验数小于零。

定理2：所有非基变量的检验小于等于零，且至少有一个等于零，则该线性规划有无穷多最优解。

如【例2-4】，用单纯形法求解的终表如表3-7所示。

表3-7　　单纯形表

c_j			4	6	0	0	0	
C_B	X_B	b	x_1	x_2	x_3	x_4	x_5	θ
0	x_3	3	0	0	1	3/4	-1/2	4
6	x_2	4	0	1	0	1/2	0	8
4	x_1	3	1	0	0	-3/4	1/2	-
σ			0	0	0	0	-2	

此表最优条件满足，得一组最优解为：$X^* = (3, 4)$，同时我们观察到此表中非基变量x_4的检验数为零，故可让其进基，根据θ值判定x_3出基，由此确定主元为［3/4］，用单纯形法可求得另一组最优解如表3-8所示。

表3-8　　单纯形表

c_j			4	6	0	0	0	
C_B	X_B	b	x_1	x_2	x_3	x_4	x_5	θ
0	x_4	4	0	0	4/3	1	-2/3	
6	x_2	2	0	1	-2/3	0	1/3	
4	x_1	6	1	0	1	0	0	
σ			0	0	0	0	-2	

即得到另一组最优解 $X^* = (6, 2)$。根据凸集理论知，该线性规划问题有无穷多最优解：

$$X^* = \alpha(3,4) + (1-\alpha)(6,2), 其中 0 \leqslant \alpha \leqslant 1。$$

定理3：当某非基变量的检验数大于零，但该检验数所在列的元素小于或等于零时，则该线性规划问题有无界解。

如【例2－5】，用单纯形法求解，到某一步出现如表3－9所示。

表3－9　　单纯形表

c_j			1	1	0	0	
C_B	X_B	b	x_1	x_2	x_3	x_4	θ
0	x_3	5	0	−3	1	2	
1	x_1	4	1	−2	0	1	
σ			0	4	0	−1	

观察发现，此表中有 $\sigma_2>0$，对应变量 x_2 可以进基，但由于 p_2 小于0，按 θ 值计算公式，计算条件不满足，故无法找出换出变量，使得迭代过程无法进行，故可得出结论，该线性规划问题有无界解。

定理4：当最优条件满足，但基变量中含人工变量时，则该线性规划问题无解。

如【例2－6】，用单纯法求解，如表3－10所示。

表3－10　　单纯形表

c_j			1	1	0	0	0	0	−M	
C_B	X_B	b	x_1	x_2	x_3	x_4	x_5	x_6	x_7	θ
0	x_3	8	0	0	1	−1/4	−1/2	0	0	
2	x_1	0	1	0	0	1/4	0	0	0	
3	x_2	0	0	1	0	0	1/4	0	0	
−M	x_7	10	0	0	0	−1/4	−1/4	−1	1	
σ			0	0	0	$-\frac{1}{2}-\frac{1}{4}M$	$-\frac{3}{4}-\frac{1}{4}M$	$-M$	0	

观察可见，此表中最优条件已经满足，解也可行，但最优解中含人工变量，故可得出结论，这个线性规划问题无可行解。关于这个问题的算法，详见下节的人工变量法。

综上所述，可见单纯形法与图解求解线性规划问题的方式虽然不同，但其基本原理是相同的，同一问题求解的结果也必然相同。

3.3.3　单纯形法计算中的几个问题

（1）对于检验数的最优判别，若目标是max，则要求所有非基变量的检验数≤0；若目标是min，则要求所有非基变量的检验数≥0。

（2）根据最大正检验数来确定进基变量，有时并非是最佳的选择，这里实际上需要考虑从初始基可行解出发沿哪个方向才能以最少的换基迭代计算到达最优基可行解。

（3）按最小比值 θ 确定出基变量时，有时会出现两个以上相同的最小比值，从而使下一个表的基可行解中出现一个或多个基变量等于零的退化解。为避免出现迭代计算的循环，通常：①当存在多个 $\sigma_j > 0$ 时，始终选择下标值为最小的变量作为进基变量；②当存在两个以上相同的最小比值 θ 时，始终选择下标值为最小的变量作为出基变量。

3.4　人工变量法

上述单纯形法的基础是线性规划问题有初始基可行解。有些线性规划问题化为标准形式以后，就存在初始可行基，如约束条件全部为“≤”的线性规划问题。但对于标准形式的线性规划问题，若约束方程系数矩阵中不存在现成的初始可行基，则不能简单地用上述单纯形法，而通常采用所谓的人工变量法。人工变量法一般有大 M 法和两阶段法。

3.4.1　大 *M* 法

对于标准形式的线性规划问题（问题 A）：

$$\max Z = c_1x_1 + c_2x_2 + \cdots + c_nx_n$$

$$s.t.\begin{cases} a_{11}x_1 + a_{12}x_2 + \cdots + a_{1n}x_n = b_1 \\ a_{21}x_1 + a_{22}x_2 + \cdots + a_{2n}x_n = b_2 \\ \quad \cdots\cdots \quad \cdots \quad \cdots \\ a_{m1}x_1 + a_{m2}x_2 + \cdots + a_{mn}x_n = b_m \\ x_1, x_2, \cdots, x_n \geqslant 0 \end{cases}$$

若其约束方程的系数矩阵中不存在现成的初始可行基，则引入所谓的人工变量 $x_{n+1}, \cdots, x_{n+m}$，构造如下形式的线性规划问题（问题 B）：

$$\max Z = c_1x_1 + c_2x_2 + \cdots + c_nx_n - Mx_{n+1} - \cdots - Mx_{n+m}$$

$$s.t.\begin{cases} a_{11}x_1 + a_{12}x_2 + \cdots + a_{1n}x_n + x_{n+1} = b_1 \\ a_{21}x_1 + a_{22}x_2 + \cdots + a_{2n}x_n \quad x_{n+2} = b_2 \\ \quad \cdots\cdots \quad \cdots \quad \cdots \\ a_{m1}x_1 + a_{m2}x_2 + \cdots + a_{mn}x_n + x_{n+m} = b_m \\ x_1, x_2, \cdots, x_n, x_{n+1}, \cdots x_{n+m} \geqslant 0 \end{cases}$$

问题 B 中 M 为任意大的正数。显然问题 B 存在现成的单位基，且初始基可行解中，以人工变量为基变量。

说明：问题 B 中 M 通常称为惩罚系数，是一个任意大的数。

关于问题 B 的几点结论：

（1）问题 B 要实现极大化，必须将人工变量从基变量中换出，否则目标函数不可能实现极大化。

（2）若在求解问题 B 的过程中，已将人工变量从基变量中换出，则已得到问题 A 的一个基可行解，可继续求解，以获得问题 A 的最优解或判别问题 A 无最优解。

（3）若求解问题 B 已得到最优解，但最优解的基变量中含有不为零的人工变量，则问题 A 无可行解。

（4）若求解问题 B 已得到最优解，且最优解的基变量中不含有人工变量，则问题 B 的最优解就是问题 A 的最优解。

【例 3－3】用单纯形法（大 M 法）求解下列线性规划问题：

$$\max Z = 3x_1 - x_2 - x_3$$

$$s.t.\begin{cases} x_1 - 2x_2 + x_3 \leqslant 11 \\ -4x_1 + x_2 + 2x_3 \geqslant 3 \\ -2x_1 + x_3 = 1 \\ x_1, x_2, x_3 \geqslant 0 \end{cases}$$

解：化为标准形式

$$\max Z = 3x_1 - x_2 - x_3$$

$$s.t.\begin{cases} x_1 - 2x_2 + x_3 + x_4 = 11 \\ -4x_1 + x_2 + 2x_3 - x_5 = 3 \\ -2x_1 + x_3 = 1 \\ x_1, \cdots, x_5 \geqslant 0 \end{cases}$$

显然上述标准形式的线性规划问题没有现成的初始可行基。观察可知，需要在第二、三个约束方程中分别加入人工变量 x_6，x_7，构造如下线性规划问题：

$$\max Z = 3x_1 - x_2 - x_3 - Mx_6 - Mx_7$$

$$s.t.\begin{cases} x_1 - 2x_2 + x_3 + x_4 = 11 \\ -4x_1 + x_2 + 2x_3 - x_5 + x_6 = 3 \\ -2x_1 + x_3 + x_7 = 1 \\ x_1, x_2, x_3, x_4, x_5, x_6, x_7 \geqslant 0 \end{cases}$$

用单纯形进行计算，计算过程如表 3－11 所示。

表 3－11　　　　单纯形表

		c_j		3	−1	−1	0	0	$-M$	$-M$
	C_B	X_B	b	$x_1\downarrow$	$x_2\downarrow$	x_3	x_4	x_5	x_6	x_7
Ⅰ	0	x_4	11	1	−2	1	1	0	0	0
	$-M$	x_6	3	−4	1	2	0	−1	1	0
	$-M$	x_7	1	−2	0	[1]	0	0	0	1
		$-Z$	$4M$	$3-6M$	$-1+M$	$-1+3M$	0	$-M$	0	0
Ⅱ	0	x_4	10	3	−2	0	1	0	0	
	$-M$	x_6	1	0	[1]	0	0	−1	1	
	−1	x_3	1	−2	0	1	0	0	0	
		$-Z$	$M+1$	1	$-1+M$	0	0	$-M$	0	
Ⅲ	0	x_4	12	[3]	0	0	1	−2		
	−1	x_2	1	0	1	0	0	−1		
	−1	x_3	1	−2	0	1	0	0		
		$-Z$	2	1	0	0	0	−1		

续表

		c_j		3	-1	-1	0	0	$-M$	$-M$
Ⅳ	3	x_1	4	1	0	0	1/3	$-2/3$		
	-1	x_2	1	0	1	0	0	-1		
	-1	x_3	9	0	0	1	2/3	$-4/3$		
		$-Z$	-2	0	0	0	$-1/3$	$-1/3$		

由于 $\sigma_j \leqslant 0$（$j=1, \cdots, 7$），且基变量中不含人工变量，故 $X^* = (4, 1, 9)^T$，$Z^* = 2$。

【例3-4】用单纯形法（大 M 法）求解下列线性规划

$$\max Z = 3x_1 + 2x_2$$

$$s.t.\begin{cases} 2x_1 + x_2 \leqslant 2 \\ 3x_1 + 4x_2 \geqslant 12 \\ x_1, x_2 \geqslant 0 \end{cases}$$

解：化为标准形式后引入人工变量 x_5，得到

$$\max Z = 3x_1 + 2x_2 - Mx_5$$

$$s.t.\begin{cases} 2x_1 + x_2 + x_3 = 2 \\ 3x_1 + 4x_2 - x_4 + x_5 = 12 \\ x_1, x_2, x_3, x_4, x_5 \geqslant 0 \end{cases}$$

用单纯形法计算，过程列于表3-12中。

表3-12　　单纯形表

	c_j		3	2	0	0	$-M$
C_B	X_B	b	x_1	x_2	x_3	x_4	x_5
0	x_3	2	2	[1]	1	0	0
$-M$	x_5	12	3	4	0	-1	1
	$-Z$	$12M$	$3+3M$	$2+4M$	0	$-M$	0
2	x_2	2	2	1	1	0	0
$-M$	x_5	4	-5	0	-4	-1	1
	$-Z$	$-4+4M$	$-1-5M$	0	$-2-4M$	$-M$	0

从【例3-10】中可以看出，虽然检验数均小于或等于零，但基变量中含有非零的人工变量 $x_5=4$，所以原问题无可行解。

大 M 法容易理解，但不便于计算机求解，主要是 M 的值不好确定，为此，人们又提出了求解非标准形式线性规划问题的另一种方法——两阶段法。

3.4.2　两阶段法

两阶段法是把一般线性规划问题的求解过程分为两个阶段。即：

第一阶段：在原线性规划问题中引入人工变量，并构造仅含有人工变量的目标函数，使其目标函数最小化，用单纯形法求解，以去掉人工变量。若第一阶段求得最优解对应的最优值等于零，则所有人工变量一定取零，说明原问题存在基可行解，可以进行第二阶段计算，否则原问题无基可行解，应停止计算。

第二阶段：求原问题最优解。在第一阶段计算得的最终单纯形表基础上，恢复原来的目标函数，去掉人工变量所在的列，以第一阶段的最优解为初始基可行解，再用单纯形法继续求解，得到原问题的最优解。

【例 3 – 5】用两阶段法求【例 3 – 3】。

解：构造辅助线性规划问题

$$\min Z = x_6 + x_7$$

$$s.t.\begin{cases} x_1 - 2x_2 + x_3 + x_4 = 11 \\ -4x_1 + x_2 + 2x_3 - x_5 + x_6 = 3 \\ -2x_1 + x_3 + x_7 = 1 \\ x_1, x_2, x_3, x_4, x_5, x_6, x_7 \geqslant 0 \end{cases}$$

利用单纯形法求解该辅助线性规划问题（极小化为标准形式），如表 3 – 13 所示。

表 3 – 13　　单纯形表

	C_j		0	0	0	0	0	1	1
C_B	X_B	b	x_1	$x_2\downarrow$	$x_3\downarrow$	x_4	x_5	x_6	x_7
0	x_4	11	1	−2	1	1	0	0	0
1	x_6	3	−4	1	2	0	−1	1	0
1	x_7	1	−2	0	[1]	0	0	0	1
	$-Z$	−4	6	−1	−3	0	1	0	0
0	x_4	10	3	−2	0	1	0	0	−1
1	x_6	1	0	[1]	0	0	−1	1	−2
0	x_3	1	−2	0	1	0	0	0	1
	$-Z$	−1	0	−1	0	0	1	0	3
0	x_4	12	3	0	0	1	−2	2	−5
−1	x_2	1	0	1	0	0	−1	1	−2
−1	x_3	1	−2	0	1	0	0	0	1
	$-Z$	0	0	0	0	0	0	1	1

在上述最优单纯形表中，基变量中已无人工变量，且 $f^* = 0$。消去第一阶段最优表中人工变量所在列，并将目标函数系数换成原线性规划问题相应的系数，进行第二阶段的迭代，计算过程如表 3 – 14 所示。

表 3 - 14　　单纯形表

	C_j		3	-1	-1	0	0
C_B	X_B	b	$x_1 \downarrow$	x_2	x_3	x_4	x_5
0	x_4	12	[3]	0	0	1	-2
-1	x_2	1	0	1	0	0	-1
-1	x_3	1	-2	0	1	0	0
	-Z	2	1	0	0	0	-1
3	x_1	4	1	0	0	1/3	-2/3
-1	x_2	1	0	1	0	0	-1
-1	x_3	9	0	0	1	2/3	-4/3
	-Z	-2	0	0	0	-1/3	-1/3

得到与【例 3 - 3】同样的结果，但是这种方法便于用计算机求解。

综上所述，可见单纯形并不简单，而是一种求解线性规划问题的简明而实用的科学方法。

特别提示：

（1）线性规划模型引入人工变量时，要注意人工变量在目标函数中的系数。当目标函数为 max 时，目标函数中人工变量的系数为 $-M$；当目标函数为 min 时，目标函数中人工变量的系数为 M。

（2）当目标函数求最小时，除了可以利用单纯形法求解 min 之外，也可以根据线性规划求解原理，先将模型标准化，标准化之后的模型就变为 max（ - min）型，这时就可以用学过的方法求解了。

本章小结

本章主要介绍了求解线性规划问题的两种方法：单纯形法和人工变量法。单纯形法是求解线性规划的经典方法，其基本思路是先找出一个初始的基可行解，判断其是否为最优解；如果不是，则转换到另一个基可行解，并使目标函数的值逐步增大，一直到找到最优解为止，这种方法适应模型为典式的线性规划问题。而对于非典式的线性规划问题，即当线性规划模型的约束条件方程组不含有明显的基变量时，可采用加入人工变量的方法把约束条件方程组化成典型方程组，然后用大 M 法或两阶段法进行求解。因为此两种方法都是采用代数的方法对问题进行描述，所以所求解的问题不受维数限制，具有通用性，在实际当中被广泛使用。

习　题　3

一、判断题

1. 单纯形法是求解线性规划模型的唯一方法。(　　)

2. 用单纯形法求解线性规划问题，必须要有单位阵作为初始可行基。(　　)

3. 单纯形法的迭代计算是从一个可行解转换到目标函数值更大的另一个可行解。(　　)

4. 基本可行解的个数不会超过基本解的个数。(　　)

5. 线性规划数学模型中的决策变量必须是非负的。(　　)

6. 若最优单纯形表中非基变量的检验数为零，则相应问题的最优解有无穷多个。(　　)

7. 在用大 M 法求解线性规划模型时，目标函数中人工变量的系数为 $-M$。(　　)

8. 一旦人工变量在迭代中变为非基变量，该变量及相应的系数列就可以从单纯形中删除，而不影响计算结果。(　　)

二、选择题

1. 下面哪些不是线性规划问题的标准形式所具备的（　　）。

A. 所有的变量必须是非负的

B. 所有的约束条件（变量的非负约束除外）必须是等式

C. 添加新变量时，可以不考虑变量的正负性

D. 求目标函数的最大值

2. 下列关于可行解，基本解，基可行解的说法错误的是（　　）。

A. 可行解中包含基可行解　　B. 可行解与基本解之间无交集

C. 线性规划问题有可行解必有基可行解　　D. 满足非负约束条件的基本解为基可行解

3. 线性规划问题有可行解，则（　　）。

A. 必有基可行解　　B. 必有唯一最优解

C. 无基可行解　　D. 无唯一最优解

4. 下列说法不正确的是（　　）。

A. 线性规划问题的基本可行解对应可行域的一个顶点

B. 线性规划问题的可行解如为最优解，则该可行解一定是基本可行解

C. 若线性规划存在最优解，它一定可以在可行域的某个顶点达到

D. 线性规划问题的最优解不一定都在顶点上达到

5. 以下说法正确的是（　　）。

A. 如果线性规划问题存在最优解，则最优解一定对应可行域的顶点

B. 线性规划问题的每一个基本解对应可行域的一个顶点

C. 线性规划模型中增加一个约束条件，可行域的范围一般将缩小，减少一个约束条件，可行域范围一般将扩大

D. 对于一个有 n 个变量、m 个约束条件的标准型线性规划问题，其可行域的顶点数恰好为 C_n^m 个

6. 线性规划具有唯一最优解是指（　　）。

A. 最优表中所有非基变量的检验数非零　　B. 最优表中存在非基变量的检验数为零

C. 最优表中存在常数项为零　　D. 最优表中常数项全部非零

7. 线性规划具有无界解是指（　　）。

A. 线性规划的可行域无界　　B. 入基变量的列系数全部非正

C. 对偶问题有无界解　　D. 对偶问题无可行解

8. 在线性规划问题的标准形式：$\max Z = CX$，$AX \leqslant B$，$X \geqslant 0$，利用单纯形法进行求解时，每作一次换基迭代，都能保证其相应的目标函数值 Z 必定（　　）。

A. 增大　　B. 不减少　　C. 减少　　D. 不增大

9. 出基变量的含义是（　　）。

A. 该变量取值不变　　B. 该变量取值增大

C. 由 0 值上升为某值　　D. 由某值下降为 0

10. 当目标函数为 min 型时，目标函数中，人工变量的系数为（　　）。

A. M　　B. $-M$　　C. 0　　D. 1

三、简单题

1. 为什么要把一般线性规划的一般模型化为标准型?

2. 基本解与基本可行解的区别是什么?

3. 目标函数求最大与求最小的线性规划模型的最优解的判定方法相同吗?

4. 遇到“大于等于”型约束方程时，初始基本可行解怎么找?

5. 大 M 法与两阶段法都是求解含有人工变量的线性规划模型的方法，那么怎样判断无可行解的情况呢?

6. 线性规划模型中，当约束方程出现“=”的情况时，又应该怎么求解呢?

四、计算题

1. 在下面的线性规划问题中找出的所有基本解，指出哪些是基本可行解，并代入目标函数，确定哪一个是最优解。

(1) $\max Z = 3x_1 + 2x_2$

$$s.t.\begin{cases}2x_1 + 3x_2 \leqslant 8\\ x_1 + 2x_2 \leqslant 3\\ x_1, x_2 \geqslant 0\end{cases}$$

(2) $\min Z = 5x_1 - 2x_2 + 3x_3 - 6x_4$

$$s.t.\begin{cases}x_1 + 2x_2 + 3x_3 + 4x_4 = 7\\ 2x_1 + x_2 + x_3 + 2x_4 = 3\\ x_1, x_2, x_3, x_4 \geqslant 0\end{cases}$$

2. 用单纯形法求解下面的线性规划问题，并指出问题的解属于哪一类。

$\max Z = x_1 - 2x_2 + x_3$

$$(1)\ s.t.\begin{cases}x_1 + x_2 + x_3 \leqslant 12\\ 2x_1 + x_2 - x_3 \leqslant 6\\ -x_1 + 3x_2 \leqslant 9\\ x_1, x_2, x_3 \geqslant 0\end{cases}$$

$\min Z = -2x_1 - x_2 + 3x_3 - 5x_4$

$$(2)\ s.t.\begin{cases}x_1 + 2x_2 + 4x_3 - x_4 \leqslant 6\\ 2x_1 + 3x_2 + 4x_3 - x_4 \leqslant 12\\ x_1 + x_3 + x_4 \leqslant 4\\ x_1, x_2, x_3, x_4 \geqslant 0\end{cases}$$

3. 用大 M 法或两阶段法求解线性规划问题。

$\max Z = 2x_1 + 3x_2 + 4x_3$

$$(1)\ s.t.\begin{cases}3x_1 + 2x_2 \leqslant 13\\ x_2 + 3x_3 \leqslant 17\\ 2x_1 + x_2 + x_3 = 13\\ x_1, x_2, x_3 \geqslant 0\end{cases}$$

$\min Z = 2x_1 + 3x_2$

$$(2)\ s.t.\begin{cases}x_1 + x_2 \geqslant 350\\ x_1 \geqslant 125\\ 2x_1 + x_2 \leqslant 600\\ x_1, x_2 \geqslant 0\end{cases}$$

4. 用单纯形法求解。

$$\max Z = 2x_1 + x_2$$

$$s.t.\begin{cases}-x_1 + x_2 \leqslant 5\\ 2x_1 - 5x_2 \leqslant 10\\ x_1, x_2 \geqslant 0\end{cases}$$

5. 表 3-15 是某求极大化线性规划问题计算得到的单纯形表，表中无人工变量，a_1，a_2，a_3，d，c_1，c_2 为待定常数。试说明这些常数分别取何值时，以下结论成立。

（1）表中解为唯一最优解。

（2）表中解为最优解，但存在无穷多最优解。

（3）该线性规划问题具有无界解。

（4）表中解非最优，为对解改进，换入变量为 x_1，换出变量为 x_6。

表 3－15　　　　习题 5 的单纯形表

X_B	b	x_1	x_2	x_3	x_4	x_5	x_6
x_3	d	4	a_1	1	0	a_2	0
x_4	2	−1	−3	0	1	−1	0
x_6	3	a_3	−5	0	0	−4	1
σ_j		c_1	c_2	0	0	−3	0

6. 下列线性规划模型的单纯形表的最终表如表 3－16 所示。

$$\max Z = x_1 + 5x_2 + ax_3$$

$$s.t.\begin{cases} 2x_1 - x_2 \leqslant b \\ x_1 + 2x_2 + x_3 \leqslant c \\ x_1, x_2, x_3 \geqslant 0 \end{cases}$$

试根据单纯形表各部分之间的关系完成下列问题：

（1）此单纯形表最终表的 B^{-1} 等于多少。

（2）求出 a、b、c、d、e、f 的值。

表 3－16　　　　习题 6 的单纯形表的最终表

	c_j		1	5	a	−M
C_B	X_B	b	x_1	x_2	x_3	x_4
1	x_1	2	1	d	0	1/2
a	x_3	1	0	e	1	−1/2
σ_j		Z＝5	c	f	0	−M＋1

7. 已知某线性规划问题，用单纯形法计算时得到的中间某两步的计算表如表 3－17 所示，试将表中空白处的数字补充完整。

表 3－17　　　　习题 7 的单纯形表

	c_j		3	2	0	0
C_B	X_B	b	x_1	x_2	x_3	x_4
0	x_3	14	2	3		
0	x_4	9	2	1		
σ_j		Z＝0				
⋮				⋮		
	c_j		3	2	0	0
C_B	X_B	b	x_1	x_2	x_3	x_4
2	x_2				1/2	−1/2
3	x_1				−1/4	3/4
σ_j		Z＝？				

8. 某厂准备生产 A、B、C 三种产品，各种产品原料消耗量、机械台时占用量、单位产品盈利等数据如表 3－18 所示。

表 3－18　　习题 8 数据

产品资源	A	B	C	资源限量
原料/千克	1.0	1.5	4.0	2000
机械台时/台时	2.0	1.2	1.0	1000
单位盈利/（元/千克）	10	14	12	

根据客户订货，三种产品最低月需求量分别为 200、250、100 件；又根据工厂生产部门预测，三种产品最大生产能力分别为 250 件、300 件、150 件，试建立月份盈利最大的最优化模型。

9. 恒业投资公司有 100 万资金可用于 A、B 和 C 三个项目的投资，每个项目的投入产出情况如下：

项目 A：当年投入 1 元钱，一年后可收回 0.1 元，三年后可收回 1.4 元。

项目 B：当年投入 1 元钱，一年后可收回 0.2 元，三年后可收回 1.3 元。

项目 C：当年投入 1 元钱，三年后可收回 1.6 元。

每个项目的最大投资额为 50 万元，此外，公司还可将钱存入银行，存款利息为每年 10%。请构造一个使该公司三年后收益最大的线性规划模型。

10. 考虑下述线性规划问题：

$$\max Z = c_1x_1 + c_2x_2$$

$$s.t.\begin{cases} a_{11}x_1 + a_{12}x_2 \leqslant b_1 \\ a_{21}x_1 + a_{22}x_2 \leqslant b_2 \\ x_1 \geqslant 0, x_2 \geqslant 0 \end{cases}$$

式中 $1\leqslant c_1\leqslant 3$，$4\leqslant c_2\leqslant 6$，$1\leqslant a_{11}\leqslant 3$，$2\leqslant a_{12}\leqslant 5$，$8\leqslant b_1\leqslant 12$，$2\leqslant a_{21}\leqslant 5$，$4\leqslant a_{22}\leqslant 6$，$10\leqslant b_2\leqslant 14$。试确定目标函数最优值的下界与上界。（提示：分别用每个参数的下限和上限构造两个模型，然后求解即得目标函数值的上界和下界）

五、案例分析

案例 1：线性规划法在房地产开发中的应用

某市一个房地产开发公司欲开发一七通一平的空地，为一待建建筑用地，总面积 2500m²。公司原计划开发商业楼 1000m²，住宅楼 5250m²。请根据下列前提条件，确定其是否是最佳开发方式。

（1）根据规划要求：沿马路为商业房，其余为砖混住宅。商业楼限 4 层楼，住宅楼限 6 层楼，容积率 2.5，建筑密度≤50%。

（2）开发日期为 1993 年 12 月，地上建筑物完成时间不超过一年半。

（3）根据预测，1993 年以后一年半商业楼平均造价每平方米为 1400 元，砖混住宅平均造价每平方米为 950 元，不计土地成本。

（4）预计建筑物完成后商业楼及住宅均可全部售出，商业楼出售当时的平均售价为每平方米 2400 元，住宅楼出售当时的平均售价为每平方米 1700 元。

（5）物业出售时的税费为总额的 5%。

（6）公司投入资金不超过 650 万元。

案例 2：福特汽车公司最优生产安排计划

福特汽车公司是世界最大的汽车企业之一。1903 年由亨利・福特先生创立创办于美国底特律市。现在的福特汽车公司是世界上越级跨国公司，总部设在美国密歇根州迪尔伯恩市。福特公司的产品种类繁多。轿车方面有以经济多用性著称的 Ka、嘉年华和雅仕，有林肯・城市那样宽敞舒适的大型轿车，也有像阿斯顿·马丁和美洲豹之类的华贵汽车。大众化的中级轿车有在澳大利亚生产的猎鹰，在北美生产的特使和黑貂，还有如蒙迪欧、康拓和水星环宇那样的世界级汽车。

福特在中国的市场也是巨大的，每年在中国市场上仅福特轿车的销售量就达到几十万辆。现在是汽车竞争激烈的年代，汽车的利润空间在进一步压缩，为了提高利润，只有不断降低制造成本。因此，为了在来年有一个好的利润预期，在中国的福特制造商需要做一个良好的生产计划。表 3-19 中给出了福特公司明年预期的销售量（以千辆为单位计）。此公司的生产能力为每个月 45 千辆。通过工人加班，可以将产量提高 20%，但会将每辆车的生产成本从 8 万元提高到 8.05 万元。

表 3-19　　明年的销售预期（千辆）

1月	2月	3月	4月	5月	6月	7月	8月	9月	10月	11月	12月
30	25	35	38	39	42	58	45	52	60	55	70

前一年福特汽车公司的库存量为 5 千辆，对于库存中的每辆车，在每个月月底都需要支出 0.01 万元的存储费用。假定福特公司的库存能力是无限的。现在是 1 月 1 日，在下面的 12 个月里每个月应生产和存储多少辆车才能满足此销售预期，并使总成本最小化？

第4章　对偶规划

随着线性规划应用的逐步深入，人们发现线性规划有一个有趣的特性，就是每一个线性规划问题都存在另一个与之配对、两者有密切联系的线性规划问题。常称其中一个为原问题，另一个为对偶问题，这个特性称为线性规划的对偶性（Duality Theory 或 Dual Problems，DP）。对偶问题是 J. Von Neumann 于 1947 年首先提出来的，并于 1950－1956 年期间进一步完善了对偶理论。对偶理论深刻揭示了原问题与对偶问题的内在联系，这不仅仅是数学上具有的理论问题，由对偶问题引申出来的对偶解有着更重要的经济意义，也是经济学中重要的概念与工具之一。对偶理论充分显示出线性规划理论逻辑上的严谨性与结构上的对称性，使线性规划理论更加丰富，应用领域更为广泛。本章主要介绍线性规划的对偶理论及应用。

4.1　对偶问题的提出

对偶思想在实际生活中处处可见。例如，周长一定矩形中正方形的面积最大，而面积一定矩形中正方形的周长最小。这两个问题就是一对对偶问题。其特点是：①最终结果都是以正方形作为“最优解”。②一个是极大化问题，以面积作为目标函数，周长为限制条件；而另一个是极小化问题，以周长作为目标函数，而面积是限制条件。

如果换个角度再观察生产计划问题，则从两个不同观察角度得到的两个线性规划就构成一对对偶线性规划。

4.1.1　对偶问题引例

【例 4－1】在第二章的【例 2－1】中，讨论了某工厂资源的合理利用问题，建立了线性规划模型：

$$\max Z = 3x_1 + 5x_2$$

$$s.t.\begin{cases} 2x_1 \leqslant 16 \\ 2x_2 \leqslant 10 \\ 3x_1 + 4x_2 \leqslant 32 \\ x_1, x_2 \geqslant 0 \end{cases} \tag{4.1}$$

已知最优解为：$x_1^* = 4, x_2^* = 5, z^* = 37$。

现在从另一个角度考虑这个问题。假定该厂的决策者考虑自己不生产甲、乙两种产品，而把原拟用于生产这两种产品的资源 A，B，C 全部出售给外单位，则应如何确定这三种资源的价格呢?

显然，该厂的决策者要考虑两个原则：第一，每种资源所收回的费用应不低于自己生产时可获得的利润；第二，定价不能太高，要对方容易接受，即具有竞争性。

为此，设 y_1, y_2, y_3 分别表示三种资源出售的价格，则由第一个原则，应有如下约束条件：

$$\begin{cases}2y_1 + 3y_3 \geqslant 3 \\ 2y_2 + 4y_3 \geqslant 5 \\ y_1, y_2, y_3 \geqslant 0\end{cases}$$

而把原拟用于生产甲、乙产品的三种资源全部售出，总收入为：$w = 16y_1 + 10y_2 + 32y_3$。

当然，对厂方而言，w 越大越好，但根据第二个原则，在保证上述（第一原则）条件下，应考虑使总收入即对方的总支出尽可能少才比较合理，因为只有这样，厂方不会吃亏，对方也容易接受（对方花费为最少）。于是，该问题的数学模型归结为：

$$\min w = 16y_1 + 10y_2 + 32y_3$$

$$s.t.\begin{cases}2y_1 + 3y_3 \geqslant 3 \\ 2y_2 + 4y_3 \geqslant 5 \\ y_1, y_2, y_3 \geqslant 0\end{cases} \tag{4.2}$$

这也是一个线性规划问题，用单纯形法解之得最优解为：$y_1^* = 0, y_2^* = 0.5, y_3^* = 1.0$。相应的目标函数最优值：$w^* = 37$。

观察式（4.2）与（4.1）式，发现两者有非常对称的逻辑关系。如果称（4.1）给出的线性规划问题为原问题，则称（4.2）式为（4.1）式的对偶问题。再看一个饮食与营养问题的一对对偶线性规划的构成。

【例 4-2】采购甲、乙、丙、丁 4 种食品的量分别为 x_1，x_2，x_3，x_4。在保证人体所需维生素 A，B，C 的前提下，如何使总的花费最小。由此构成的目标要求是总费用极小化的线性规划模型：

$$\min Z = 0.8x_1 + 0.5x_2 + 0.9x_3 + 1.5x_4$$

$$s.t.\begin{cases}1000x_1 + 1500x_2 + 1750x_3 + 3250x_4 \geqslant 4000(\text{国际单位,维生素 A}) \\ 0.6x_1 + 0.27x_2 + 0.68x_3 + 0.3x_4 \geqslant 1(\text{毫克,维生素 B}) \\ 17.5x_1 + 7.5x_2 + 30x_4 \geqslant 30(\text{毫克,维生素 B}) \\ x_1, x_2, x_3, x_4 \geqslant 0\end{cases}$$

换一个角度考虑，如果生产维生素药丸的制药公司想让营养师相信，各种维生素无须通过各种食品的转换就能供营养师调剂，那么制药公司面对的问题是：为维生素药丸确定单价，以获得最大的收益，同时与真正的食品竞争。于是，维生素药丸的单位成本不能超过相应食品的市场价格，由此得到下面的对偶线性规划：

$$\max Z = 4000y_1 + y_2 + 30y_3$$

$$s.t.\begin{cases}1000y_1 + 0.6y_2 + 17.5y_3 \leqslant 0.8 \\ (\text{符合甲的营养成分所耗成本} \leqslant \text{甲的市价}) \\ 1500y_1 + 0.27y_2 + 7.5y_3 \leqslant 0.5 \\ (\text{符合乙的营养成分所耗成本} \leqslant \text{乙的市价}) \\ 1750y_1 + 0.68y_2 + 0y_3 \leqslant 0.9 \\ (\text{符合丙的营养成分所耗成本} \leqslant \text{丙的市价}) \\ 3250y_1 + 0.3y_2 + 30y_3 \leqslant 1.5 \\ (\text{符合丁的营养成分所耗成本} \leqslant \text{丁的市价}) \\ y_1, y_2, y_3 \geqslant 0\end{cases}$$

由此两例我们发现：原问题目标极大，对偶为极小；原问题的 c 变为了对偶的 b；原问题的 b 变为了对偶的 c；原问题的变量个数等于对偶问题的约束个数；等等。虽然这个模型是由特殊例子引出的，但是它具有一般性。实际当中，对任意一个线性规划问题都有唯一一个与之呈对称关系的对偶问题存在。

4.1.2 对偶问题的形式

以上从两个资源利用问题，引出了对资源的估价问题，得到了对偶规划。原问题与其对偶问题之间通常有三种不同的关系形式，以下将原问题记作（P）问题，对偶问题记作（D）问题。

1. 对称型对偶问题

定义 4.1：设原 LP 问题为：

$$\max Z = c_1x_1 + c_2x_2 + \cdots + c_nx_n$$

$$s.t.\begin{cases} a_{11}x_1 + a_{12}x_2 + \cdots + a_{1n}x_n & \leqslant & b_1 \\ a_{21}x_1 + a_{22}x_2 + \cdots a_{2n}x_n & \leqslant & b_2 \\ \cdots\cdots\cdots & \cdots & \cdots \\ a_{m1}x_1 + a_{m2}x_2 + \cdots a_{mn}x_n & \leqslant & b_m \end{cases} \tag{4.3}$$

$$x_j \geqslant 0(j = 1,2\cdots,n)$$

则称下列 LP 问题：

$$\min W = b_1y_1 + b_2y_2 + \cdots + b_my_m$$

$$s.t.\begin{cases} a_{11}y_1 + a_{21}y_2 + \cdots + a_{m1}y_n & \geqslant & c_1 \\ a_{12}y_1 + a_{22}y_2 + \cdots a_{m2}y_n & \geqslant & c_2 \\ \cdots\cdots\cdots & \cdots & \cdots \\ a_{1n}y_1 + a_{2n}y_2 + \cdots a_{mn}y_n & \geqslant & c_m \end{cases} \tag{4.4}$$

$$y_i \geqslant 0(i = 1,2\cdots,m)$$

为其对偶问题。其中 y_i（$i=1$，2，…，m）称为对偶变量，并称（4.3），（4.4）为一对对称型对偶问题（目标确定，约束统一）。

如果用矩阵形式来表示模型（4.3），（4.4），则可更清楚地看出两者之间的对称性。

$$(P)\quad \max Z = cx \quad s.t.\begin{cases} Ax \leqslant b \\ x \geqslant 0 \end{cases} \tag{4.5}$$

$$(D)\quad \min w = yb \quad s.t.\begin{cases} yA \geqslant c \\ y \geqslant 0 \end{cases} \tag{4.6}$$

其中 $y = (y_1, y_2, \cdots, y_m)$ 是一行向量。

即（P）问题求极大化，（D）问题求极小化；（P）的约束为“≤”，（D）的约束为“≥”；（P）的价值系数 c，在（D）中成为约束右端项；（P）的约束右端项 b，在（D）中恰好为价值系数；在（P）中，约束方程左端为 AX，而在（D）中，约束方程左端为 yA，决策变量 x、对偶变量 y 都是非负的。这就是对偶问题之间的对称关系。利用这个关系，已知原问题，可写出与之呈对称关系的对偶问题，即另一个线性规划问题。

对称型对偶关系如表 4－1 所示。

表 4－1　　　　对称型对偶关系

原问题		对偶问题	
目标函数 max 目标函数变量系数 约束条件右端常数		目标函数 min 约束条件右端常数 目标函数变量系数	
变量	n 个 $\geqslant 0$	n 个 $\geqslant$	约束条件
m 个 $\leqslant$	约束条件	变量	m 个 $\geqslant 0$

简单一点说，就是变量对约束一致，约束对变量相反。这里的前提是假设原问题是追求目标极大，则对偶目标必然为极小，也就是说看这个表从左往右看。如果先给出的原问题追求目标是极小，则看这个表时要从右边往左边看，也就是说已知右边，根据表中的对应关系，可以推写出左边的关系来。

【例 4－3】写出下列问题的对偶问题：

$$\max Z = 2x_1 - 3x_2 + 4x_3$$
$$s.t.\begin{cases} 2x_1 + 3x_2 - 5x_3 \geqslant 2 \\ 3x_1 + x_2 + 7x_3 \leqslant 3 \\ -x_1 + 4x_2 + 6x_3 \geqslant 5 \\ x_1, x_2, x_3 \geqslant 0 \end{cases}$$

解：首先将问题化为式（4.3）的形式：

$$\max Z = 2x_1 - 3x_2 + 4x_3$$
$$s.t.\begin{cases} -2x_1 - 3x_2 + 5x_3 \leqslant -2 \\ 3x_1 + x_2 + 7x_3 \leqslant 3 \\ x_1 - 4x_2 - 6x_3 \leqslant -5 \\ x_1, x_2, x_3 \geqslant 0 \end{cases}$$

再根据表 4－1 中列出的对偶关系，即可写出其（D）问题：

$$\min w = -2y_1 + 3y_2 - 5y_3$$
$$s.t.\begin{cases} -2y_1 + 3y_2 + y_3 \geqslant 2 \\ -3y_1 + y_2 - 4y_3 \geqslant -3 \\ 5y_1 + 7y_2 - 6y_3 \geqslant 4 \\ y_1, y_2, y_3 \geqslant 0 \end{cases}$$

2. 非对称型对偶问题

如果原问题是线性规划问题的标准形式，则其对偶问题形式是怎样呢？记（P）问题为

$$\max Z = cx$$
$$s.t.\begin{cases} Ax = b \\ x \geqslant 0 \end{cases} \tag{4.7}$$

为了利用对称型（D）问题的结论，先将问题（4.7）等价地化为：

$$\max Z = cx$$
$$s.t.\begin{cases} Ax \leqslant b \\ -Ax \leqslant -b \\ x \geqslant 0 \end{cases}$$

再引入对偶向量（u，v），其中 $u =$（u_1，u_2，…，u_m）为对应于第一组不等式约束 $Ax \leqslant b$ 的对偶变量，$v =$（v_1，v_2，…，v_m）为对应于第二组不等式约束 $-Ax \leqslant -b$ 的对偶变量，按对称型的结论，可写出其（D）问题为：

$$\min w = (u,v)\begin{pmatrix} b \\ -b \end{pmatrix}$$

即

$$s.t.\begin{cases} (u,v)\begin{pmatrix} A \\ -A \end{pmatrix} \geqslant c \\ u,v \geqslant 0 \end{cases}$$

令 $y = u - v$ 为 m 维行向量，则以上模型又可写成：

$$\min w = yb$$
$$s.t.\begin{cases} yA \geqslant c \\ y \quad 自由 \end{cases} \tag{4.8}$$

将问题（4.7）与问题（4.8）称为一对非对称型的对偶问题。要注意的是：（P）问题（4.7）中约束为等式，则其（D）问题（4.8）中对偶变量无符号限制，即为自由变量。

【例 4 - 4】写出下列问题的对偶问题：

$$\max Z = 3x_1 - x_2 - 2x_3$$
$$s.t.\begin{cases} 3x_1 + 2x_2 - 3x_3 = 6 \\ x_1 - 2x_2 + x_3 = 4 \\ x_1, x_2, x_3 \geqslant 0 \end{cases}$$

解：由式（4.8）知其（D）问题为：

$$\min w = 6y_1 + 4y_2$$
$$s.t.\begin{cases} 3y_1 + y_2 \geqslant 3 \\ 2y_1 - 2y_2 \geqslant -1 \\ -3y_1 + y_2 \geqslant -2 \\ y_1, y_2 \ 自由 \end{cases}$$

3. 混合型对偶问题

考虑更一般的 LP 问题：

$$\max Z = c_1x_1 + c_2x_2$$
$$s.t.\begin{cases} a_{11}x_1 + a_{12}x_2 \leqslant b_1 \\ a_{21}x_1 + a_{22}x_2 = b_2 \\ a_{31}x_1 + a_{32}x_2 \geqslant b_3 \\ x_1 \geqslant 0, x_2 \ 自由 \end{cases} \tag{4.9}$$

其中 A_{ij} 为 $m_i \times n_j$ 矩阵，b_i 为 m_i 维列向量，c_j 为 n_j 维行向量，x_j 为 n_j 维列向量，$i = 1$，2，3；$j = 1$，2，且 $m_1 + m_2 + m_3 = m$，$n_1 + n_2 = n$。

为利用非对称型（D）问题的结论，令 $x_2 = x_{21} - x_{22}, x_{21}, x_{22} \geqslant 0$，引入松弛变量 x_s，

x_t，其中x_s，x_t分别为m_1，m_3维列向量。将问题（4.9）化为标准形式：

$$\max Z = c_1x_1 + c_2(x_{21} - x_{22})$$

$$s.t.\begin{cases} a_{11}x_1 + a_{12}(x_{21} - x_{22}) + I_sx_s = b_1 \\ a_{21}x_1 + a_{22}(x_{21} - x_{22}) = b_2 \\ a_{31}x_1 + a_{32}(x_{21} - x_{22}) - I_sx_t = b_3 \\ x_1, x_{21}, x_{22}, x_s, x_t \geqslant 0 \end{cases}$$

再按式（4.8）写出它的（D）问题为

$$\min w = b_1y_1 + b_2y_2 + b_3y_3$$

$$s.t.\begin{cases} y_1a_{11} + y_2a_{21} + y_3a_{31} \geqslant c_1 \\ y_1a_{12} + y_2a_{22} + y_3a_{32} \geqslant c_2 \\ -y_1a_{12} - y_2a_{22} - y_3a_{32} \geqslant -c_2 \\ y_1I_s \geqslant 0 \qquad -y_3I_t \geqslant 0 \end{cases}$$

即

$$\min w = b_1y_1 + b_2y_2 + b_3y_3$$

$$s.t.\begin{cases} y_1a_{11} + y_2a_{21} + y_3a_{31} \geqslant c_1 \\ y_1a_{12} + y_2a_{22} + y_3a_{32} = c_2 \\ y_1 \geqslant 0, y_2 \text{ 自由}, y_3 \leqslant 0 \end{cases} \tag{4.10}$$

将问题（4.9）与问题（4.10）称为一对混合型对偶问题。

从以上三种形式的对偶关系中，可以总结（P）问题与（D）问题相关数据之间的联系，即对偶规则如表4－2所示。

表4－2　　　　对偶规则表

	原问题	对偶问题	
	目标函数 max	目标函数 min	
约 束 条 件	m个 $\leqslant$ $\geqslant$ $=$	m个 $\geqslant 0$ $\leqslant 0$ 无符号限制	变 量
变 量	n个 $\geqslant 0$ $\leqslant 0$ 无符号限制	n个 $\geqslant$ $\leqslant$ $=$	约 束 条 件
	目标函数的系数 约束条件右端常数 系数矩阵 A	约束条件右端常数 目标函数的系数 系数矩阵 A^T	

显然，有了对偶规则表4－2，则上述任一形式的问题的对偶问题都可以直接利用表4－2得到。但要注意的是，对表4－2的使用，如果已知原问题是求极大，则表4－2从左往右看；如果原问题是求极小，则表从右向左看，即根据对偶规则表右边情形写出左边必

然的结果。

关于变量与约束之间的关系，一个简单的记忆办法是：正常对正常，反常对反常。首先，在正常情况下，线性规划的所有变量都应是≥0 的；其次，最大化问题的约束都应是≤型的，而最小化问题的约束都应是≥型的。所谓“正常对正常，反常对反常”就是说，只要原模型中的变量和约束都符合这些规律，对偶模型中的约束和变量也一定符合这些规律；如果原模型中的变量和约束违反这些规律，则对偶模型中的约束也一定违反这些规律。

【例 4-5】写出（P）问题的（D）问题。

$$\max Z = 2x_1 + 3x_2 - 5x_3 + x_4$$

$$s.t.\begin{cases} 4x_1 + x_2 - 3x_3 + 2x_4 \geqslant 5 \\ 3x_1 - 2x_2 + 7x_4 \leqslant 4 \\ -2x_1 + 3x_2 + 4x_3 + x_4 = 6 \\ x_1 \leqslant 0, x_2, x_3 \geqslant 0, x_4 \text{ 自由} \end{cases}$$

解：根据对偶规则表 4-2，由左向右看，可直接写出上述（P）问题的（D）问题。

分析：（1）原问题目标为极大，故对偶为极小；

（2）原问题有 3 个约束，故对偶问题有 3 个变量，设为 y_1，y_2，y_3，分别对应原问题的三个约束；

（3）原问题有 4 个变量，故对偶有 4 个约束，其约束形式由原问题的变量的符号确定：根据表 4-2 可知，变量与约束一致。因为 $x_1 \leqslant 0$，所以对偶第一个约束为“≤”型，即：$4y_1 + 3y_2 - 2y_3 \leqslant 2$，其余以此类推，即第 2、3 个约束为“≥”型，第 4 个约束为等式约束，因为原问题的第四个变量为自由变量。

（4）对偶变量的符号如何确定呢？根据表 4-2 可知，是由原问题的约束形式决定的：即约束对变量相反。由于原问题的第一个约束为“≥”型，故对偶的第一个变量符号为：“$y_1 \leqslant 0$”；第二个约束为“≤”，则“$y_2 \geqslant 0$”；第三个约束为等式，故 y_3 为自由变量。

综合以下分析，可得如下模型：

$$\min w = 5y_1 + 4y_2 + 6y_3$$

$$s.t.\begin{cases} 4y_1 + 3y_2 - 2y_3 \leqslant 2 \\ y_1 - 2y_2 + 3y_3 \geqslant 3 \\ -3y_1 + 4y_3 \geqslant -5 \\ 2y_1 + 7y_2 + y_3 = 1 \\ y_1 \leqslant 0, y_2 \geqslant 0, y_3 \text{ 自由} \end{cases}$$

这里要特别说明的是，表 4-2 关系的使用，必须先分清原问题是什么，如果给定的原问题是极大化的，则看表 4-2 时从左往右看；如果给定的原问题是极小化的，则看表 4-2 时从右往左看，否则就会引起混乱。

4.2　对偶问题的基本性质

这一节给出对偶问题的一些性质，为叙述方便，仅在对称形式下进行分析。

$$\text{(P)}\quad \begin{array}{l}\max Z = cx \\ s.t.\begin{cases}Ax \leqslant b \\ x \geqslant 0\end{cases}\end{array} \qquad \text{(D)}\quad \begin{array}{l}\min w = yb \\ s.t.\begin{cases}yA \geqslant c \\ y \geqslant 0\end{cases}\end{array}$$

定理 4.1（对称性定理）对偶问题的对偶是原问题。

证明：先将（D）问题化成原问题形式

$$\begin{array}{l}\max w' = (-b^T)y^T \\ s.t.\begin{cases}(-A^T)y^T \leqslant -c^T \\ y^T \geqslant 0\end{cases}\end{array}$$

由定义 4.1，设 x^T 为它的对偶变量，写出它的对偶问题。

$$\begin{array}{l}\min z' = x^T(c^T) \\ s.t.\begin{cases}x^T(-A^T) \geqslant -b^T \\ x^T \geqslant 0\end{cases}\end{array} \quad \text{即} \quad \begin{array}{l}\max Z = cx \\ s.t.\begin{cases}Ax \leqslant b \\ x \geqslant 0\end{cases}\end{array}$$ 证毕。

这就是（P）问题。

根据对称性定理，在一对对偶问题中，可以把其中任何一个称为原问题，则另一个称为其对偶问题。

定理 4.2（弱对偶定理）设 x^0 和 y^0 分别是（P）问题和（D）问题的可行解，则必有：$cx^0 \leqslant y^0 b$

【例 4-6】对以下线性规划问题，试估计它们目标函数的界

$$\begin{array}{l}\max Z = x_1 + 2x_2 + 3x_3 + 4x_4 \\ \begin{cases}x_1 + 2x_2 + 2x_3 + 3x_4 \leqslant 20 \\ 2x_1 + x_2 + 3x_3 + 2x_4 \leqslant 20 \\ x_{1-4} \geqslant 0\end{cases}\end{array}$$

解：其对偶问题为：

$$\begin{array}{l}\max W = 20y_1 + 20y_2 \\ \begin{cases}y_1 + 2y_2 \geqslant 1 \\ 2y_1 + y_2 \geqslant 2 \\ 2y_1 + 3y_2 \geqslant 3 \\ 3y_1 + 2y_2 \geqslant 4 \\ y_0 \geqslant 0, y_2 \geqslant 0\end{cases}\end{array}$$

观察可知：$X=$（1，1，1，1），$Y=$（1，1），分别是（P）和（D）的可行解。代入目标有：$Z=10$，$W=40$，故有：$CX<Yb$，弱对偶定理成立。

同时根据线性规划的基本理论知，一个线性规划问题，如果有界（上界、下界），则必有最优解。经计算可知原问题有最优解：（0，0，4，4），对偶问题有最优解（1.2，0.2），而且目标函数值都是 28。

由此得到推论 1：如果一对对偶问题都有可行解，则它们都有最优解。

【例 4-7】证明下列线性规划无最优解：

$$\begin{array}{l}\min Z = x_1 - x_2 + x_3 \\ \begin{cases}x_1 - x_3 \geqslant 4 \\ x_1 - x_2 + 2x_3 \geqslant 3 \\ x_j \geqslant 0, j = 1,2,3\end{cases}\end{array}$$

解：写出其对偶模型：

$$\min W = 4y_1 + 3y_2$$

$$s.t.\begin{cases} y_1 + y_2 \leqslant 1 \\ -y_2 \leqslant -1 \\ -y_1 + 2y_2 \leqslant 1 \\ y_1, y_2 \geqslant 0 \end{cases}$$

因为：原问题存在可行解，如（4，0，0），而对偶问题无可行解，所以原问题无有限最优解，即存在无界解。

由此得到推论 2：（P）有可行解，（D）无可行解，则（P）无有限最优解（无界）。

【例 4-8】原问题 $\min W = 4y_1 + 2y_2$，$s.t.\begin{cases} y_1 + y_2 \geqslant 2 \\ -y_1 - y_2 \geqslant 1 \\ y_1, y_2 \geqslant 0 \end{cases}$ 与对偶问题 $\max Z = 2x_1 + x_2$，$s.t.\begin{cases} x_1 - x_2 \leqslant 4 \\ x_1 - x_2 \leqslant 2 \\ x_1, x_2 \geqslant 0 \end{cases}$

因为原问题没有可行解，而对偶问题存在可行解：（1，0），所以对偶问题存在无界解。

由此得到推论 3：（P）不可行，（D）可行，则（D）无界。

【例 4-9】对如下两个模型进行分析：

$\max Z = x_1 + x_2$，$s.t.\begin{cases} x_1 - x_2 \leqslant -1 \\ -x_1 + x_2 \leqslant -1 \\ x_1, x_2 \geqslant 0 \end{cases}$ 与其对偶问题 $\min Z = -y_1 - y_2$，$s.t.\begin{cases} y_1 - y_2 \geqslant 1 \\ -y_1 + y_2 \geqslant 1 \\ y_1, y_2 \geqslant 0 \end{cases}$

因为（P）与（D）都不可行，故两者无解或无界。

由此得到推论 4：两者都不可行，故 P 与 D 或无界或无解。

定理 4.3　最优性定理：设 x^0，y^0，分别为原问题和对偶问题的可行解，如果 $CX^0 = Y^0 b$，则 X^0 和 Y^0 分别为各自问题的最优解。

【例 4-10】原问题：$\min Z = 6x_1 + 3x_2$，$s.t.\begin{cases} 2x_1 + 4x_2 \geqslant 16 \\ 4x_1 + 3x_2 \geqslant 24 \\ x_1, x_2 \geqslant 0 \end{cases}$ 与对偶问题：$\max W = 16y_1 + 24y_2$，$s.t.\begin{cases} 2y_1 + 4y_2 \leqslant 6 \\ 4y_1 + 3y_2 \leqslant 3 \\ y_1, y_2 \geqslant 0 \end{cases}$

原问题的可行解（0，8），目标函数值：24；对偶问题的可行解（0，1），目标函数值：24。因为目标函数值相等，所以可行解（0，8）与（0，1）就分别为原问题和对偶问题的最优解。

定理 4.4　对偶性定理：如果（P）问题［（D）问题］有最优解，那么（D）问题［（P）问题］也有最优解，且目标函数值相等。

【例 4-11】原问题：$\min Z = 6x_1 + 3x_2$，$s.t.\begin{cases} 2x_1 + 4x_2 \geqslant 16 \\ 4x_1 + 3x_2 \geqslant 24 \\ x_1, x_2 \geqslant 0 \end{cases}$ 其对偶问题为：$\max W = 16y_1 = 24y_2$，$s.t.\begin{cases} 2y_1 + 4y_2 \leqslant 6 \\ 4y_1 + 3y_2 \leqslant 3 \\ y_1, y_2 \geqslant 0 \end{cases}$

原问题的最优解为：（0，8），对偶问题也有最优解为：（0，1），且两者的目标函数都为24。

定理4.5（互补松弛定理）设x^*和y^*分别是（P）问题和（D）问题的可行解，则它们分别是（P）、(D）问题的最优解的充要条件是：y^*（$b-Ax^*$）$=0$；（$y^*\mathrm{A}-c$）x^*同时成立。互补松弛定理用矩阵表示：$XY_S=0$，$YX_S=0$，这里X_S，Y_S分别为原问题和对偶问题的松弛变量。

即一个线性规划的某个约束成为严格不等式（约束条件为松），对应的对偶规划中变量取0（变量是紧），当某个变量不为0时（变量是松），对应的对偶规划中约束成为等式（约束条件是紧）。

于是不难理解当线性规划达到最优时的下列关系：

（1）如果原问题的某一约束为紧约束（松弛变量为零），则该约束对应的对偶变量应大于或等于零。

（2）如果原问题的某一约束为松约束（约束变量大于零），则对应的对偶变量必为零。

（3）如果原问题的某一变量大于零，则该变量对应的对偶约束必为紧约束。

（4）如果原问题的某一变量等于零，则该变量对应的对偶约束可能是紧约束，也可能是松约束。应用以上关系可以很方便地求解线性规划问题。

【例4-12】已知线性规划：
$$\max Z = 3x_1 + 4x_2 + x_3$$
$$s.t.\begin{cases}x_1 + 2x_2 + x_3 \leqslant 10\\2x_1 + 2x_2 + x_3 \leqslant 16\\x_j \geqslant 0, j = 1,2,3\end{cases}$$
的最优解是$X^*=(6,2,0)$，试运用互补松弛定理求对偶问题的最优解。

解：原问题的对偶问题为：
$$\min w = 10y_1 + 16y_2$$
$$\begin{cases}y_1 + 2y_2 \geqslant 3\\2y_1 + 2y_2 \geqslant 4\\y_1 + y_2 \geqslant 1\\y_1, y_2 \geqslant 0\end{cases}$$

因为$x_1 \neq 0$，$x_2 \neq 0$，根据互补定理中的$XY_S=0$，知对偶问题的第一、二个约束的松弛变量必然等于零，即：
$$\begin{cases}y_1 + 2y_2 = 3\\2y_1 + 2y_2 = 4\end{cases}$$

故，解此线性方程组得$y_1=1$，$y_2=1$，从而求出对偶问题的最优解为$Y=(1,1)$，最优值$W=26$。

【例4-13】已知：
$$\min Z = 3x_1 + 4x_2 + 2x_3 + 5x_4 + 9x_5$$
$$\begin{cases}x_2 + x_3 - 5x_4 + 3x_5 \geqslant 2\\x_1 + x_2 - x_3 + x_4 + 2x_5 \geqslant 3\\x_{1-5} \geqslant 0\end{cases}$$
试通过求对偶问题的最优解来求解得原问题的最优解。

解：首先写出原问题的对偶模型：

$$\max W = 2y_1 + 3y_2$$

$$\begin{cases} y_2 \leqslant 3 \\ y_1 + y_2 \leqslant 4 \\ y_1 - y_2 \leqslant 2 \\ -5y_1 + y_2 \leqslant 5 \\ 3y_1 + 2y_2 \leqslant 9 \\ y_1, y_2 \geqslant 0 \end{cases}$$

然后，用图解法求出：$Y^* = (1,\ 3)$，$W=11$。再利用互补松弛定理判断，将 $y_1^*=1$，$y_2^*=3$ 代入对偶约束条件，知（1）（2）（5）式为紧约束，（3）（4）为松约束。令原问题的最优解为 $X^* = (x_1,\ x_2,\ x_3,\ x_4,\ x_5)$，则根据互补松弛条件，必有 $x_3=x_4=0$。

最后，解方程组：由于 $y_1^* > 0$，$y_2^* > 0$，原问题的约束必为等式，即：

$$\begin{cases} x_2 + 3x_5 = 2 \\ x_1 + x_2 + 2x_5 = 3 \end{cases}$$

化简为：$\begin{cases} x_1 = 1 + x_5 \\ x_2 = 2 - 3x_5 \end{cases}$　此方程组为无穷多解。

用数值解法：令 $x_5=0$，得到 $x_1=1$，$x_2=2$，即 $X_1^* = (1,\ 2,\ 0,\ 0,\ 0)$ 为原问题的一个最优解，$Z=11$。

再令 $x_5=2/3$，得到 $x_1=5/3$，$x_2=0$，即 $X_2^* = (5/3,\ 0,\ 0,\ 0,\ 2/3)$，也是原问题的一个最优解，$Z=11$。

【例4-14】求解线性规划问题

$$\min Z = 2x_1 + 4x_2 - 3x_3 - x_4$$

$$s.t. \begin{cases} x_1 - x_2 + 2x_3 + 2x_4 \leqslant 2 \\ x_1 + 2x_2 - x_3 + x_4 \geqslant 3 \\ x_1, x_2 \geqslant 0, x_3, x_4 \leqslant 0 \end{cases}$$

解：对偶规划为

$$\max w = 2y_1 + 3y_2$$

$$s.t. \begin{cases} y_1 + y_2 \leqslant 2 \\ -y_1 + 2y_2 \leqslant 4 \\ 2y_1 - y_2 \geqslant -3 \\ 2y_1 + y_2 \geqslant -1 \\ y_1 \leqslant 0, y_2 \geqslant 0 \end{cases}$$

用图解法解之，得：$y^* = (0,2), w^* = 6$。

将 y^* 代入约束条件，第3、4个条件成立严格不等式，所以，$x_3^* = x_4^* = 0$；又因为 $y_2^* \geqslant 0$，所以原规划第二个约束条件为等式约束，即：

$$\begin{cases} x_1^* - x_2^* \leqslant 2 \\ x_1^* + 2x_2^* = 3 \end{cases}$$

此时，原规划最优解不唯一，由上述不等式组得：

$$x_2^* \leqslant \frac{3}{2}, x_2^* \geqslant \frac{1}{3}$$

所以，原规划有两个最优基可行解。

$$x^* = \left(\frac{7}{3},\frac{1}{3},0,0\right)^T, x^{*\prime} = \left(0,\frac{3}{2},0,0\right)$$

原规划的最优解为：$\lambda x^* + (1-\lambda)x^*$，其中 $0 \leqslant \lambda \leqslant 1$，相应的目标函数最优值：$z^* = 6$。

思考题：利用互补松弛定理求解线性规划问题的价值是什么？

（1）不用单纯形方法，计算简化了。

（2）给出了一个求解线性规划问题的一种方法，一个思路。

想想看，如何利用互补松弛定理解题？

第一步，明确题目要求，根据所给定的模型，写出这个模型的对偶模型，作为分析判断的依据；

第二步，根据所给信息，利用互补松弛定理判断约束是否为等式，或变量是否为零，目的构造等式，消去多余变量；

第三步，联立方程组，用初等代数法求解得对偶问题的最优解或原始问题的最优解。

定理4.6　解的对应性定理：（P）的单纯形表的初始基变量的检验数的相反数对应（D）的一个基解。

设原问题是：$\max Z = CX$；$AX + X_S = b$；X，$X_S \geqslant 0$；它的对偶问题是：$\min W = Yb$；$YA - Y_S = C$；Y，$Y_S \geqslant 0$，则原问题单纯形表的检验数行对应其对偶问题的一个基解，其对应关系如表4－3所示。

表4－3　　对应关系

X_B	X_N	X_S
0	$C_N - C_B B^{-1} N$	$-C_B B^{-1}$
$-Y_{S1}$	$-Y_{S2}$	$-Y$

【例4－15】

引例问题的单纯形最优表如表4－4所示。

表4－4　　引例问题的单纯形最优表

	c_j		3	5	0	0	0
C_B	X_B	b	x_1	x_2	x_3	x_4	x_5
0	x_3	8	0	0	1	4/3	－2/3
5	x_2	5	0	1	0	1/2	0
3	x_1	4	1	0	0	－2/3	1/3
	σ		0	0	0	－1/2	－1

其中 b 列的：4，5，8 就是原问题的最优解，而检验数行：0，－0.5，－1，分别是原问题初始基变量的检验数，其相反数对应的就是对偶问题的最优解。所以说，在求解线性

规划问题时，如果用单纯形法求得了一个问题的最优解，那么另一个问题的最优解也随之就知道了。

【练习】如已知这个LP问题：

$$\max z = 4x_1 + 3x_2 + 7x_3$$
$$s.t.\begin{cases} x_1 + 2x_2 + 2x_3 \leqslant 100 \\ 3x_1 + x_2 + 3x_3 \leqslant 100 \\ x_1, x_2, x_3 \geqslant 0 \end{cases}$$

的最优表如表4－5所示：

表4－5　　本题最终表

c_j			4	3	7	0	0
C_B	X_B	b	x_1	x_2	x_3	x_4	x_5
3	x_2	25	－3/4	1	0	3/4	－1/2
7	x_3	25	5/4	0	1	－1/4	1/2
σ			－5/2	0	0	－1/2	－2

试利用解的对应性定理求出其对偶问题的最优解。

解：对偶问题为：

$$\min w = 100y_1 + 100y_2$$
$$s.t.\begin{cases} y_1 + 3y_2 \geqslant 4 \\ 2y_1 + y_2 \geqslant 3 \\ 2y_1 + 3y_2 \geqslant 7 \\ y_1, y2 \geqslant 0 \end{cases}$$

由定理4.6知，在表4－5中可得，对偶问题的最优解为：$y^* = (\frac{1}{2},2)$，其相应的目标函数最优值 $w^* = 250$。

讨论至此，可以发现一对对偶线性规划问题的解只能有下面三种情况之一出现，将原问题与对偶问题解的对应关系总结如下：

（1）都有最优解，且目标函数最优值相等。

（2）一个问题有无界解，另一个问题无可行解。

（3）两个都无可行解。

许多情况下，一旦知道了（P）或（D）中一个问题的解的情况，不必求解或只经简单计算，即可根据对偶问题的基本性质求得另一个问题的解。

4.3 对偶问题的经济解释——影子价格

由单纯形法知，目标函数 $Z = C_B B^{-1} b$，当增加一个单位时，Z 增加 $C_B B^{-1}$，$C_B B^{-1}$ 称为单纯形乘子。因为它体现了资源增加一个单位时，目标函数的增长量，起到了资源参考价格的作用，因此又称为影子价格。影子价格在国外又称为机会成本、会计价格、隐含价格、最优计划价格、完全竞争条件下的市场价格以及最优分工协作方案的实现价格等。它是经济管理中相当重要的参数之一。

4.3.1 影子价格的概念

考虑一对对称的对偶问题。

$$(P)\quad \begin{array}{l}\max Z = cx \\ s.t. \begin{cases} Ax \leqslant b \\ x \geqslant 0 \end{cases}\end{array} \qquad (D)\quad \begin{array}{l}\min w = yb \\ s.t. \begin{cases} yA \geqslant c \\ y \geqslant 0 \end{cases}\end{array}$$

从上节对偶问题的基本性质可知，当（P）问题求得最优解 x^* 时，其（D）问题也得到最优解 y^*，且有：

$$z^* = \sum_{j=1}^{n} c_j x_j^* = \sum b_i y_i^* = w^* \tag{4.11}$$

b_i代表第 i 种资源的拥有量；对偶变量 y_i^* 的意义代表在资源最优利用条件下对单位第 i 种资源的估价。这种估价不是资源的市场价格，而是根据资源在生产中做出的贡献而做的估价，称之为影子价格。

资源的市场价格是已知数，相对比较稳定，而它的影子价格则有赖于资源的利用情况，是未知数。由于企业生产任务、产品结构等情况发生变化，资源的影子价格也随之改变。不同企业，即使是相同的资源，其影子价格也不一定相同，就是同一个企业，在不同的生产周期，资源的影子价格也不完全一样。

在（4.11）式中对 Z 求 b_i 的偏导数，得 $\dfrac{\partial z^*}{\partial b_i} = y_i^*$，这说明 y_i^* 的值相当于在资源得到最优利用的生产条件下，b_i 每增加一个单位时目标函数 z 的增量，所以，影子价格是一种边际价格。

【例 4－16】某工厂经理对该厂生产的两种产品甲、乙，用线性规划来确定最优的产量方案。产品的单位产值，对三种资源的单位消耗及资源的现有数量如表 4－6 所示。

表 4－6　　数据表

资源/产品	甲	乙	资源限制
A	1	3	90
B	2	1	80
C	1	1	45
单位产值	5	4	

用单纯形法解这个线性规划问题，得初始单纯形表及最优单纯形表（表 4－7）。由表中数据可知，最优生产方案为甲产品生产 35 件，乙产品生产 10 件，总产值达到最大为 215。

由上节讨论，在最优单纯形表中，不难得到对偶解，即影子价格：资源 A 的影子价格 $y_1 = 0$；资源 B 的影子价格 $y_2 = 1$；资源 C 的影子价格 $y_3 = 3$。

表 4－7　　　　　　　　　　　　　　　单纯形初表和终表

序号	c_j		5	4	0	0	0	b
	C_B	X_B	x_1	x_2	x_3	x_4	x_5	
初始表	0	x_3	1	3	1	0^*	0	90
	0	x_4	2	1	0	1	0	80
	0	x_5	1	1	0	0	1	45
	检验数		5	4	0	0	0	0

序号	c_j		5	4	0	0	0	b
	C_B	X_B	x_1	x_2	x_3	x_4	x_5	
最优表	0	x_3	0	0	1	2	－5	25
	5	x_1	1	0	0	1	－1	35
	4	x_2	0	1	0	－1	2	10
	检验数		0	0	0	－1	－3	－215

资源 A 的影子价格为零，说明增加这种资源不会增加总的产值，如在表 4－4 中将初始表中的 x_3 的值即 b_1 的值由 90 改为 91，则最优单纯形表为表 4－8（Ⅰ），这说明资源 A 的增加不改变产品生产方案，也不增加总的产值。

如果资源 C 增加一个单位从 45 改为 46，最优单纯形表为表 4－8（Ⅱ）。

表 4－8　　　　　　　　　　　　　　　单纯形最优表

序号	c		5	4	0	0	0	b
	C_B	X_B	x_1	x_2	x_3	x_4	x_5	
最优表Ⅰ	0	x_3	0	0	1	2	－5	25
	5	x_1	1	0	0	1	－1	35
	4	x_2	0	1	0	－1	2	10
	检验数		0	0	0	－1	－3	－215

序号	c		5	4	0	0	0	b
	C_B	X_B	x_1	x_2	x_3	x_4	x_5	
最优表Ⅱ	0	x_3	0	0	1	2	－5	20
	5	x_1	1	0	0	1	－1	34
	4	x_2	0	1	0	－1	2	12
	检验数		0	0	0	－1	－3	－218

由表 4－8 可见，最优解发生了变化，这说明增加一个单位的资源 C 以后，最优生产方案为甲产品生产 34 件，乙产品生产 12 件，总产值由原来的 215 增加到 218，增加了 3 个单位，即增加的量恰好为该资源的影子价格或边际价格。

由上节知，对偶问题的互补松弛定理中有 $\sum_{j=1}^{n} a_{ij}x_j^* < b_i$ 时，$y_i^* = 0$；当 $y_i^* > 0$ 时，有 $\sum_{j=1}^{n} a_{ij}x_j^* = b_i$，这表明生产过程中，如果某种资源 b_i 未得到充分利用时，该种资源的影子价格为零；又当资源的影子价格不为零时，表明该种资源在生产中已耗费完毕。

4.3.2　影子价格在经营管理中的应用

影子价格在经营管理中的用处很多，可提供以下几个方面的信息：

（1）影子价格说明增加哪一种资源对增加经济效益最有利。如【例 4－16】中的三种资源的影子价格为（0，1，3），说明首先应考虑增加资源 C，因为相比之下它能给企业收益带来的增加最大。

（2）影子价格又是一种机会成本。企业经营决策者可以把本企业资源的影子价格与当时的市场价格进行比较，当第 i 种资源的影子价格高于市场价格时，则企业可以买进该种资源；而当某种资源的影子价格低于市场价格时（特别是当影子价格为零时），则企业可以卖出该种资源，以获得较大的利润。

(3）企业在新产品投产之前，可利用影子价格，通过分析新产品使用资源的经济效果，以决定新产品是否应该投产。如在【例4－16】中，企业要生产一种新产品，单件消耗三种资源的数量是（2，3，2）单位，则新产品的定价一定要大于 $(0\quad 1\quad 3)\begin{pmatrix}2\\3\\2\end{pmatrix}=9$，才能增加公司的收益，如果售价低于9的话，生产是不合算的。

(4）利用影子价格分析现有产品价格变动时资源紧缺情况的影响，如在【例4－16】中，产品的售价不是（5，4），而是（5，5），则从最优单纯形表中，可计算出影子价格

$$(0\quad 5\quad 5)\begin{pmatrix}1 & 2 & -5\\0 & 1 & -1\\0 & -1 & 2\end{pmatrix}=(0\quad 0\quad 5)$$

这说明如果产品乙的价格增加的话，资源 C 将变得更紧俏了。

(5）利用影子价格可以帮助分析工艺改变后对资源节约的收益。如在【例4－16】中，工艺过程改进后，使资源 C 能节约2%，则带来的经济收益将是 $3\times45\times2\%=2.7$。

值得指出的是，以上的分析都是在最优基不变的条件下进行的，如果最优基有变化，则应结合第五章介绍的灵敏度分析的方法进行分析。正是由于影子价格在经济管理中对收益能提供大量的信息，所以对偶规划中的影子价格概念正日益受到管理人员的重视。

影子价格虽然被定义为一种价格，但是还应对它有更为广义的理解，影子价格是针对约束条件而言的，并不是所有的约束条件都代表了资源的约束，如在【例4－16】中，还可以列入一个产量约束：两种产品的数量不超过市场上的需要量，这样的约束也有个影子价格，如果这个影子价格算出来比前面几种影子价格更大，则应理解为扩大销售量能比增加资源带来更大的经济效益。

4.4 对偶单纯形法

4.4.1 对偶单纯形法的基本思路

对偶单纯形法是根据对偶原理和单纯形法的原理而设计出来求解线性规划问题的一种方法（而不能简单地将它理解为是求解对偶问题的方法），前面介绍的单纯形法可称为原始单纯形法。从理论上说原始单纯形法，可以解决一切线性规划问题，但正因为它适用范围广泛，必有不足之处，如它对于某些特殊问题，虽然也可解决，但计算量较大。

例如线性规划问题

$$\min Z = cx$$
$$s.t.\begin{cases}Ax \geqslant b\\x \geqslant 0\end{cases}$$

化为标准形式

$$\max z' = -cx$$
$$s.t.\begin{cases}Ax - x_s = b\\x, x_s \geqslant 0\end{cases}$$

在约束方程中出现了一个负单位矩阵，若将剩余变量 x_s 取作初始基变量，则初始基 $B_0 = (P_{n+1}, P_{n+2}, \cdots, P_{n+m}) = -I_m$，初始解 $x_{B0} = (B_0)^{-1}b = -\mathrm{I}_m b = -b \leqslant 0$，不满足可行性。因此不能将 $-I_m$ 取作初始基，为了求得初始基本可行解，需在约束方程左边增加一组人工变量，通过大 M 法或两阶段法进行计算，这就显得很不方便，且 $(-I_m)$ 也没能利用上。

考察一般的标准形式的线性规划问题及其对偶问题：

$$(\mathrm{P})\quad \begin{aligned}&\max Z = cx\\ &s.t.\begin{cases}Ax = b\\ x \geqslant 0\end{cases}\end{aligned}\qquad\qquad (\mathrm{D})\quad \begin{aligned}&\min w = yb\\ &s.t.\begin{cases}yA \geqslant c\\ y \ \text{无符号限制}\end{cases}\end{aligned}$$

设 B 为原问题（P）的一个基，不妨设：$B = (P_1, P_2, \cdots, P_m)$

则
$$x^{(0)} = \begin{pmatrix} x_B \\ x_N \end{pmatrix} = \begin{pmatrix} B^{-1}b \\ 0 \end{pmatrix} \tag{4.12}$$

为原问题（P）的一个基本解；且当
$$x_B = B^{-1}b \geqslant 0 \tag{4.13}$$
时，则 $x^{(0)}$ 为一个基可行解，B 为可行基；进一步若检验数满足
$$\sigma = c - c_B B^{-1} A \leqslant 0 \tag{4.14}$$
则 $x^{(0)}$ 为原问题（P）的一个最优解，这时 B 称为最优基。

以上概念都是对原问题（P）而言的，因此，便将条件（4.13）称为原始可行性条件；条件（4.14）称为原始最优性条件。

原始单纯形法的基本思路是：从满足原始可行性条件（4.13）的一个基可行解出发，经过换基运算迭代到另一个基可行解，即总是保持解的可行性不变［满足条件（4.13）］，变化的只是检验数向量 σ，它从不满足 $\sigma \leqslant 0$，逐步迭代到 $\sigma \leqslant 0$ 成立，一旦达到 $\sigma \leqslant 0$，也就得到了原问题的最优解。

再从对偶的观点来解释这个问题，令 $y = c_B B^{-1}$ 代入式（4.14）得
$$yA \geqslant c \tag{4.15}$$

即 y 是对偶问题（D）的一个可行解。条件（4.15）称为对偶可行性条件，即原始最优性条件（4.14）与对偶可行性条件（4.15）是等价的，因此，如果一个原始可行基 B 是原问题（P）的最优基，则 $y = c_B B^{-1}$ 就是对偶问题（D）的一个可行解，此时对应的目标函数值 $w = yb = c_B B^{-1}$，等于原问题（P）的目标函数值，可知 $y = c_B B^{-1}$ 也是对偶问题（D）的最优解。

定义 4.2：若原问题（P）的一个基本解 $x = \begin{pmatrix} B^{-1}b \\ 0 \end{pmatrix}$ 对应的检验数向量满足条件（4.16），即：$\sigma = (\sigma_B, \sigma_N) = (0, c_N - c_B B^{-1} N) \leqslant 0$，则称 x 为（P）的一个正则解。

于是可知，原问题（P）的正则解 x 与对偶问题（D）的可行解 y 是一一对应的，它们由同一个基 B 所决定，称这一基为正则基。

因此，可以设想另一条求解思路，即在迭代过程中，始终保持对偶问题解的可行性，而原问题的解由不可行逐渐向可行性转化，一旦原问题的解也满足了可行性条件，也就达到了最优解。也即在保持正则解的正则性不变条件下，在迭代过程中，使原问题解的不可行性逐步消失，一旦迭代到可行解时，即达到了最优解。这正是对偶单纯形法的思路，这个方法并不需要把原问题化为对偶问题，利用原问题与对偶问题的数据相同（只是所处位

置不同）这一特点，直接在反映原问题的单纯形表上进行运算。

4.4.2 对偶单纯形法的计算步骤

求解如下标准形式线性规划问题：

$$\max Z = cx$$
$$s.t.\begin{cases}Ax = b\\ x \geqslant 0\end{cases}$$

对偶单纯形法的计算步骤：

（1）找一个正则基 B 和初始正则解 $x^{(0)}$；将原问题化为关于基 B（不妨设 $B = P_1$，P_2，…，P_m）的典式，列初始对偶单纯形表，见表 4－9。

表 4－9　　对偶单纯形表

c		c_1	c_2	…	c_m	c_{m+1}	c_{m+2}	…	c_n	b'
C_B	X_B	x_1	x_2	…	x_m	x_{m+1}	x_{m+2}	…	x_n	
c_1	x_1	1	0	…	0	a'_{1m+1}	a'_{1m+2}	…	a'_{1n}	b'_1
c_2	x_2	0	1	…	0	a'_{2m+1}	a'_{2m+2}	…	a'_{2n}	b'_2
⋮	⋮	⋮	⋮		⋮	⋮	⋮		⋮	⋮
c_m	x_m	0	0	…	1	a'_{mm+1}	a'_{mm+2}	…	a'_{mn}	b'_m
检验数		0	0	…	0	σ_{m+1}	σ_{m+2}	…	σ_n	$-z^{(0)}$

（2）若 $b' = B^{-1}b \geqslant 0$，则停止计算，当前的正则解 $x = B^{-1}b$，即为原问题的最优解；否则转下一步。

（3）确定离（换出）基变量：

令　$b'_r = \min\{b'_i \mid 1 \leqslant i \leqslant m\}$，（显然 $b'_r < 0$）

则取相应的变量，x_r 为离（换出）基变量。

（4）若 $a'_{rj} \geqslant 0$，（$j = 1, 2, \cdots, n$），则停止计算，原问题无可行解。否则转下一步。

（5）确定进（换入）基变量；若 $\theta = \min\left\{\dfrac{\sigma_j}{a'_{rj}} \mid a'_{rj} < 0, 1 \leqslant j \leqslant n\right\} = \dfrac{\sigma_k}{a'_{rk}}$，则取相应的变量 x_k 为进（换入）基变量。

（6）以 a'_{rk} 为主元进行换基运算，得到新的正则解，转（2）。

【例 4－17】用对偶单纯形法求解

$$\min Z = 15x_1 + 5x_2 + 11x_3$$
$$s.t.\begin{cases}3x_1 + 2x_2 + 2x_3 \geqslant 5\\ 5x_1 + x_2 + 2x_3 \geqslant 4\\ x_1, x_2, x_3 \geqslant 0\end{cases}$$

解：先将问题化为

$$\max Z' = -15x_1 - 5x_2 - 11x_3$$
$$s.t.\begin{cases}-3x_1 - 2x_2 - 2x_3 + x_4 = -5\\ -5x_1 - x_2 - 2x_3 + x_5 = -4\\ x_1, \cdots, x_5 \geqslant 0\end{cases}$$

其中 x_4，x_5 为松弛变量，取初始正则基：$B = (P_4, P_5) = I_2$

则问题已化为关于基 B 的典式，初始正则解为：$x^{(0)} = (0, 0, 0, -5, -4)^T$ 及目标函数值 $Z^{(0)} = 0$。

列对偶单纯形表并进行迭代见表 4－10，由表 4－10（Ⅰ）可知，因为：$\min\{-5, 4\} = -5$

故应取 x_4 为换出基变量，又因为：

$$\theta = \min\left\{\frac{-15}{-3}, \frac{-5}{-2}, \frac{-11}{-2}\right\} = 2.5$$

故应取 x_2 换入基变量，以 $a_{12} = -2$ 主元作换基运算，得表 4－10（Ⅱ），又由该表可知，

因为
$$\min\left\{\frac{5}{2}, -\frac{3}{2}\right\} = -\frac{3}{2}$$

故应取 x_5 为换出基变量，又因为：

$$\theta = \min\left\{\frac{-\frac{15}{2}}{-\frac{7}{2}}, \frac{-6}{-1}, \frac{-\frac{5}{2}}{-\frac{1}{2}}\right\} = \frac{15}{7}$$

故应取 x_1 为换入基变量，以 $a'_{21} = -\dfrac{7}{2}$ 为主元作换基运算，得表 4－10（Ⅲ），至此，基变量的取值已全部非负，检验已全部非正，故已求得最优解：$x^* = (3/7, 13/7, 0, 0, 0)$

及相应的目标函数最优值：$Z^* = -110/7$

原问题的目标函数最优值：$Z^* = 110/7$

由表 4－10（Ⅲ）还可以看出，其对偶问题的最优解为：$y^* = (10/7, 15/7)$

及目标函数最优值：$W^* = 110/7$。

表 4－10　单纯形迭代表

序号	c		-15	-5	-11	0	0	b
	C_B	X_B	x_1	x_2	x_3	x_4	x_5	
Ⅰ	0	x_4	-3	-2^*	-2	1	0	-5
	0	x_5	-5	-1	-2	0	1	-4
	σ_j		-15	-5	-11	0	0	0
Ⅱ	-5	x_2	3/2	1	1	$-1/2$	0	5/2
	0	x_5	$-7/2^*$	0	-1	$-1/2$	1	$-3/2$
	σ_j		$-15/2$	0	-6	$-5/2$	0	25/2
Ⅲ	-5	x_2	0	1	4/7	$-5/7$	3/7	13/7
	-15	x_1	1	0	2/7	1/7	$-2/7$	3/7
	σ_j		0	0	$-27/7$	$-10/7$	$-15/7$	110/7

【例 4－18】用对偶单纯形法求解

$$\min Z = 2x_1 + 4x_2 + 6x_3$$

$$s.t.\begin{cases}2x_1 - x_2 + x_3 \geqslant 10\\ x_1 + 2x_2 + 2x_3 \leqslant 12\\ 2x_2 - x_3 \geqslant 4\\ x_1, x_2, x_3 \geqslant 0\end{cases}$$

解：先将问题化为：

$$\max Z' = -2x_1 - 4x_2 - 6x_3$$

$$s.t.\begin{cases}-2x_1 + x_2 - x_3 + x_4 = -10\\ x_1 + 2x_2 + 2x_3 + x_5 = 12\\ -2x_2 + x_3 + x_6 = -4\\ x_1, \cdots, x_6 \geqslant 0\end{cases}$$

其中 x_4，x_5，x_6 为松弛变量，取初始正则基：$B = (P_4, P_5, P_6) = I_3$

则问题已迭代为关于基 B 的典式，初始正则解为：$x^{(0)} = (0,\ 0,\ 0,\ -10,\ 12,\ -4)^{\mathrm{T}}$ 及目标函数值 $Z^{(0)} = 0$。

用对偶单纯形法求解，迭代过程如表 4－11 所示。

表 4－11　　单纯形迭代表

序号	c		-2	-4	-6	0	0	0	b
	C_B	X_B	x_1	x_2	x_3	x_4	x_5	x_6	
Ⅰ	0	x_4	-2*	1	-1	1	0	0	-10
	0	x_5	1	2	2	0	1	0	12
	0	x_6	0	-2	1	0	0	1	-4
	σ_j		-2	-4	-6	0	0	0	0
Ⅱ	-2	x_1	1	-1/2	1/2	-1/2	0	0	5
	0	x_5	0	5/2	3/2	1/2	1	0	7
	0	x_6	0	-2*	1	0	0	1	-4
	σ_j		0	-5	-5	-1	0	0	-10
Ⅲ	-2	x_1	1	0	1/4	-1/2	0	-1/4	6
	0	x_5	0	0	11/4	1/2	1	5/4	2
	-4	x_2	0	1	-1/2	0	0	-1/2	2
	σ_j		0	0	-15/2	-1	0	-5/2	-20

由表 4－11（Ⅲ）可知，基变量的取值已全部非负，检验数已全部非正，故已求得最优解：

$$x^* = (6,2,0,0,2,0)^{\mathrm{T}}$$

及原问题目标函数最优值：$Z^* = 20$。

从以上求解过程可以看到，对偶单纯形法有以下优点：①初始解可以是非可行解，当检验数都为负数时，就可以进行基的变换，这时不需要加入人工变量，因此，可以简化计算；②当变量多于约束条件，对这样的线性规划问题，用对偶单纯形法计算可以减少计算工作量，因此，对变量较少而约束条件很多的线性规划问题，可先将它变换成对偶问题，然后用对偶单纯形法求解；③在灵敏度分析中，有时需要用对偶单纯形法，这样可以使问题的处理简便。

对偶单纯形法要求初始解满足正则性（对偶可行性），而对大多数线性规划问题，这个条件得不到满足，这时，需通过引入人工约束构造一个扩充问题，但这样可能使问题求解变繁，这是对偶单纯形法的局限性。后面介绍的交替单纯形法是对此局限的一个弥补。对偶单纯形法与原始单纯形法的计算步骤类似，但又有所不同，其内在的对应关系如表 4－12 所示。

表 4－12　　**对应关系**

	原始单纯形法	对偶单纯形法
前提条件	所有 $b_i \geqslant 0$	所有 $\sigma_j \geqslant 0$
最优性检验	所有 $\sigma_j \geqslant 0$	所有 $b_i \geqslant 0$
换入、出基 变量的确定	先确定换入基变量 后确定换出基变量	先确定换出基变量 后确定换入基变量
原始基本解的进化	可行→最优	非可行→可行（最优）

4.4.3　交替单纯形法

对一些线性规划问题，当进行标准化后可能出现这样的情况，可行性与最优性都不满足，也就是说既不符合原始单纯形法求解的条件，也不符合对偶单纯形法求解的条件，但这个问题可能存在最优解，对此我们应该如何处理呢？

由前所知，原始单纯形法或对偶单纯形法都有前提条件：初始基本解须为原始可行或对偶可行，否则须引入人工变量才能满足这一前提条件。但是，这将使求解变繁。这时，若交替使用对偶单纯形法和原始单纯形法来求解，可能比较简便。我们把这种算法称为交替单纯形法。

当获得初始基并构成初始单纯形表时，若互补基本解既非原始可行又非对偶可行，则可使用交替单纯形法，把单纯形表化成原始可行或对偶可行，然后再按原始单纯形法或对偶单纯形法继续迭代，直到求出最优解或按迭代准则无法继续下去为止。

【例 4－19】求解如下线性规划问题：

$$\max Z = 3x_1 + 6x_2$$

$$s.t.\begin{cases} x_1 + 2x_2 \geqslant 6 \\ 3x_1 + x_2 \geqslant 9 \\ 7x_1 + 5x_2 \leqslant 35 \\ x_1, x_2 \geqslant 0 \end{cases}$$

解：引进松弛变量 x_3，x_4，x_5，得

$$\max Z = 3x_1 + 6x_2$$

$$s.t.\begin{cases}-x_1-2x_2+x_3=-6\\-3x_1-x_2+x_4=-9\\7x_1+5x_2+x_5=35\\x_1,\cdots,x_5\geqslant 0\end{cases}$$

初始基本解：$x^{(0)}=(0,0,-6,-9,35)^{T}$

此解既非原始可行，又非对偶可行。建立表 4－10（Ⅰ），第一次用原始单纯形法迭代，第二次用对偶单纯形法迭代，得最优解：$x^{*}=(\frac{5}{4},\frac{21}{4},\frac{23}{4},0,0)^{T}$ 及相应的目标函数最优值：$z^{*}=\frac{141}{4}$。

运算过程如表 4－13 所示。

表 4－13　　单纯形迭代表

序号	c		3	6	0	0	0	b
	C_B	X_B	x_1	x_2	x_3	x_4	x_5	
Ⅰ	0	x_3	－1	－2	1	0	0	－6
	0	x_4	－3	－1	0	1	0	－9
	0	x_5	7	5*	0	0	1	35
	σ_j		－27/5	0	0	0	－6/5	0
Ⅱ	0	x_3	9/5	0	1	0	2/5	8
	0	x_4	－8/5*	0	0	1	1/5	－2
	6	x_2	7/5	1	0	0	1/5	7
	σ_j		－27/5	0	0	0	－6/5	－42
Ⅲ	0	x_3	0	0	1	9/8	5/8	23/4
	3	x_1	1	0	0	－5/8	－1/8	5/4
	6	x_2	0	0	0	7/8	3/8	21/4
	σ_j		0	0	0	－27/8	－15/8	－141/4

由于原始单纯形法或对偶单纯形法都有前提条件：初始基本解须为原始可行或对偶可行；否则需引入人工变量或人工约束才能满足这一前提条件，而由【例 4－19】的求解过程可知，巧妙地交替使用原始单纯形法和对偶单纯形法还是很有效的，通常把这种算法称为交替单纯形法。

交替单纯形法的计算步骤：

（1）找一个基 B（显然，这比找到一个可行基或正则基要更容易）。

（2）若已得到可行基（正则基），则用原始单纯形法（或对偶单纯形法）继续计算，否则，作：

①假定用原始单纯形法，设主元为 a'_{rk}，计算 $\delta_1=\left|\frac{\sigma_k b'_r}{a'_{rk}}\right|$；

②假定用对偶单纯形法，设主元为 a'_{r1k1}，计算 $\delta_2 = \left|\frac{\sigma_{k1} b'_{r1}}{a'_{r1k1}}\right|$。

(3) 若 $\delta_1 > \delta_2$，则采用原始单纯形法，否则采用对偶单纯形法，转 (2)。

这里 δ_1, δ_2 无非给选用哪种算法以定量的判定。

思考：δ_1, δ_2 的意义是什么？

【例4-20】用交替单纯形法求解下述LP问题：

$$\max Z = 2x_4 - 4x_5$$

$$s.t.\begin{cases} x_1 + x_4 - 2x_5 = 2 \\ x_2 - 3x_4 + x_5 = 3 \\ x_3 - x_4 - x_5 = -2 \\ x_1, \cdots, x_5 \geqslant 0 \end{cases}$$

解：这一问题有一明显的基 $B = (P_1, P_2, P_3)$，对应的基本解 $x^{(0)} = (2, 3, -2, 0, 0)^T$，它既非可行解，又非正则解。建立表4-14（Ⅰ）。

表4-14　单纯形迭代表

序号	c		0	0	2	-4	b	序号	c		0	0	0	2	-4	b
	C_B	X_B	x_2	x_3	x_4	x_5			C_B	X_B	x_1	x_2	x_3	x_4	x_5	
Ⅰ	0	x_1	0	0	1*	-2	2	Ⅱ	2	x_4	1	0	0	1	-2	2
	0	x_2	1	0	-3	1	3		0	x_2	3	1	0	0	-5	9
	0	x_3	0	1	-1	-1	-2		0	x_3	1	0	1	0	-3	0
	σ_j		0	0	2	-4	0		σ_j		-2	0	0	0	0	-4

若采用原始单纯形法，则主元为 a_{14}，计算：$\delta_1 = \frac{2 \times 2}{1} = 4$；若采用对偶单纯形法，则主元为 a_{35}，计算：$\delta_2 = \left|\frac{(-2) \times (-4)}{(-1)}\right| = 8$。

因为 $\delta_1 < \delta_2$，所以采用对偶单纯形法，得表4-13（Ⅱ）。此时，恰好既是可行基，又是正则基，所以，对应的基本解 $x^* = (0, 9, 0, 2, 0)^T$ 是最优可行解，其相应的目标函数最优值 $z^* = 4$。

【例4-21】用交替单纯形法求解：

$$\max Z = 3x_1 - x_2 + 2x_3$$

$$s.t.\begin{cases} x_1 - x_2 + 2x_3 \leqslant 10 \\ -x_1 + x_2 \geqslant 3 \\ x_1, x_2, x_3 \geqslant 0 \end{cases}$$

解：原问题转化为：

$$\max Z = 3x_1 - x_2 + 2x_3$$

$$s.t.\begin{cases} x_1 - x_2 + 2x_3 + x_4 = 10 \\ x_1 - x_2 + x_5 = -3 \\ x_1, \cdots, x_5 \geqslant 0 \end{cases}$$

表 4-15 **单纯形迭代表**

序号	c		3	-1	2	0	0	b	序号	c		3	-1	2	0	0	b
	C_B	X_B	x_1	x_2	x_3	x_4	x_5			C_B	X_B	x_1	x_2	x_3	x_4	x_5	
Ⅰ	0	x_4	1	-1	2	1	0	10	Ⅱ	2	x_1	1	-1	2	1	0	10
	0	x_5	1	-1	0	0	1	-3		0	x_5	0	0	-2	-1	1	-13
	σ_j		3	-1	2	0	0	0		σ_j		0	2	-4	-3	0	-30

建立表 4-15（Ⅰ）。

若采用原始单纯形法，则主元为 a_{11}，计算 $\delta_1 = \frac{10 \times 3}{1} = 30$；

若采用对偶单纯形法，则主元为 a_{22}，计算 $\delta_2 = \frac{(-3) \times (-1)}{(-1)} = -3$。

由于 $\delta_1 > \delta_2$，故采用原始单纯形表，计算得表 4-15（Ⅱ）。由此表可知，原问题无界。

特别提示：

（1）对变量多于约束条件的线性规划问题，用对偶单纯形法进行计算可以减少计算的工作量，因此对变量较少而约束条件很多的线性规划问题，可先将此问题转化为对偶问题，然后用对偶单纯形法求解。

（2）用对偶单纯形法求解线性规划问题的标准型，要求初始单纯形表检验数行的检验数必须全部非正，若不能满足这一条件，则不能运用对偶单纯形法求解。

（3）对偶单纯形法的局限主要是，对大多数线性规划问题来说，很难找到一个初始的基本可行基，因此这种方法在求解线性规划问题时，很少单独应用。

4.5 案例分析

长城化工公司有两个工厂：F_1厂和 F_2厂。F_1厂生产两种产品：D_1和 D_2。F_2厂也生产两种产品：D_3和D_4。这 4 种产品的生产都需要使用原料 A 和 B。根据合同，公司每日可获得原料 A 和原料 B 分别为 42 千克和 30 千克。公司经理提出了如表 4-16 所示的原料分配计划。

表 4-16 **原料分配计划**

	F_1厂	F_2厂	合计
原料 A（千克）	30	12	42
原料 B（千克）	20	10	30

分析：公司的 OR 分析人员根据经理提出的资源分配方案及各工厂提供的技术系数，为两厂分别建立了数学模型，并求出了两个模型的最优解。

$$(L_1)\begin{cases}\max z_1 = 10x_1 + 8x_2 \\ s.t.\quad 6x_1 + 10x_2 \leqslant 30(\text{原料 A}) \\ 4x_1 + 2x_2 \leqslant 10(\text{原料 B}) \\ x_1, x_2 \geqslant 0\end{cases}$$

F_1厂的数学模型为：问题（L_1）的最优表如表4－17所示。

表4－17　　单纯形最优表

	x_1	x_2	s_1	s_2	右端
x_2	0	1	1/7	－3/4	15/7
x_1	1	0	－1/14	5/14	10/7
Z_1	0	0	－3/7	－13/7	－20/7

$$(L_2)\begin{cases}\max z_2 = 6x_3 + 8x_4 \\ s.t.\quad x_3 + 2x_4 \leqslant 12(\text{原料 A}) \\ 5x_3 + 2x_4 \leqslant 20(\text{原料 B}) \\ x_3, x_4 \geqslant 0\end{cases}$$

F_2厂的数学模型为：

问题（L_2）的最优表如表4－18所示。

表4－18　　单纯形最优表

	x_3	x_4	s_3	s_4	b
x_3	1	0	－1/4	1/4	2
x_4	0	1	5/8	－1/8	5
Z_2	0	0	－7/2	－1/2	52

设（L_1）中第一、二个约束的右端分别有改变量p_1和q_1，求出在保持（L_1）的现行最优基不变的条件下，p_1，q_1各自的容许变化范围：$-15 \leqslant p_1 \leqslant 20$，$-4 \leqslant q_1 \leqslant 10$。

同样，设p_2和q_2分别为（L_2）中第一、二个约束右端的改变量，则在保持（L_2）的现行最优基不变的情况下，有：$-8 \leqslant p_2 \leqslant 8$，$-8 \leqslant q_2 \leqslant 40$。比较两种原料在两个工厂的影子价格由表4－17知，在F_1厂，原料A的影子价格为$y_1^* = 3/7$，原料B的影子价格为$y_2^* = 13/7$。由表4－18知，在F_2厂，原料A的影子价格为$y_3^* = 7/2$，原料B的影子价格为$y_4^* = 1/2$。这说明原料A在F_1厂的影子价格比较小（3/7），而在F_2厂的影子价格却比较大（7/2）。而原料B则正好相反，它在F_1厂的影子价格较大（13/7），而在F_2厂的影子价格较小（1/2）。因此，为了在整个公司范围内改善经营，提高效益，公司的OR分析人员建议将F_1厂的原料A调一些给F_2厂，而F_2厂的原料B调一些给F_1厂。原料A和B各应调多少呢？

根据上面关于p_1，q_1，p_2，q_2的计算可知，对原料A，F_1厂最多可调出15千克，而F_2厂最多可增加8千克。对原料B，F_2厂最多可调出8千克，而F_1厂最多可增加10千克。故最后的决策是：从F_1厂调出8千克原料A给F_2厂，同时从F_2厂调出8千克原料B给F_1厂。

经过这一调整，整个公司的日利润将增加，长城化工公司的经理非常高兴地接受了公司 OR 分析人员的合理化建议，调整了两种资源的分配计划，没有增加一分钱，却使公司的经济效益提高了 42%。

本章小结

每一个线性规划都伴随着一个被称为其对偶问题的线性规划，它们之间有着十分密切的关系。本章介绍了导致对偶问题的实际背景，给出对偶问题的建立规则和基本性质，并讨论了对偶最优解（常称为影子价格）的计算方法和经济解释，还讨论了用对偶思想求解线性规划问题的对偶单纯形法。对偶单纯形迭代的要点：①确定换出变量；②确定换入变量；③确定主元，实施以主元为中心的初等变换；④进行最优解检查。实际求解线性规划问题时，要根据模型的特点，灵活使用基本单纯形法或对偶单纯形法，或者两者交替使用。

习 题 4

一、判断题

1. 任何线性规划问题具有唯一的对偶问题。(　　)

2. 在互为对偶的一对问题与对偶问题中，不管原问题是求最大或最小，原问题可行解的目标函数值一定不超过其对偶问题可行解的目标函数值。(　　)

3. 如线性规划的原问题存在可行解，则其对偶问题也一定存在可行解。(　　)

4. 若原线性规划问题不存在可行解，则其对偶问题也不存在可行解。(　　)

5. 若原线性规划问题没有有限的最优解，则其对偶问题不存在可行解。(　　)

6. 若原问题有最优解，其对偶问题也一定有最优解。(　　)

7. 互为对偶问题，或者同时都有最优解，或者同时都无最优解。(　　)

8. 对偶问题的目标函数总是与原问题目标函数相等。(　　)

9. 在生产过程中，若某种资源未得到充分利用时，则该资源的影子价格必不为零。(　　)

10. 已知 y_i^* 为线性规划的对偶问题的最优解，若 $y_i^*=0$ 说明在最优生产计划中第 i 种资源一定有剩余。(　　)

二、选择题

1. 互为对偶的两个线性规划问题的解存在关系（　　）。

A. 若最优解存在，则最优解相同　　B. 一个问题无可行解，则另一个问题具有无界解

C. 原问题无可行解，对偶问题也无可行解　　D. 对偶问题无可行解，原问题可能有无界解

2. 互为对偶的两个线性规划问题，则有（　　）。

A. 一个问题无可行解，另一个问题也无可行解

B. 一个问题的可行解对应于另一个问题的检验数

C. 一个问题有最优解，另一个也有最优解并且最优解相同

D. 一个问题有可行解，另一个问题可能没有可行解

3. 下列关于线性规划原问题与其对偶问题之间的关系叙述不正确的是（　　）。

A. 任何线性规划问题存在唯一的对偶问题

B. 如果原问题与对偶问题都有可行解，则它们必有最优解

C. 若原问题无界，则其对偶问题一定也是无界的

D. 若在最优生产计划中，第 i 种资源有剩余，设 y_i^* 为对偶问题的最优解，则 $y_i^* = 0$

4. 关于影子价格理论叙述不正确的是（　　）。

A. 影子价格是一种边际价格

B. 某种资源的影子价格就是该资源的市场价格

C. 当资源的影子价格大于零时，说明该资源已被充分利用没有剩余

D. 当一种资源过剩时，影子价格等于零

5. 极大化问题的任意一个（　　）所对应的目标函数值是其对偶问题最优目标函数值的一个（　　）。

A. 基本可行解　　B. 可行解　　C. 下界　　D. 上界

6. 极小化问题的任意一个（　　）所对应的目标函数值是其对偶问题最优解目标函数值的一个（　　）。

A. 基本可行解　　B. 可行解　　C. 下界　　D. 上界

7. 一个线性规划对偶问题的最优解也称为（　　）。影子价格在经济上可以解释为（　　）。

A. 对偶最优解　　B. 影子价格

C. 资源投入的单位成本　　D. 为约束条件所付出的代价

E. 资源投入的单位收益

8. 单纯形法的求解思路是：首先寻找（　　），然后始终保持基的（　　），不断追求基的(　　)，直至成为最优基，即可得到最优解。

A. 初始基本可行解　　B. 初始对偶可行解　　C. 可行性　　D. 对偶可行性

9. 对偶单纯形法的求解思路是：首先寻找（　　），然后始终保持基的（　　），不断追求基的（　　），直至成为最优基，即可得到最优解。

A. 初始基本可行解　　B. 初始对偶可行解　　C. 可行性　　D. 对偶可行性

10. 在对偶单纯形法中，采用最小比值原则选择（　　），如果系数矩阵中出现（　　）则最小比值原则失效。

A. 出基变量　　B. 进基变量　　C. $a_{ij} \leqslant 0$　　D. $a_{ij} \geqslant 0$

三、简答题

1. 简述对偶单纯形法的计算步骤。它与单纯形法的异同之处是什么？

2. 什么是资源的影子价格？它和相应的市场价格之间有什么区别？

3. 如何根据原问题和对偶问题之间的对应关系，找出两个问题变量之间、解及检验数之间的关系？

4. 利用对偶单纯形法计算时，如何判断原问题有最优解或无可行解？

5. 在线性规划的最优单纯形表中，松弛变量（或剩余变量）$x_{n+k} > 0$，其经济意义是什么？

6. 在线性规划的最优单纯形表中，松弛变量 x_{n+k} 的检验数 $\sigma_{n+k} > 0$（标准形为求最小值），其经济意义是什么？

四、计算题

1. 写出下列线性规划问题的对偶问题：

（1）
$$\max Z = 10x_1 + x_2 + 2x_3$$
$$s.t.\begin{cases} x_1 + x_2 + 2x_3 \leqslant 10 \\ 4x_1 + x_2 + x_3 \leqslant 20 \\ x_1, x_2, x_3 \geqslant 0 \end{cases}$$

（2）
$$\min Z = 2x_1 + 2x_2 + 4x_3$$
$$s.t.\begin{cases} 2x_1 + 3x_2 + 5x_3 \geqslant 2 \\ 3x_1 + x_2 + 7x_3 \leqslant 3 \\ x_1 + 4x_2 + 6x_3 \leqslant 5 \\ x_1, x_2, x_3 \geqslant 0 \end{cases}$$

2. 给出线性规划问题

$$\min Z = 2x_1 + 3x_2 + 5x_3 + 6x_4$$

$$s.t.\begin{cases} x_1 + 2x_2 + 3x_3 + x_4 \geqslant 2 \\ -2x_1 + x_2 - x_3 + x_4 \leqslant -3 \\ x_j \geqslant 0 \quad 0(j = 1,\cdots,4) \end{cases}$$

（1）写出其对偶问题；（2）用图解法求解对偶问题；（3）利用（2）的结果及根据对偶问题性质写出原问题最优解。

3. 考虑下列原始线性规划

$$\max Z = 2x_1 + x_2 + 3x_3$$

$$s.t.\begin{cases} x_1 + x_2 + 2x_3 \leqslant 5 \\ 2x_1 + 3x_2 + 4x_3 = 12 \\ x_1, x_2, x_3 \geqslant 0 \end{cases}$$

（1）写出其对偶问题；

（2）已知（3，2，0）是上述原始问题的最优解，根据互补松弛定理，求出对偶问题的最优解；

（3）如果上述规划中的第一个约束为资源约束，写出这种资源的影子价格。

4. 已知线性规划问题

$$\max Z = x_1 + 2x_2 + 3x_3 + 4x_4$$

$$s.t.\begin{cases} x_1 + 2x_2 + 2x_3 + 3x_4 \leqslant 20 \\ 2x_1 + x_2 + 3x_3 + 2x_4 \leqslant 20 \\ x_1, \cdots, x_4 \geqslant 0 \end{cases}$$

其对偶问题的最优解为 $y_1^* = 1.2, y_2^* = 0.2$，试根据对偶理论求出原问题的最优解。

5. 已知某线性规划问题的最优单纯形表如表 4－19 所示，表中 x_4，x_5为松弛变量，问题的约束为≤形式。

表 4－19　　习题 5 数据资料

X_B	x_1	x_2	x_3	x_4	x_5	b
x_3	0	1/2	1	1/2	0	5/2
x_1	1	－1/2	0	－1/6	1/3	5/2
σ	0	－4	0	－4	－2	

（1）写出原线性规划问题；（2）写出原问题的对偶问题；（3）直接由表 4－19 写出对偶问题的最优解。

6. 设有线性规划问题

$$\max Z = 5x_1 + 2x_2 + 3x_3$$

$$s.t.\begin{cases} x_1 + 5x_2 + 2x_3 \leqslant b_1 \\ x_1 - 5x_2 - 6x_3 \leqslant b_2 \\ x_1, x_2, x_3 \geqslant 0 \end{cases}$$

其中 b_1，b_2是常数。已知此线性规划问题的最优基所对应的单纯形表如表 4－20 所示。

表 4－20　　最优基所对应的单纯形表

X_B	b	x_1	x_2	x_3	x_4	x_5
x_1	30	1	b	2	1	0
x_5	10	0	c	－8	－1	1
Z	－150	0	a	－7	$-d$	$-e$

要求：

（1）确定 b_1，b_2；（2）确定常数 a，b，c，d，e；（3）写出其对偶规划问题，并指出对偶规划问题的最优解。

7. 已知线性规划问题：

$$\max Z = 6x_1 + 8x_2$$
$$s.t.\begin{cases} 5x_1 + 2x_2 \leqslant 20 \\ x_1 + 2x_2 \leqslant 10 \\ x_1, x_2 \geqslant 0 \end{cases}$$

（1）写出它的对偶问题。

（2）用图解法求解原始、对偶问题，识别两个问题的所有极点解。

（3）用单纯形法求解原始问题。在每个单纯形表中，识别此问题的基本可行解及对偶问题的互补基本解，指出它们相应于图解法中哪个极点。

（4）列出该问题的全部互补基本解。

（5）用对偶单纯形求解对偶问题，并将结果与（3）中结果进行对比。

（6）该问题是否满足互补松弛性？为什么？

8. 判断下列 LP 问题适合那种方法求解：（原始、对偶或大 M 法）

(1) $\max Z = 2x_1 + 3x_2 + 5x_3$

$$s.t.\begin{cases} 5x_1 - 6x_2 + x_3 \leqslant 10 \\ 9x_1 + x_2 - 3x_3 \geqslant 6 \\ x_1 + 8x_2 + x_3 \geqslant 18 \\ x_1, x_2, x_3 \geqslant 0 \end{cases}$$

(2) $\min Z = 2x_1 - 3x_2 + 5x_3$

$$s.t.\begin{cases} 5x_1 - 6x_2 + x_3 \leqslant 10 \\ 9x_1 + x_2 - 3x_3 \geqslant 6 \\ x_1 + 8x_2 + x_3 \geqslant 18 \\ x_1, x_2, x_3 \geqslant 0 \end{cases}$$

(3) $\min Z = 2x_1 + 3x_2 + 5x_3$

$$s.t.\begin{cases} 5x_1 - 6x_2 + x_3 \leqslant 10 \\ 9x_1 + x_2 - 3x_3 \geqslant 6 \\ x_1 + 8x_2 + x_3 \geqslant 18 \\ x_1, x_2, x_3 \geqslant 0 \end{cases}$$

(4) $\max Z = 2x_1 + 3x_2 + 5x_3$

$$s.t.\begin{cases} 5x_1 - 6x_2 + x_3 \leqslant 10 \\ 9x_1 + x_2 - 3x_3 \leqslant 6 \\ x_1 + 8x_2 + x_3 \leqslant 18 \\ x_1, x_2, x_3 \geqslant 0 \end{cases}$$

五、案例分析

某金属罐铸造厂生产计划的优化分析

北方某金属罐铸造厂的主要产品有 4 种，分别由代号 A，B，C，D 表示。近年来，产品销售情况良好，预测结果表明，需求还有进一步扩大的趋势，客户希望能有更多的不同功能的新产品问世。工厂面临着进一步扩大再生产，努力开发适销对路新产品的问题。

生产 A，B，C，D 4 种金属罐主要经过 4 个阶段：第 1 阶段是冲压：金属板经冲压机冲压，制造成金属罐所需要的零件；第 2 阶段是成形：在该车间里把零件制成符合规格的形状；第 3 阶段是装配：在装配车间，各种成型的零件按技术要求焊接在一起成为完整的金属罐；最后阶段为喷漆：装配好的金属罐送到喷漆车间被喷上防火的瓷漆装饰外表。

根据工艺要求及成本核算单位产品所需的加工时间、利润以及可供使用的总工时如表 4－21 所示。

表 4－21　　单位产品所需加工时间、利润及可利用工时表

工序/工时/产品	A	B	C	D	可利用总工时（min/天）
冲压	1	1	1	1	480
成型	4	8	2	5	2400

续表

工序/工时/产品	A	B	C	D	可利用总工时（min/天）
装配	4	2	5	5	2000
喷漆	6	4	8	4	3000
单产利润（元）	9	6	11	8	

该厂仅有一台冲压机，每天工作8h，共计480min可供加工用。另有若干个成形中心，装配中心、喷漆中心分属各车间，除承担本厂生产任务外，还承担着科研试验，新产品开发试制等项工作，因此这些生产中心每天可利用的总计时间分别不超过2400min、2000min和3000min。

考虑以下问题：

（1）根据当前的生产条件，工厂每天的生产计划如何安排；

（2）对当前资源的利用情况进行分析，并说明资源投入变化时产生的影响；

（3）分析各种产品单位利润的变化对生产的影响；

（4）如果按最优生产方案某种产品不允许生产，给出该产品投产的条件；

（5）为满足市场需求，开发新产品，该厂计划引进1种新型金属罐技术，生产E型金属罐。根据统计，得知生产1个E型金属罐需要1min冲压时间、1min成形时间、6min装配时间、12min喷漆时间，单位产品利润为13元。在试制及制定生产计划之前，研究其投产效果，以便给出是否投产的决策。

第5章　灵敏度分析

灵敏度分析（Sensitivity Analysis）又称为优化后分析（Post Optimality Analysis），就是分析、研究线性规划模型参数 a_{ij}，b_i，c_j的取值变化时，对最优解或最优基的影响，它在应用线性规划解决实际问题的过程中是非常有用的，决策者必须随时掌握市场动态，对原有的决策做出调整和修正。本章主要介绍对线性规划进行灵敏度分析的基本方法和应用。

5.1　灵敏度分析的基本概念

5.1.1　灵敏度分析的缘由

在前面讨论线性规划问题时，总是假定构成线性规划模型的参数 a_{ij}，b_i，c_j都是常数，求出最优解。但在实际环境当中，这些数据往往是估计值或预测值，因此会有一定的误差。而且随着环境的变化，这些数据也会经常发生改变。例如，市场行情的变化会引起价值系数 c_j的变化；工艺条件的改变会引起消耗系数 a_{ij}的变化；资源数量 b_i也会视经济效益而进行调整。还有，增加新产品会引起决策变量的增加；增加新的资源限制会引起约束条件的增加等。因此很自然地会提出这样的问题，当这些参数中的一个或几个发生变化时，问题的最优解会有什么变化，或者这些参数在一个多大范围内变化时，问题的最优基不变。这就是灵敏度分析所需研究解决的问题。此外，从成本上考虑也需要进行灵敏度分析。因为一个大型的问题，通常建模需要数月或数年时间才能完成，不能因为其中一个参数的变化就要从头开始建模再进行计算。进行灵敏度分析可有效提高线性规划模型的使用寿命。

5.1.2　灵敏度分析的依据

线性规划灵敏度分析的主要依据为：第一，满足可行性，即 $X_B^* = B^{-1}b \geqslant 0$ 的要求；第二，满足最优检验条件 $\sigma_j = c_j - C_B B^{-1} P_j \leqslant 0$（max）。这是线性规划问题达到最优时必须满足的要求。

再进一步分析可见，b 变化时，会影响到解的可行性，但不影响最优性，因为在检验数的计算公式中，不含 b。同理，价值系数 c 的变化只影响最优性，不会影响到可行性，因为在可行性的计算公式中不含 c。这个特性使得我们对线性规划灵敏度的分析更加清晰、简明，使我们能准确分析某一线性规划问题的 c 在什么范围内变化最优解不变，b 在什么范围内变化其可行性不变，即最优基不变或对偶问题的最优解保持不变。

在此基础上，我们可再深入分析新增变量的灵敏度分析，新增约束的灵敏度分析，技术系数 a_{ij}变化的灵敏度分析等。以下结合实例，给出线性规划问题灵敏度分析的思路、计算公式和程序。

5.2　目标函数中价值系数 c_j 的变化分析

根据灵敏度分析的第二个条件 $\sigma_j = c_j - C_B B^{-1} P_j \leqslant 0$（max），可知目标函数中价值系数 c_j 的变化会引起 σ_j 的变化，从而影响最优性条件能否成立。因为，基变量价值系数变化与非基变量价值系数变化的影响范围不同，故需要分别就 c_j 对应非基变量和基变量两种情况的变化进行讨论。

5.2.1　非基变量价值系数的变化

若 c_j 是非基变量 x_j 的系数，当 c_j 改变为 $c_j' = c_j + \Delta c_j$ 时，则变化后的检验数为：

$$\sigma_j' = c_j + \Delta c_j - c_B B^{-1} P_j$$

由此公式可见，非基变量的某一个价值系数变化时，只影响该变量本身的最优性，对其他非基变量的检验数没有影响。所以，要保持原最优解不变，只要满足：$\sigma_j' = c_j + \Delta c_j - c_B B^{-1} P_j \leqslant 0$，

即

$$\Delta c_j \leqslant -\sigma_j \tag{5.1}$$

由此可以确定 Δc_j 的变化范围。当超出这个范围时，原最优解将不再是最优解。为了求新的最优解，可在原最优单纯形表的基础上，用单纯形法继续往下迭代，以求得新的最优解。

【例 5－1】对以下问题进行灵敏度分析：

$$\min Z = 2x_1 + 3x_2 + 4x_3 \qquad \max Z = -2x_1 - 3x_2 - 4x_3$$

$$s.t.\begin{cases} x_1 + 2x_2 + x_3 = 3 \\ 2x_1 - x_2 + 3x_3 = 4 \\ x_1, x_2, x_3 \geqslant 0 \end{cases} \quad \text{化为标准型：} \quad s.t.\begin{cases} -x_1 - 2x_2 - x_3 + x_4 = -3 \\ -2x_1 + x_2 - 3x_3 + x_5 = -4 \\ x_1, x_2, \cdots, x_5 \geqslant 0 \end{cases}$$

其最优单纯形表如表 5－1 所示。

表 5－1　【例 5－1】最优单纯形表

	c_j		−2	−3	−4	0	0
C_B	X_B	b	x_1	x_2	x_3	x_4	x_5
−3	x_2	2/5	0	1	−1/5	−2/5	1/5
−2	x_1	11/5	1	0	7/5	−1/5	−2/5
	σ_j		0	0	−9/5	−8/5	−1/5

为使原最优解不变，求 c_3 的变化范围。

解：根据公式：$\Delta c_j \leqslant -\sigma_j$ 有：$\Delta c_3 \leqslant 9/5$，即 $c_3 \leqslant -11/5 \rightarrow (\infty, -11/5]$，即 c_3 在这个范围内变化，原问题的最优解保持不变。

思考题：如果 c_3：$-4 \rightarrow -2$，即超出允许变化的范围，结果将会怎样？

5.2.2　基变量的价值系数的变化

根据公式 $\sigma_j = c_j - C_B B^{-1} P_j$，可知若 c_k 是基变量 x_k 的系数，则 c_k 改变为 $c'_k = c_k + \Delta c_k$ 将影响到所有非基变量的检验数，这时：

$$(c_B + \Delta c_B) B^{-1} A = c_B B^{-1} A = c_B B^{-1} A + (0, \cdots, \Delta c_k, \cdots, 0) B^{-1} A$$
$$= c_B B^{-1} A + \Delta c_k (a'_{k1}, a'_{k2}, \cdots, a'_{kn})$$

其中 $(a'_{k1}, a'_{k2}, \cdots, a'_{kn})$ 是矩阵 $B^{-1}A$ 的第 k 行，于是变化后的检验数为：

$$\sigma'_j = c_j - c_B B^{-1} P_j - \Delta c_k a'_{kj} = \sigma_j - \Delta c_k a'_{kj} \quad (j = 1, 2, \cdots, n)。$$

要求原最优基不变，则必须满足：

$$\sigma'_j = \sigma_j - \Delta c_k a'_{kj} \leqslant 0 \quad (j = 1, 2, \cdots, n)$$

于是得到：当 $a'_{kj} < 0$ 时，有 $\Delta c_k \leqslant \frac{\sigma_j}{a'_{kj}}$；当 $a'_{kj} > 0$ 时，有 $\Delta c_k \geqslant \frac{\sigma_j}{a'_{kj}}$，

因此，Δc_k 的允许变化范围是：

$$\max_j \left\{ \frac{\sigma_j}{a'_{rj}} \mid a'_{kj} > 0 \right\} \leqslant \Delta c_k \leqslant \min_j \left\{ \frac{\sigma_j}{a'_{kj}} \mid a'_{kj} < 0 \right\} \tag{5.2}$$

【例5-2】引【例2-1】分析基变量的价值系数变化的结果：

$$\max Z = 3x_1 + 5x_2$$
$$s.t. \begin{cases} 2x_1 \leqslant 16 \\ 2x_2 \leqslant 10 \\ 3x_1 + 4x_2 \leqslant 32 \\ x_1 \geqslant 0, x_2 \geqslant 0 \end{cases}$$

用单纯形法求解，其最优解如表5-2所示。

表5-2　　【例5-2】的最优表

c_j			3	5	0	0	0
C_B	X_B	b	x_1	x_2	x_3	x_4	x_5
0	x_3	8	0	0	1	4/3	-2/3
5	x_2	5	0	1	0	1/2	0
3	x_1	4	1	0	0	-2/3	1/3
	σ_j	37	0	0	0	-1/2	-1

根据表5-2中的数据，计算 c_1，c_2 变化的范围，使得原问题的最优解保持不变。

解：根据以上计算公式5.2，对 c_1 允许变化的范围分析如图5-1所示。

同理，根据以上计算公式5.2，对 c_2 允许变化的范围分析如图5-2所示。

说明，因为0不能作除数，所以应用公式5.2时，当出现 $a_{kj} = 0$ 时，可理解为趋近

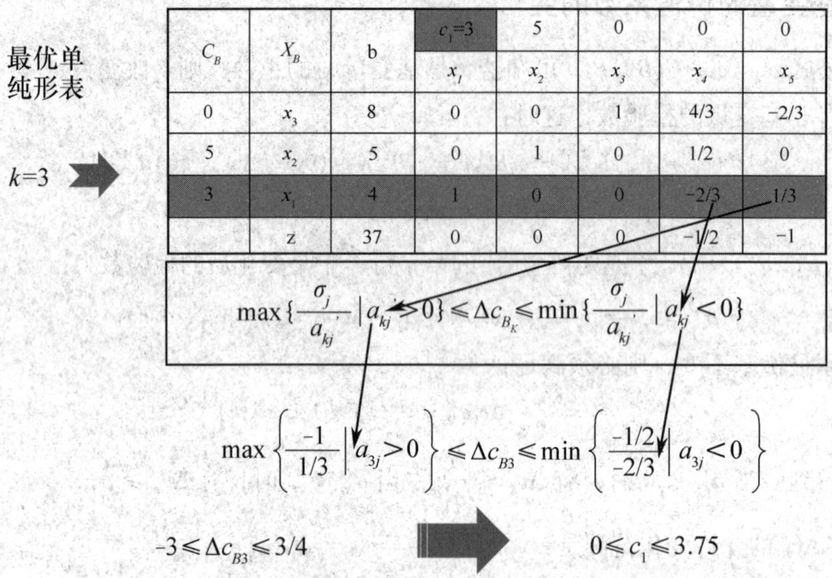

图 5－1　基变量价值系数 c_1 变化的灵敏度分析示意

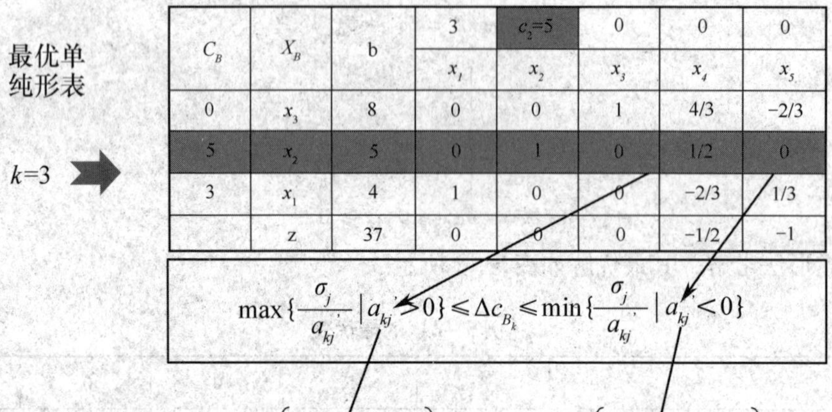

图 5－2　基变量价值系数 c_2 变化的灵敏度分析示意

于零。

对价值系数 C 的变化含义进一步讨论，可从几何上进行解释，如图 5－3、图 5－4 所示。

因为直线方程的斜率为 $k=-c_1/c_2$，即当 c_2 不变，c_1 增加时，对此题斜率即由 0.6 增加到 0.75，从图上看，其最优点 C 还是最优点，当超出 0.75 时，则最优点位置发生变化，跑到了 B 点。同理，我们看到，当 c_2 不变，c_1 减少时，超出临界值，最优点的位置则由 C

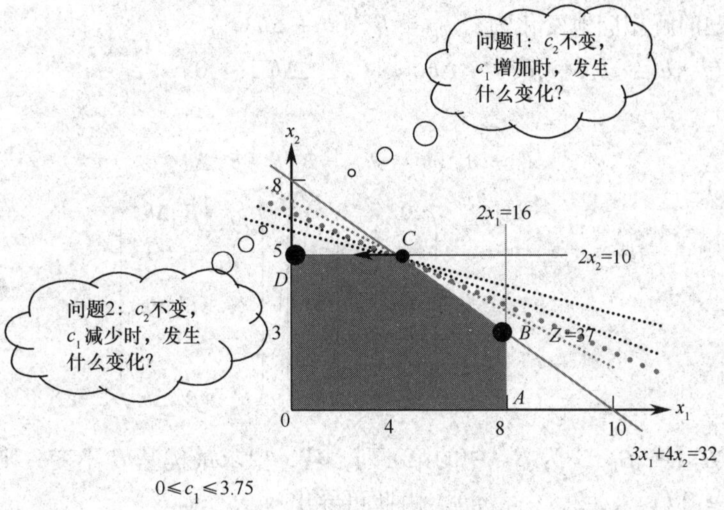

图 5－3　基变量价值系数变化的灵敏度分析几何表示

点跑到 D 点。

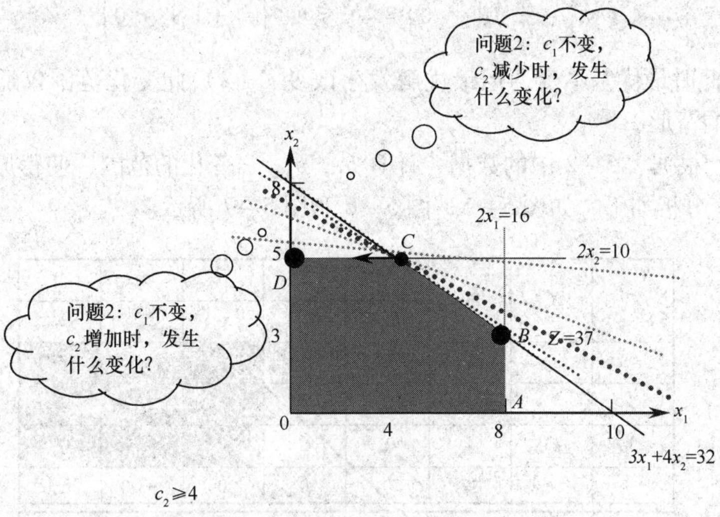

图 5－4　基变量价值系数变化的灵敏度分析几何表示

即 c_1、c_2 允许变化的范围实际是构成最优点的两个约束方程所形成的夹角 α 的大小，即当变化超出范围时，最优解的位置会发生变化。

5.3　约束条件中资源数量 b_i 的变化分析

由于 $x_B = B^{-1}b$, $z = c_B B^{-1} b$，所以资源数量 b_i 的变化会影响到原最优解的可行性与目标函数值。

设某个资源数量 b_r 变化为 $b'_r = b_r + \Delta b_r$，并假设原问题的其他系数不变，则使最终单纯形表中原问题的解相应地变化为：$x'_B = B^{-1}(b + \Delta b)$，

其中 $b = (b_1, b_2, \cdots b_r, \cdots, b_m)^{\mathrm{T}}$，$\Delta b = (0, \cdots, \Delta b_r, \cdots, 0)^{\mathrm{T}}$。

这时

$$x'_B = B^{-1}(b + \Delta b) = B^{-1}b + B^{-1}\Delta b$$

$$= B^{-1}b + B^{-1}\begin{pmatrix} 0 \\ \vdots \\ \Delta b_r \\ \vdots \\ 0 \end{pmatrix} = \begin{pmatrix} b'_1 \\ \vdots \\ b'_i \\ \vdots \\ b'_m \end{pmatrix} + \begin{pmatrix} b'_1 + \beta'_{1r}\Delta b_r \\ \vdots \\ b'_i + \beta'_{ir}\Delta b_r \\ \vdots \\ b'_m + \beta'_{mr}\Delta b_r \end{pmatrix}$$

其中 $(\beta'_{1r}, \beta'_{2r}, \cdots, \beta'_{mr})^{\mathrm{T}}$ 为 B^{-1} 中的第 r 列，若，要求最优基 B 不变，则必须 $x'_B \geqslant 0$，即 $b'_i + \beta'_{ir}\Delta b_r \geqslant 0$（$i = 1, 2, \cdots, m$）。由此可导出：

当 $a'_{ir} > 0$ 时，有 $\Delta b_r \geqslant -\dfrac{b'_i}{a'_{ir}}$；当 $a'_{ir} < 0$ 时，有 $\Delta b_r \leqslant -\dfrac{b'_i}{a'_{ir}}$，

因此，Δb_r 的允许变化范围是：

$$\max\left\{-\frac{b'_i}{a'_{ir}} \mid \beta'_{ir} > 0\right\} \leqslant \Delta b_r \leqslant \min\left\{-\frac{b'_i}{\beta'_{ir}} \mid \beta'_{ir} < 0\right\} \quad (5.3)$$

注：（1）此时最优基不变，但最优解发生改变；（2）此变化范围仅适用于 b 的一个分量发生变化的情形。

【例 5－3】根据表 5－2 中的数据，计算 b_1，b_2，b_3 变化的范围，使得原最优基不变。

由式 5.3，分析如下，如图 5－5、图 5－6 和图 5－7 所示。

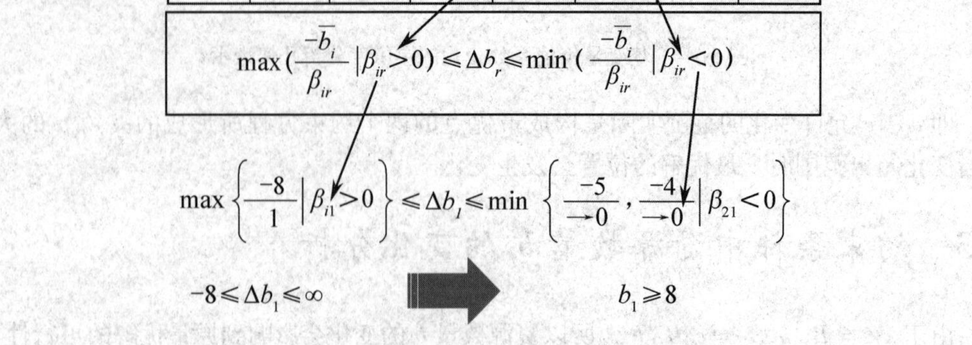

图 5－5 资源向量 b_1 变化的灵敏度分析示意

最优单纯形表

$r=2$

C_B	X_B	b	3	5	0	0	0
			x_1	x_2	x_3	x_4	x_5
0	x_3	8	0	0	1	4/3	−2/3
5	x_2	5	0	1	0	1/2	0
3	x_1	4	1	0	0	−2/3	1/3
	z	37	0	0	0	−1/2	−1

$b_1=16$

$b_2=10+\Delta b_2$

$b_3=32$

$$\max\left(\frac{-\bar{b}_i}{\beta_{ir}}\,\middle|\,\beta_{ir}>0\right)\leqslant\Delta b_r\leqslant\min\left(\frac{-\bar{b}_i}{\beta_{ir}}\,\middle|\,\beta_{ir}<0\right)$$

$$\max\left\{\frac{-8}{4/3},\frac{-5}{1/2}\,\middle|\,\beta_{i2}>0\right\}\leqslant\Delta b_2\leqslant\min\left\{\frac{-4}{-2/3}\,\middle|\,\beta_{i2}<0\right\}$$

$-6\leqslant\Delta b_2\leqslant 6$ ➡ $4\leqslant b_2\leqslant 16$

图5－6　资源向量 b_2 变化的灵敏度分析示意

最优单纯形表

$r=3$

C_B	X_B	b	3	5	0	0	0
			x_1	x_2	x_3	x_4	x_5
0	x_3	8	0	0	1	4/3	−2/3
5	x_2	5	0	1	0	1/2	0
3	x_1	4	1	0	0	−2/3	1/3
	z	37	0	0	0	−1/2	−1

$b_1=16$

$b_2=10$

$b_3=32+\Delta b_3$

$$\max\left(\frac{-\bar{b}_i}{\beta_{ir}}\,\middle|\,\beta_{ir}>0\right)\leqslant\Delta b_r\leqslant\min\left(\frac{-\bar{b}_i}{\beta_{ir}}\,\middle|\,\beta_{ir}<0\right)$$

$$\max\left\{\frac{-4}{1/3}\,\middle|\,\beta_{i3}>0\right\}\leqslant\Delta b_3\leqslant\min\left\{\frac{-8}{-2/3},\frac{-5}{0}\,\middle|\,\beta_{i3}<0\right\}$$

$-12\leqslant\Delta b_3\leqslant 12$ ➡ $20\leqslant b_3\leqslant 44$

图5－7　资源向量 b_3 变化的灵敏度分析示意

为了比较直观地理解资源向量变化的影响，可用几何图形进一步做出解释，如图5－8、图5－9和图5－10所示。

从图5－8可见，当第一种资源 b_1 大于8，即 x_1 大于等于4时，由于目标函数的斜率一定，b_1 的变化不会影响最优点的位置，但当 b_1 小于8，并逐渐变小时，可行域发生变化，即最优点实际上由原来的约束方程2和约束方程3构成，变为了由约束方程1和约束方程

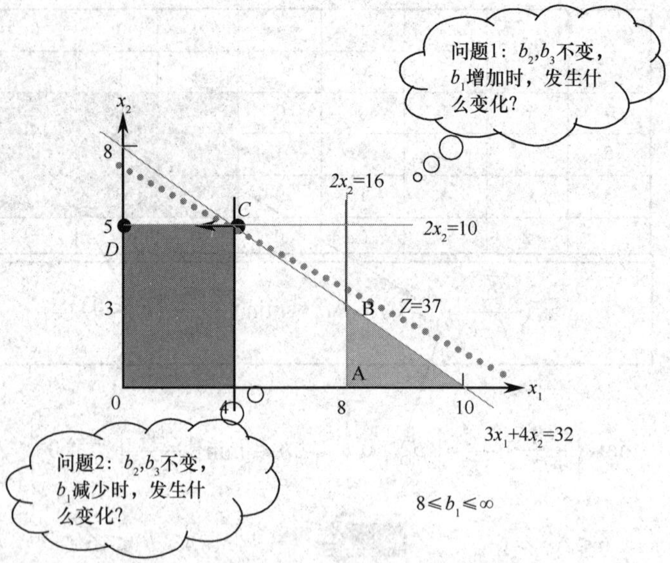

图5-8　资源向量 b_1 变化的灵敏度分析示意

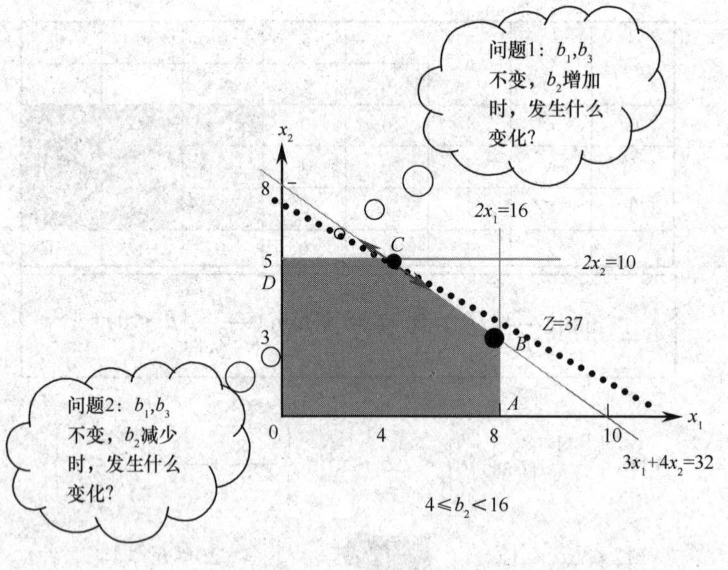

图5-9　资源向量 b_2 变化的灵敏度分析示意

2 构成，根据对偶中的约束对变量与原模型中约束的关系，可知这时 b_1 变化超界时，使对偶最优解发生了变化，对偶最优解由原来的 y_2 和 y_3 变为了 y_1 和 y_2。从图上看是由 C 点跑到了 D 点。

同理，在保持 b_1 和 b_3 不变的情况下，b_2 的变化也有类似的特性，当超界时最优点从 C 点跑到了 B 点，对偶最优解由原来的 y_2 和 y_3 变为 y_1 和 y_3。

b_3 的变化也表现出以上特性。

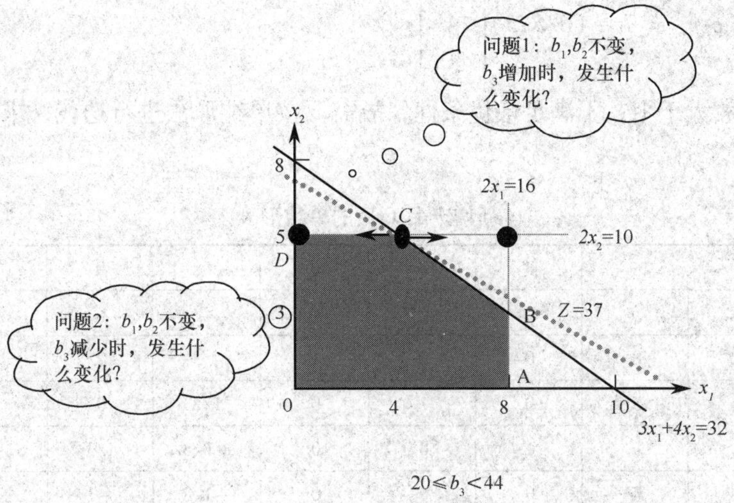

图5-10 资源向量b_3变化的灵敏度分析示意

对资源向量的变化进行灵敏度分析，就是想确定出保持对偶对优解保持不变时的范围，如果变化超出此允许的范围，解就不可行了，需要用对偶单纯形法求出变化后问题的最优解。

5.4 新增一个变量x_j的分析

增加一个变量在实际问题中反映为增加一种新的产品。若增加一个新的变量x_{n+1}，它对应的价值系数为c_{n+1}，在约束系数矩阵中的对应列向量$P_{n+1} = (a_{1,n+1}, a_{2,n+1}, \cdots, a_{n,n+1})^T$，则把$x_{n+1}$看成非基变量，在原来的最优单纯形表中增加一列：

$P'_{n+1} = B^{-1}P_{n+1} = (a'_{1,n+1}, a'_{2,n+1}, \cdots, a'_{n,n+1})^T$及检验数$\sigma_{n+1} = c_{n+1} - c_nB^{-1}P_{n+1} = c_{n+1} - yP_{n+1}$就得到了新问题的单纯形表。若$\sigma_{n+1} \leqslant 0$，则原问题最优解不变；若$\sigma_{n+1} > 0$，则按单纯形法继续迭代计算找出最优。

故对新增变量的灵敏度分析，要分两步进行，第一步，先把新增变量的列向量迭代到最优表中，计算公式为：$p'_j = B^{-1}p_j$，这里p_j是新增变量（产品）的技术系数。第二步，计算新增列的检验数，如果满足最优条件，则原最优解保持不变，否则，用单纯形法迭代求出新的最优解。

【例5-4】对【例2-1】，如果现在拟生产一种新产品，假设利润为每件7元，生产这样一件新产品对三种资源的需求分别为：2，6，3。现在的问题是，在目前技术条件下，这件新产品是否值得生产？

为此，我们可设新增产品为x_6，即$c_6=7$，$p_6 = [2, 6, 3]^T$，根据【例2-1】的最优结果，如表5-3所示，知：$B^{-1} = \begin{bmatrix} 1 & 4/3 & -2/3 \\ 0 & 1/2 & 0 \\ 0 & -2/3 & 1/3 \end{bmatrix}$，故$p'_6 = B^{-1}p_6 = \begin{bmatrix} 1 & 4/3 & -2/3 \\ 0 & 1/2 & 0 \\ 0 & -2/3 & 1/3 \end{bmatrix}\begin{bmatrix} 2 \\ 6 \\ 3 \end{bmatrix} = \begin{bmatrix} 8 \\ 3 \\ -3 \end{bmatrix}$

$$\sigma_6 = c_6 - c_B p'_6 = 7 - (0,5,3)\begin{bmatrix}8\\3\\-3\end{bmatrix} = 1$$

由于检验数大于零，不满足最优条件，故需要按单纯形法进行迭代，求出新增变量后的最优解。

表 5-3　　新增产品 x_6 后的单纯形表

c_j			3	5	0	0	0	7	θ
C_B	X_B	b	x_1	x_2	x_3	x_4	x_5	x_6	
0	x_3	8	0	0	1	4/3	-2/3	[8]	1
5	x_2	5	0	1	0	1/2	0	3	5/3
3	x_1	4	1	0	0	-2/3	1/3	-3	-
	σ_j	37	0	0	0	-1/2	-1	1	

即 x_6 进基，x_3 出基，迭代结果如表 5-4 所示。

表 5-4　　对表 5-3 迭代后的最优单纯形表

c_j			3	5	0	0	0	7	θ
C_B	X_B	b	x_1	x_2	x_3	x_4	x_5	x_6	
0	x_3	8	0	0	1/8	1/6	-1/12	1	1
5	x_2	5	1	1	-3/8	0	1/4	0	5/3
3	x_1	4	0	0	3/8	-1/6	1/12	0	-
	σ_j	37	0	0	-1/8	-2/3	-11/12	0	

最优条件满足，得最优解为：$(x_1, x_2, x_6)^* = (7, 2, 1)$，或获取利润为：$Z^* = 38$，即新产品列入了生产计划。

5.5　约束条件中技术系数 a_{ij} 的变化分析

根据变动的系数 a_{ij} 处于矩阵 A 中的哪一列又可分为两种情况来考虑。

1. 非基变量 x_j 的系数列向量 p_j 的变化分析

对于最优基 B 而言，非基变量 x_j 的系数列向量 p_j 改变为 $P'_j = P_j + \Delta P_j$，则变化后的检验数为：

$$\begin{aligned}\sigma'_j &= c_j - c_B B^{-1} P'_j \\ &= c_j - c_B B^{-1}(P_j + \Delta P_j) \\ &= \sigma_j - y\Delta P_j\end{aligned}$$

其中 $y = c_B B^{-1}$ 为原问题的对偶可行解，要使原最优基 B 保持不变，则必须 $\sigma'_j \leqslant 0$，即 $y\Delta P_j \geqslant \sigma_j$。

特别，当 $\Delta P_j = (0,\cdots,\Delta a_{ij},\cdots,0)$ 时，上式变为：

$$(y_1,y_2,\cdots,y_m)\begin{pmatrix}0\\ \vdots\\ \Delta a_{ij}\\ \vdots\\ 0\end{pmatrix}=y_i\Delta a_{ij}\geqslant\sigma_j$$

由此可导出，当 $y_i>0$ 时，有 $\Delta a_{ij}\geqslant\dfrac{\sigma_j}{y_i}$；当 $y_i<0$ 时，有 $\Delta a_{ij}\leqslant\dfrac{\sigma_j}{y_i}$。

2. 基变量 x_j 的系数列向量 P_j 的变化分析

对于最优基 B 而言，当基变量 x_j 的系数列向量 p_j 发生变化时，将使相应的 B、B^{-1} 都发生变化，因此，它不仅影响现行最优解的可行性，也影响到它的最优性。

【例5-5】在【例2-1】中，若产品乙每单位需资源消耗由原来的（0，2，4）变为（0，3，2），该产品的利润仍为5，试重新确定该公司最优生产计划。

解：先将生产工时变化后的产品乙看作是一种新产品，生产量为 s_2，计算 P_2' 和 σ_2'，其中：

$$P_2'=\begin{pmatrix}1 & 4/3 & -2/3\\ 0 & 1/2 & 0\\ 0 & -2/3 & 1/3\end{pmatrix}\begin{pmatrix}0\\3\\2\end{pmatrix}=\begin{pmatrix}8/3\\3/2\\-4/3\end{pmatrix},\ \sigma_2'=c_2-c_Bp_2'=5-(0,5,3)\begin{pmatrix}8/3\\3/2\\-4/3\end{pmatrix}=\frac{3}{2}$$

将其反映到最终单纯形表（表5-5）中得表5-6。

表5-5　　技术系数变化的分析（Ⅰ）

c_j			3	5	5	0	0	0
C_B	X_B	b	x_1	x_2	s_2	x_3	x_4	x_5
0	x_3	8	0	0	8/3	1	4/3	-2/3
5	x_2	5	1	1	[3/2]	0	1/2	0
3	x_1	4	0	0	-4/3	0	-2/3	1/3
	σ_j	37	0	0	3/2	0	-1/2	-1

因为 x_2 已变换为 s_2，故用单纯形法将 s_2 替换出基变量中的 x_2，得表5-6（表中不再保留 x_2）。

表5-6　　技术系数变化的分析（Ⅱ）

c_j			3	5	0	0	0
C_B	X_B	b	x_1	s_2	x_3	x_4	x_5
0	x_3	-8/9	0	0	1	4/9	-2/3
5	s_2	10/3	0	1	0	1/3	0
3	x_1	76/9	1	0	0	-2/9	1/3
	σ_j	42	0	0	0	-1	-1

在表5-6中，原问题非可行解，故用对偶单纯形法，使问题变为可行解，经迭代计

算得表5-7，此时已得到最优解。

表5-7　　技术系数变化的分析（Ⅲ）

c_j			3	5	0	0	0
C_B	X_B	b	x_1	s_2	x_3	x_4	x_5
0	x_3	4/3	0	0	-3/2	-2/3	1
5	s_2	10/3	0	1	0	1/3	0
3	x_1	8	1	0	1/2	0	0
	σ_j	37	0	0	-3/2	-5/3	0

即，该公司的最优生产计划为每天生产：产品甲8单位，新产品10/3，获利40.7。

5.6 增加新约束条件的分析

增加一个约束条件在实际问题中相当增添一道工序，设在原线性规划问题中，增加一个新的约束条件

$$a_{m+1,1}x_1 + a_{m+1,2}x_2 + \cdots + a_{m+1,n}x_n \leqslant b_{m+1} \tag{5.4}$$

则首先把已求得的原问题的最优解：$x^* = (x_1^*, x_2^*, \cdots, x_m^*)^T$

代入新增加的约束条件（5.4），如果条件满足，则原问题的最优解 x^* 仍为新问题的最优解。如果条件不满足，则将新增加的约束条件直接反映到最终单纯形表中再进一步分析。

【例5-6】仍以【例2-1】为例，设产品甲、乙经装配后，还需经过一道环境试验工序，产品甲每单位须环境试验3小时，产品乙每单位须环境试验2小时，又环境试验工序每天生产能力为12小时，试分析增加该工序后的该公司的最优生产计划。

解：先将原问题的最优解 $x_1=4$，$x_2=5$ 代入环境试验工序的约束条件，为 $3x_1+2x_2\leqslant 12$。因为，$3\times4+2\times5=22>12$，故原问题最优解不是本例的最优解。

在环境试验工序的约束条件中，添加松弛变量 x_6，得：

$$3x_1 + 2x_2 + x_6 = 12 \tag{5.5}$$

以 x_6 为基变量将式（5.5）反映到最终单纯形表（表5-1），得表5-8。

表5-8　　反映新增约束的单纯形表

c_j			3	5	0	0	0	0
C_B	X_B	b	x_1	x_2	x_3	x_4	x_5	x_6
0	x_3	8	0	0	1	4/3	-2/3	0
5	x_2	5	0	1	0	1/2	0	0
3	x_1	4	1	0	0	-2/3	1/3	0
0	x_6	12	3	2	0	0	0	1
σ_j		37	0	0	0	-1/2	-1	0

因表 5 - 8 中 x_1，x_2列不是单位向量，故经初等行变换得表 5 - 9，此时，对偶问题为可行解，原问题为非可行解，故用对偶单纯形法，经迭代计算得表 5 - 10。

表 5 - 9　　新增约束后进行矩阵变换的结果

	c_j		3	5	0	0	0	0
C_B	X_B	b	x_1	x_2	x_3	x_4	x_5	x_6
0	x_3	8	0	0	1	4/3	-2/3	0
5	x_2	5	0	1	0	1/2	0	0
3	x_1	4	1	0	0	-2/3	1/3	0
0	x_6	-10	0	0	0	1	[-1]	1
σ_j		37	0	0	0	-1/2	-1	0

表 5 - 10　　新增约束迭代后的最优表

	c_j		3	5	0	0	0	0
C_B	X_B	b	x_1	x_2	x_3	x_4	x_5	x_6
0	x_3	44/3	0	0	1	2/3	0	-2/3
5	x_2	5	0	1	0	1/2	0	0
3	x_1	2/3	1	0	0	-1/3	0	1/3
0	x_5	10	0	0	0	-1	1	-1
σ_j		27	0	0	0	-3/2	0	-1

由表 5 - 10 知，添加环境试验工序后，该公司的最优生产计划为 $X^* = (2/3, 5)$，获利 27。

5.7　几个系数同时变化的分析

上面关于 c_j 和 b_j 的灵敏度分析，都是在其他条件不变，某一个单变量系数变化时所进行的分析，所有以上的目标函数系数及约束条件右端常数项的灵敏度计算公式只适用于单个系数变化的情况，当两个或更多的系数都发生变化时，则可采用所谓的百分之一百法则。

百分之一百法则的基础，是使最优基不变的单个系数的变化范围，即单个系数的当前值、下限值和上限值。对于给定的线性规划模型，这些计算均可借助于计算机软件。

百分之一百法则原理：①对于变化的所有目标函数系数，当其所有允许增加百分比和允许减少百分比之和不超过 100% 时，则最优解不变；②对于所有变化的右端常数项，当其所有允许增加百分比和允许减少百分比之和不超过 100% 时，则对偶价格不变。

其中：允许增加百分比 =（变化值 - 当前值）/（上限 - 当前值）×100%；允许减少百分比 =（当前值 - 变化值）/（当前值 - 下限）×100%

【例 5 - 7】对这个模型多个系数变化进行百分之一百分析。

$$\max Z = 5x_1 + 4x_2$$

$$s.t.\begin{cases} x_1 + 3x_2 \leqslant 90 \\ 2x_1 + x_2 \leqslant 80 \\ x_1 + x_2 \leqslant 45 \\ x_1, x_2 \geqslant 0 \end{cases}$$

用 WINQSB 求解结果如表 5-11 所示。

表 5-11　　　　敏感性分析报告

	22:48:07		2012-3-5 22:48:06 下午	2012-3-5 22:48:06 下午	2012-3-5 22:48:06 下午	2012-3-5 22:48:06 下午		
	Decision Variable	Solution Value	Unit Cost or Profit c(j)	Total Contribution	Reduced Cost	Basis Status	Allowable Min. c(j)	Allowable Max. c(j)
1	X1	35.0000	5.0000	175.0000	0	basic	4.0000	8.0000
2	X2	10.0000	4.0000	40.0000	0	basic	2.5000	5.0000
	Objective	Function	(Max.) =	215.0000				
	Constraint	Left Hand Side	Direction	Right Hand Side	Slack or Surplus	Shadow Price	Allowable Min. RHS	Allowable Max. RHS
1	C1	65.0000	<=	90.0000	25.0000	0	65.0000	M
2	C2	80.0000	<=	80.0000	0	1.0000	67.5000	90.0000
3	C3	45.0000	<=	45.0000	0	3.0000	40.0000	50.0000

问题 1：若 b_1 从 90 增加到 120，b_2 从 80 减少到 75，b_3 从 45 增加到 47，试分析对偶价格是否会发生变化。

计算：b_1 的允许增加百分比 = （120 - 90）/（∞ - 90）= 0%

计算：b_2 的允许减少百分比 = （80 - 75）/（80 - 67.5）= 40%

计算：b_3 的允许增加百分比 = （47 - 45）/（50 - 45）= 40%

结论：0% + 40% + 40% = 80% 小于 100%，因此，该问题的对偶价格不变。

问题 2：若 c_1 从 5 增加到 6.5，c_2 从 4 减少到 3，试分析最优解是否会发生变化。

计算：c_1 的允许增加百分比 = （6.5 - 5）/（8 - 5）= 50%

计算：c_2 的允许减少百分比 = （4 - 3）/（4 - 2.5）= 66.67%

结论：50% + 66.67% 大于 100%，因此，最优解要发生变化。

5.8　参数线性规划

灵敏度分析研究对象是，当 c_j，b_i，a_{ij} 等参数变化到某个新值时，对最优解的影响；参数线性规划讨论对象是，当参数连续变化时，确定最优解发生改变时的临界点的值。下面是它的两种基本类型。

（1）当价值系数连续变化时，参数线性规划的形式是

$$\max Z = (C + \lambda \bar{C})X$$

$$s.t.\begin{cases} AX = b \\ X \geqslant 0 \end{cases}$$

其中，C 为原价值向量，$\bar{C}$ 为变动向量，λ 是连续变化的参数。

（2）当右端常数连续变化时，参数线性规划的形式是

$$\max Z = CX$$

$$s.t.\begin{cases}AX = b + \lambda\bar{b}\\ X \geqslant 0\end{cases}$$

其中，b 为原右端常数向量，$\bar{b}$ 为变动向量，λ 是参数。

参数线性规划的分析步骤如下：

（1）首先令 $\lambda=0$，求得相应的最优单纯形表。

（2）把 $\lambda\bar{C}$ 或 $\lambda\bar{b}$ 项反映到最优表中。

（3）当 λ 增大或减小时，观察检验数行或 b 列，确定目前最优解（或最优基）的适用范围，若 λ 的变动超出该范围，用单纯形法或对偶单纯形求新的最优解。

（4）对于新的最优表，重复步骤（3）的做法，直到把 λ 的变化范围讨论完毕。

【例5－8】分析下列线性规划的最优解与参数 λ 的关系。

$$\max Z = (2+\lambda)x_1 + (1+2\lambda)x_2$$

$$s.t.\begin{cases}5x_2 \leqslant 15\\ 6x_1 + 2x_2 \leqslant 24\\ x_1 + x_2 \leqslant 5\\ x_1, x_2 \geqslant 0\end{cases}$$

解：（1）先取 $\lambda=0$，求出最优解，并把 $\lambda\bar{C}$ 反映到最优表中，得到表5－12（其中，$-1/5\leqslant\lambda\leqslant1$）。

表5－12　　【例5－8】的最优表

c_j			$2+\lambda$	$1+2\lambda$	0	0	0
C_B	X_B	b	x_1	x_2	x_3	x_4	x_5
0	x_3	15/2	0	0	1	5/4	－15/2
$2+\lambda$	x_1	7/2	1	0	0	1/4	－1/2
$1+2\lambda$	x_2	3/2	0	1	0	－1/4	3/2
σ_j			0	0	0	$-1/4+\lambda/4$	$-1/2-5\lambda/2$

在表5－12中，当 $-1/5\leqslant\lambda\leqslant1$ 时，它是最优表，最优解为 $X^*=(7/2, 3/2, 15/2, 0, 0)^T$，$Z^*=17/2+13\lambda/2$。

（2）当 $\lambda>1$ 时，在表5－12中，$\sigma_4=-1/4+\lambda/4>0$，应引入 x_4，用单纯形法迭代得到表5－13（其中 $\lambda\geqslant1$）。

表5－13　　计算结果（Ⅰ）

c_j			$2+\lambda$	$1+2\lambda$	0	0	0
C_B	X_B	b	x_1	x_2	x_3	x_4	x_5
0	x_4	6	0	0	4/5	1	－15/2
$2+\lambda$	x_1	2	1	0	－1/5	0	－1/2
$1+2\lambda$	x_2	3	0	1	1/5	0	3/2
σ_j			0	0	$1/5-\lambda/5$	0	$-2-\lambda$

当 $\lambda \geqslant 1$ 时，表 5－12 为最优表，最优解为 $X^* = (2, 3, 0, 6, 0)^T$，$Z^* = 7 + 8\lambda$。

（3）在表 5－13 中，如果 $\lambda \leqslant -1/5$，$\sigma_5 = -1/2 - 5\lambda/2 > 0$，应引入 x_5，迭代后得到表 5－14 的第一表，由检验数行可知，它是最优表的 λ 的范围是 $-2 \leqslant \lambda \leqslant -1/5$；而当 $\lambda \leqslant -2$ 时，它是 $\sigma > 0$，经迭代又得到第二表。

表 5－14　　计算结果（Ⅱ）

	c_j		$2+\lambda$	$1+2\lambda$	0	0	0	
C_B	X_B	b	x_1	x_2	x_3	x_4	x_5	$-2 \leqslant \lambda \leqslant -1/5$
0	x_3	15	0	5	1	1	0	$Z^* = 8 + 4\lambda$
$2+\lambda$	x_1	4	1	1/3	0	[1/6]	0	
0	x_5	1	0	2/3	0	$-1/6$	1	
	σ_j		0	$1/3 + 5\lambda/3$	0	$-1/3 - \lambda/6$	0	
0	x_3	15	0	5	1	0	0	
15	x_4	24	6	2	0	1	0	$\lambda \leqslant -2$
0	x_5	5	1	1	0	0	1	$Z^* = 0$
	σ_j		$2+\lambda$	$1+2\lambda$	0	0	0	

当在参数 λ 的正方向（或负方向）最优解有多次变化时，可以像表 5－13 那样，把不同区间的最优表按次序排列，而把适用范围和最优值在旁边标出，这样既节省工作量，又将结果显示得更清楚、紧凑。

本例中，Z^* 与 λ 的关系显示在图 5－11 中。

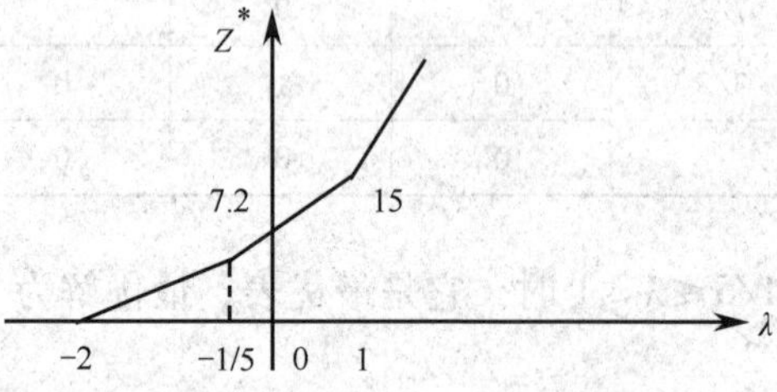

图 5－11　Z^* 与 λ 的关系

【例 5－9】某公司利用甲、乙两种原料生产 A、B、C 这 3 种产品的最优计划问题，归结为下列线性规划：

$$\max Z = 60x_1 + 40x_2 + 22x_3$$

$$s.t.\begin{cases} 2x_1 + 3x_2 + 3x_3 \leqslant 16000 \\ 6x_1 + 3x_2 + x_3 \leqslant 18000 \\ x_1, x_2, x_3 \geqslant 0 \end{cases}$$

其中，x_1，x_2，x_3 表示产品产量，目标函数 Z 表示总产值（单位：元），技术约束表示原料限制，产量 x_1，x_2 与原料的单位为千克。现在假设公司准备拿出 4 万元资金补充原料以扩大生产，已知甲的市场价为 2 元/千克，乙的市场价为 6 元/千克，问两种原料各补充多少，效果最佳？最优计划是什么？

解：对此模型用线性规划的单纯形法计算，其最优单纯表如表5-15所示。

表5-15 【例5-9】的最优单纯形表

c_j			60	40	22	0	0
C_B	X_B	b	x_1	x_2	x_3	x_4	x_5
40	x_2	5000	0	1	4/3	1/2	-1/6
60	x_1	500	1	0	-1/2	-1/4	1/4
	σ_j		0	0	-4/3	-5	-25/3

$X^* = (500, 5000, 0, 0)^{\mathrm{T}}$，$Z^* = 230000$ 万元。

两种原料的影子价格分别为5元/千克，与25/3元/千克，高于市场价格，补充原料可能提高经济效益。设两种原料甲、乙分别补充 μ 与 λ 千克，则有关系式：$2\mu + 6\lambda = 40000$

从中解出 $\mu = 20000 - 3\lambda$，这样就把问题归结为下列参数线性规划：

$$\max Z = 60x_1 + 40x_2 + 22x_3$$

$$s.t.\begin{cases}2x_1 + 3x_2 + 3x_3 \leqslant 36000 - 3\lambda \\ 6x_1 + 3x_2 + x_3 \leqslant 18000 + \lambda \\ x_1, x_2, x_3 \geqslant 0\end{cases}$$

这是一个右端常数项包含变动参数 λ 的参数规划，λ 的取值范围是 $0 \leqslant \lambda \leqslant 40000/6 = 20000/3$。

要在这个区间中求出一个 λ 值，使得相应的最优计划的产值 $Z^*(\lambda)$ 为最大。

下面来解这个参数规划。首先要把右端常数的变化，反映到表5-15中，与灵敏度分析相仿，计算：

$$B^{-1}\bar{b} = \begin{bmatrix}\frac{1}{2} & -\frac{1}{6} \\ -\frac{1}{4} & \frac{1}{4}\end{bmatrix}\begin{bmatrix}36000 - 3\lambda \\ 18000 + \lambda\end{bmatrix} = \begin{bmatrix}15000 - \frac{5}{3}\lambda \\ -4500 + \lambda\end{bmatrix}$$

用它代替表5-15的 b 列，得表5-16。

表5-16 计算结果（I）

c_j			60	40	22	0	0
C_B	X_B	b	x_1	x_2	x_3	x_4	x_5
40	x_2	$15000-5\lambda/3$	0	1	4/3	1/2	-1/6
60	x_1	$-4500+\lambda$	1	0	-1/2	-1/4	1/4
	σ_j		0	0	-4/3	-5	-25/3

当 $15000 - 5\lambda/3 \geqslant 0$ 且 $-4500 + \lambda \geqslant 0$，即 $4500 \leqslant \lambda \leqslant 9000$ 时，它是最优表，最优数值 $Z^* = 60(-4500 + \lambda) + 40(15000 - 5\lambda/3) = 330000 - 200\lambda/3$；$Z^*(\lambda)$ 在区间［4500，9000］中是 λ 的减函数。

当 $\lambda < 4500$ 时，表5-16中 $x_1 < 0$，利用对偶单纯形法，以 $a_{23} = -1/2$ 为主元迭代，

可得新的最优表（表5－17）。

表5－17　　计算结果（Ⅱ）

c_j			60	40	22	0	0
C_B	X_B	b	x_1	x_2	x_3	x_4	x_5
40	x_2	$300+\lambda$	8/3	1	0	－1/3	1/2
22	x_3	$900-2\lambda$	－2	0	1	1/2	－1/2
σ_j			0	0	0	－13/3	－9

当$0\leqslant\lambda\leqslant4500$时，表5－16为最优表，相应最优目标函数$Z^*=318000-4\lambda$，是$\lambda$的减函数。

综合上述结果，当$\lambda=0$，$\mu=20000$千克时是最佳选择，相应的最优产量计划是$x_2^*=3000$千克，$x_3^*=9000$千克，最大产值$Z^*=318000$元。因此，4万元的补充投入，带来产值的增量是$318000-230000=88000$元，相当于利润增加4.8万元。

5.9　一个灵敏度分析的案例

某企业用甲、乙两种原料生产A、B、C三种型号的产品，各单位产品对原材料的消耗、现有原材料、单位产品的利润如表5－18所示，问：

（1）如何组织生产，才能使总利润最大？

（2）如果市场需求变化使得A型号产品单位利润发生变化，那这个变化应在什么范围，才能使原生产计划保持不变？

（3）若生产需要增加电力约束，假定每生产一个单位的A、B、C产品对电力的消耗分别为1、3、2个单位，若供电量控制在10个单位之内，应如何组织生产，才能使利润最大？

（4）有一种新型号产品D，它对原材料甲、乙的消耗分别为4和7，单位利润为6万元，问是否安排生产D？如何安排？

表5－18　　生产三种产品所需材料、单位消耗和利润值

原材料	A	B	C	原材料总量/千克
甲	3	10	5	35
乙	2	15	6	40
单位利润/万元	5	20	7	

解：设决策变量x_1，x_2和x_3分别代表三种产品A、B、C计划生产数，产品总利润为Z，则：

$$目标函数：\max Z=5x_1+20x_2+7x_3$$

约束条件：

（1）原材料甲消耗量不可超过35千克：$3x_1+10x_2+5x_3\leqslant35$。

（2）原材料乙消耗量不可超过 40 千克：$2x_1+15x_2+6x_3\leqslant40$。

所以，该问题的数学模型为：

$$\max Z=5x_1+20x_2+7x_3$$

$$s.t.\begin{cases}3x_1+10x_2+5x_3\leqslant35\\2x_1+15x_2+6x_3\leqslant40\\x_1,x_2,x_3\geqslant0\end{cases}$$

引入松弛变量 x_4，x_5，利用单纯形法可得最终单纯形表，如表 5－19 所示。

表 5－19　　　　最终单纯形表

c_j			5	20	7	0	0
C_B	X_B	b	x_1	x_2	x_3	x_4	x_5
5_1	x_1	5	1	0	3/5	3/5	－2/5
20	x_2	2	0	1	8/25	－2/25	3/25
σ_j		65	0	0	－12/5	－7/5	－2/5

（1）从表 5－18 中可以看出，生产 A 型号产品 5 个单位，B 型号产品 2 个单位，C 型号产品不生产，可获得最大利润值 65 万元。

（2）设 A 型号产品单位利润由 $5\to5+\Delta c_1$，则最终单纯形表变为表 5－20。

表 5－20　　　　基变量系数变化的灵敏度分析

c_j			5	20	7	0	0
C_B	X_B	b	x_1	x_2	x_3	x_4	x_5
$5+\Delta c_1$	x_1	5	1	0	3/5	3/5	－2/5
20	x_2	2	0	1	8/25	－2/25	3/25
σ_j		$65+\Delta c_1$	0	0	$-12/5-3/5\Delta c_1$	$-7/5-3/5\Delta c_1$	$-2/5+2/5\Delta c_1$

要保持最优解不变，则必须满足下列不等式：

$$\begin{cases}-\dfrac{12}{5}-\dfrac{3}{5}\Delta c_1\leqslant0\\-\dfrac{7}{5}-\dfrac{3}{5}\Delta c_1\leqslant0\\-\dfrac{2}{5}+\dfrac{2}{5}\Delta c_1\leqslant0\end{cases}$$

所以，Δc_1 在［－7/3，1］之间变动时，原生产计划不变。

（3）增加电量控制相当于在原问题的基础上增加了一个约束条件：$x_1+3x_2+2x_3\leqslant10$。

原问题的最优解为 $X^*=(5,2,0)$，不能满足新增的约束条件，故需要重新寻找最优解。

设 x_6 为新增的松弛变量，则得到：$x_1+3x_2+2x_3+x_6=10$。

原最优单纯形表（表 5－19）新增一行和一列，见表 5－21，此时原最终单纯形表中的 x_1 和 x_2 的系数列向量不再是单位向量了，所以继续进行行变换。在行变换后得到的新单纯形表中，检验数均小于等于零，但右端项现负值，所以可以用对偶单纯形法继续运算。最后得最优解 $X^* = (10/3, 20/9, 0)^T$，最优值 $Z^* = 61.1$ 万元。

表 5－21　增加约束条件的灵敏度分析

c_j			5	20	7	0	0	0
C_B	X_B	b	x_1	x_2	x_3	x_4	x_5	x_6
5	x_1	5	1	0	3/5	3/5	－2/5	0
20	x_2	2	0	1	8/25	－2/25	3/25	0
0	x_6	10	1	3	2	0	0	1
	σ_j	65	0	0	－12/5	－7/5	－2/5	0
5	x_1	5	1	0	3/5	3/5	－2/5	0
20	x_2	2	0	1	8/25	－2/25	3/25	0
0	x_6	－1	0	0	11/25	9/25	1/25	1
	σ_j	65	0	0	－12/5	－7/5	－2/5	0
5	x_1	10/3	1	0	4/3	0	－1/3	5/3
20	x_2	20/9	0	1	2/9	0	1/9	－2/9
0	x_4	25/9	0	0	－11/9	1	－1/9	－25/9
	σ_j	550/9	0	0	－37/9	0	－5/9	－35/9

（4）设 x_7 表示 D 型号产品的生产数量，对应于 x_7 的检验数为：

$$\sigma_7 = c_7 - C_B B^{-1} p_7 = 6 - (5,20)\begin{pmatrix} 3 & 10 \\ 2 & 15 \end{pmatrix}\begin{pmatrix} 4 \\ 7 \end{pmatrix} = -\frac{12}{5}$$

检验数为负值，最优基和最优解不变，不考虑生产 D 型号产品。

本章小结

当一个线性规划问题求解完后，研究该问题中的某一参数发生变化对求解结果的影响是十分有用的。灵敏度分析（也常称为优化后分析）用来确定某一参数（目标函数系数、右端项等）不影响最优解或是最优基变量的可变化范围；它也可用于考察增加或减少变量和约束条件所带来的变化等，通过灵敏度分析，可以提高所建立的线性规划模型的使用价值。

习　题　5

一、判断题

1. 线性规划的价值系数变化将会引起可行性发生改变。（　　）
2. 线性规划的资源向量变化将会引起最优性发生改变。（　　）

3. 线性规划的灵敏度分析就是想找到构成模型的系数在什么范围内发生改变，可使原模型求得的最优解或最优基保持不变。(　　)

4. 线性规划灵敏度分析的另一个目的就是想用最经济的方法求得系数变化超界后问题新的最优解。(　　)

5. 在进行线性规划的灵敏度分析中，为便于观察，总是假定一个参数发生变化，其余都保持不变。(　　)

6. 百分之一百法则也只能进行单一参数变化的灵敏度分析。(　　)

二、选择题

1. 在最优表上进行的手工灵敏度分析，其实质是关注基的（　　）和（　　）是否发生变化。若解答列非负，则基的（　　）是满足的；若检验数行非正，则基的（　　）是满足的。

A. 可行性　　B. 对偶可行性　　C. 最优性　　D. 对偶最优性

2. 在灵敏度分析中，若非基变量价值系数发生变化，则仅影响（　　）；若基变量的价值系数发生变化，则会影响（　　）。

A. 一个检验数　　B. 所有检验数　　C. 一个基变量的取值　D. 所有基变量的取值

3. 在手工灵敏度分析时，若发现当前的基对偶可行，但并非基本可行，则宜采用（　　）；若发现当前的基基本可行，但并非对偶可行，则宜采用（　　）。

A. 大M法　　B. 原始单纯形法　　C. 两阶段法　　D. 对偶单纯形法

4. 在灵敏度分析中，若右端常数 b 发生变化，则仅影响（　　），而不会影响（　　）。最优解可能（　　），但最优解的结构可能（　　）。

A. 一个检验数　　B. 一个基变量的取值

C. 解答列　　D. 检验数行

E. 改变　　F. 不变

5. 当非基变量 x_j 的系数 c_j 发生改变时，最优表中引起变化的有（　　）。

A. 所有非基变量的检验数　　B. 该基变量对应的检验数

C. 基变量的取值　　D. 目标函数值

三、简答题

1. 何为线性规划的灵敏度分析？

2. 为什么要进行线性规划的灵敏度分析？试举例说明。

3. 线性规划的灵敏度分析具体分析什么？

4. 根据什么进行线性规划的灵敏度分析？

5. 如果线性规划模型中几个系数同时发生变化，可用什么方法进行灵敏度分析？

6. 何为参数线性规划？如何进行分析？

四、计算题

1. 某企业生产甲、乙两种产品，需要A、B两种原料，生产消耗等有关参数如表5－22所示，试解答下列问题：

（1）构造一个利润最大化模型并求出最优方案。

（2）原料A、B的影子价格各是多少？哪一种更珍贵？

（3）假定市场上有A原料出售，企业是否应该购入以扩大生产？在保持原最优方案不变的前提下，最多应购入多少？可增加多少利润？

（4）如果乙产品价格可达到20元/件，方案会发生什么变化？

（5）现有新产品丙可投入开发，已知对两种原料消耗系数分别为3和4，问该产品的价格至少应为多少才值得生产？

如表5－22所示。

表 5－22　　习题 1 数据表

	甲	乙	可用量/kg	原料成本/（元/kg）
原料 A	2	4	160	1
原料 B	3	2	180	2
单价/（元/件）	13	16		

2. 考虑如下线性规划：

$$\max Z = 5x_1 + 5x_2 + 13x_3$$

$$s.t.\begin{cases} -x_1 + x_2 + 3x_3 \leqslant 20 \\ 12x_1 + 4x_2 + 10x_3 \leqslant 90 \\ x_1, x_2, x_3 \geqslant 0 \end{cases}$$

求解该线性规划问题，并回答如下问题：

（1）b_1由 20 变为 45，求新的最优解；

（2）b_2由 90 变为 70，求新的最优解；

（3）c_3由 13 变为 8，求新的最优解；

（4）c_2由 5 变为 6，求新的最优解；

（5）增加变量 x_6（$c_6 = 10$，$a_{16} = 3$，$a_{26} = 5$），对最优解是否有影响？

（6）增加一个约束条件 $2x_1 + 3x_2 + 5x_3 \leqslant 50$，求新的最优解；

（7）x_1的系数列向量由$\begin{pmatrix} -1 \\ 12 \end{pmatrix}$变为$\begin{pmatrix} 0 \\ 5 \end{pmatrix}$，求新的最优解。

3. 某厂拟生产甲、乙、丙三种产品，都需要在 A、B 两种设备上加工，有关数据如表 5－23 所示。

表 5－23　　单耗（台时/件）

设备/产品	甲	乙	丙	设备有效：台时/每月
A	1	2	1	400
B	2	1	2	500
产值/（千元/件）	3	2	1	

（1）如何充分发挥设备能力，使产品总产值最大？

（2）若为了提高产量，以每台时 350 元租金租用外厂 A 设备，问是否合算？

4. 某厂生产Ⅰ、Ⅱ、Ⅲ三种产品，分别经过 A、B、C 三种设备加工，已知生产单位各种产品所需的设备台时，设备的现有加工能力及每件产品可获得的利润如表 5－24 所示。

表 5－24　　可获得的利润

设备/消耗/产品	Ⅰ	Ⅱ	Ⅲ	设备能力/台时
A	1	1	1	100
B	10	4	5	600
C	2	2	6	300
单件利润/元	10	6	4	

（1）制定最优生产计划；

（2）产品Ⅲ每件的利润增加到多大时才值得安排生产？如产品Ⅲ每件利润增加到50/6元，求最优计划的变化；

（3）产品Ⅰ的利润在多大范围内变化时，原最优计划保持不变；

（4）如有一种新产品，加工一件需设备A、B、C的台时各为1、4、3小时，预期每件的利润为8元，问是否值得安排生产？

（5）如合同规定该厂至少生产10件产品Ⅲ，试确定最优计划的变化。

5. 某出版单位有4500个空闲的印刷机时和4000个空闲的装订工时，拟用于下列4种图书的印刷和装订。已知各种书每册所需的印刷和装订工时如表5-25所示。

表5-25　　习题5数据资料

工序/书种	1	2	3	4
印刷	0.1	0.3	0.8	0.4
装订	0.2	0.1	0.1	0.3
预期利润/［千元·（千册）$^{-1}$］	1	1	4	3

设 x_j 为第 j 种书的出版数（单位：千册），据此建立如下线性规划模型：

$$\max Z = x_1 + x_2 + 4x_3 + 3x_4$$

$$s.t.\begin{cases} x_1 + 3x_2 + 8x_3 + 4x_4 \leqslant 45 \\ 2x_1 + x_2 + x_3 + 3x_4 \leqslant 40 \\ x_j \geqslant 0(j = 1,\cdots,4) \end{cases}$$

用单纯形法求解最终单纯形见表5-26，试回答下列问题（各问题条件互相独立）。

表5-26　　最终表

X_B	b	x_1	x_2	x_3	x_4	x_5	x_6
x_1	5	1	-1	-4	0	-3/5	4/5
x_2	10	0	1	3	1	2/5	-1/5
$c_j - z_j$		0	-1	-1	0	-3/5	-1/5

（1）据市场调查第4种书最多只能销5000册，当销量多于5000时，超量部分每册降价2元，据此找出新的最优解；

（2）经理对不出版第2种书提出意见，要求该种书必须出2000册，求此条件下最优解；

（3）作为替代方案，第2种书仍须出2000册，印刷由该厂承担，装订工序交别的厂承担，但装订每册的成本比该厂高0.5元，求新的最优解；

（4）出版第2种书的另一方案是提高售价，若第2种书的印刷加装订成本合计每册6元，则该书售价应为多高时，出版该书才有利？

6. 已知线性规划问题

$$\max Z = -5x_1 + 5x_2 + 13x_3$$

$$s.t.\begin{cases} x_1 + x_2 + 3x_3 \leqslant 20 \\ 12x_1 + 4x_2 + 10x_3 \leqslant 90 \\ x_1, x_2, x_3 \geqslant 0 \end{cases}$$

试用单纯形法求出最优解，然后分别对下述情况进行灵敏度分析：

（1）分别确定参数 c_1，b_1，a_{22} 的影响范围；

（2）参数 b_1 从 20 变为 30；

（3）参数 b_2 从 90 变为 70；

（4）参数 c_3 从 13 变为 8；

（5）x_1 的系数变为 $\begin{bmatrix} c_1 \\ a_{11} \\ a_{21} \end{bmatrix} = \begin{bmatrix} -2 \\ 0 \\ 5 \end{bmatrix}$；

（6）x_2 的系数变为 $\begin{bmatrix} c_2 \\ a_{12} \\ a_{22} \end{bmatrix} = \begin{bmatrix} 6 \\ 2 \\ 5 \end{bmatrix}$；

（7）增加一个约束条件：$2x_1 + 3x_2 + 5x_3 \leqslant 50$；

（8）把约束条件 2 变为 $10x_1 + 5x_2 + 10x_3 \leqslant 100$。

7. 已知线性规划问题：

$$\max Z = 2x_1 - x_2 + x_3$$

$$s.t. \begin{cases} 3x_1 - 2x_2 + 2x_3 \leqslant 15 \\ -x_1 + x_2 + x_3 \leqslant 3 \\ x_1 - x_2 + x_3 \leqslant 4 \\ x_1, x_2, x_3 \geqslant 0 \end{cases}$$

给它引进松弛变量 x_4，x_5，x_6 后，用单纯表法求得其最优方程组如下：

$$\begin{cases} z + 2x_3 + x_4 + x_5 = 18 \\ x_2 + 5x_3 + x_4 + 3x_5 = 24 \\ 2x_3 + x_5 + x_6 = 7 \\ x_1 + 4x_3 + x_4 + 2x_5 = 21 \end{cases}$$

试对下述情况分别进行灵敏度分析：

（1）分别确定参数 b_1，b_3，c_2，a_{12} 的影响范围；

（2）改变右端为 $\begin{bmatrix} b_1 \\ b_2 \\ b_3 \end{bmatrix} = \begin{bmatrix} 20 \\ 4 \\ 2 \end{bmatrix}$；

（3）改变目标函数中 x_3 的系数为 $c_3 = 2$；

（4）改变目标函数中 x_1 的系数为 $c_1 = 3$；

（5）改变 x_3 的系数为 $\begin{bmatrix} c_3 \\ a_{13} \\ a_{23} \\ a_{33} \end{bmatrix} = \begin{bmatrix} 4 \\ 3 \\ 2 \\ 1 \end{bmatrix}$；

（6）同时分别改变 x_1 与 x_2 的系数为

$$\begin{bmatrix} c_1 \\ a_{11} \\ a_{21} \\ a_{31} \end{bmatrix} = \begin{bmatrix} 1 \\ 1 \\ -1 \\ 2 \end{bmatrix}, \begin{bmatrix} c_2 \\ a_{12} \\ a_{22} \\ a_{32} \end{bmatrix} = \begin{bmatrix} -2 \\ -1 \\ 3 \\ 2 \end{bmatrix};$$

(7) 改变目标函数为 $Z=5x_1+x_2+3x_3$；

(8) 改变约束条件1为 $2x_1-x_2+4x_3\leqslant 12$；

(9) 增加一个约束条件 $2x_1+x_2+2x_3\leqslant 60$。

8. 分析下列参数规划中，当 t 变化时，最优解的变化情况。

(1) $\max Z=(3+2t)x_1+(5-t)x_2$

$$s.t.\begin{cases}x_1\leqslant 4\\2x_2\leqslant 12\\3x_1+2x_2\leqslant 18\\x_1,x_2\geqslant 0\end{cases}$$

(2) $\max Z=2x_1+x_2$

$$s.t.\begin{cases}5x_2\leqslant 15\\6x_1+2x_2\leqslant 24+t\\x_1+x_2\leqslant 5\\x_1,x_2\geqslant 0\end{cases}$$

五、案例分析

1. 某公司两产品两工厂两市场的生产营销问题

某公司有甲、乙两个工厂，生产A、B两种产品，两种产品均销售往南方和北方两个地区，有关的资料如表5-27和表5-28所示。

表5-27　生产情况资料

		工厂甲		工厂乙	
		产品A	产品B	产品A	产品B
生产成本/(元/件)		5	6	4	5
加工工时/(h/件)	制造	1.5	2	1	2
	装配	3	2	2.5	1.5
工时定额/h	制造	12000	16000	8000	22000
	装配	30000		40000	

表5-28　市场情况资料

		南方市场		北方市场	
		产品A	产品B	产品A	产品B
最大销售量/件		900	12000	7500	6000
单价/(元/件)		12	17	13	18
销售费用/(元/件)		4	5	3	4
运输费用/(元/件)	工厂甲	1	1	2	2
	工厂乙	2	2	1	2

问题讨论和提示：

现在，公司不仅要得到一个利润最大的生产和销售计划，而且想要知道：

(1) 如果要增加利润，首先应该扩大销售量还是增加工时定额？

(2) 如果要扩大销售量，应该首先选南方还是北方市场？

(3) 扩大产品销售量应该首选A产品还是B产品？

(4) 如果要增加工时定额，应该首先增加哪个工厂哪个车间的工时定额？

2. 雅致家具厂生产计划优化问题

雅致家具厂生产4种小型家具，由于该4种家具具有不同的大小、形状、重量和风格，所以它们所需要的主要原料（木材和玻璃）、制作时间、最大销售量与利润均不相同。该厂每天可提供的木材、玻璃和工人劳动时间分别为600单位、1000单位与400小时，详细的数据资料见表5－29。

表5－29　　雅致家具厂基本数据

家具类型	劳动时间/（小时/件）	木材/（单位/件）	玻璃/（单位/件）	单位产品利润/（元/件）	最大销售量/件
Ⅰ	2	4	6	60	100
Ⅱ	1	2	2	20	200
Ⅲ	3	1	1	40	50
Ⅳ	2	2	2	30	100
可提供量	400小时	600单位	1000单位		

此案例从管理方面要讨论5个问题：

1. 应如何安排这4种家具的日产量，使得该厂的日利润最大？

2. 家具厂是否愿意出10元的加班费，让某工人加班1小时？

3. 如果可提供的工人劳动时间变为398小时，该厂的日利润有何变化？

4. 若因市场变化，第一种家具的单位利润从60元下降到55元，问该厂的生产计划及日利润将如何变化？

5. 该厂应优先考虑购买何种资源？

第6章 运输问题

运输问题（Transportation Problem，简记为 TP）是一类常见而且极其特殊的线性规划问题。它最早是从物资调运工作中提出来的，是物流优化管理的重要内容之一。运输问题早在 20 世纪三四十年代已为人们关注，比如苏联的数学家康托洛维奇（Канторович，1975 年诺贝尔经济学奖获得者）及希区柯克（F. L. Hitchcock）等人均研究过，但把它与单纯形联系起来则是 50 年代以后的事（由 G. B. Dantzig 完成）。运输问题是指一大类问题，它并不仅仅局限于真正意义上的运输，由于最初是为解决物资调运问题而提出的，因此被命名为"运输问题"，而实际上还能用于解决诸如农作物布局、投资决策等其他的实际问题。本章首先讨论运输问题的数学模型及特点；介绍表上作业法的主要步骤及表上作业法与单纯形法的关系；从运输问题的解决及表上作业法的理论解释，充分体现表上作业法的简便和单纯形法的魅力。最后给出运输问题的一些应用实例。

6.1 运输问题的数学模型

有些特殊的线性规划问题，如果用普通的单纯形法求解是不合适的。根据其模型的特殊结构，可以找到更为有效的方法，这种方法也可以是特殊的单纯形法。运输问题就是其中之一。

6.1.1 问题的提出

【例 6－1】某建材公司下设三个水泥厂 A_1、A_2、A_3，各厂每月产量分别为 A_1：7 千吨，A_2：4 千吨，A_3：9 千吨；现要将三个厂生产的水泥分别运往四个建筑工地 B_1、B_2、B_3、B_4，各工地月需求量为 B_1：3 千吨，B_2：6 千吨，B_3：5 千吨，B_4：6 千吨。已知各厂到各工地的单位运价如表 6－1 所示，问应如何调运才能在满足各工地需求的条件下，使总运费最少？

表 6－1　　　　运价表（单位：百元/千吨）

产地/销地	B_1	B_2	B_3	B_4
A_1	3	11	3	10
A_2	1	9	2	8
A_3	7	4	10	5

设 x_{ij} 为产地 A_i 到销地 B_j 的调运量，运量平衡表如表 6－2 所示为：

表 6-2　运量表

产地、销地	B_1	B_2	B_3	B_4	产量
A_1	x_{11}	x_{12}	x_{13}	x_{14}	7
A_2	x_{21}	x_{22}	x_{23}	x_{24}	4
A_3	x_{31}	x_{32}	x_{33}	x_{34}	9
销量	3	6	5	6	20

根据题意，得到数学模型如下：

目标函数：$\min Z = 3x_{11} + 11x_{12} + 3x_{13} + 10x_{14} + x_{21} + 9x_{22} + 2x_{23} + 8x_{24} + 7x_{31} + 4x_{32} + 10x_{33} + 5x_{34}$

约束条件：*s. t.*

产量约束：$\begin{cases} x_{11} + x_{12} + x_{13} + x_{14} = 7 \\ x_{21} + x_{22} + x_{23} + x_{24} = 4 \\ x_{31} + x_{32} + x_{33} + x_{34} = 9 \end{cases}$；销量约束：$\begin{cases} x_{11} + x_{21} + x_{31} = 3 \\ x_{12} + x_{22} + x_{32} = 6 \\ x_{13} + x_{23} + x_{33} = 5 \\ x_{14} + x_{24} + x_{34} = 6 \end{cases}$

非负约束：$x_{ij} \geqslant 0$，$i = 1, 2, 3$，$j = 1, 2, 3, 4$

这是一个线性规划模型。由此可见，运输问题就是将多个生产地生产的同一种物资调往多个需求地，在总运费最小的约束条件下，求出最优的调运方案。

物资的调运是运输问题的一个特例。运输问题是线性规划体系中形成最早，至今应用最成功的分支，主要的求解方法是表上作业法（是一种特殊的单纯形法）。

考察一般性的运输问题：

已知 m 个产地，以 A_i 表示，$i = 1, 2, \cdots, m$；n 个销地，以 B_j 表示，$j = 1, 2, \cdots, n$。各产地产量为 a_i，各销地销量为 b_j，从第 i 产地到第 j 销地单位运价为 c_{ij}，即运价表如表 6-3 所示为：

表 6-3　一般运输问题的运价表

产地/销地	B_1	B_2	…	B_n
A_1	c_{11}	c_{12}	…	c_{1n}
A_2	c_{21}	c_{22}	…	c_{2n}
…	…	…	…	…
A_m	c_{m1}	c_{m2}	…	c_{mn}

设 x_{ij} 为产地 A_i 到销地 B_j 的调运量，得到一般模型：

$$\min Z = \sum_{i=1}^{m} \sum_{j=1}^{n} c_{ij} x_{ij}$$

$$s.t. \begin{cases} \sum_{j=1}^{n} x_{ij} = a_i & i = 1,2,\cdots,m \\ \sum_{i=1}^{m} x_{ij} = b_j & j = 1,2,\cdots,n \\ x_{ij} \geqslant 0 \end{cases} \tag{6.1}$$

这里有一个假设的前提条件，即 $\sum_{i=1}^{m} a_i = \sum_{j=1}^{n} b_j$。

在这个模型中，有 $m \times n$ 个变量，$m+n$ 个约束方程。由于 $s.t.$ 均由“=”连接，且找不到单位矩阵。因而，如果用单纯形法求解，先必须在每个方程引入一个人工变量，这样，如【例 6－1】这样 $m=3$，$n=4$ 的简单问题，变量已有 19 个之多，求解计算量很大。故必须对模型的结构进行分析，寻求更为简单的求解方法。

6.1.2　运输问题模型的特点

为了更有效地求解运输问题，必须研究其模型的特殊结构。

6.1.2.1　系数矩阵的特殊结构

矩阵由 0 和 1 组成，每列只有两个元素为 1，其余为 0；各变量在前 m 个方程中出现一次，在后 n 个方程中也只出现一次，如下所示：

$$
\begin{array}{c}
\begin{array}{cccccccccccc} x_{11} & x_{12} & \cdots & x_{1n} & x_{21} & x_{22} & \cdots & x_{2n} & \cdots & x_{m1} & x_{m2} & \cdots\ x_{mn} \end{array} \\
\begin{array}{r} m\text{行}\left\{\begin{array}{c} \\ \\ \\ \\ \end{array}\right. \\ n\text{行}\left\{\begin{array}{c} \\ \\ \\ \\ \end{array}\right. \end{array}
\left[\begin{array}{cccccccccccc}
1 & 1 & \cdots & 1 & & & & & & & & \\
 & & & & 1 & 1 & \cdots & 1 & & & & \\
 & & & & & & & & \ddots & & & \\
 & & & & & & & & & 1 & 1 \cdots & 1 \\
1 & & & & 1 & & & & & 1 & & \\
 & 1 & & & & 1 & & & & & 1 & \\
 & & \ddots & & & & \ddots & & & & & \ddots \\
 & & & 1 & & & & 1 & & & & 1
\end{array}\right] \\
\underbrace{\qquad\quad}_{n\text{列}}\ \underbrace{\qquad\quad}_{n\text{列}}\ \cdots\ \underbrace{\qquad\quad}_{n\text{列}}
\end{array}
$$

其中每列只有两个元素为 1，其余元素为 0，系数列向量

$$p_{ij} = (0,\cdots,\underset{\text{第}i\text{个}}{1},\cdots,0,\cdots,\underset{\text{第}m+j\text{个}}{1},\cdots,0)^{\mathrm{T}} = e_i + e_{m+j}$$

6.1.2.2　运输问题基变量共有 $m+n-1$ 个

运输问题基变量共有 $m+n-1$ 个，而不是 $m+n$ 个，是退化的线性规划问题。

（1）将 A 扩充为增广矩阵，记作 $\overline{A}$，不难发现，它的前 m 行之和与后 n 行之和的差为 0，即组成 $\overline{A}$ 的 $m+n$ 个行向量线性相关，即 $\overline{A}$ 的秩 $r(\overline{A}) < m+n$。

（2）在 A 的第 2 行至第 $m+n$ 行中，取出 x_{11}，x_{12}，⋯，x_{1n}；x_{21}，x_{31}，⋯，x_{m1} 所在列，可以组成下列子矩阵：

$$
D = \left[\begin{array}{cccc|ccc}
 & & & 1 & & & \\
 & & & & & \ddots & \\
 & & & & & & 1 \\
\hline
1 & & & 1 & 1 & \cdots & 1 \\
 & 1 & & & & & \\
 & & \ddots & & & & \\
 & & & 1 & & &
\end{array}\right]
$$

显然 $|D| \neq 0$，即 $r(D) = m+n-1$

$\because D$ 为 A 的子矩阵，$\therefore\ r(A) = m+n-1$

6.1.2.3 概念与结论

1. 闭回路与闭回路顶点

在运量平衡表中，排成 x_{i1j1}，x_{i1j2}，x_{i2j2}，x_{i2j3}，…，x_{isjs}，x_{isj1} 或 x_{i1j1}，x_{i2j1}，x_{i2j2}，x_{i3j2}，…，x_{isjs}，x_{i1js}（其中 i_1，…，i_s，j_1，…，j_s 互不相同）形成的集合称为一个闭回路，组成闭回路的变量称为“顶点”，或称“格”。闭回路在表中是一条封闭折线，每条边水平或垂直。常见的闭回路图形有：

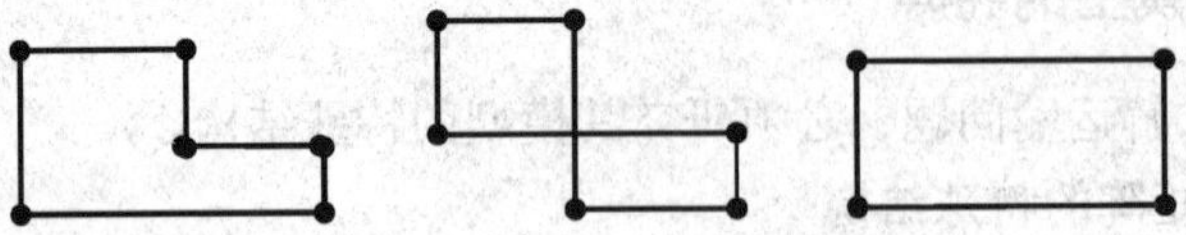

2. 有关结论

结论 1：若 x_{i1j1}，x_{i1j2}，x_{i2j2}，x_{i2j3}，…，x_{isjs}，x_{isj1} 是一个闭回路，则组成闭回路变量对应的系数列向量 p_{i1j1}，p_{i1j2}，p_{i2j2}，p_{i2j3}，…，p_{isjs}，p_{isj1} 有：$p_{i1j1}-p_{i1j2}+p_{i2j2}-p_{i2j3}+\cdots+p_{isjs}-p_{isj1}=0$。

结论 2：若变量组 x_{i1j1}，x_{i2j2}，…，x_{irjr} 中的一部分组成了闭回路，则它们的系数列向量 p_{i1j1}，p_{i2j2}，…，p_{irjr} 线性相关。

结论 3：不包含闭回路的变量组中必有孤立点，即所在行或列中唯一出现的变量。

定理：$m+n-1$ 个变量 x_{i1j1}，x_{i2j2}，…，x_{irjr}（其中 $r=m+n-1$）构成运输问题基变量的充要条件是它们不包含闭回路。

6.1.2.4 运输问题必定有最优解

一方面，任何使产销平衡的调运方案都是可行方案，这样的方案一定能找到，即运输问题的可行域必定存在；另一方面，由于 $c_{ij}\geqslant 0$，则 $Z\geqslant 0$，而目标函数是极小化的，则 Z 有界。根据线性规划的理论，有界必有最优解，故知运输问题必定有最优解。

由于运输问题模型结构特殊，故通常求解采用更为特殊的一种求解方法——表上作业法。

6.2 表上作业法

表上作业法的基本思路是：先设法给出一个初始方案，然后根据确定的判别准则对初始方案进行检查、调整、改进，直至求出最优方案，如图 6－1 所示。这和单纯形方法的求解思想完全一致，但是具体做法更加简捷。

表上作业法是一种特殊的单纯形法，其基本思路与其他数学规划一致，但由于具体计算步骤是在一张张表上进行，所以叫“表上作业法”，也叫“运输单纯形表”。计算的基本步骤为：

第一步，给出初始方案（初始可行解）；

第二步，对得到的方案进行最优性检验，若为最优（所有空格检验数≥0）则停止，否则转入下一步；

第三步，调整方案，得出新的方案，其目标函数值应优于前一方案，然后回到第二步。

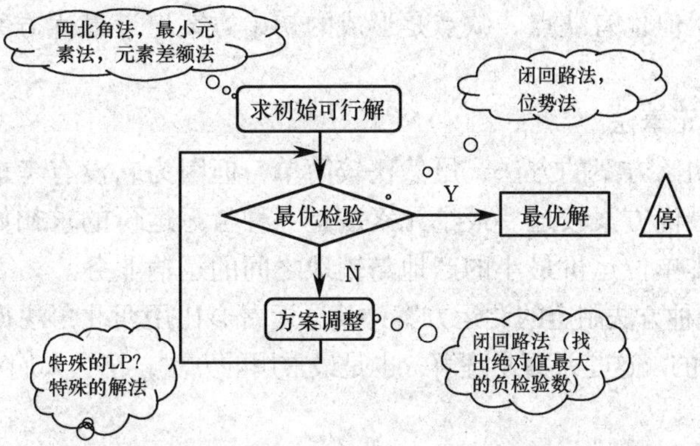

图 6－1　表上作业法的解题过程

6.2.1　初始方案的确定

初始方案是一个可行解，运输问题在确定初始方案时已经遵循了优化的原则，具有明显特色：①容易得到；②尽量优化。常用的方法有三种。

6.2.1.1　西北角法

这是最容易得到初始方案的方法。西北角法按下列规则得到初始方案：从运输表格的西北角 x_{ij} 开始，优先安排编号小的产地和销地的运输任务。

计算步骤：

第一步，从运量平衡表的“西北角”（左上角）的变量开始（从 x_{11} 开始），给予尽可能大的运量；

第二步，根据运量分配，修改产量或销量栏的数据，即原产/销量减去分配掉的运量；

第三步，划去产量或销量已分配完的行或列；

重复上述步骤，至产销量分配完毕。

对【例 6－1】，用“西北角法”求初始方案如表 6－4 所示：

表 6－4　　　　**西北角法求得的初始方案**

	B_1	B_2	B_3	B_4	a_i
A_1	3 3	11 4	3	10	7
A_2	1	9 2	2 2	8	4
A_3	7	4	10 3	5 6	9
b_j	3	6	5	6	

此时，$Z_0=3\times3+4\times11+2\times9+2\times2+3\times10+6\times5=135$

西北角法即按照看地图的约定，上北下南，左西右东，在确定初始方案时，每次都从西北角开始。使用西北角法的好处，一是不用找所谓的最小或最大元素；二是形成的初始方案闭回路容易找。但也有缺点，缺点是形成的初始方案逼近最优方案慢，最后进行调整的工作量比较大。

6.2.1.2　最小元素法

用西北角法求初始方案的方法，虽然比较简单，但因为它没有考虑到运价，因此得到的初始方案一般离最优方案较远。最小元素法是一种考虑运价的求初始方案的方法，遵循如下规则：优先安排单位运价最小的产地与销地之间的运输业务。

一般来说，用这种方法制定的调运方案，其总运费会比用西北角法得到的调运方案更省，当然也不一定是最省的。这是最容易理解，也是最常用的方法，符合人们对事物的一般判断。

计算步骤：

第一步，找出运价表中的最小元素，在运量表中的相应位置分配尽可能多的运量；

第二步，根据运量分配，修改产量或销量栏的数据，即原产/销量减去分配掉的运量；

第三步，划去运价表中产量或销量已分配完的行或列。

重复上述步骤，至产、销量分配完毕。

对【例 6－1】，用“最小元素法”求初始方案如表 6－5 所示：

表 6－5　　最小元素法求得的初始方案

	B_1	B_2	B_3	B_4	
A_1	3	11	3 4	10 3	7
A_2	1 3	9	2 1	8	4
A_3	7	4 6	10	5 3	9
	3	6	5	6	

此时，$Z = 4 \times 3 + 3 \times 10 + 3 \times 1 + 1 \times 2 + 6 \times 4 + 3 \times 5 = 86$，相比用西北角法求得的方案总费用要小。

6.2.1.3　伏格尔法（Vogel）

这种方法得出的方案最靠近最优解，是从最小元素改进而来的。初看起来，最小元素法十分合理。但是，有时按某一最小单位运价优先安排物资调运时，却可能导致不得不采用运费很高的其他供销点，从而使整个运输费用增加。为使总运费最小，对每一个供应地（销售地），均可由它到各销售地（到各供应地）的单位运价中找出最小单位运价和次小单位运价，并称这两个单位运价之差为该供应地或销售地的罚数。若罚数的值不大，当不能按最小单位运价安排运输时造成的运费损失不大，反之如果罚数的值很大，不按最小单位运价组织运输会造成很大损失。故安排物资调运时，不仅要考虑最低运价，还要考虑罚数的大小，使得所求方案总运费最低，Vogel 法就是基于这种考虑提出来的。

计算步骤：

第一步，计算每行、列两个最小运价与次最小运价的差额；

第二步，找出最大差额所在的行或列；

第三步，找出该行或列的最小运价，确定供求关系，最大量的供应；

第四步，划掉已满足要求的行或（和）列，如果需要同时划去行和列（不是最后一步时），必须要在该行或列的任意位置填个“0”（此现象称为运输退化现象）；

第五步，在剩余的运价表中重复1～4步，直到得到初始基可行解。

伏格尔法求得的初始方案如表6－6所示。

表6－6　　伏格尔法求得的初始方案

	B_1	B_2	B_3	B_4		差值
A_1	3	11	3 / 5	10 / 2	7	0
A_2	1 / 3	9	2	8 / 1	4	1
A_3	7	4 / 6	10	5 / 3	9	1
差	3	6	5	6		
值	2	5	1	3		

此时，$Z=5\times3+2\times10+3\times1+1\times8+6\times4+3\times5=85$，相比前两个方案总运费进一步减少。

由上可见：Vogel法与最小元素法除在确定供求关系的原则上不同外，其余步骤相同。

6.2.1.4　确定初始方案的几个问题

（1）初始解必须符合求解要求：有 $m+n-1$ 个数字格（基变量），其余为空格，这 $m+n-1$个数字格不包含闭回路。

（2）前面提供的三种方法均不会产生闭回路。

（3）特殊情况处理（目的是保证有 $m+n-1$ 个数字格）。

1）初始调运方案已给出，但运价表中尚有一个元未划去，这时应在该元相应位置添“0”，并将该位置作数字格；

2）当选定（某行）最小元素后，发现对应产量与销量相等，则应在平衡表同时划去行和列的任一位置添“0”，并将该位置作数字格（注意不是最后步一个数的分配时），如表6－7所示。

表6－7　　退化问题的处理

	B_1	B_2	B_3	B_4	
A_1	5	3 / 5	10	4 / 4	9
A_2	1 / 3	6	9 / 1	6 / 0	4
A_3	20	10	5 / 7	7	7
	3	5	8	4	

综上所述，确定初始方案的三个方法的比较：西北角法的最大优点是实现简单，特别适合编制程序上机计算，但缺点是所制定的初始方案往往离最优解较远，后面的调整量较大；而最小元素法的最大优点是符合人们一般的思维习惯，制定的初始方案一般离最优解较近，后面的调整量较小，但要在一张大型的运输表上每次搜索最小元素，其计算量也是很可观的。当然，当问题的规模不大，用手工计算时，可以通过人的判断力，很快找到最小元素，这样也不会花费太多的计算量，因此，用手工计算时，一般采用最小元素法求初始调运方案较好；Vogel 法所得的初始解更接近最优解，常用来作为运输问题的最优解的近似解。

6.2.2 方案的最优性检验

从确定初始方案的方法看，就近调运未必能得到最好的结果，因而方案的检验是不可缺少的，检验的方法仍是求检验数。

根据单纯形法原理，检验数 σ_j 是指基变量用非基变量表示代入目标函数时非基变量的系数，因此在运输问题中，只要计算非基变量（即空格处）的检验数即可。

6.2.2.1 闭回路法——检验原理

闭回路是从任一空格出发，遇到有数格拐 90 度弯或直接穿过，最后又回到出发地的一条封闭的折线。理论证明，对平衡运输问题，每一个空格存在唯一的闭回路，但对有数格则不存在（孤立点）闭回路。

原理很直观，考察用最小元素法确定的【例 6－1】的初始方案如表 6－8 所示。

表 6－8　　　　闭回路调整

	B_1	B_2	B_3	B_4	
A_1	3	11	3	10	
			4	3	7
A_2	1	9	2	8	
	3		1		4
A_3	7	4	10	5	
		6		3	9
	3	6	5	6	

以空格（A_1，B_1）为例，A_1 至 B_1 本来没有运量，现试作调整如下：

调整	运费变化
（A_1，B_1）处增加 1 吨	增加 3 元
（A_1，B_3）处减少 1 吨	减少 3 元
（A_2，B_3）处增加 1 吨	增加 2 元
（A_2，B_1）处减少 1 吨	减少 1 元

上述调整必须在闭回路中进行，总运费的变化：

$3-3+2-1=1$，增加了 1 元，记为 σ_{11}。

$\sigma_{ij}>0$，表明上述调整不合理，当任意 $\sigma_{ij}\leqslant 0$ 时，方案就不能再调整了（任何调整都将使总运费增加），即为最优方案。

对每个空格（即所有非基变量）按上述方法求出对应的检验数：

	B_1	B_2	B_3	B_4
A_1	1	2		
A_2			1	−1
A_3	10			12

（A_2，B_4）处的检验数为负值，所以还未达到最优解。

注：对于极大化的运输问题，$\sigma_{ij}\leqslant 0$ 时为最优解。

用闭回路法求检验数的一般方法是：对于给定的调运方案（基可行解），从非基变量 x_{ij} 出发作一条闭回路，要求该闭回路上其余的顶点均为基变量，并从 x_{ij} 开始将该闭回路上的顶点顺序编号（顺时针或逆时针均可），称编号为奇数的点为奇点，编号为偶数的点为偶点，则 x_{ij} 处对应的检验数 σ_{ij} 等于该闭回路上奇点处运价的总和与偶点处运价的总和之差，即：σ_{ij} = 奇点处运价的总和 − 偶点处运价的总和。

例：$\sigma_{11}=(c_{11}+c_{23})-(c_{13}+c_{21})=(3+2)-(3+1)=1$

由单纯形法原理知，通过计算非基变量（空格）的检验数的值，可以判别一个基可行解是否为最优解，由 $z=z_0+\sum\limits_{j=m+1}^{n}\sigma_j x_j$ 可知这一点。从经济意义而言，检验数表示空格运量从0增加到一个单位时总运费的改变量。如果该值是负的，表示增加物资调运将使总运费降低，即现行调运方案还有进一步改进的余地；如果是正的，表示此单元格不能再增调物资，否则会使总运费增加。若在调运方案中所有空格的检验数都大于或等于零，则该方案是最优方案。

6.2.2.2　位势法

闭回路法原理很直观，但实施起来不方便。当运输向量的产地与销地很多时，空格的数目很大，用闭回路法计算检验数，要找很多的闭回路，计算量很大，而用位势法（也称对偶变量法）就要简便得多。

位势法求解原理：对产销平衡运输问题，约束方程的系数矩阵的秩为：$m+n-1$，只需在第一个方程上加上一个人工变量 x_0，则新的约束方程的系数矩阵的秩为 $m+n$，见式(6.2)。

$$\min Z=\sum_{i=1}^{m}\sum_{j=1}^{n}c_{ij}x_{ij}+a_0x_0$$

$$s.t.\begin{cases}x_{11}+x_{12}+\cdots+x_{1n}+x_0=a_1\\ \sum\limits_{i=2}^{m}x_{ij}=a \quad i=2,3,\cdots,m\\ \sum\limits_{j=1}^{n}x_{ij}=b \quad j=1,2,\cdots,n\\ x_{ij}\geqslant 0 \quad i=2,3,\cdots,m \quad j=1,2,\cdots,n\end{cases} \tag{6.2}$$

x_0 必为基变量，且对任一基可行解，$x_0=0$。因而在目标函数中，x_0 的系数取任何值 a_0，都与原问题（6.1）等价。设 u_1，u_2，…，u_m 分别表示前 m 个约束等式相应的对偶变量，用 v_1，v_2，…，v_n分别表示后 n 个等式约束相应的对偶变量，即有对偶变量向量 $y=(u_1, u_2, \cdots, u_m, v_1, v_2, \cdots, v_n)$，这时可将运输问题（6.1）的等价问题（6.2）的对偶规划写成

$$\max w = \sum_{i=1}^{m} a_i u_i + \sum_{j=1}^{n} b_j v_j$$

$$s.t.\begin{cases} u_i + v_j \leqslant c_{ij} \\ u_1 \leqslant a_0 \quad i = 1,2,\cdots,m \quad j = 1,2,\cdots,n \\ u_i, v_j \quad 自由 \end{cases} \tag{6.3}$$

由于线性规划问题变量 x_j的检验数可表示为：$\sigma_j = c_j - z_j = c_j - c_B B^{-1} p_j = c_j - y p_j$

由此可得运输问题某变量 x_{ij}的检验数

$$\sigma_{ij} = c_{ij} - z_{ij} = c_{ij} - y p_{ij} = c_{ij} - (u_1, u_2, \cdots u_m, v_1, v_2, \cdots, v_n) p_{ij} = c_{ij} - (u_i + v_j) \tag{6.4}$$

$\sigma_0 = a_0 - u_i$，现设已得到运输向量（6－1）的一个基可行解，其基变量是：x_{i1j1}，x_{i2j2}，…，x_{isjs}（$s=m+n-1$），则 x_0，x_{i1j1}，x_{i2j2}，…，x_{isjs}，是（6.1）的等价向量（6.2）的一个基可行解对应的基变量。

由于基变量的检验数等于零，所以 $u_{i1}+v_{j1}=c_{i1j1}$，$u_{i2}+v_{j2}=c_{i2j2}$　　　（6.5）

……

$u_i+v_j=c_{ij}$，$u_1=a_0$

运输表中每个产地和每个销地都对应原运输问题的一个约束条件，从而也对应各自的一个对偶变量，由于运输表中每行和每列都含有基变量，可知这样构造的方程组中前（$m+n-1$）个方程含有全部（$m+n$）个对偶变量。可以证明，该方程组有解。由于 a_0是任意的，即 u_1可任取一值，故解不唯一。方程组的解称为位势，这种通过求位势来计算检验数的方法称为位势法。

位势法与普通单纯形法有一定的联系，步骤如下。

1. 作位势表

第一，在给定方案数字格对应位置填上相应的运价；

第二，在表的右边和下边各增加一行和一列，并填入适当的数字，称为“位势”，记作 u_i和 v_j，使表中原有各数之和恰好等于它所在行列位势之和，即 $c_{ij}=u_i+v_j$；

表 6－9　　计算位势

	B_1	B_2	B_3	B_4	u_i
A_1			3	10	1
A_2	1		2		0
A_3		4		5	－4
v_j	1	8	2	9	

如本例（表 6－9），一般可令 $v_1=1$（其他数也可以），$\because u_2+v_1=c_{21}=1 \therefore u_2=0$

又 $u_2+v_3=2$，$v_3=2$；$u_1+v_3=3$，$u_1=1$；$u_1+v_4=10$，$v_4=9$；$u_3+v_4=5$，$u_3=-4$；$u_3+v_2=8$，$v_2=8$。

2. **利用位势求 σ_{ij}**

以 σ_{31} 为例，按闭回路法，有

$$\begin{aligned}\sigma_{31} &= c_{31} - c_{34} + c_{14} - c_{13} + c_{23} - c_{21} \\ &= c_{31} - (u_3 + v_4) + (u_1 + v_4) - (u_1 + v_3) + (u_2 + v_3) - (u_2 + v_1) \\ &= c_{31} - (u_3 + v_1)\end{aligned}$$

推广：$\sigma_{ij} = c_{ij} - (u_i + v_j)$

计算时，可不必逐一计算，而是先作以（$u_i + v_j$）为元的矩阵（位势矩阵），再用运价表相应的数相减即得到检验数矩阵。

注：①位势法 σ_{ij} 表达式与单纯形法 σ_j 表达式实质相同；②不同次序计算出的位势可以不同，但最终得到的检验数相同。

检验数的经济含义：在保持产销平衡的条件下，该非基变量增加一个单位运量而成为进基变量时目标函数值的减少量。

6.2.3　方案的调整

一般步骤：

1. 确定换入格（换入变量）

若 $\sigma_{kl} = \min\{\sigma_{ij} \mid \sigma_{ij} < 0\}$，确定 x_{kl} 为换入变量，或（k，l）为换入格。

2. 确定换出格（换出变量）

（1）从空格（k，l）出发作闭回路，要求其余顶点均为数字格，以后的运量调整均在该回路上进行；

（2）确定某偶数号顶点（r，s）的最小运量，将它作为调整量，记作 ε，x_{rs} 为换出变量，或（r，s）为换出格。

注：若有两个这样的数字格，一般将下标大的作换出格。

3. 作运量调整，得出新方案

在上述闭回路上操作：（1）奇数号格的运量 $+\varepsilon$；（2）偶数号格的运量 $-\varepsilon$。

调整后 $x_{rs} = 0$，作为空格；若偶数号格中有两个或更多运量恰为0，调整后仍为0，仍作为数字格，以保证仍有 $m+n-1$ 个数字格。重新检验新得到的方案。以下是对【例6－1】的调整（表6－10）：

表6－10　　　　**方案调整**

	B_1	B_2	B_3	B_4	a_i
A_1	3 / (+1)	11 / (+2)	3 / 4	10 / 3	7
A_2	1 / 3	9 / (+1)	2 / 1	8 / (−1)	4
A_3	7 / (+10)	4 / 6	10 / (+12)	5 / 3	9
b_j	3	6	5	6	

$\varepsilon=1$，$(r, s) = (A_2, B_3)$，调整后为（表 6－11）：

表 6－11　　方案调整重新计算检验数

	B_1	B_2	B_3	B_4	a_i
A_1	3 (+0)	11 (+2)	3 5	10 2	7
A_2	1 3	9 (+2)	2 (+1)	8 1	4
A_3	7 (+9)	4 6	10 (+12)	5 3	9
b_j	3	6	5	6	

$\sigma_{ij} \geqslant 0$，已是最优解，调运方案为：

(A_1B_3) 5 千吨　　　　(A_1B_4) 2 千吨

(A_2B_1) 3 千吨　　　　(A_2B_4) 1 千吨

(A_3B_2) 6 千吨　　　　(A_3B_4) 3 千吨

$Z=5\times3+2\times10+3\times1+1\times8+6\times4+3\times5=85$（百元）。

当在最终表中，若某个非基变量的检验数 $\sigma_{ij}=0$，表示该问题有无数多个最优解。

通过对上述例子的分析，不难了解到，在运用表上作业法解运输问题时必须注意：①如有多个检验数同时为正（对于最小化问题）或为负（对于最大化问题），可选其中绝对值较大者首先调整，这样可以更快地得到最优解；②若某个检验数为 0，则一定有无穷多最优解；③若某个产地的产量与某个销地的销量相等，则发生退化（即基变量中有 0 值）；④在调整方案时，如果奇数次顶点上有几个相同的调运量同时为最小调运量，当奇数顶点减最小调运量时则会同时使几个顶点为 0，这时只能有一个顶点为空格，其余的必须补 0，作为退化的基本变量看待；⑤在调整方案时，如果奇数次顶点的最小调运量为 0，则同样需要在所有的奇数次顶点上减 0，在偶数次顶点上加 0，这样做的目的是使奇偶顶点换位，使检验数由正数变为负数。

6.3　不平衡运输问题及其他

前述是总产量等于总销量的问题，即以 $\sum_{i=1}^{m} a_i = \sum_{j=1}^{n} b_j$ 为前提的极小化问题，这是最简单、最理想化的类型。在解决实际问题时，情况要复杂得多，但多数问题仍可以以这种理想化的模型为基础加以解决。

6.3.1　产大于销的问题

此时运输问题的 LP 模型为：

$$\min Z = \sum_{i=1}^{m}\sum_{j=1}^{n} c_{ij}x_{ij}$$

$$s.t.\begin{cases}\sum_{j=1}^{n} x_{ij} \leqslant a_i & i = 1,2,\cdots,m \\ \sum_{i=1}^{m} x_{ij} = b_j & j = 1,2,\cdots,n \\ x_{ij} \geqslant 0\end{cases}$$

由于产大于销，考虑将多余物资就地仓储，处理的方法是：虚设一个销地 b_{n+1}，其销量 $b_{n+1} = \sum_{i=1}^{m} a_i - \sum_{j=}^{n} b_j$，各产地到该销地的单位运价为0，其实际意义为在本地而未向外调运。

设 $x_{i,n+1}$ 为产地 A_i 的仓储量，理论上，$x_{i,n+1}$ 为 m 个松弛变量，于是，线性规划模型为：

$$\min Z = \sum_{i=1}^{m}\sum_{j=1}^{n} c_{ij}x_{ij}$$

$$s.t.\begin{cases}\sum_{j=1}^{n} x_{ij} + x_{i,n+1} = a_i & i = 1,2,\cdots,m \\ \sum_{i=1}^{m} x_{ij} = b_j & j = 1,2,\cdots,n \\ x_{ij} \geqslant 0, x_{i,n+1} \geqslant 0\end{cases}$$

在实际中，其前提是（至少在短期）就地仓储比降低产量更为合算。

经过上述处理，则可以按产销平衡模型来求解了。

但这里必须注意，当使用最小元素法确定初始方案时，应首先将运价表中增加的零运价撇开，因为它不需要运输，也无须在调运时予以考虑。这些具有零运价的行或列，只是在按照不包括零运价在内的其运价确定了初始调运方案后起平衡作用。

【例6－2】产地 A_1、A_2、A_3 的产量分别为7、5、7吨，销地 B_1、B_2、B_3、B_4 的销量分别为2、3、4、6吨，运价如表6－12所示。

表6－12　　【例6－2】数据资料

	B_1	B_2	B_3	B_4
A_1	2	11	3	4
A_2	10	3	5	9
A_3	7	8	1	2

试求总运费最小的调运方案。

解：总产量 7＋5＋7＝19 吨，总销量 2＋3＋4＋6＝15 吨，产＞销。

虚设销地 B_5，销量 19－15＝4 吨，各产地至 B_5 的运价为0，以最小元素法列运量平衡表（表6－13）：

表 6 – 13　　初始方案及检验数

	B_1	B_2	B_3	B_4	B_5	a_i
A_1	2 / 2	11 / 2	3 / (+0)	4 / 3	0 / (−8)	7
A_2	10 / (+16)	3 / 1	5 / (+10)	9 / (+13)	0 / 4	5
A_3	7 / (+7)	8 / (−1)	1 / 4	2 / 3	0 / (−6)	7
b_j	2	3	4	6	4	

最优解为（表 6 – 14）：

表 6 – 14　　最优解

	B_1	B_2	B_3	B_4	B_5*	a_i
A_1	2 / 2	11	3	4 / 3	0 / 2	7
A_2	10	3 / 3	5	9	0 / 2	5
A_3	7	8	1 / 4	2 / 3	0	7
b_j	2	3	4	6	4	

$Z_{\min} = 2 \times 2 + 3 \times 4 + 2 \times 0 + 3 \times 3 + 2 \times 0 + 4 \times 1 + 3 \times 2 = 35$（吨）

结论中需指出 A_1、A_2 两个产地各有 2 吨产品就地仓储。

6.3.2　销（需求）大于产的问题

此时运输问题的 LP 模型为：

$$\min Z = \sum_{i=1}^{m} \sum_{j=1}^{n} c_{ij} x_{ij}$$

$$s.t.\begin{cases} \sum_{j=1}^{n} x_{ij} = a_i \quad i = 1,2,\cdots,m \\ \sum_{i=1}^{m} x_{ij} \leqslant b_j \quad j = 1,2,\cdots,n \\ x_{ij} \geqslant 0 \end{cases}$$

由于销大于产，处理的方法是：虚设产地 A_{m+1}，其产量 $a_{m+1} = \sum_{j=1}^{n} b_j - \sum_{j=}^{n} a_i$，该产地到各销地的运价为 0，其实际意义为这些产品缺货。

设 $x_{m+1,j}$ 为销地 B_j 的缺货量，理论上，$x_{m+1,j}$ 为 n 个松弛变量，于是线性规划模型化为：

$$\min Z = \sum_{i=1}^{m}\sum_{j=1}^{n} c_{ij}x_{ij}$$

$$s.t.\begin{cases}\sum_{j=1}^{n} x_{ij} = a_i & i = 1,2,\cdots,m \\ \sum_{i=1}^{m} x_{ij} + x_{m+1,j} = b_j & j = 1,2,\cdots,n \\ x_{ij} \geqslant 0, x_{m+1,j} \geqslant 0 \end{cases}$$

经过上述处理，则可以按产销平衡模型来求解了。

【例6－3】产地 A_1、A_2、A_3 的产量分别为50、50、60，销地 B_1、B_2、B_3、B_4 的可能销量分别为40、55、60、20，每单位产品运价如表6－15所示。

表6－15　　【例6－3】的数据资料

	B_1	B_2	B_3	B_4
A_1	3	1	4	5
A_2	7	3	8	6
A_3	2	3	9	2

试求合理的调运方案。

解：总产量50＋50＋60＝160，总销量40＋55＋60＋20＝175，产销不平衡。虚设产地A4，其产量为175－160＝15，到各销地的单位运价为0。

建立运量平衡表（表6－16）：

表6－16　　初始调运方案

	B_1	B_2	B_3	B_4	a_i
A_1	3 /	1 / 50	4 /	5 /	50
A_2	7 /	3 / 5	8 / 45	6 /	50
A_3	2 / 25	3 /	9 / 15	2 / 20	60
A_4^*	0 / 15	0 /	0 /	0 /	15
b_j	40	55	60	20	

用以上介绍的表上作业法求得最优解（表6－17）：

Z^* ＝455，结论是 B_3 销地有15单位的缺货。

表 6－17　　　　　最优调运方案

	B_1	B_2	B_3	B_4	a_i
A_1	3	1 5	4 45	5	50
A_2	7	3 50	8	6	50
A_3	2 40	3 0	9	2 20	60
A_4^*	0	0	0 15	0	15
b_j	40	55	60	20	

需求量有上下限时的运输问题：

某些情况下，个别销地的需求量常常会表现为一个范围，即需求会有一个上下限。这时，最大需求之和往往会大于总产量。在这种情况下，可以先把有上下限需求的销地当作两个销地来处理，增加的销地需求量等于最大需求与最小需求之差，另外需要再增加一个产量等于最大总需求与总产量之差的虚拟产地。增加的销地的运价，对应于原产地的，只需照写即可；对应于虚拟产地的运价做0 处理。同时，将原销地与虚拟销地的运价用 M 表示，意即最低需求不能由虚拟产地满足。（特别提醒：试考虑一下，在这里最大总需求会不会小于总产量，这种情况有没有意义?）

6.3.3　无通路的情形

若 A_r 至 B_s 道路不通，则应有 $x_{rs}=0$，即 x_{rs} 必须为非基变量，为满足这一要求，设该路段单位运价 $c_{rs}=M$，$M>0$，其他条件不变。

思考题，如果 A_r 物资必须运出去呢?

6.3.4　极大化问题

求解极大化问题时，对表上作业法作如下修正：

（1）用最大元素法确定初始方案；

（2）当 $\sigma_{ij}\leqslant 0$ 时，判定为最优解，σ_{ij} 求法不变；

（3）确定换入变量时，$\max\{\sigma_{ij} \mid \sigma_{ij}>0\}=\sigma_{lk}$，取 x_{lk} 为换入变量。换出变量的确定及运量调整不变。

【例 6－4】某工厂的钢材有 1000 件，按性能不同分为三类：B_1、B_2、B_3，分别有 300 件、200 件、500 件；现有 A_1、A_2、A_3 三种设备，其加工能力为 100 件、500 件、400 件。已知各种设备加工每种钢材收益如表 6－18 所示。（单位：元）

表 6－18　　　　　【例 6－4】数据资料

	B_1	B_2	B_3
A_1	700	500	480
A_2	850	700	600
A_3	400	300	500

要求对设备进行合理调度。

解：钢材件数与设备能力相等，以最大元素法确定初始方案（表6－19）：

表6－19　　初始方案及检验数

	B_1	B_2	B_3	
A_1	700 / +50	500 / 0	480 / 100	100
A_2	850 / 300	700 / 200	600 / −80	500
A_3	400 / −270	300 / −220	500 / 400	400
	300	200	500	

最优解为（表6－20）：

表6－20　　最优调运方案

	B_1	B_2	B_3	
A_1	700 / 0	500	480 / 100	100
A_2	850 / 300	700 / 200	600	500
A_3	400	300	500 / 400	400
	300	200	500	

$Z^* = 643000$元。

6.3.5　运输问题的灵敏度分析

运输问题模型中，右端向量 a_i 及 b_j 的变化将彻底改变模型的结构，因此灵敏度分析缺乏意义；运价 c_{ij} 是最敏感的因素，需要进行灵敏度分析。

【例6－5】对以下模型中的 c_{23} 和 c_{34} 作灵敏度分析（表6－21）：

表6－21　　最优调运方案及检验数

	B_1	B_2	B_3	B_4	B_5	
A_1	2 / 0	1 / 2	5 / +1	3 / 4	2 / +0	5
A_2	1 / 2	3 / +3	5 / +2	2 / +0	1 / 5	7
A_3	1 / +0	4 / +4	3 / 5	2 / 1	1 / +0	6
	2	2	5	4	5	

解：c_{23}为空格对应运价，且$\sigma_{23}=2$，则$\Delta c_{23}\geqslant -2$。

c_{34}为数字格对应运价，用$2+\Delta c_{34}$替代c_{34}，重新计算检验数如表6－22所示：

表6－22

2	1	(5)	3	2	
1	(3)	(5)	(2)	1	+1
(1)	(4)	3	$2+\Delta c_{34}$	(1)	$+1-\Delta c_{34}$

↓

2	1	(5)	3	2
2	(4)	(6)	(3)	2
$(2-\Delta c_{34})$	$(5-\Delta c_{34})$	$4-\Delta c_{34}$	3	$(2-\Delta c_{34})$
−2	−1	$-(4-\Delta c_{34})$	−3	−2

↓

0	0	$(1+\Delta c_{34})$	0	0
0	(3)	$(2+\Delta c_{34})$	(0)	0
$(-\Delta c_{34})$	$(4-\Delta c_{34})$	0	0	$(-\Delta c_{34})$

要保持原解最优性，则应有

$$\begin{cases}1+\Delta c_{34}\geqslant 0\\2+\Delta c_{34}\geqslant 0\\-\Delta c_{34}\geqslant 0\\4-\Delta c_{34}\geqslant 0\end{cases}$$

解不等式组，得：$-1\leqslant\Delta c_{34}\leqslant 0$。

6.3.6 转运问题

转运问题是指物资不是直接运到消费地，而是先运到配送中心，然后再分配到各消费地的情况。

如果假设：

（1）每个产地的物资不一定直接发运到销地，可以将其中几个产地的物资集中在一起运。

（2）运往各销地的物资可以先运往其中几个销地，然后再运给其他销地。

（3）除现有产地、销地外，还可以设有几个中间转运站，在产地之间，销地之间或产地与销地之间转运。

这样一来，在此类运输中，产地可以输入，销地也可以输出，这就是所谓的转运。在一些运输中，由某一销地的运价（或路程）要比经过其他产地、销地或中间转运站到这个销地的运价（或路程）多。因此，转运可以提高运输效率。

转运问题的求解通常是设法将其转化为一个等价的产销平衡运输问题，然后用表上作业法求出最优调运方案，因此重点在于“如何转化”的问题。一般可按以下步骤进行：

第一步，将产地、转运点、销地重新编排，转运点既作为产地又作为销地。

第二步，各地之间的运距（或运价）在原问题运距（运价）表的基础上进行扩展：从一个转运点运往自身的单位运距（运价）记为零，不存在运输线路的则记为 M（一个足够大的正数）。

第三步，由于经过转运点的物资量既是该点运往销地的需求量，又是该点作为产地时的供应量，但事先又无法获取该数量的确切值，因此通常将调运总量作为该数值的上界。对于产地和销地也做类似的处理。

通过上述处理过程即可实现问题的转化。

以面粉转运问题为例说明其处理方法。

设有 A_1、A_2、A_3三个面粉加工厂，每天分别将3、4、3吨面粉运往 B_1、B_2两个糕点厂，而 B_1、B_2每天分别需要4吨、6吨面粉。在面粉厂与糕点厂之间有 T_1，T_2两个中继站。各地间每吨面粉的运价如表6-23所示。应如何调运使总运费最少？

解：表6-23中，中继站 T_1，T_2以及所有工厂都是转运站。由于该例总产量与总销量都是10吨，所以这是一个产销平衡的转运问题。

若不考虑转运，只考虑从面粉厂向糕点厂直运，虽然可以构成运输模型，但总运费未必最少。例如，从 A_2直运 B_2，运价是7；但若从 A_2先转运到 A_3，A_3再运到 B_2，运价是 $2+4=6$，又若从 A_2经 T_2转运到 B_2，运价仅为 $2+2=4$。后两种转运路线的运价都低于直运运价。

另外，表中运价多为不对称的，如 $A_1 \to A_2$运价为3，而 $A_2 \to A_1$运价为4。这也可以得到实际解释，譬如说，$A_2 \to A_1$是逆水航运，或 $A_2 \to A_1$是爬坡上山等。

表6-23　　面粉运价（元/吨）

终点 / 始点		面粉厂			中继站		糕点厂	
		A_1	A_2	A_3	T_1	T_2	B_1	B_2
面粉厂	A_1		3	2	3	—	6	8
	A_2	4		2	5	2	13	7
	A_3	—	2		3	2	11	4
中继站	T_1	3	5	2		6	2	5
	T_2	—	3	2	7		—	2
糕点厂	B_1	6	—	—	2	—		9
	B_2	—	—	4	—	3	9	

注：表中“—”号表示不能运输。

因此，将面粉从某个面粉厂运往某一糕点厂，可以有许多条不同的路线，且运价各不相同。为了解决这类转运问题，可以按下述步骤处理：

（1）既是始点又是终点的运地就是转运站。凡转运站均可视为既是产地又是销地。由于本例七个运地都是转运站，因此可将本例转化成为一个具有七个假想产地 $A_i'(i=1,2,$

$\cdots,7)$ 和七个假想销地 $B_j'(j=1,2,\cdots,7)$ 的运输问题，简称为新问题。

（2）对各转运站假设一个统一的转运量 t，它应取作 $t \geqslant \max\{\sum_i a_i, \sum_j b_j\}$，即 t 值大于等于总产量、总销量中最大者。这样，新问题的假想产、销地的假想产、销量就按下式计算：

$$a_i' = \begin{cases} a_i, \text{当 } A_i' \text{ 不是转运站} \\ a_i + t, \text{当 } A_i' \text{ 是转运站} \end{cases}, \quad b_j' = \begin{cases} b_j, \text{当 } B_j' \text{ 不是转运站} \\ a_j + t, \text{当 } B_j' \text{ 是转运站} \end{cases}$$

由于本例产销平衡：$\sum a_i = \sum b_j = 10$ 吨，所以不妨假设统一转运量就是 $t=10$ 吨（t 也可取作大于 10 吨的任何数值，但 t 不得小于 10 吨）。又因本例七个运地全是转运站，所以新问题的假想产、销量就按下式计算：

$$a_i' = a_i + 10, i = 1,2,\cdots,7; b_j' = b_j + 10, j = 1,2,\cdots,7$$

于是可以得知：A_1，A_2，A_3 的假想产量分别为 13，14，13 吨，假想销量为 10 吨；T_1，T_2 的假想产销量均为 10 吨，B_1，B_2 的假想产量均为 10 吨，假想销量分别为 14，16 吨。

（3）假定：凡是转运站都可以自产自销，即虚设 x_{ij} 也作为一个转运量。因此每个转运站的实际运量为 $t-x_{ij}$，在本例即为 $10-x_{ij}$ 吨。

表 6-24　　转运问题的扩充矩阵

（各格内：左下为运价 / 右上为数值，[ ] 表示原表中加框的检验数）

	v_j	0	−7	−4	4	−2	6	0	
u_i	产地/销地	A_1	A_2	A_3	T_1	T_2	B_1	B_2	产量
0	A_1	0 / 10	3 / [10]	2 / [6]	3 / [−1]	M / [$M+2$]	6 / 3	8 / [8]	13
7	A_2	4 / [−3]	0 / 10	2 / [−1]	5 / [−6]	2 / [−3]	13 / 1	7 / 3	14
4	A_3	M / [$M-4$]	2 / [5]	0 / 10	3 / [−5]	2 / [0]	11 / [1]	4 / 3	13
−4	T_1	3 / [7]	5 / [16]	2 / [10]	0 / 10	6 / [12]	2 / 0	5 / [9]	10
2	T_2	M / [$M-2$]	3 / [8]	3 / [5]	7 / [1]	0 / 10	M / [$M-8$]	2 / 0	10
−6	B_1	6 / [12]	M / [$M+13$]	M / [$M+10$]	2 / [4]	M / [$M-8$]	0 / 10	9 / [15]	10
0	B_2	M / [M]	M / [$M+7$]	4 / [8]	M / [$M-4$]	3 / [5]	9 / [3]	0 / 10	10
	销量	10	10	10	10	10	14	16	

注：格内右上角加框为检验数。

表 6－25　　最优调运方案

（各格内以“右上角数字 / 左下角数字”表示，[ ] 表示右上角加框的数字）

u_i	v_j	0	0	0	3	2	5	4	
	产地/销地	A_1	A_2	A_3	T_1	T_2	B_1	B_2	产量
0	A_1	10 / 0	[3] / 3	[2] / 2	3 / 3	[$M-2$] / M	[1] / 6	[4] / 8	13
0	A_2	[4] / 4	10 / 0	[2] / 2	[2] / 5	4 / 2	[8] / 13	[3] / 7	14
0	A_3	[M] / M	[2] / 2	10 / 0	1 / 3	[0] / 2	[6] / 11	2 / 4	13
－3	T_1	[6] / 3	[8] / 5	[5] / 2	6 / 0	[7] / 6	4 / 2	[4] / 5	10
－2	T_2	[$M+2$] / M	[5] / 3	[5] / 3	[6] / 7	6 / 0	[$M-3$] / M	4 / 2	10
－5	B_1	[11] / 6	[$M+5$] / M	[$M+5$] / M	4 / 2	[$M+3$] / M	10 / 0	[10] / 9	10
－4	B_2	[$M+4$] / M	[$M+4$] / M	[8] / 4	[$M+1$] / M	[5] / 3	[8] / 9	10 / 0	10
	销量	10	10	10	10	10	14	16	

注：格内右上角加框为检验数。

（4）建立新问题的产销平衡模型的作业表：

1）产销量即为（2）中算出的假想产销量 a'_i，b'_j。

2）运价按以下方法处理：凡不可以运输的运价“－”都用一个充分大的正数 M 代替；对虚设运量 x_{ij}，令其运价为 0；其余 c_{ij} 不变。

通过上述步骤就能把转运问题化成一般的运输模型。按此法容易建立本例的运输模型的作业表，再用表上作业法求解，所得初始方案及其最优性检验的结果如表 6－24 所示。

继续用表上作业法求解，最终所得最优方案如表 6－25 所示。表 6－25 表明，中继站 T_1、T_2 各有转运量 4 吨。

6.3.7　运输问题悖论

在运输问题中，有一种在若干个产销地的运价不变的情况下，当调运量增加了，总运费反而会下降的奇怪现象。比如有位调度员，上个月做了个最优调度方案，其最优解如表 6－26 所示。从产地 A_1，A_2，A_3，A_4 调运 46 千吨货物到销地 B_1，B_2，B_3，B_4，B_5，总运费是 444 千元。

这个月在运价不变的前提下，A_1，A_3 的产量都增加了 5 千吨，销地 B_2 的销量也增加了，其余的产销地的产销量不变，最优解如表 6－27 所示。总运费是 409 千元。

在实际工作中，就可利用这种奇特现象来节约运输费用。但究竟怎样才知道出现了这种奇特的现象呢？在表 6－26 中，比如空格（A_1，B_2）闭回路上的数字格构成路：（A_1，

B_3）→（A_3，B_3）→（A_3，B_5）→（A_4，B_5）→（A_4，B_2）

表 6－26　　　　　　　　　　　　最优调运方案

	v_j	16	9	21	13	15	
u_i	产地/销地	B_1	B_2	B_3	B_4	B_5	产量（千吨）
－15	A_1	14	15	7 6	13	14	7
0	A_2	4 16	6 9	22	8 13	16	18
－10	A_3	8	5	5 11	4	1 5	6
－5	A_4	12	5 4	18	9	10 10	15
	销量（千吨）	4	11	12	8	11	

具有如下的特点：①空格处的行列位势和为负，即：$u_1+v_2=-15+9=-6$；②这条路有奇数个数字格被偶数条横线和竖线依次交错地连接着；③第奇数位数字路的运价减去偶数位数字格运价的代数和为负，即：$c_{13}-c_{33}+c_{35}-c_{45}+c_{42}=6-11+5-10+4=-6$。

表 6－27　　　　　　　　　　　　调整方案（Ⅰ）

产地/销地	B_1	B_2	B_3	B_4	B_5	产量	u_i
A_1	14	15	12 6	13	14	7＋5	－15
A_2	4 16	6 9	22	8 13	16	18	0
A_3	8	5	0 11	4	6 5	6	－10
A_4	12	10 4	18	9	5 10	15	－5
销量	4	11＋5	12	8	11	51 51	
v_j	16	9	21	13	15		

表 6－28　　　　　　　　　　　　调整方案（Ⅱ）

	v_j	16	9	21	13	15	
u_i	产地/销地	B_1	B_2	B_3	B_4	B_5	产量（千吨）
－15	A_1	14	15	12 6	13	14	12

续表

	v_j	16	9	21	13	15	
0	A_2	4 16	6 9	22	8 13	16	18
-10	A_3	8	5	0 11	4	11 5	11
-5	A_4	12	15 4	18	9	0 10	15
	销量（千吨）	4	21	12	8	11	

第偶数位数字格的最小运输量为正，即：$\delta = \min\{x_{33}, x_{45}\} = \min\{5, 10\} = 5$。这样的路为负费用路。然后在这条路的第奇数位数字格处增加运输量 δ，在第偶数位数字格处减少运输量 δ，就可得到多运了物质5千吨，总运费反而少 $6 \times 5 = 30$（千元）的好方案。

在表6－27中，空格（A_3，B_2）闭回路上的数字格构成负费用路：（A_3，B_5）→（A_4，B_5）→（A_4，B_2）。

该路第偶数位数字格处最小运输量是 $\delta = 5$，又可得到多运物质5千吨，总运费反而又少 $1 \times 5 = 5$（千元）的好方案，见表6－28。

在表6－28中，再也不存在满足上述四条的负费用路了。也就是说，在表6－28中不再出现悖论问题。

6.4　案例分析

【例6－6】一家大公司在A城、B城和C城设有工厂，产品除了在地区1，2，3的市场销售外，又在地区4开辟了一个大市场，这四个地区的年需求量分别是900，1000，1900和1500千件（总需求量5300千件）。设在A，B，C的三家工厂的年生产能力分别为1000，1500和1750千件（总生产能力4250千件）。由于稳定的需求量已超过了各工厂的总生产能力，故公司需要扩大生产能力。现考虑了四种方案：

（1）利用现有的设备加班，加班生产最大能力为正常生产能力的50%，但加班要花费正常生产直接劳力费的150%。

（2）在D城建一新厂，年生产能力2000千件，需投资200万元。

（3）在E城建一新厂，年生产能力2000千件，需投资300万元。

（4）在F城建一新厂，年生产能力2000千件，需投资400万元。

公司的目标是既可以在现有工厂搞加班生产，也可以在三个新址中任选一个建厂，使生产和分配产品的总费用最小。

为了评价每一方案，生产和运输部门根据要求提供了可变生产成本和运费的资料，如表6－29、表6－30所示。

表 6－29　　可变生产成本　　单位：千元/千件

工厂	原材料费	直接劳力费	可变装货费	总计
A	1.2	2.6	0.8	4.6
B	1.0	2.2	0.8	4.0
C	1.1	2.8	0.8	4.7
D	2.0	2.2	0.9	5.1
E	2.1	2.3	0.9	5.3
F	1.9	2.2	0.9	5.0

表 6－30　　预测的单位运费　　单位：千元/千件

工厂/地区	地区 1	地区 2	地区 3	地区 4
A	0.7	0.9	1.0	1.0
B	0.9	0.7	1.0	0.9
C	1.1	0.9	0.8	1.0
D	1.3	1.1	1.0	0.7
E	1.3	1.1	1.0	0.7
F	1.2	1.0	0.9	0.6

我们必须对四个方案中的每一个方案进行评价，以便找出最经济的方案。若只考虑可变成本，即可使用运输模型来评价。为了建立各个方案的运输表，把有关可变成本的数据，正常生产与加班生产的能力以及需求量的资料汇总于表 6－31。注意加班生产的可变生产成本等于正常生产的可变成本加 50% 的直接劳力费。以 A 城工厂为例，正常生产可变成本为 4.6，直接劳力费为 2.6，因此，加班生产的可变成本等于 $4.6+50\%\times2.6=5.9$（千元/千件）。

表 6－31　　扩大生产的数据

工厂	运费/（千元/千件）				生产能力/千件	生产费用/（千元/千件）
	地区 1	地区 2	地区 3	地区 4		
A（正常）	0.7	0.9	1.0	1.0	1000	4.6
A（加班）	0.7	0.9	1.0	1.0	500	5.9
B（正常）	0.9	0.7	1.0	0.9	1500	4.0
B（加班）	0.9	0.7	1.0	0.9	750	5.1
C（正常）	1.1	0.9	0.8	1.0	1750	4.7
C（加班）	1.1	0.9	0.8	1.0	875	6.1
D	1.3	1.1	1.0	0.7	2000	5.1
E	1.3	1.1	1.0	0.7	2000	5.3
F	1.2	1.0	0.9	0.6	2000	5.0
需求量/千件	900	1000	1900	1500		

在各运输表中，产地与销地之间的总的费用是每千件产品的生产费用与运费之和。表 6－32 是方案Ⅰ的运输表及最优分配。我们把方案Ⅰ的最优分配及有关费用汇总于表 6－33。

表 6－32　　方案Ⅰ的运输表及最优分配

	地区 1		地区 2		地区 3		地区 4		未用生产能力		生产能力
A（正常）	750	5.3		5.5		5.6	250	5.6		0	1000
B（正常）		4.9	1000	4.7		5.0	500	4.9		0	1500
C（正常）		5.8		5.6	1750	5.5		5.7		0	1750
A（加班）	150	6.6		6.8		6.9		6.9	350	0	500
B（加班）		6.0		5.8		6.1	750	6.0		0	750
C（加班）		7.2		7.0	150	6.9		7.1	725	0	875
需求量	900		1000		1900		1500		1075		

表 6－33　　方案Ⅰ的最优分配和费用表

工厂	地区	供应量	运费	生产费用	总费用
A（正常）	1	750	525（0.7）	3450（4.6）	3975（5.3）
A（正常）	4	250	250（1.0）	1150（4.6）	1400（5.6）
B（正常）	2	1000	700（0.7）	4000（4.0）	4700（4.7）
B（正常）	4	500	450（0.9）	2000（4.0）	2450（4.9）
C（正常）	3	1750	1400（0.8）	8225（4.7）	9625（5.5）
A（加班）	1	150	105（0.7）	885（5.9）	990（6.6）
B（加班）	4	750	675（0.9）	3825（5.1）	4500（6.0）
C（加班）	3	150	120（0.8）	915（6.1）	1035（6.9）
总量		5300	4225	24450	28675

方案Ⅰ的全年总可变成本为 28675 千元，其中包括 4225 千元的运费和 24450 千元的生产费用。

方案Ⅱ的运输表与最优分配表如表 6－34 所示。

表 6－34　　方案Ⅱ的运输表及最优分配

	地区 1		地区 2		地区 3		地区 4		未用生产能力		生产能力
A（正常）	900	5.3		5.5	100	5.6		5.6		0	1000
B（正常）		4.9	1000	4.7	50	5.0	450	4.9		0	1500
C（正常）		5.8		5.6	1750	5.5		5.7		0	1750
D		6.4		6.2		6.1	1050	5.8	950	0	2000
需求量	900		1000		1900		1500		950		

方案Ⅱ的最优分配及有关费用汇总于表6－35，该方案的全年总可变成本为28200千元，由4020千元的运费和24180千元的生产费用构成。

表6－35　　方案Ⅱ的最优分配和费用表

工厂	地区	供应量	运费	生产费用	总费用
A	1	900	630（0.7）	4140（4.6）	4770（5.3）
A	3	100	100（1.0）	460（4.6）	560（5.6）
B	2	1000	700（0.7）	4000（4.0）	4700（4.7）
B	3	50	50（1.0）	200（4.0）	250（5.0）
B	4	450	405（0.9）	1800（4.0）	2205（4.9）
C	3	1750	1400（0.8）	8225（4.7）	9625（5.5）
D	4	1050	735（0.7）	5355（5.1）	6090（5.8）
总量		5300	4020	24180	28200

同样，可计算出方案Ⅲ和方案Ⅳ的有关数据。由于篇幅所限，只列出最主要结果：方案Ⅲ的全年总可变成本为28410千元，其中包括4020千元的运费和24390千元的生产费用；而方案Ⅳ的全年总可变成本为27990千元，由3915千元的运费和24075千元的生产费用构成。

为了确定是否建新厂和新厂建在哪里，现将上述结果有用的数据概括于表6－36中。

表6－36　　各方案的费用数据　　单位：千元

方案	运费	生产费用	总费用
加班生产	4225	24450	28675
D城建厂	4020	24180	28200
E城建厂	4020	24390	28410
F城建厂	3915	24075	27990

若只看可变成本，则在现在工厂加班的方案远远高于其他三个方案，但分析问题时应考虑不变成本，在D城、E城、F城建新厂相应要投资2000，3000，4000千元。在表6－37中一并分析了不变成本，并进行了较长预测。

表6－37　　各方案分析总表（加班和建新厂比较）　　单位：千元

方案	D城建厂	E城建厂	F城建厂
年可变生产成本	28200	28410	27990
采取加班的年可变成本	28675	28675	28675
年可变成本优势	475	265	685
固定投资	2000	3000	4000
10年后净节余	2750	－350	2850

年可变生产成本这一行表明 F 城工厂优先另外两个被提议的工厂，但从不变成本看，它是投资最多的拟建厂。如果 10 年以后需求量仍能保持相对稳定，则在 F 城建厂可净节余最多，为 2850 千元。但要注意，全面分析是以现行价、现行需求量和对未来的估计为基础的，所以，慎重的长期预测是准确进行上述分析的关键。

本章小结

运输问题是一类应用广泛的线性规划问题，由于该问题本身的特殊性，可以使用比标准单纯形更简单有效的专门方法来求解。本章介绍了运输问题的数学模型，并给出求解产销平衡运输问题的表上作业法，包括求初始方案的最小元素法和 Vogel 逼近法、检验最优条件的位势法以及调整方案的闭回路法；还介绍了产销不平衡运输问题的处理方法。运输问题的特点是：①约束条件系数矩阵中元素等于 0 或 1；②约束条件系数矩阵的每一列有两个非 0 元素。对于产销平衡的运输问题，还有以下特点：①各产地的产量之和等于各销地的销量之和；②所有的模型约束方程都是等式；③基变量有 $m+n-1$ 个；④一定有可行解，且有最优解；⑤当产量与销量均为整数时，一定有整数最优解。本章最后用若干有代表性的例子说明运输模型在实际中的应用。

习　题　6

一、判断题

1. $m+n-1$ 个变量构成基变量的充要条件是其中包含孤立点。(　　)

2. 闭回路就是首尾相接的封闭折线，其中所有的边都是水平或垂直的，每一行和每一列由折线相连的闭回路的顶点仅有两个。(　　)

3. 包含孤立点的变量组，其对应的系数列向量不一定线性无关。(　　)

4. 运输问题是一种特殊的线性规划问题，因此其求解思路与单纯形法相同。表上作业法仅仅是单纯形法迭代的一种简化方法。(　　)

5. 在寻找运输问题的初始基本可行解时，采用“东南角法”与采用“西北角法”一样，也能求得初始基本可行解。(　　)

6. 位势法中的“位”和“势”，其实质是运输问题对偶问题的解。(　　)

7. 运输问题是一种特殊的线性规划模型，因而求解结果也可能出现下列四种情况之一：唯一最优解；无穷多最优解；无界解；无可行解。(　　)

8. 在运输问题中，只要任意给出一组含（$m+n-1$）个非零的 $\{x_{ij}\}$，且满足 $\sum_{j=1}^{n} x_{ij} = a_i$，$\sum_{i=1}^{m} x_{ij} = b_j$，就可以作为一个初始基本可行解。(　　)

9. 按最小元素法（或西北角法）给出的初始基本可行解，从每一空格（非基变量）出发可以找出而且仅能找出唯一的闭合回路。(　　)

二、选择题

1. 运输问题是一种特殊的线性规划模型，其不可能出现的求解结果是（　　）。

A. 唯一最优解　　B. 无穷多最优解

C. 有界解　　D. 无可行解

2. 下列关于表上作业法中闭回路的叙述不正确的是（　　）。

A. 从空格出发的闭回路有且仅有一条

B. 初始调运方案中填入的数字不能为零

C. 初始调运方案中的数字格不能构成闭回路

D. 每个闭回路只有一个空格点

3. 以下说法不正确的是（　　）。

A. 运输问题运价矩阵的每一行加上同一个常数，不改变最优的分配方案

B. 运输问题运价矩阵的每一列加上同一个常数，不改变最优的分配方案

C. 运输问题运价矩阵的每一个元素乘以同一个常数，不会改变最优的分配方案

D. 运输问题运价矩阵的每一行元素乘以同一个常数，改变最优的分配方案

4. 在运输问题中，能够作为表上作业法的初始基可行解的调运方案应满足的条件是（　　）。

A. 有 $m+n-1$ 个基变量

B. 基变量不构成闭回路

C. 有 $m+n-1$ 个基变量且不构成闭回路

D. 有 $m+n-1$ 个非零的基变量且不构成闭回路

5. 为了得到一个运输问题的一个初始方案可采用（　　）。

A. 位势法　　B. 闭回路法

C. 最小元素法　　D. 匈牙利法

6. 具有 m 个产地 n 个销地的平衡运输问题模型具有特征（　　）。

A. 有 mn 个变量 $m+n$ 个约束　　B. 有 $m+n$ 个变量 mn 个约束

C. 有 mn 个变量 $m+n-1$ 个约束　　D. 有 $m+n-1$ 个变量 mn 个约束

三、简答题

1. 运输问题的数学模型具有什么特征？为什么其约束方程的系数矩阵的秩最多等于 $m+n-1$？

2. 最小元素法的基本思想是什么？为什么在一般情况下不可能用它直接得到运输问题的最优方案？

3. 用表上作业法求解运输问题过程时，在划去行或列的过程中，是否会出现要同时划去一行和一列的情况？应如何处理？

4. 为什么用元素差额法给出的运输问题的初始基本可行解，较之用最小元素法给出的解更接近最优解？

5. 用闭回路法检验给定的调运方案时，如何从任意空格出发去寻找一条闭回路？该闭回路是否是唯一的？

6. 如何把一个产销不平衡的运输问题（产大于销或销大于产）转化为产销平衡的运输问题？

四、计算题

1. 表 6-38 和表 6-39 中分别给出两个运输问题的产销平衡表和单位运价表，试用伏格尔（Vogel）法直接给出近似最优解。

表 6-38　　习题 1 的数据资料（Ⅰ）

产地/销地	1	2	3	产量
1	5	1	8	12
2	2	4	1	14
3	3	6	7	4
销量	9	10	11	

表6－39　　**习题1的数据资料（Ⅱ）**

产地/销地	1	2	3	4	5	产量
1	10	2	3	15	9	25
2	5	10	15	2	4	30
3	15	5	14	7	15	20
4	20	15	13	M	8	30
销量	20	20	30	10	25	

2. 某公司在三个地方有三个分厂，生产同一种产品，其产量分别为300、400、500箱。需要供应四个地方的销售，这四个地方的产品需求分别为400、250、350、200箱。三个分厂到四个销地的单位运价如表6－40所示。

表6－40　　**运价表**

产地/销地	甲	乙	丙	丁
1分厂	21	17	23	25
2分厂	10	15	30	19
3分厂	23	21	20	22

（1）应如何安排运输方案使得总运费最少？

（2）如果2分厂的产量从400箱提高到了600箱，那么应如何安排运输方案，使得总运费最少？

（3）如果销地甲的需求从400箱提高到550箱，那么该如何安排运输方案，使得总运费最少？

3. 已知运输问题的产销平衡表及最优调运方案分别见表6－41。（1）从 $A_2 \to B_2$ 的单位运价 C_{22} 在什么范围变化时，上述最优调运方案不变？（2）$A_2 \to B_4$ 的单位运价 C_{24} 变为何值时，有无穷多最优调运方案，除表6－41中方案外，至少再写出其他两个。

表6－41　　**产销平衡表及最优调运方案**

销地 产地	B_1	B_2	B_3	B_4	产量
A_1	10	1 5	20	11 10	15
A_2	12 0	7 10	9 15	20	25
A_3	2 5	14	16	18	5
销量	5	15	15	10	

4. 某公司经营的一种产品拥有四个客户，由公司所属三个工厂生产，每月产量分别为3000，5000，4000件。该公司已承诺下月出售4000件给客户1，出售3000件给客户2以及至少1000件给客户3。客

户3与4都想尽可能多购剩下的件数。已知各厂运销一件产品给客户可得到净利润如表6－42所示。问该公司应如何拟订运销方案，才能在履行诺言的前提下获利最多？

表6－42　　　　习题4数据资料

工厂/调拨站	1	2	3	4
1	65	63	62	64
2	68	67	65	62
3	63	60	59	60

5. 某厂按合同规定须于当年每个季度末分别提供10，15，25，20台同一规格的柴油机。已知该厂各季度的生产能力及生产每台柴油机的成本如表6－43所示。又如果生产出来的柴油机当季不交货，每台每积压一个季度需储存、维护等费用0.15万元。要求在完成合同的情况下，做出使该厂全年生产（包括储存、维护）费用最小的决策。

表6－43　　　　习题数据资料

季度	生产能力/台	单位成本/万元
Ⅰ	25	10.8
Ⅱ	35	11.1
Ⅲ	30	11.0
Ⅳ	10	11.3

五、案例分析

1. 某企业有三个分散的热水、蒸汽热源A、B、C，该地区的主要耗能用热单位分散在四个地区，各个热源的供出量、需热单位的需热量以及由三个热源到每个需热单位的运费存在表6－44所示关系。试求在这种情况下使总运费用最小时的运输方案。

表6－44　　　　各热源供热量、用热单位需热量、彼此间输送费用表

<table>
<tr><td colspan="2" rowspan="3">用热单位需热量</td><td colspan="3">热源名供热量</td></tr>
<tr><td>A</td><td>B</td><td>C</td></tr>
<tr><td>15</td><td>12</td><td>23</td></tr>
<tr><td>Ⅰ</td><td>10</td><td>3</td><td>7</td><td>12</td></tr>
<tr><td>Ⅱ</td><td>12</td><td>4</td><td>15</td><td>5</td></tr>
<tr><td>Ⅲ</td><td>17</td><td>7</td><td>2</td><td>12</td></tr>
<tr><td>Ⅳ</td><td>11</td><td>10</td><td>8</td><td>16</td></tr>
</table>

2. 在某军供点B_1处有10车物资，4车运往A_1点，6车运往A_2点；在B_2处有2车物资运往A_3点；在B_3处有3车物资运往A_4点。车队只有两辆卡车、两辆加载车可供使用，空车送货前集中在A_0处，并要求：（1）B_2处两车特种物资需要提前用加载车运往A_3点；（2）送完所有物资后，所有车辆返回到A_0点。问如何运输才能使空车行驶里程最少，已知各供需点间的距离如表6－45所示。

表 6－45　　　　**案例 2 的数据**

距离/km	B_1	B_2	B_3	A_0
A_0	1	2	3	0
A_1	5	1	3	6
A_2	4	2	1	3
A_3	3	8	4	5
A_4	2	9	5	4

第 7 章　整数规划

整数规划（Integer Programming，IP）是近 30 年发展起来的，是规划论的一个分支。在一个规划问题中，如果它的某些变量（或全部变量）要求取整数时，这个规划问题就称为整数规划问题。整数规划很有现实意义，当我们在求解很多线性规划问题时，经常会遇到决策变量代表人员、船只、飞机、机器台数等数量时，对于这类求解整数解的线性规划问题，根据其特点，不是用四舍五入法或去尾法对线性规划的非整数解加以处理就能解决的，而要用整数规划的方法加以解决。整数规划在工业、商业、交通运输、经济管理和军事等领域都有重要的应用。本章主要介绍整数规划的一些基本概念和一般整数规划求解的分枝定界法及割平面法等。0－1 整数规划在第八章专门介绍。

7.1　整数规划问题及其数学模型

7.1.1　整数规划的几个典型问题

【例 7－1】全整数规划模型的例子。一个机器商店的老板正打算购买一些新机器——磨床和车床，来扩展自己的店铺。他估计购买一台磨床每天会增加 100 元的利润，而购买一台车床每天会增加 150 元的利润。商店老板可以购买的机器数量受机器成本和店铺空间大小的制约。机器购买价格和空间要求如表 7－1 所示。

表 7－1　　机器购买价格和空间要求

机器	要求占地面积/米^2	购买价格/元	可增加的利润/元
磨床	15	8000	100
车床	30	4000	150

商店老板购买新机器的预算是 40000 元，可用面积为 200 平方米。现在商店的老板想知道每种机器各买多少才能使每天增加的利润最大化。

整数规划问题的模型建立与前述线性规划问题的例子一样。唯一的不同就是本章的问题中，决策变量被限定为整数值，因为商店老板不能购买一台机器的一部分。故此问题的整数规划模型如下：

$$\max Z = 100x_1 + 150x_2$$

$$s.t.\begin{cases} 8000x_1 + 4000x_2 \leqslant 40000 \\ 15x_1 + 30x_2 \leqslant 200 \\ x_1, x_2 \geqslant 0 \text{ 且为整数} \end{cases}$$

其中：

x_1 = 磨床的数量，x_2 = 车床的数量。

本模型中的决策变量限定为完整的机器。也就是，两个决策变量 x_1 和 x_2 被设定为可以是任意大于等于0的整数，这也就是这个模型会叫作全整数规划的原因。

【例7－2】某投资公司可用于投资的资金是 b，有几个投资项目可供选择，项目 j 每年利润是 c_j，需要的资金是 a_j，要求建立数学模型，以选定投资项目，使每年总利润最大。

对于 j 项目，只有投资和不投资两种情况，我们用0－1变量来表示这种状态，即令：

解：设 $x_j=1$，表示项目 j 被采用；$x_j=0$，项目 j 没被采用

$$\max Z = \sum_{j=1}^{n} c_j x_j$$

$$s.t.\begin{cases}\sum_{j=1}^{n} a_{ij} x_j = b \\ x_j = 0 \text{ 或 } 1 (j=1,2,\cdots,n)\end{cases}$$

【例7－3】某产品有 n 个区域市场，各区域市场的需求量为 b_j 吨/月；现拟在 m 个地点中选址建生产厂，一个地方最多只能建一家工厂；若选 i 地建厂，生产能力为 a_i 吨/月，其运营固定费用为 F_i 元/月；已知址 i 至 j 区域市场的运价为 c_{ij} 元/吨。如何选址和安排调运，可使总费用最小？

解：选址建厂与否是个0－1型决策变量，假设 $y_i=1$，选择第 i 址建厂，$y_i=0$，不选择第 i 址建厂；计划从 i 址至区域市场 j 的运输运量 x_{ij} 为实数型决策变量

$$\min Z = \sum_{i=1}^{m} y_i F_i + \sum_{i=1}^{m}\sum_{j=1}^{n} c_{ij} x_{ij}$$

$$s.t.\begin{cases}\sum_{j=1}^{n} x_{ij} \leqslant y_i a_i \quad i=1,2,\cdots,m \\ \sum_{i=1}^{m} x_{ij} = b_j \quad j=1,2,\cdots,n \\ x_{ij} \geqslant 0 \\ y_i = 0,1 \\ i=1,2,\cdots,m; j=1,2,\cdots,n\end{cases}$$

由此可见，整数规划问题由于变量的取值形式不同而形成了不同的类型。

7.1.2 整数规划的数学模型

整数规划的数学模型是：

$$\max(\text{或}\min) z = \sum_{j=1}^{n} c_j x_j$$

$$s.t.\begin{cases}\sum_{j=1}^{n} a_{ij} x_j \geqslant b_i \quad i=1,2,\cdots,m \\ x_j \geqslant 0 \quad j=1,2,\cdots,n \text{ 且部分或全部为整数}\end{cases} \tag{7.1}$$

由于决策变量取整要求的不同，整数规划可分为纯整数规划、全整数规划、混合整数规划、0—1整数规划。

（1）要求全部或部分决策变量的取值为整数的线性规划问题，称为整数规划（Integer Programming，IP）。

（2）全部决策变量的取值都为整数，则称为纯整数规划（Pure Integer Programming, All IP）。

（3）仅要求部分决策变量的取值为整数，则称为混合整数规划（Mixed Integer Programming）。

（4）要求决策变量只取0或1值，则称0-1规划（Zero-one Integer Programming）。

7.1.3 整数规划的特点（图7-1）

整数规划问题的特点可归纳为：

（1）可行域为点集，根据整数规划变量取值的要求，只有在整数点处才有可行解；

$$\max Z = 6x_1 + 5x_2$$

$$s.t.\begin{cases}2x_1 + x_2 \leqslant 9\\5x_1 + 7x_2 \leqslant 35\\x_1, x_2 \geqslant 0 \text{ 且取整数}\end{cases}$$

（2）整数规划的目标函数值劣于同型的松弛问题（就是对原问题放弃整数要求以后的原问题）的目标函数值。因为一般情况下，整数规划的可行解都是这个问题的内点，偶然情况是它的外点。

LP：$x_1^* = 28/9$，$x_2^* = 25/9$；$Z^* = 293/9 \approx 32.56$

IP：$x_1^* = 4$，$x_2^* = 1$，$Z^* = 29$

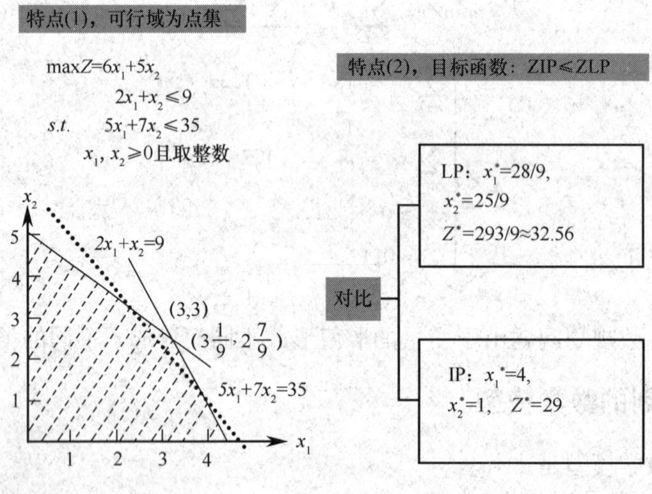

图7-1 整数规划的特点

正是由于这两个特点，使得整数规划的求解难于一般的线性规划问题。

一般情况下，松弛问题的最优解不会刚好满足变量的整数约束条件，因而不是整数规划的可行解，自然就不是整数规划的最优解。此时，若对松弛问题的这个最优解中不符合整数要求的分量简单地取整，所得到的解不一定是整数规划问题的最优解，甚至也不一定是整数规划问题的可行解。所以对整数规划问题求解一般不采用四舍五入法，其原因在于：

（1）全部“五入”，必然造成资源不足，不满足约束条件，这组解一定不是可行解。

（2）全部舍弃小数部分，可得到可行解，但未必是最优解。

（3）部分“五入”，部分“四舍”，也可能出现上述两种情况之一的结果。

因此，不能用“取整”的方法求解整数规划问题。一般对纯整数规划和混合整数规划问题采用分枝定界法和割平面法进行求解。

7.2　整数规划的求解思路

虽然整数规划仅仅是在线性规划模型中加上一个变量取整数的限制条件，但是求解的难度——计算复杂性陡然升高。

20世纪80年代，中国科学院系统科学研究所进行一项课题研究，得出的数学模型是含有3000个变量的线性规划，其中有15个整数变量。起先不考虑整数限制，输入计算软件后，不到5分钟即得3000个变量的最优值，似乎前景乐观。接着对15个变量加上整数限制再重新运算，一直过了1500分钟仍不见最优解的踪影，更不知还要等待多久才能得出结果，无奈只得放弃求出整数解值。

迄今为止，除了个别具有特殊结构的0-1规划以外，整数规划还未找到通用的“好”算法，在可以接受的计算时间内，现有的算法只能求解小规模的整数规划。

所以说整数规划问题的求解难于一般的线性规划问题。故到目前为止，人们对整数规划问题还没有找到像单纯形法那样简单的方法进行求解，只是找到了一些近似方法，而且计算相对比较复杂。故重点要掌握正数规划求解的基本原理，对复杂的问题，常可借助专用的运筹学求解软件进行计算。

7.3　整数规划求解的分枝定界法

分枝定界法（Branch and Bound Method）是由Land和Doig提出修正的，可用于纯整数规划和混合整数规划。

分枝定界法求解依据：

依据一：如果求解一个整数规划的松弛问题得到的是一个整数解，则这个解也一定就是整数规划的最优解，但这种情况很少见。

依据二：如果解松弛问题得到的不是一个整数解，则最优整数解不会更优于所得到的松弛问题的目标函数值。因此，线性规划松弛问题的解值必是整数规划目标函数值的一个界。它对于最大化问题为上界，对于最小化问题为下界。

依据三：如果在求解的过程中已经得到了一个整数解，则最优整数解一定不会少于该整数解。因此，该整数解，可构成最优整数解的另一个界，对于最大化问题，它为下界，对于最小化问题，它为上界。

故，分枝定界法计算思路是：设有最大化的整数规划问题A，与它相应的线性规划问题为B，从解问题B开始，若其最优解不符合A的整数条件，那么B的最优目标函数必是A的最优目标函数z^*的上界，记为$\bar{z}$；而A的任意可行解（整数值）的目标函数值将是z^*的一下界$\underline{z}$，分枝定界法就是要将B的可行域分成子区域称为分枝，逐步减少$\bar{z}$和增大

$\underline{z}$ 称为定界，最终求得 z^*。

分枝定界法是求解整数规划的一种常用的有效方法，它不仅能针对纯整数规划问题求解，也能对混合整数规划问题求解。分枝定界法由“分枝”和“定界”两部分组成。分枝定界法首先求解整数规划相应的线性规划问题，如果其最优解符合整数条件，则线性规划问题的最优解就是整数规划问题的解。如果其最优解不符合整数条件，则求出整数规划的上下界用增加约束条件的方法，并把相应的线性规划的可行域分成子区域（称为分枝），再求解这些子区域上的线性规划问题，不断缩小最优目标函数值上下界的距离，当上下界的值相等时，整数规划的解就被求出，就是其目标函数值取此下界的对应线性规划的整数可行解。

分枝定界法求解整数规划（最大化）问题步骤为：

（1）求解相应于整数规划 A 的线性规划问题 B，B 的结果必为下列情况之一：

1）B 无可行解，则 A 也无可行解。

2）B 有最优解，并符合问题 A 的整数条件，则 B 的最优解即为 A 的最优解。

3）B 有最优解，但不符合 A 的整数条件，则记它的目标函数值为 $\bar{z}$，即 z^* 的上界。

（2）用观察法找出 A 的一个整数可行解，一般可取 $x_j = 0, j = 1,2\cdots,n$，试探，求得其目标函数值，记为 $\underline{z}$，这时有 $\underline{z} \leqslant z^* \leqslant \bar{z}$。

（3）对问题 B，任选一个不符合整数要求的变量进行分枝。设选择 $x_j = b_j$，且设 $[b_j]$ 为不超过 b_j 的最大整数。对问题 B 分别构造两个约束条件：$x_j \leqslant [b_j]$ 和 $x_j \geqslant [b_j]+1$，将这两个约束条件，分别加入问题 B，从而形成两个后继问题，解这两个后继问题。

（4）以每个后继问题为一分枝标明求解结果，与其他分枝的解相比较，找出最优目标函数值最大者作为新的上界 $\bar{z}$，从已符合整数条件的各分枝中，找出目标函数值最大者作为新的下界 $\underline{z}$，如还未出现符合整数条件的解，则仍取原来的下界。

（5）继续分枝求解，各分枝的最优目标函数中若有小于 $\underline{z}$ 者，则剪去这枝（用×表示）即以后不再考虑这枝。若大于 $\underline{z}$，但不符合整数条件，则继续分枝，直到找到 $z^* = \underline{z}$ 为止，最终求得整数规划问题 A 的最优解 x_j^*，$j = 1,2\cdots,n$。

下面结合例题说明分枝定界法的解题步骤。

【例 7－4】用分枝定界法求解下列 IP

$$\max Z = 4x_1 + 3x_2$$

$$s.t.\begin{cases}1.2x_1 + 0.8x_2 \leqslant 10 \\ 2x_1 + 2.5x_2 \leqslant 25 \\ x_1, x_2 \geqslant 0 \text{ 且均取整数}\end{cases}$$

解：先求对应的松弛问题（记为 LP_0）：

$$\max Z = 4x_1 + 3x_2$$

$$LP_0:\begin{cases}1.2x_1 + 0.8x_2 \leqslant 10 \\ 2x_1 + 2.5x_2 \leqslant 25 \\ x_1, x_2 \geqslant 0\end{cases}$$

松弛问题 LP_0 的最优解 $X =$（3.57，7.14），$Z_0 = 35.7$。显然不满足整数要求，所以需要分枝继续寻找整数最优解。选 $x_1 = 3.57$ 进行分枝（也可选 x_2 进行分枝）。松弛问题图解如图 7－2 所示，分枝定界如图 7－3、图 7－4、图 7－5 所示。

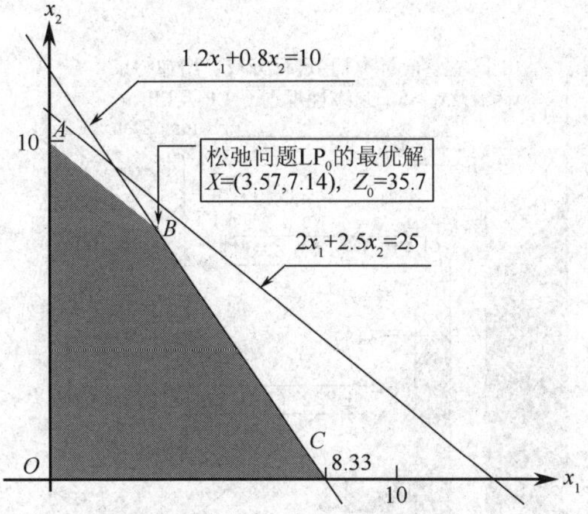

图7－2 松弛问题图解

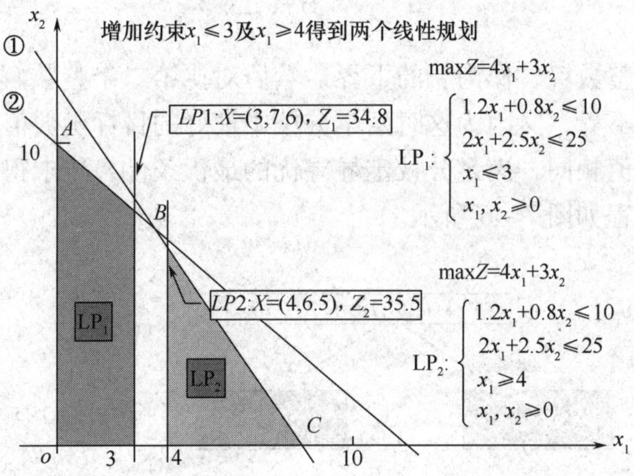

图7－3 分枝定界1

LP_1和LP_2两个问题的解中的x_2都不是整数，但由于LP_2的目标函数值大于LP_1，故选LP_2的$x_2=6.5$进行分枝。

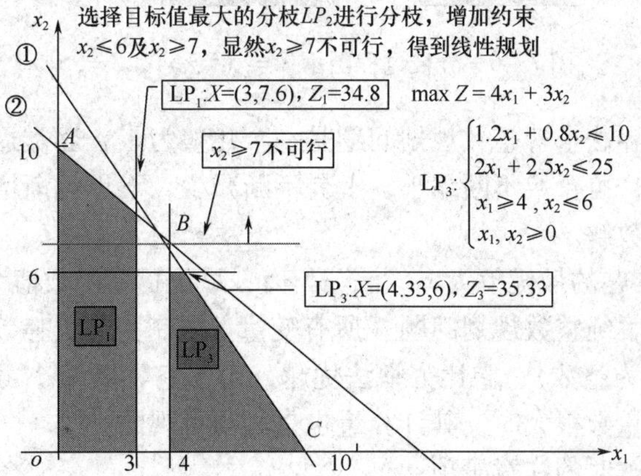

图7－4 分枝定界2

继续分枝。

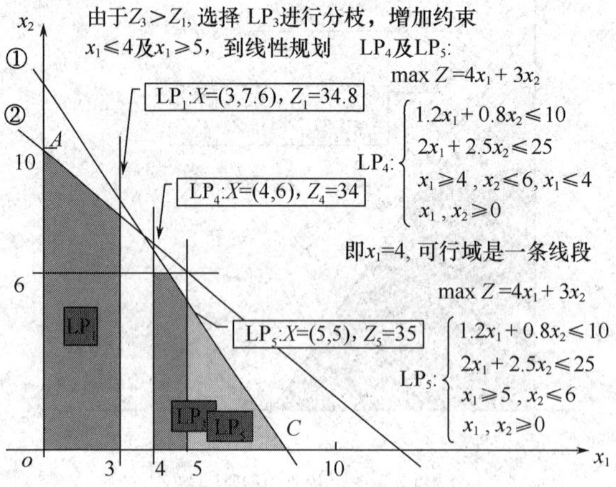

图 7－5　分枝定界 3

这时先出现一个整数解，作为新的下界，然后对比第二个整数解，目标函数值大于第一个，于是替换整数下界，又因为这时两个分枝中最好的目标函数值是35，故同时替换上界，结果下界与上界值相同，满足分枝定界寻优的最优条件，故求得整数最优解。

整个分枝定界过程如图 7－6 所示。

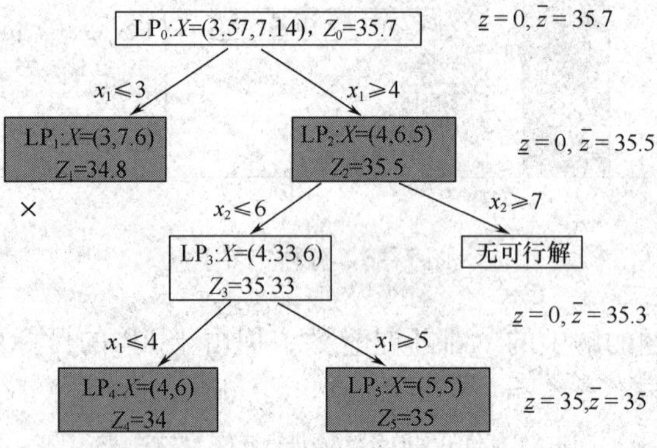

图 7－6　分枝过程图示 $X=(5,5)$，$Z=35$

所以说，分枝定界法求解整数规划问题是一个化整为零，逐次逼近的过程。按照这一方法不断分枝和定界，可行域不断缩小，上界不断减少，下界逐渐增大，当上界和下界相等时，便得到最优整数解。

从图 7－6 可见本题的最优解为 $x_1=5$，$x_2=5$，最优目标函数值为 35。

用分枝定界法可解纯整数规划问题（所有变量都限制为非负整数）和混合整数规划问题（一部分变量限制为整数），它比穷举法优越，由于它不断缩小可行解区域，因此计算量大大下降，但如变量数很大时，其计算量也是相当可观的。

用分枝定界法求解时的注意事项：

（1）分枝定界法选择原则。

①按目标函数系数，选系数绝对值最大者变量先分枝，因为它对目标值升降影响最大。

②选与整数值相差最大的非整数变量先分枝。

③按使用者经验，对各整数变量排定重要性的优先顺序。

（2）分枝节点选择。

①深探法（后进先出法）：最后打开的节点最先选，尽快找到整数解。整数解质量可能不高。

②广探法：选目标函数当前最大值节点找到的整数解质量高，但速度慢。

思考题 1：用分枝定界法求解某整数规划时各分枝情况为：

a）增加约束 $x_2 \leqslant 2$ 后 $x_1 = 33/14$，$x_2 = 2$，$Z = 61/14 \approx 4.36$；

b）对 a 增加约束 $x_1 \leqslant 2$ 后 $x_1 = 2$，$x_2 = 2$，$Z = 4$；

c）增加约束 $x_1 \geqslant 2$ 后 $x_1 = 2$，$x_2 = 23/9$，$Z = 41/9 \approx 4.56$；

d）$x_1 = 1.5$，$x_2 = 10/3$，$Z = 29/6 \approx 4.83$；

e）增加约束 $x_2 \geqslant 3$ 后无可行解；

f）增加约束 $x_1 \leqslant 1$ 后 $x_1 = 1$，$x_2 = 7/3$，$Z = 10/3 \approx 3.33$；

g）对 a 增加约束 $x_1 \geqslant 3$ 后 $x_1 = 3$，$x_2 = 1$，$Z = 4$；

h）对 f 增加约束 $x_2 \leqslant 2$ 后 $x_1 = 1$，$x_2 = 2$，$Z = 3$；

i）对 f 增加约束 $x_2 \geqslant 3$ 后无可行解。

问：（1）各个分支间的关系？（2）是否得到最优解？（3）哪些分支不必计算，为什么？

思考题 2：整数规划问题

$$\max Z = 5x_1 + 8x_2$$

$$s.t.\begin{cases} 5x_1 + 9x_2 \leqslant 45 \\ x_1 + x_2 \leqslant 6 \\ x_1, x_2 \geqslant 0 \text{ 且取整数} \end{cases}$$

其分枝定界的树形图如图 7－7 所示。

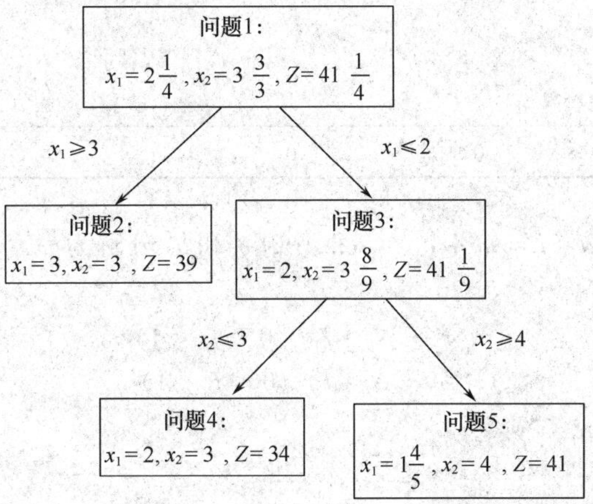

图 7－7　分枝求解过程示意图

问：（1）是否已得到最优解？为什么？（2）如已得到最优解，请写出最优解；（3）如没有得到最优解，请构造进行下一步的分枝问题的数学模型。

7.4 整数规划求解的割平面法

割平面法1958年由R. E. Gpmory首先提出。它是通过生成一系列的平面割掉非整数部分来得到最优整数解的方法。目前，割平面法有分数割平面法，原始割平面法，对偶整数割平面法，混合割平面法等。我们介绍Gomory割平面法（纯整数规划割平面法）（Gomory Cutting Plane Algorithm）。该方法的基本思想是首先求解整数规划（IP）对应的松弛问题（LP），如果（LP）的最优解不是整数解，则逐次增加一个新约束（即割平面），它能割去松弛问题可行域中不含整数解的区域。逐次切割，直到得到一个整数最优极点（即整数解）为止。

依上所述，Gomory割平面法的关键是构造一个割平面，保证切掉的部分不能含有整数解，只含有非整数解。那么如何构造割平面呢？

设 $\hat{x} = (\hat{x}_1, \hat{x}_2, \cdots, \hat{x}_n)^{\mathrm{T}}$ 是（IP）问题对应的（LP）问题的一个最优解，若 $\hat{x}_i (i = 1, 2, \cdots, n)$ 全为整数，则 $\hat{x}$ 就是（IP）问题的最优解；若 $\hat{x}_i (i = 1, 2, \cdots, n)$ 不全为整数，则需构造割平面，假设（LP）问题的最优单纯形表（表7－2）的第 i 行的基变量 x_{Bi} 非整数，则第 i 行的方程为：

$$x_i + \sum_{j=m+1}^{n} a'_{ij} x_j = b'_i \tag{7.2}$$

表7－2　　单纯形表

X_B	x_1	x_2	…	x_r	…	x_m	x_{m+1}	x_{m+2}	…	x_n	b
x_1	1						$a'_{1,m+1}$	$a'_{1,m+2}$	…	a'_{1n}	b'_1
x_2		1					$a'_{2,m+1}$	$a'_{2,m+2}$	…	a'_{2n}	b'_2
…			…				…				…
x_r				1			$a'_{r,m+1}$	$a'_{r,m+2}$	…	a'_{rn}	b'_r
…					…		…				…
x_m						1	$a'_{m,m+1}$	$a'_{m,m+2}$	…	a'_{mn}	b'_m
Z	0	0	…	0	…	0	σ_{m+1}	σ_{m+2}	…	σ_n	$-Z^{(0)}$

将（7.2）式中的 $a'_{ij} (j = m+1, m+2, \cdots, n)$ 和 b'_i 分解为一个整数 N 与一个正的真分数 f 的两数之和：

$$a'_{ij} = N_{ij} + f_{ij} \quad (0 \leqslant f_{ij} < 1)$$
$$b'_i = N_i + f_i \quad (0 \leqslant f_i < 1)$$

则式（7.2）可写成：

$$x_i + \sum_{j=m+1}^{n} N_{ij} x_j + \sum_{j=m+1}^{n} f_{ij} x_j = N_i + f_i$$

经整理得：

$$x_i + \sum_{j=m+1}^{n} N_{ij}x_j - N_i = f_i - \sum_{j=m+1}^{n} f_{ij}x_j$$

由于 $X_{Bi}x_j(j = m+1,\cdots,n)$、$N_{ij}(j = m+1,\cdots,n)$ 及 N_i 都为整数，故上式左端必为整数，右端也须为整数。

观察右端，因为 $(0 \leqslant f_{ij} \leqslant 1),(0 < f_i < 1)$

又因为 $x_j > 0$，则有 $\sum_{j=m=1}^{n} f_{ij}x_j \geqslant 0$

于是得到：$f_i - \sum_{j=m=1}^{n} f_{ij}x_j \leqslant f_i < 1$

又要满足右端为整数，则必定有：

$$f_i - \sum_{j=m=1}^{n} f_{ij}x_j \leqslant 0 \tag{7.3}$$

这就是一个割平面，可以证明，将式（7.3）加入原（IP）问题所对应的（LP）问题的约束中，可以割去非整数最优解 X，却不会切割掉任一整数可行解。

证明 1：割平面割去了对应（LP）问题的非整数最优解。

假设 X 未被（7.3）式切割掉，则它应满足（7.3）式，即将 X 代入（7.3）式，则有：

$$f_i - \sum_{j=m=1}^{n} f_{ij}\hat{x}_j \leqslant 0$$

因为 $\hat{x}_j \geqslant 0(j = m+1,\cdots,n)$，则上式为：$f_i \leqslant 0$。

这一结果与 $f_i > 0$ 相矛盾，故 $\hat{X}$ 不可能满足式（7.3），即它被割平面切割掉了。

证明 2：割平面未割去（IP）问题的任一整数可行解。

设 $\tilde{X} = (\tilde{x}_1,\tilde{x}_2,\cdots,\tilde{x}_n)^{\mathrm{T}}$ 为原问题的任一整数可行解，则它必满足方程：

$$\tilde{x}_i + \sum_{j=m=1}^{n} a'_{ij}\tilde{x}_j = b'_i \quad (i = 1,2,\cdots,m)$$

设：$a'_{ij} = N_{ij} + f_{ij}(N_{ij}$ 为整数，$0 \leqslant f_{ij} < 1)$；

$b'_i = N_i + f_i(N_i$ 为整数，$0 \leqslant f_i < 1)$

则：$\tilde{x}_i = N_i - \sum_{j=m=1}^{n} N_{ij}\tilde{x}_{j_i} + (f_i - \sum_{j=m=1}^{n} f_{ij}\tilde{x}_j)$

整理后，得 $\tilde{x}_i + \sum_{j=m=1}^{n} N_{ij}\tilde{x}_j - N_i = f_i - \sum_{j=m=1}^{n} f_{ij}\tilde{x}_j$

可见，上式左端为整数，因而也要求右端为整数。

又因为 $0 \leqslant f_{ij} < 1, 0 < f_i < 1$，且 $x_j > 0$

则有 $\sum_{j=m=1}^{n} f_{ij}\tilde{x}_j \geqslant 0$。

于是得到 $f_i - \sum_{j=m=1}^{n} f_{ij}\tilde{x}_j \leqslant f_i < 1$

进一步则有 $f_i - \sum_{j=m=1}^{n} f_{ij}\tilde{x}_j \leqslant 0$

可见，$\tilde{x}$ 满足割平面约束条件（7.3），表明（IP）问题的任何整数可行解未被割去。

【例 7－5】某厂拟购进甲、乙两类机床生产新产品。已知甲、乙机床进价分别为 2 万元和 3 万元；安装占地面积分别为 $4m^2$ 和 $2m^2$；投产后的收益分别为 3 百元/日和 2 百元/日。厂方仅有资金 14 万元，安装面积 $18m^2$。为使收益最大，厂方应购进甲、乙机床各多少台？

解：设厂方应购进甲、乙机床分别为 x_1，x_2台，则题意有：

$$\max Z = 3x_1 + 2x_2$$

$$s.t.\begin{cases}2x_1 + 3x_2 \leqslant 14 \\ 4x_1 + 2x_2 \leqslant 18 \\ x_1, x_2 \geqslant 0 \text{ 且为整数}\end{cases}$$

对此问题，先取消整数要求，求其松弛问题的最优解，即：

$$\max Z = 3x_1 + 2x_2$$

$$s.t.\begin{cases}2x_1 + 3x_2 \leqslant 14 \\ 4x_1 + 2x_2 \leqslant 18 \\ x_1, x_2 \geqslant 0\end{cases}$$

对线性松弛问题，借用单纯形法，经迭代得最终表，见表 7－3（c）。

表 7－3　　计算过程

序号	c_j			3	2	0	0
	C_B	X_B	b	x_1	x_2	x_3	x_4
(a)	0	x_3	14	2	3	1	0
	0	x_4	18	4*	2	0	1
	σ_j		0	3	2	0	0
(b)	0	x_3	5	0	2*	1	−1/2
	3	x_1	9/2	1	1/2	0	−3/4
	σ_j		27/2	0	1/2	0	1/4
(c)	2	x_2	5/2	0	1	1/2	−1/4
	3	x_1	13/4	1	0	−1/4	3/8
	σ_j		59/4	0	0	−5/6	−5/8

表 7－3（c），最优解为 $X_0 = (13/4, 5/2)^T$。

由于 X_0 是非整数最优解，则构造割平面。据表 7－3（c）构造 x_2 为原行的割平面方程，有

$$x_2 + \frac{1}{2}x_3 - \frac{1}{4}x_4 = \frac{5}{2} \tag{1}$$

将（1）式所有系数和常数分解为整数和正的真分数之和：

$$(1+0)x_2 + (0+\frac{1}{2})x_3 + (-1+\frac{3}{4})x_4 = 2 + \frac{1}{2} \qquad (1)'$$

将（1）′中整数系数项归于方程左边，真分数项归于右边，有：

$$x_2 - x_4 - 2 = \frac{1}{2} - (\frac{1}{2}x_3 + \frac{3}{4}x_4) \tag{2}$$

因为 x_j 为大于零的整数，故（2）式右边必小于等于零，即：

$$\frac{1}{2}-\left(\frac{1}{2}x_3+\frac{3}{4}x_4\right)\leqslant 0$$

即有：

$$-\left(\frac{1}{2}x_3+\frac{3}{4}x_4\right)\leqslant -\frac{1}{2} \tag{3}$$

（3）式即为割平面方程。

将（3）式标准化：

$$-\frac{1}{2}x_3+\frac{3}{4}x_4+x_5=-\frac{1}{2}$$

加到表 7－3（c）的最终表中，得表 7－4。

表 7－4　　**计算过程**

序号	c_j			3	2	0	0	0
	C_B	X_B	b	x_1	x_2	x_3	x_4	x_5
(a)	2	x_2	5/2	0	1	1/2	−1/4	0
	3	x_1	13/4	1	0	−1/4	3/8	0
	0	x_5	−1/2	0	0	−1/2*	3/4	1
	σ_j		59/4	0	0	−1/4	−5/8	0
(b)	2	x_2	2	0	1	0	1/2	1
	3	x_1	7/2	1	0	0	0	−1/2
	0	x_3	1	0	0	1	−3/2	−2
	σ_j		29/2	0	0	0	−1	−1/2

x_1 仍为非整数解，故转入第二步，构造割平面方程：

$$x_1-\frac{1}{2}x_5=\frac{7}{2}$$

将此式整理，得：

$$-\frac{1}{2}x_5\leqslant -\frac{1}{2} \tag{4}$$

将（4）式标准化：$-\frac{1}{2}x_5+x_6=-\frac{1}{2}$，加到表 7－4（b），见表 7－5（a）。

表 7－5　　**计算过程**

序号	c_j			3	2	0	0	0	0
	C_B	X_B	b	x_1	x_2	x_3	x_4	x_5	x_6
(a)	2	x_2	2	0	1	0	1/2	1	0
	3	x_1	7/2	1	0	0	0	−1/2	0
	0	x_3	1	0	0	1	−3/2	−2	0
	0	x_6	−1/2	0	0	0	0	−1/2	1
	σ_j		29/2	0	0	0	−1	−1/2	0

续表

序号	c_j			3	2	0	0	0	0
	C_B	X_B	b	x_1	x_2	x_3	x_4	x_5	x_6
(b)	2	x_2	1	0	1	0	1/2	0	2
	3	x_1	4	1	0	0	0	0	-1
	0	x_3	3	0	0	1	-3/2	0	-4
	0	x_5	1	0	0	0	0	1	-2
	σ_j		14	0	0	0	-1	0	-1

用对偶单纯形法继续求解，得表7-5（b）。求得原（IP）问题的一个最优解：$x^* = (4,1)^T$，$z^* = 14$

综上所述，我们可将求解整数规划的割平面法的步骤归纳如下：

步骤1：用单纯形法求解整数规划（IP）问题对应的松弛问题，令 $k=0$。

步骤2：若（LP）问题无可行解，则（IP）问题也无可行解，停止计算。

若（LP）问题有最优解 x_k，且符合整数要求，则（LP）问题的最优解就是（IP）问题的最优解，停止计算。

若（LP）问题有最优解 x_k，但不符合整数再求，转下一步。

步骤3：根据 x_k 的任一非整分量所在单纯形表的那一行，如第 i 行，构造源于第 i 行的割平面（7.2）式，并给它引一个松弛变量 x_{n+k+1}，得：$-\sum_{j=m+1}^{n} f_{ij}x_j + x_{n+k+1} = -f_i$。

步骤4：将该约束添加到最优单纯形表的倒数第二行中，并增加一列（松弛变量 x_{n+k+1} 列），用对偶单纯形法继续迭代，求得一个新的最优基本解 x_{k+1}，令 $k=k+1$，返回步骤。

割平面法的优点和不足：

优点：①可求解纯整数规划问题，也可解混合整数规划问题，适于中小型整数规划问题；②学术性较强。

不足：①收敛较慢，舍入误差大；②割平面法取法不唯一；③不便于计算机求解。

7.5 整数规划应用举例

【例7-6】某公司的新产品选择问题。某公司的研发部最近开发出了三种新产品，但是，为了防止生产的过度多元化，公司管理层增加了如下约束。

约束1：在三种新产品中，最多只能选择两种进行生产。

这些产品都可以在两个工厂中生产，但是，为了管理方便，管理层加入第二个约束。

约束2：两个工厂中必须选出一个专门生产新产品。

两个工厂中各种产品的单位生产成本是相同的，但是，由于生产设备不同，每单位产品所需要的生产时间是不同的。表7-6给出了这方面的相关数据，包括生产出来的产品每周内估计的可能销售量。管理层制定的目标是通过选择产品、工厂以及确定各种产品的周产量，使得总利润最大化。

表 7-6　　某公司新产品的相关数据

工厂/单时/产品	产品 1	产品 2	产品 3	每周可获时间/小时
1	3	4	2	30
2	4	6	2	40
单位利润/千元	5	7	3	
每周可销售量	7	5	9	

解：(1) 决策变量。

本问题是一个混合 0-1 整数规划模型，所需的决策变量有三类：第一类是三种新产品的周产量；第二类是决定是否生产这种新产品；第三类是决定选择哪家工厂生产新产品。

①决策变量：设席 x_i 为新产品 i 的周产量（$i = 1,2,3$）。

②辅助 0-1 变量：设 y_i 为是否生产新产品 i，$y_i = 1$ 表示生产，$y_i = 0$ 表示不生产（$i = 1,2,3$）。

③辅助 0-1 变量：设 $y = 0$ 表示选择工厂 1，$y = 1$ 表示选择工厂 2。

(2) 目标函数。

本问题的目标是公司的总利润最大，目标函数可表示为：$\max Z = 5x_1 + 7x_2 + 3x_3$。

(3) 约束条件。

①约束 1：在三种新产品中，最多只能选择两种进行生产。

$$y_1 + y_2 + y_3 \leqslant 2$$
$$x_i \leqslant My_i (i = 1,2,3)$$

其中 M 为相对较大值。

②约束 2：两个工厂中必须选出一个专门生产新产品。

$$3x_1 + 4x_2 + 2x_3 \leqslant 30 + My$$
$$4x_1 + 6x_2 + 2x_3 \leqslant 40 + M(1 - y)$$

③约束 3：产品的每周产量受可销售量限制。

$$x_1 \leqslant 7, x_2 \leqslant 5, x_3 \leqslant 9$$

可与 $x_i \leqslant My_i$（$i=1, 2, 3$）合并：

$$x_1 \leqslant 7y_1, x_2 \leqslant 5y_2, x_3 \leqslant 9y_3$$

原因是每种产品的每周最大产量为每周可销售量。

④量 x_i 非负、y_i 和 y 为 0-1 变量。

$$x_1, x_2, x_3 \geqslant 0$$
$$y_1, y_2, y_3 = 0,1$$
$$y = 0,1$$

因此，该问题的整数规划模型如下：

$$\max Z = 5x_1 + 7x_2 + 3x_3$$

$$s.t.\begin{cases} y_1+y_2+y_3\leqslant 2 \\ x_1\leqslant 7y_1, x_2\leqslant 5y_2, x_3\leqslant 9y_3 \\ 3x_1+4x_2+2x_3\leqslant 30+My \\ 4x_1+6x_2+2x_3\leqslant 40+M(1-y) \\ x_1,x_2,x_3\geqslant 0 \\ y_1,y_2,y_3=0,1 \\ y=0,1 \end{cases}$$

用 WinQSB 软件进行求解，可知应该在工厂 2 生产新产品 1 和 3，每周分别生产 5.5 和 9 个单位，可在满足所有约束条件的同时获得 5.45 万元的最大利润。

【例 7-7】建筑工地上的人员规划问题。在建筑工地上负责架设高层建筑的钢结构的建筑工人称为钢结构安装工。表 7-7 列出了一个工地上在 6 个月内对钢结构安装工的需求人数。在每个月的第一天可以从其他工地向此工地转移工人，每转移一个工人需要支出 100 元。在每月的最后一天，工人可以离开去其他工地，此时每有一个工人离开需要支出 160 元。工人过多或过少都会带来额外支出，每缺员或冗员一人需要支出 200 元（如果不足出现缺员，则其他工人需要加班，因此有额外支出）。

表 7-7　　每月钢结构安装工需要量　　单位：名

3 月	4 月	5 月	6 月	7 月	8 月
4	6	7	4	6	2

每天加班时间不能超过正常工作时间的 25%，每个月至多只能新来 3 名工人。而根据与工会达成的协议，每个月离开此工地去其他工地的工人数不能超过总人数的 1/3。我们假定在 2 月底此工地上已有 3 名钢结构安装工，且在 2 月底没有人离开，并且要求在 8 月底此工地上仍有 3 名钢结构安装工，那么每个月到来和离开的工人数为多少才能使总成本最低？

解：设第 i 月建筑工地上需要的工人数为 a_i（已知），实际拥有的工人数为 q_i，第 i 月初有 x_i 名工人到来，月末有 y_i 名工人离开，缺员 u_i 人，冗余 v_i 人，则该问题的数学模型可以写成：

$$\min Z = 100\sum_{i=1}^{6}x_i + 160\sum_{i=1}^{6}y_i + 200\sum_{i=1}^{6}(u_i+v_i)$$

$$s.t.\begin{cases} q_1 = 3 + x_1 & \text{3 月的工人数} \\ q_6 - y_6 = 3 & \text{8 月末的工人数为 3 人} \\ q_i = q_{i-1} - y_{i-1} + x_i & (i=2,3\cdots,6)\ \text{相邻两个月的工人数之间的关系} \\ q_i + u_i - v_i = a_i & (i=1,2,3\cdots,6)\ \text{第 } i \text{ 月的工人数约束} \\ 0.25q_i \geqslant u_i & (i=1,2,3\cdots,6)\ \text{加班时间限制} \\ x_i \leqslant 3 & (i=1,2,3\cdots,6)\ \text{每月新来的工人数限制} \\ y_i \leqslant \dfrac{1}{3}q_i & (i=1,2,3\cdots,6)\ \text{每月离开工地的工人数限制} \\ x_i,y_i,u_i,v_i,q_i \geqslant 0,\text{且为整数} & (i=1,2,3\cdots,6) \end{cases}$$

最优解为：总支出 1780 元，各月初到来的工人数和离开的工人数如表 7-8 所示。

表 7-8　每月钢结构安装工需要量　单位：名

月份	3 月	4 月	5 月	6 月	7 月	8 月
月初到来工人数	1	2	0	0	0	0
月末离开工人数	0	0	0	0	2	1

本章小结

整数规划模型是一类特殊的规划模型，其特点是决策变量部分或全部需要是整数。如果部分要求是整数，该问题就是混合整数规划；如果全部要求是整数，则该问题是纯整数规划。整数规划有很现实的意义，在许多线性规划中决策变量往往代表的是人数、设备台数等，非整数解显然是不符合要求的，因此，整数规划在工业、商业、交通运输、经济管理等领域都有广泛的应用。对于一般的整数规划，目前还没有有效的求解方法。本章主要介绍了一般整数线性规划及其算法，并重点介绍了分枝定界法的思想和方法。最后用几个有代表性的例子分析了整数规划的实际应用。

习　题　7

一、判断题

1. 整数规划目标函数值一般优于其相应的线性规划问题的解的目标函数值。(　　)

2. 一个整数规划问题如果存在两个以上的最优解，则该问题一定有无穷多最优解。(　　)

3. 整数规划求解时可先不考虑变量的整数约束，而求解其相应的线性规划问题，然后对求解结果中为非整数的变量凑整。(　　)

4. 用分枝定界法求解一个极大化的整数规划问题，当得到多于一个可行解时，通常可任取其中一个作为下界值，再进行比较剪枝。(　　)

5. 用分枝定界法求解一个极大化的整数规划问题时，任何一个可行解的目标函数值是该问题目标函数值的下界。(　　)

6. 分枝定界法在需要分枝时必须满足：一是分枝后的各子问题必须容易求解；二是各子问题解的集合必须覆盖原问题的解。(　　)

7. 求最大值的整数规划问题中，其松弛问题的最优解是整数规划问题最优解的上界。(　　)

8. 如果某个子问题的最优解（整数）已经求得，这一最优解是原整数规划问题的最优解。(　　)

9. 子问题的最优解恰好取全整数值，则该最优解也是其对应的松弛问题的最优解。(　　)

10. 用割平面法求解整数规划时，构造的割平面有可能切去一些不属于最优解的整数解。(　　)

二、选择题

1. 求解整数规划的分枝定界法是以求解相应的线性规划问题的（　　）为出发点。

A. 最优解　　B. 可行解
C. 基本解　　D. 基本可行解

2. 整数规划的最优解（　　）更优于其相应线性规划的最优解。

A. 会　　B. 不会
C. 可能会　　D. 无法确定

3. 对偶单纯形法的迭代是从（　　）开始的。

A. 正则解　　B. 最优解
C. 可行解　　D. 基本解

4. 影子价格实际上是与原问题的各约束条件相联系的（　　）的数量表现。

A. 决策变量　　B. 松弛变量
C. 人工变量　　D. 对偶变量

5. 线性规划灵敏度分析应在（　　）的基础上，分析系数的变化对最优解产生的影响。

A. 初始单纯形表　　B. 最优单纯形表
C. 对偶问题初始单纯形表　　D. 对偶问题最优单纯形表

6. 在某生产规划问题的线性规划问题模型中，变量 x_j 的目标系数 c_j 代表该变量所对应的产品的利润，则当某一非基变量的目标系数发生（　　）变化时，其有可能进入基底。

A. 减少　　B. 增大价格
C. 无论怎么变化都不会进入基底　　D. 不变

7. 在下列整数规划问题中，分枝定界法和割平面法都可以应用的是（　　）。

A. 纯整数规划　　B. 混合整数规划
C. 0－1 规划　　D. 线性规划

8. 下列关于整数线性规划问题的描述错误的是（　　）。

A. 在一个线性规划问题中，如果所有或部分变量要求取整数值，则称此问题为整数线性规划问题
B. 若要求所有的变量都取正整数，则称此问题为全整数线性规划问题
C. 若只要求部分变量取整数，这样的问题称为混合整数线性规划问题
D. 若所有的变量都只取 0 或 1，这样的问题则称为 0—1 规划

9. 在利用分枝定界法求解全整数线性规划问题过程中，对于子问题探明的判定，下列说法错误的是（　　）。

A. 松弛问题没有可行解，则原子问题也没有可行解
B. 松弛问题的最优解恰好全取整数值，则该最优解也是其对应的子问题的最优解
C. 松弛问题没有最优解，则原问题肯定没有最优解
D. 松弛问题的最小值大于现有的上界 Z，则无论其最优解是否取整数值，都将对应的子问题剪枝

10. 用割平面法求解整数规划时，构造的割平面只能切去（　　）。

A. 整数可行解　　B. 整数解最优解
C. 非整数解　　D. 无法确定

三、简答题

1. IP 有几类，并简述其特征。
2. 与 LP 相比，IP 有何不同？
3. 为什么说 IP 的求解难于 LP？
4. 用什么方法求一般整数规划问题的最优解？
5. 整数规划为什么不能用四舍五入方法对线性规划松弛问题取整数？
6. 割平面法与分枝定界法有没有相类似的或相联系的地方？试分析之。

四、计算题

1. 用图解法求解下列整数规划

$$\max z = 6x_1 + 5x_2$$

$$s.t.\begin{cases}2x_1 + x_2 \leqslant 9 \\ 5x_1 + 7x_2 \leqslant 35 \\ x_1, x_2 \geqslant 0 \text{ 且为整数}\end{cases}$$

2. 使用分枝定界法求解下列整数规划

(1) $\max z = 5x_1 + 2x_2$

$$s.t.\begin{cases}3x_1 + x_2 \leqslant 12 \\ x_1 + x_2 \leqslant 5 \\ x_1, x_2 \geqslant 0 \text{ 且为整数}\end{cases}$$

(2) $\max z = 4x_1 + 5x_2$

$$s.t.\begin{cases}x_1 + 4x_2 \leqslant 12 \\ 3x_1 + 2x_2 \leqslant 7 \\ x_1, x_2 \geqslant 0 \text{ 且为整数}\end{cases}$$

3. 用割平面法求解下列整数规划

(1) $\max z = 7x_1 + 9x_2$

$$s.t.\begin{cases}-x_1 + 3x_2 \leqslant 6 \\ 7x_1 + x_2 \leqslant 35 \\ x_1, x_2 \geqslant 0 \text{ 且为整数}\end{cases}$$

(2) $\max z = 4x_1 + 6x_2 + 2x_3$

$$s.t.\begin{cases}4x_1 - 4x_2 \leqslant 5 \\ -x_1 + 6x_2 \leqslant 5 \\ -x_1 + x_2 + x_3 \leqslant 5 \\ x_1, x_2, x_3 \geqslant 0 \text{ 且为整数}\end{cases}$$

4. 某企业运用两种主要零件来组装两种不同的产品，组装 1 件甲产品，需要 2 件 A 零件、9 件 B 零件，可得利润 3 万元；组装 1 件乙产品，需要 11 件 A 零件、8 件 B 零件，可得利润 13 万元。已知企业有 40 件 A 零件，82 件 B 零件，考虑最优的组装方案，使所获利润最大。

5. 要将一些不同类型的物品装到一艘货船上，这些物品的有关数据如表 7－9 所示。

表 7－9　　数据表

物品号	单位重量/kg	单位体积/m^3	冷藏要求	可燃指数	价值/元
1	20	1	要	0.1	5
2	5	2	不	0.2	10
3	10	3	不	0.4	15
4	12	4	要	0.1	10
5	25	5	不	0.3	25
6	50	6	不	0.9	20

该船的载重量为 400000kg，总容积为 50000m^3，其中可冷藏的容积为 10000m^3；容许的可燃总指标不能超过 750。目标是希望装载的物品取得最大的价值。每种物品装载的件数不限，但必须整件装。

6. 利屋怀特药品供应公司共有 12 个销售人员，公司希望把他们分配到 3 个地区——南部、东部和中西部。在南部的每个销售人员每月可以为公司赚取 600 美元，在东部的每个销售人员每月可赚 540 美元，在中西部的每个销售人员每月可赚 375 美元。南部地区最多可以安排 5 个销售人员。公司每天为 12 个销售人员提供共 750 美元的活动费用。在南部每个销售人员每天平均花费 80 美元，在东部每个销售人员每天平均花费 70 美元，而在中西部每个销售人员每天平均花费 50 美元。公司想要确定分配到每个地区的销售人员的数量，以使自己的收益最大。①为此问题建立整数规划模型；②用计算机求解该模型。

7. 海伦·霍门斯在自己的地下室手工制作陶器。她每周有 20 小时来制造陶瓷碗和陶瓷瓶。每只碗需要工作 3 小时，每个瓶子需要工作 2 小时。每只碗需要 2 磅特殊的黏土，而每个瓶子需要 5 磅特殊的黏土，她每周共有 35 磅的黏土。海伦为碗定价为 50 美元，为瓶子定价为 40 美元。她想知道每周生产多少只碗和瓶子能使她的收益最大。①为此问题建立整数规划模型；②用计算机求解该模型，将所提的解与未用整数限制的解做比较，并说明舍去非整数解的小数得到的解是不是最优的。

8. 诺斯伍德·贝克派克是佛蒙特州的一家批发、零售商店，专门销售户外服装和野营装备。每天由大量的计算机接线员来接受电话订单，有一些接线员是长期的，有一些是临时的。一个长期工作的接线员平均每天可处理 76 份订单，而临时接线员每天可处理 53 份订单。公司每天平均至少有 600 份订单。该店有 10 个计算机工作区。一个长期工作的接线员每天平均犯 1.3 个错误，而临时接线员每天平均犯

4.1 个错误。商店希望可以把每天的错误量控制在 24 个以下。一个长期工作的接线员每天的工资是 81 美元，一个临时接线员每天的工资是 50 美元。公司想要知道雇用多少长期的和临时的接线员能最小化成本。为此问题建立整数规划模型并用计算机求解。

9. 贝格瑞格卡车公司加入了一个网络运输交易所，通过网络，客户发布它们的运货参数，包括货物重量和体积、运输起点和终点。然后，贝格瑞格计算该趟运输花费的成本和时间，并决定它为这次运输所定的标价，以获得一定的利润水平。已有 12 个客户在交易所贴出了它们的运货参数，贝格瑞格有 3 辆可用的卡车来运货。每一辆卡车的运载能力是 80000 磅、5500 立方英尺，可用的驾驶时间是 90 小时。下面的表格显示了每一个客户货物的运载参数（即以磅为单位的重量和以立方英尺为单位的体积）和贝格瑞格从每趟运货中实现的利润，数据资料如表 7－10 所示。

表 7－10　　　　习题 9 的数据资料

客户	利润/美元	负载/磅	负载/立方英尺	时间/小时
1	20000	44000	1600	51
2	17000	39000	2100	22
3	15000	24000	3200	45
4	7000	33000	3700	36
5	18000	18000	4400	110
6	12000	21000	2900	105
7	5000	15000	1100	44
8	4600	19000	1600	56
9	11000	23000	800	60
10	6200	36000	1800	25
11	14000	55000	3700	37
12	9000	45000	2900	41

建立并求解一个线性规划模型，以确定贝格瑞格为了最大化利润应该选择哪几个客户进行投标。

五、案例分析

1. A 公司提供一系列高档室外家具产品，产品包括一张餐桌、一条长凳、一把扶手椅和一把长躺椅。餐桌必须与两个长凳作为一套进行售卖，但长凳可以单独售卖。下面是各款家具所需资源以及下月公司可用资源的列表（表 7－11）。

表 7－11　　　　案例 1 的数据资料

	餐桌	长凳	扶手椅	长躺椅	总可用量
售价（美元）	725	225	275	300	
红木	22	6	7	8	4500
松木	12	4	4	0	3600
12 英寸部件	18	4	0	2	2250
8 英寸部件	12	4	6	6	2075
螺栓	48	12	12	20	5925
劳动力	20	5	8	12	4800

红木每单位 8 美元，松木每单位 6 美元，12 英寸部件每个价值 2.5 美元，8 英寸部件每个价值 1.5 美元，每个螺栓 0.5 美元，劳动力的成本为每小时 9 美元。

按照之前的订单要求，必须生产 50 条长凳和 40 把长躺椅。

资源来源：威廉·史蒂文森，等．管理科学［M］．北京：中国人民大学出版社．2013：94.

问题：应该怎样制订下个月的生产计划以使利润最大？（结果取整数）

2. 超市上班的员工数量如果能随商城客流量大小而调整，则可在满足一定服务质量的前提下，减少人力资源的投入，从而可以降低运作成本。某超市根据统计，在一个典型工作日，每个时间段需要的值班员工数量如下：

9：00——11：00	30 人
11：00——13：00	50 人
13：00——15：00	40 人
15：00——17：00	45 人
17：00——19：00	60 人
19：00——21：00	40 人

超市员工可以选择上全时班（连续工作 8 小时）或上半时班（连续工作 4 小时），但上半时班的员工人数不能超过每一时段使用员工总数的 50%。超市按工作小时付给员工工资，上全时班和上半时班的小时工资率相同，请为该市构造一个数学模型，使每天使用的员工费用最小。

3. 某医院在每天各时段内需要护士人数如表 7－12 所示。

表 7－12　　案例 3 的数据资料

时段	6：00～8：00	8：00～14：00	14：00～16：00	16：00～22：00	22：00～6：00（次日）
需护士数	25	35	32	28	22

该医院安排 4 个护士上班班次：早班 6：00～14：00，白班 8：00～16：00，晚班 14：00～22：00，夜班 22：00～6：00（次日），每名护士每天值一个班次。

（1）该医院每天至少需要多少名护士才能满足值班需要？

（2）有人提议为简化管理，只设早、晚、夜三个班，取消白班，这种情况下又需要多少名护士能满足值班需要？

对（1）（2）两种情况分别建立数学模型，不需要求解，但需做出直观判断，哪一种情况需要护士数多一些，为什么？

第 8 章　0 - 1 整数规划

在整数规划中，当决策变量只能取 0 或 1 时，该线性规划就成为了特殊的整数规划——0 - 1 整数规划（Zero - one Integer Programming）。前面我们讨论的各种规划问题中，决策变量的取值都是数值变量，反映的是量的多少。事实上，人们在做决策时，经常还面临一些要求回答“是/否”“有/无”“如果…就…”之类带有一定逻辑性的问题。这些问题，采用我们前面所学的线性规划难以建模，而 0 - 1 规划则能大显身手。学习和掌握 0 - 1规划的建模技巧和求解方法，可有效解决许多实际问题。本章主要介绍 0 - 1 规划建模、小规模 0 - 1 规划求解的隐枚举法和指派问题的算法及应用等。

8.1　0 - 1 规划问题的提出

【例 8 - 1】某企业拟在 5 个地点中选 3 处建生产同一产品的工厂，在这 5 个地点建厂所需投资，需要占用一定的农田，工厂建成以后的生产能力等数据如表 8 - 1 所示。

表 8 - 1　　　**【例 8 - 1】数据表**

地点	1	2	3	4	5
所需投资/万元	320	280	240	210	180
占用农田/亩	20	18	15	11	8
生产能力/万吨	70	55	42	28	11

现在总投资有 800 万元，占用农田指标 60 亩，应如何选择厂址，使建成后总生产能力最大。

解：这是一个 0 - 1 规划问题。设拟选地点为 x_i，$i=1$，…，5，其中：

$$x_i = \begin{cases} 1 & \text{表示在 } i \text{ 地要建厂} \\ 0 & \text{表示在 } i \text{ 地不建厂} \end{cases} \quad (i = 1,\cdots,5)$$

依题意，则整数规划模型为：

$$\max Z = 70x_1 + 55x_2 + 42x_3 + 28x_4 + 11x_5$$

$$s.t.\begin{cases} 320x_1 + 280x_2 + 240x_3 + 210x_4 + 180x_5 \leqslant 800 \\ 20x_1 + 18x_2 + 15x_3 + 11x_4 + 8x_5 \leqslant 60 \\ x_1 + x_2 + x_3 + x_4 + x_5 = 3 \\ x_1, x_2, x_3, x_4, x_5 = 0,1 \end{cases}$$

对此问题求解，其最优解为：$x_1=1$，$x_2=0$，$x_3=1$，$x_4=1$，$x_5=0$，$\max Z=140$ 万吨。

即在地点 1、3、4 建厂，地点 2、5 不建厂。总投资 770 万元，占用农地 46 万亩。

【例 8 - 2】某部门三年内有四项工程可以考虑上马，每项工程的期望收益和年度费用（千元）如表 8 - 2 所示。假定每一项已选定的工程仅在三年内完成，试在每年可用资金一定的约束下确定应该上马哪些工程方能使该部门可能的期望收益最大？

表 8－2　　**【例 8－2】数据表**　　（单位：千元）

工程编号	费用			期望收益
	第 1 年	第 2 年	第 3 年	
1	5	1	8	20
2	4	7	10	40
3	3	9	2	20
4	8	6	10	30
可用资金	18	22	24	

解：这也是一个 0－1 规划问题，设：

$$x_i = \begin{cases} 1 & \text{第 } i \text{ 项工程要上马} \\ 0 & \text{第 } i \text{ 项工程不上马} \end{cases} \quad (i = 1,\cdots,4)$$

因每年的投资不超过所能提供的可用资金数，故该 0－1 整数规划问题的约束条件为

$$s.t.\begin{cases} 5x_1 + 4x_2 + 3x_3 + 8x_4 \leqslant 18 \\ x_1 + 7x_2 + 9x_3 + 6x_4 \leqslant 22 \\ 8x_1 + 10x_2 + 2x_3 + 10x_4 \leqslant 24 \\ x_j = 0 \text{ 或 } 1,\ j = 1,\cdots,4 \end{cases}$$

由于期望收益尽可能最大，故目标函数为：

$$\max Z = 20x_1 + 40x_2 + 20x_3 + 30x_4$$

此问题的最优解为（x_1，x_2，x_3，x_4）＝（0，1，1，1），相应的目标值为 90 千元。故应上马的工程为 2 号、3 号和 4 号工程。

由此可见，0－1 整数规划是一个特殊的线性规划问题，它要求决策变量的取值仅为 0 或 1。0－1 变量作为逻辑变量，常被用来表示系统是否处于某个特定的状态，或者决策时是否取某个特定方案。例如：

$$x = \begin{cases} 1,\text{当决策要取方案 } P \text{ 时} \\ 0,\text{当决策不取方案 } P \text{ 时(即取 } \overline{P} \text{ 时)} \end{cases}$$

当问题含有多项要素，而每项要素皆有两种选择时，可用一组 0－1 变量来描述。一般 0－1 型整数规划的数学模型如下：

$$\max(\min) Z = c_1x_1 + c_2x_2 + \cdots + c_nx_n$$

$$s.t.\begin{cases} a_{11}x_1 + a_{12}x_2 + \cdots + a_{1n}x_n \leqslant (\geqslant, =) b_1 \\ a_{21}x_1 + a_{22}x_2 + \cdots + a_{2n}x_n \leqslant (\geqslant, =) b_2 \\ \qquad\vdots \\ a_{m1}x_1 + a_{m2}x_2 + \cdots + a_{mn}x_n \leqslant (\geqslant, =) b_m \\ x_1, x_2, \cdots, x_n = 0 \text{ 或 } 1 \end{cases}$$

或者写成这样的缩略形式：

$$\max(\text{或}\ \min)z = \sum_{j=1}^{n} c_j x_j$$

$$s.t.\begin{cases}\sum_{j=1}^{n} a_{ij}x_j \geqslant b_i & i = 1,2,\cdots,m \\ x_j = 0\ \text{或}\ 1 & j = 1,2,\cdots,n\end{cases}$$

在应用中，有时会遇到变量可以取多个整数值的问题，这时利用0－1变量是二进制变量的性质，可以用一组0－1变量来取代该变量。例如，变量 x 可取0与9之间的任意整数时，可令：

$$x = 2^0x_0 + 2^1x_1 + 2^2x_2 + 2^3x_3 \leqslant 9$$

其中，x_0，x_1，x_2，x_3 皆为0－1变量。

0－1变量不仅广泛应用于解决科学技术问题，在实际问题的讨论中，0－1型整数规划模型也对应着大量最优决策的活动与安排讨论，以下我们将列举一些模型范例，以说明这个事实。

8.2　0－1规划问题建模

8.2.1　投资问题

【例8－3】某油田开发公司打算在10个有油气构造处选择若干个钻井采油，已知第 j（$j=1$，…，10）个构造开采时需投资 a_j 万元，投产后每年获得收益 c_j 万元，该公司现在可使用的资金额度为 b 万元，问公司应选取哪个开采最为有利，建立其数学模型。

本例的题意是在考虑满足资金限制的条件下，选择若干个构造开采，实现使得总收益能够达到最大的目标。由于最终决策是针对构造位置的选择，所以体现的是解决选择性决策问题。而针对某一构造而言，其决策的最终结果只存在要么选中开采，要么没有选中开采两种可能的状态，因而是一种逻辑关系，故可用0－1变量进行描述。

设：$x_j = \begin{cases}1 & \text{表示要选择第}\ j\ \text{个构造开采} \\ 0 & \text{表示不选择第}\ j\ \text{个构造开采}\end{cases}$

这里 $j=1$，…，10，则该问题数学模型可表示为：

$$\max Z = \sum_{j=1}^{10} c_j x_j$$

$$s.t.\begin{cases}\sum_{j=1}^{10} a_j x_j \leqslant b \\ x_j = 0\ \text{或}\ 1, j = 1,\cdots,10\end{cases}$$

即在大型的工程项目投融资过程中，在已知若干拟投资项目资本和可获利润的情况下，如何决策才能使投资方收益最大？

如果在【例8－3】中增加以下几个条件：

（1）若开采8号，则必须开采6号，但开采6号时不一定开采8号；

（2）若开采5号，则不允许开采3号，反过来也一样；

（3）8号和7号必须同时开采；

（4）2 号和 4 号至少开采一个；

（5）1 号、4 号、6 号、9 号开采时最多不能超过两个。

试表示上述约束条件。

本例中增加了一些带有条件判断性的限制条件，现分析如下：

对于（1），依题意有：当 $x_8=1$ 时，则必须 $x_6=1$；若 $x_8=0$，那么 $x_6=1$ 或 $x_6=0$。

由此可知，该条件的描述可表示为：$x_8 \leqslant x_6$。

对（2）做同样的分析，有：当 $x_5=1$ 时，则必须 $x_3=0$；而当 $x_5=0$，则 $x_3=1$ 或 $x_3=0$。

因此，该条件性约束可表示为：$x_5+x_3 \leqslant 1$。

对（3），因为：当 $x_8=1$ 时，应有 $x_7=1$；而当 $x_8=0$，也应该有 $x_7=0$。

所以该约束条件可表示为：$x_8=x_7$。

不难看出，（4）应该表示为：$x_2+x_4 \geqslant 1$。

对（5）项，则应有：$x_1+x_4+x_6+x_9 \leqslant 2$。

将以上分析结果加到【例 8－3】的数学模型中，则构成开采选择时的条件性约束。

【例 8－4】某公司有 5 个投资项目被列入投资计划，各项目需要的投资额和期望的收益如表 8－3 所示。

表 8－3　　　　【例 8－4】的数据表

项　目	投资额/万元	期望收益/万元
1	210	150
2	300	210
3	100	60
4	130	80
5	260	180

已知该公司只有 600 万元资金可用于投资，由于技术上的原因，投资受到以下约束：

（1）项目 1、2 和 3 至少应有一项选中；（2）项目 3 和 4 只能选一项；（3）项目 5 选中的前提是项目 1 必须选中。

问如何选择一个最好的投资方案才能使投资收益最大？

解：设 0－1 变量 x_i 为决策变量，即 $x_i=1$ 表示项目 i 被选中，$x_i=0$ 表示项目 i 被淘汰，则模型可表示为：

$$\max Z = 150x_1 + 210x_2 + 60x_3 + 80x_4 + 180x_5$$

$$s.t.\begin{cases} 210x_1 + 300x_2 + 100x_3 + 130x_4 + 260x_5 \leqslant 600 \\ x_1 + x_2 + x_3 \geqslant 1 \\ x_3 + x_4 = 1 \\ x_5 \leqslant x_1 \\ x_i \text{ 取 } 0 \text{ 或 } 1, i = 1,\cdots,5 \end{cases}$$

8.2.2 背包问题

背包问题是运筹学中一个非常有趣的问题，关于其解法有很多讨论，该问题的一般提法是：有一个背包容积为 v，现有 n 种物品可装配，物品 i 的重量为 w_i，体积为 v_i（$i=1, 2, \cdots, n$）。试问应如何装配，使得在不超过容积的前提下，总重量最大。

该问题可用 0－1 规划很容易建模，设 $x_i=1$ 表示装配该物品；$x_i=0$ 表示不装配该物品，则问题可写成如下形式：

$$\max Z = \sum_{i=1}^{n} w_i x_i$$

$$s.t. \begin{cases} \sum v_i x_i \leqslant v \\ x_i = 0 \text{ 或 } 1, i = 1,2,\cdots,n \end{cases}$$

【例 8－5】登山可带物品如表 8－4 所示，队员可携带物品最大重量为 25 千克。问都带哪些物品才是对登山重要性最大。

表 8－4　【例 8－5】数据表

序号	1	2	3	4	5	6	7
物品	食品	氧气	冰镐	绳索	帐篷	相机	设备
重量	5	5	2	6	12	2	4
重要性系数	20	15	18	14	8	4	10

解：对于每一种物品无非有两种状态，带或者不带，不妨设：$x_j = \begin{cases} 0 & \text{不带此种物品} \\ 1 & \text{带上此种物品} \end{cases}$

故得 0－1 规划的模型：

$$\max Z = 20x_1 + 15x_2 + 18x_3 + 14x_4 + 8x_5 + 4x_6 + 10x_7$$

$$s.t. \begin{cases} 5x_1 + 5x_2 + 2x_3 + 6x_4 + 12x_5 + 2x_6 + 4x_7 \leqslant 25 \\ x_j = 0 \text{ 或 } 1, j = 1,2,\cdots,7 \end{cases}$$

这一问题无疑可以用一般的线性规划方法求解，但由于该问题的特殊结构，不难找到更简单有效且有启发性的算法。比如可计算每一物品的重要性系数和重量的比值 c_i/a_i，比值大的首先选取，直到重量超过限制为止。经计算，各种物品的比值为：4，3，9，2，2.33，0.67，2，2.5。按从大到小选取，只有帐篷落选，即除 $x_5=0$ 外，其余变量均取 1，这时携带的总重量为 24kg，这也就是最优解。

只有一个约束的背包问题称为一维背包问题。一维背包问题的解法是富有启发性的，这种方法同样可以用于投资方案的选择问题。如对于【例 8－4】的项目选择问题的各方案回报率即 c_i/a_i 分别为：0.714，0.7，0.6，0.615，0.692。考虑到约束 2，可选 $x_1=1$，考虑到约束 3，可选 $x_4=1$，考虑到约束 4 和约束 1，可选 $x_5=1$，即 $x_1=x_4=x_5$，$x_2=x_3=0$，这时总投资额为 210＋130＋260＝600 万元，总收益 $Z=410$ 万元。

8.2.3　布点问题

布点问题又称作集合覆盖问题，是典型的整数规划问题，所解决的主要问题是一个给定集合（集合一）的每一个元素必须被另一个集合（集合二）所覆盖。比如，学校、医院、商业区、消防队等公共设施的布点问题，均属此类。布点问题的共同目标是，既满足公共要求，又使布的点最少，以节约投资费用。

【例8－6】某市共有六个区，每个区都可以设消防站。市政府希望设置消防站最少以便节省费用，但必须保证在城区任何地方发生火警时，消防车能在15min内直到现场。据实地测定，各区之间消防车行驶的时间如表8－5所示。

表8－5　【例8－6】数据表

	一区	二区	三区	四区	五区	六区
一区	0					
二区	10	0				
三区	16	24	0			
四区	28	32	12	0		
五区	27	17	27	15	0	
六区	20	10	21	25	14	0

对本例，可设0－1变量为决策变量，当 $x_i=1$ 时表示 i 地区设站，当 $x_i=0$ 时，则表示 i 地区不设站。这样根据消防车15min赶到现场的限制，可得到如下模型：

$$\min Z = x_1 + x_2 + x_3 + x_4 + x_5 + x_6$$

$$s.t.\begin{cases} x_1 + x_2 \geqslant 1 \\ x_1 + x_2 + x_6 \geqslant 1 \\ x_3 + x_4 \geqslant 1 \\ x_3 + x_4 + x_5 \geqslant 1 \\ x_4 + x_5 + x_6 \geqslant 1 \\ x_2 + x_5 + x_6 \geqslant 1 \\ x_i = 0 \text{或} 1, i = 1,\cdots,6 \end{cases}$$

本例最优解为 $x_2=x_4=1$，其余变量为0，$Z=2$。即只要在二区（管第一、二和六个区）和四区（管第三、四、五三个区）设站即可。

8.2.4　相互排斥的约束问题

【例8－7】如果在【例8－3】中的开采构造时需使用电力，解决的方案是或由电网供电，或用自备的柴油机发电，但二者只能选其中之一。已知第 j（$j=1$，…，10）个构造开采时将耗电 d_j 度，电网每天供电限量为 f 度，而柴油每天供应限量为 Pkg，发电时，每度电耗油0.3kg，试在上述【例8－3】的模型中表示出这两种约束只选择其中一个的情况。

本例中提供了两个约束条件，但这二者不是同时起作用的，要求在模型中表示出只选其一的情况。

同样，对其中的任一条件，只存在要么选择了该种方式供电，即起约束作用，要么不选择该种方式供电，即该约束不起限制作用，所以也是逻辑选择的关系，故可利用 0－1 变量表示。

$$y_1 = \begin{cases} 1 & \text{表示要采用电网方式供电} \\ 0 & \text{表示不采用电网方式供电} \end{cases}$$

$$y_2 = \begin{cases} 1 & \text{表示要采用自备柴油机发电} \\ 0 & \text{表示不采用自备柴油机发电} \end{cases}$$

则可将下述描述加进模型约束中：

$$\begin{cases} \sum_{j=1}^{10} d_j x_j \leqslant f + (1 - y_1)M \\ \sum_{j=1}^{10} 0.3 d_j x_j \leqslant p + (1 - y_2)M \\ y_1 + y_2 = 1 \\ y_1, y_2 = 0 \text{ 或 } 1 \end{cases}$$

其中，M 为一个非常大的正数。

显然，当 $y_1 = 1$ 时，由第 3 式知 $y_2 = 0$，这时第 1 式显然是起约束作用，从第 2 式看，该约束自然满足，故不起作用。同理，当 $y_2 = 1$、$y_1 = 0$ 时，这时第 2 式起限制作用，而第 1 式自然满足不起约束作用，而第 3 式保证了两种方式必定选一种的限制，故模型中完全表示出了这样的逻辑性选择问题。

一般地，选择性约束有如下几种情况：

（1）m 个约束中只有 k 个起作用：

设 m 个约束条件表示为：$\sum_{j=1}^{n} a_{ij} x_j \leqslant b_i \; i = 1, \cdots, m$

定义：$y_i = \begin{cases} 1 & \text{表示第 } i \text{ 个约束条件将起作用} \\ 0 & \text{表示第 } i \text{ 个约束条件不起作用} \end{cases}$

则模型为：$\begin{cases} \sum_{j=1}^{n} a_{ij} x_j \leqslant b_i + (1 - y_i)M \quad i = 1, \cdots, m \\ y_1 + y_2 + \cdots + y_m = k \\ y_i = 0 \text{ 或 } 1 \quad i = 1, \cdots, m \end{cases}$

式中，M 为充分大的正数。

（2）约束条件右端项只能是 m 个值（b_1，…，b_m）中的某一个，即

$$\sum_{j=1}^{n} a_j x_j \leqslant b_1 \text{ 或 } b_2, \cdots \text{ 或 } b_m$$

同样，当我们定义：

$$y_i = \begin{cases} 1 & \text{当右端项取值要为 } b_i \text{ 时} \\ 0 & \text{当右端项取值不为 } b_i \text{ 时} \end{cases}$$

则该约束可表示成：

$$\begin{cases}\sum_{j=1}^{n} a_j x_j \leqslant \sum_{i=1}^{m} b_i y_i \\ y_1 + y_2 + \cdots + y_m = 1 \\ y_i = 0 \text{或} 1, i = 1,\cdots,m\end{cases}$$

（3）两组条件满足其中一组：

例如，当给出：若 $x_1 \leqslant 4$，则 $x_2 \geqslant 1$，否则（即 $x_1 > 4$，$x_2 < 1$），则定义

$$y_i = \begin{cases}1 & \text{第 } i \text{ 组条件将起作用} \\ 0 & \text{第 } i \text{ 组条件不起作用}\end{cases} (i = 1,2)$$

又设 M 为充分大的正数，则该形式的约束条件可表示为：

$$\begin{cases}x_1 \leqslant 4 + (1 - y_1)M \\ x_2 \geqslant 1 - (1 - y_1)M \\ x_1 > 4 - (1 - y_2)M \\ x_2 < 1 + (1 - y_2)M \\ y_1 + y_2 = 1 \\ y_1, y_2 = 0 \text{或} 1\end{cases}$$

8.2.5　固定成本问题

在生产经营中，费用常常被按照是否与产量相关而分为固定费用和变动费用。在新产品开发决策中，经常要用到固定费用和变动费用的概念。例如在产品开发中，设备的租金和购入设备的折旧都属于固定费用，而原材料和工时消耗则属于变动费用。在这里，经常面临着两类决策变量：一类是是否使用某类设备的 0－1 变量 y_i，$y_i = 1$ 表示使用 i 设备，$y_i = 0$ 表示不使用该设备；另一类是反映某种产品生产量的变量 x_i。这两类变量间的关系是：若 $x_i > 0$，则 y_i 应为 1；若 $y_i = 0$，则 x_i 必为 0。

设目标函数

$$F(x) = \begin{cases}k + cx & \text{当 } x > 0 \\ 0 & \text{当 } x = 0 (k \neq 0, c \neq 0, \text{且为常数})\end{cases}$$

试表示该目标函数。

分析：该目标函数为分段函数，根据 x 的取值从而确定目标函数的表达式，属逻辑选择过程。我们利用 0－1 变量来表示这种逻辑判断过程，设：$y = \begin{cases}1 & \text{当 } x > 0 \text{ 时} \\ 0 & \text{当 } x = 0 \text{ 时}\end{cases}$，那么，该目标函数及约束条件可写成：

$$\begin{cases}F(x) = ky + cx \\ x \leqslant yM \\ xM \geqslant y \\ x \geqslant 0, y = 0 \text{或} 1\end{cases}$$

其中 M 为一充分大正数。

当 $x > 0$ 时，由第 2 式知，应有 $y \neq 0$，即 $y = 1$，这时第 3 式自然成立；

当 $x = 0$ 时，由第 3 式知，应有 $y = 0$，第 2 式自然成立。

这样，通过引进一个 0－1 变量 y，利用上式就可表示出以上的分段性质的目标函数，其中第 2 式～第 4 式构成约束条件。

【例 8-8】某企业在 A 地已有一个工厂，其产品的生产能力为 30 千箱，为了扩大生产，打算在 A_2，A_3，A_4，A_5 地中再选择几个地方建厂，已知在 A_2 地建厂的固定成本为 175 千元，在 A_3 地建厂的固定成本为 300 千元，在 A_4 地建厂的固定成本为 375 千元，在 A_5 地建厂的固定成本为 500 千元，另外，在 A_1 的产量，A_2，A_3，A_4，A_5 建成后的产量，建成后销地的销量以及产地到销地的单位运价（每千箱运费）如表 8-6 所示。①问应该在哪几个地方建厂，在满足销量的前提下，使得其总的固定成本和总的运输费用之和最小；②如果由于政策要求必须在 A_2，A_3 地建一个厂，应在哪个地方建厂？

表 8-6　运输表

产地/运输单价/销地	B_1	B_2	B_3	产量/千箱
A_1	8	4	3	30
A_2	5	2	3	10
A_3	4	3	4	20
A_4	9	7	5	30
A_5	10	4	2	40
销量/千箱	30	20	20	

解：(1) 设 x_{ij} 为从 A_i 运往 B_j 的运输量（单位：千箱），

$$y_i = \begin{cases} 1 & \text{当 } A_i \text{ 厂址将被选中时} \\ 0 & \text{当 } A_i \text{ 厂址没被选中时} \end{cases}$$

则此问题的固定成本及总运输费最小的目标可写为：

$$\min Z = 175y_2 + 300y_3 + 375y_4 + 500y_5 + 8x_{11} + 4x_{12} + 3x_{13} + 5x_{21} + 2x_{22} + 3x_{23} + 4x_{31} + 3x_{32} + 4x_{33} + 9x_{41} + 7x_{42} + 5x_{43} + 10x_{51} + 4x_{52} + 5x_{53}$$

其中，前四项为固定投资额，后面的几项为运输费用。

对 A_1 厂来说其产量限制的约束条件可写成：$x_{11} + x_{12} + x_{13} \leqslant 30$

但是对 A_2，A_3，A_4，A_5 准备选址建设的新厂来说，只有当选为厂址时，才会有生产量，所以它们的产量限制的约束条件写成：

$$x_{21} + x_{22} + x_{23} \leqslant 10y_2$$

$$x_{31} + x_{32} + x_{33} \leqslant 20y_3$$

$$x_{41} + x_{42} + x_{43} \leqslant 30y_4$$

$$x_{51} + x_{52} + x_{53} \leqslant 40y_5$$

至于满足销量的约束条件可写为：

$$x_{11} + x_{21} + x_{31} + x_{41} + x_{51} = 30$$

$$x_{12} + x_{22} + x_{32} + x_{42} + x_{52} = 20$$

$$x_{13} + x_{23} + x_{33} + x_{43} + x_{53} = 20$$

(2) 由于必须在 A_2 和 A_3 中选择一个建厂，所以 $y_2 + y_3 = 1$，建模时把 $y_2 + y_3 = 1$ 作为约束条件附加在 (1) 的模型中即可。

8.3　0-1规划求解的隐枚举法

0-1规划是一种特殊的纯整数规划。求解0-1规划的隐枚举法（Implicit Enumeration Method）不需要用单纯形法求解线性规划问题。它的基本思路是从所有变量等于零出发，依次指定一些变量为1，直至得到一个可行解，并将它作为目前最好的可行解。此后，依次检查变量等于0或1的某些组合，以便使目前最好的可行解不断加以改进，最终获得最优解。隐枚举法不同于穷举法，它不需要将所有可行的变量组合一一列举计算。它通过分析、判断排除了许多变量组合作为最优解的可能性。也就是说，它们被隐含枚举了，隐枚举法故此得名。这样计算量大大减少，简单易行。

隐枚举的实质也是分枝定界法，下面以【例8-9】的求解过程为例予以说明。

【例8-9】用隐枚举法求解0—1规划问题。

$$\max Z = 3x_1 - 2x_2 + 5x_3$$

$$s.t.\begin{cases} x_1 + 2x_2 - x_3 \leqslant 2 & (1) \\ x_1 + 4x_2 + x_3 \leqslant 4 & (2) \\ x_1 + x_2 \leqslant 3 & (3) \\ 4x_2 + x_3 \leqslant 6 & (4) \\ x_1, x_2, x_3 = 0 \text{ 或 } 1 \end{cases}$$

解：这是一个0-1规划问题，用隐枚举法求解。

第一步，先取一个可行解，$(x_1, x_2, x_3) = (0, 0, 0)$，有 $Z_0 = 0$。

第二步，新引进过滤约束 $Z_1 \geqslant Z_0$，在本例中即：$3x_1 - 2x_2 + 5x_3 \geqslant 3$。

这是因为，初始可行解的目标函数值已为3，要继续寻找的可行解当然应该使目标函数值大于3，因此原问题变为：

$$\max Z = 3x_1 - 2x_2 + 5x_3$$

$$s.t.\begin{cases} 3x_1 - 2x_2 + 5x_3 \geqslant 3 & (0) \\ x_1 + 2x_2 - x_3 \leqslant 2 & (1) \\ x_1 + 4x_2 + x_3 \leqslant 4 & (2) \\ x_1 + x_2 \leqslant 3 & (3) \\ 4x_2 + x_3 \leqslant 6 & (4) \\ x_1, x_2, x_3 = 0 \text{ 或 } 1 \end{cases}$$

第三步，解上述新的规划问题。

按照穷举法的思路，应依次检查各种变量组合，每得到一个可行解，就求出它的目标函数值 Z_1，看是否成立 $Z_1 \geqslant Z_0$，如成立则将原来的过滤约束换成 $Z_2 \geqslant Z_1$。

但按照隐枚举法，过滤约束是所有约束条件中最重要的一个，因而应先检查可行解是否满足它，如不满足其他的约束也就不必检查了。这也正是过滤约束的基本目的。

求解过程通常可用表8-7列出。

表 8－7　　隐枚举法求解过程

次序	组合 (x_1, x_2, x_3)	约束条件 (0)	(1)	(2)	(3)	(4)	满足√，否则×	Z 值
1	(0, 0, 0)	0					×	
2	(0, 0, 1)	5	−1	1	0	1	√	5
3	(0, 1, 0)	−2					×	
4	(0, 1, 1)	3	1	5			×	
5	(1, 0, 0)	3	1	1	1	0	√	
6	(1, 0, 1)	8	0	2	1	1	√	8
7	(1, 1, 0)	1					×	
8	(1, 1, 1)	6	2	6			×	

于是得到最优解：$(x_1, x_2, x_3) = (1, 0, 1)$，$\max Z=8$

在上例中，原来是 3 个变量有 $2^3=8$ 个组合，4 个约束条件，共需 $8\times4=32$（次）运算。现在居然增加了一个约束条件（0）后，上面表中只进行了 24 次运算，运算量减少了 25%。如果我们采用以下两种措施，运算还可以进一步减少。

第一，改进过滤性约束条件。

在计算过程中，如果遇到计算出的 Z 值已超过滤性约束条件（0）右边的值，则可用计算出的 Z 值代替右边的值。例如，在表 8－7 中，当计算出组合（0，0，1）的 $Z>5$ 时，则应将约束条件（0）改成：

$$3x_1-2x_2+5x_3\geqslant5 \qquad (0)'$$

这种对过滤性约束条件的改进，可以使计算量更加减少。

第二，把目标函数系数按递增排列。

例如，在【例 8－9】中，可以把目标函数改写成：$Z=-2x_2+3x_1+5x_3$

这样 −2，3，5 呈递增的排列，变量的取值可按（0，0，0），（0，0，1），（0，1，0），（0，1，1），…，（1，1，1）进行，这样可以比较早地发现最优解。

在采用以上两项措施，重解例【例 8－11】。先把原问题改写如下：

$$\max Z=-2x_2+3x_1+5x_3$$

$$s.t.\begin{cases}-2x_2+3x_1+5x_3\geqslant3 & (0)\\2x_2+x_1-x_3\leqslant2 & (1)\\4x_2+x_1+x_3\leqslant4 & (2)\\x_2+x_1\leqslant3 & (3)\\4x_2+x_3\leqslant6 & (4)\\x_2,x_1,x_3=0,1\end{cases}$$

计算如下（表 8－8）：

表 8-8　　改进目标函数排序后求解过程

次序	组合 (x_1, x_2, x_3)	约束条件					满足√，否则 ×	Z 值
		(0)	(1)	(2)	(3)	(4)		
1	(0, 0, 0)	0					×	
2	(0, 0, 1)	5	−1	1	0	1	√	5

在表 8-8 中改进过滤性约束条件，用：

$$-2x_2+3x_1+5x_3 \geqslant 5 \qquad (0)'$$

代替（0），继续进行，得表 8-9。

表 8-9　　改进过滤条件后求解过程

次序	组合 (x_1, x_2, x_3)	约束条件					满足√，否则 ×	Z 值
		(0)′	(1)	(2)	(3)	(4)		
3	(0, 1, 0)	3					×	
4	(0, 1, 1)	8	0	2	1	1	√	8

再改进过滤性约束条件，用：$-2x_2+3x_1+5x_3 \geqslant 8$　　(0)″代替（0）′，继续进行，得表 8-10。

表 8-10　　进一步改进过滤条件后求解过程

次序	组合 (x_1, x_2, x_3)	约束条件					满足√，否则 ×	Z 值
		(0)″	(1)	(2)	(3)	(4)		
5	(1, 0, 0)	−2					×	
6	(1, 0, 1)	3					×	
7	(1, 1, 0)	1					×	
8	(1, 1, 1)	6					×	

至此，所有组合都已考虑过，得到最优解 $(x_2, x_1, x_3)=(0, 1, 1)$，即 $(x_1, x_2, x_3)=(1, 0, 1)$，与前相同，但这里只用了 16 次运算，比前面的算法又减少了 33.3%。

由上述例子，可以总结出隐枚举法求 0-1 整数规划的一般步骤如下。

解法一步骤：

步骤一：由观察法找到一个可行解 X_0，得到目标函数值下界 Z_0（最小问题为上界），增加过滤条件，并将目标函数按变量系数递增（最小值问题则按递减）顺序排列。

步骤二：按照目标函数变量的排列顺序，依次列出 2^n 个变量取值的组合，并依次检查是否满足各约束条件。若全部满足，则算出相应的目标函数值，否则，舍弃此变量组合。

步骤三：比较各可行解的目标函数值，确定最优解和最优值。

解法二步骤：

步骤一：变换目标函数和约束方程组。

统一价值系数 c_j 的符号。

在目标函数求极大值时，统一转化为负号，求极小值时统一转化为正号。

在不满足上述要求时，用 $x_j = 1 - \bar{x}_j$ 进行变换。

步骤二：用目标函数值探索法求最优解。

以 Z_0（即经过步骤一变换整理后目标函数的常数项的值）为上界（最小值为下界），逐步向下搜索，直至获得可行解为止，即得到最优解。

8.4 指派问题

8.4.1 指派问题的描述

在现实生活中，有各种性质的指派问题。例如，有若干项工作需要分配给若干人（或部门）来完成；有若干项合同需要选择若干个投标者来承包；有若干个班级需要安排在各教室上课等。诸如此类的问题，它们的基本要求是在满足特定的指派要求条件下，使指派方案的总体效果最佳。由于指派问题的多样性，有必要定义指派问题的标准形式。

指派问题的标准形式（以人和事为例）是：有 n 个人和 n 件事，已知第 i 个人做第 j 件事的费用为 c_{ij}（i，$j=1$，2，…，n），要求确定人和事之间一一对应的指派方案，使完成这 n 件事的总费用最少。

为了建立标准指派问题的数学模型，引入 n^2 个 0－1 变量：

$$x_{ij} = \begin{cases} 1 & \text{若要指派第 } i \text{ 人做第 } j \text{ 件事} \\ 0 & \text{若不指派第 } i \text{ 人做第 } j \text{ 件事} \end{cases}$$

这样，问题的数学模型可写成：

$$\min Z = \sum_{i=1}^{n}\sum_{j=1}^{n} c_{ij}x_{ij} \qquad (1)$$

$$s.t.\begin{cases} \sum_{i=1}^{n} x_{ij} = 1 & j = 1,2,\cdots n \quad (2) \\ \sum_{j=1}^{n} x_{ij} = 1 & i = 1,2,\cdots n \quad (3) \\ x_{ij} = 0,1 & i,j = 1,2,\cdots n \quad (4) \end{cases}$$

其中，（2）表示每件事必有且只有一个人去做，（3）表示每个人必做且只做一件事。

注：①指派问题是产量（a_i）、销量（b_j）相等，且 $a_i = b_j = 1$，i，$j=1$，2，…n 的特殊运输问题。②有时也称 c_{ij} 为第 i 个人完成第 j 件工作所需的资源数，称之为效率系数（或价值系数），并称矩阵

$$C = (c_{ij})_{n\times n} = \begin{pmatrix} c_{11} & c_{12} & \cdots & c_{1n} \\ c_{21} & c_{22} & \cdots & c_{2n} \\ \cdots & \cdots & \cdots & \cdots \\ c_{n1} & c_{n2} & \cdots & c_{nn} \end{pmatrix} \qquad (8.1)$$

为效率矩阵（或价值系数矩阵）。

并称决策变量 x_{ij} 排成的 $n \times n$ 矩阵

$$X = (x_{ij})_{n\times n} = \begin{pmatrix} x_{11} & x_{12} & \cdots & x_{1n} \\ x_{21} & x_{22} & \cdots & x_{2n} \\ \cdots & \cdots & \cdots & \cdots \\ x_{n1} & x_{n2} & \cdots & x_{nn} \end{pmatrix} \tag{8.2}$$

为决策变量矩阵。

（8.2）的特征是它有 n 个1，其他都是0。这 n 个1位于不同行、不同列。每一种情况为指派问题的一个可行解，共有 n！个解。

其总的费用 $z = C \oplus X$，这里的 $\oplus$ 表示两矩阵对应元素的积，然后相加。

问题是：把这 n 个1放到 X 的 n^2 个位置的什么地方可使耗费的总资源最少？（即解最优）

8.4.2　指派问题求解原理及算法

1. 柯尼格定理

指派问题的算法是根据匈牙利科学柯尼格的独立0元素定理设计的。因为，既然指派问题是一类特殊的整数规划问题，又是特殊的0-1规划问题和特殊的运输问题，因此，它可以用多种相应的解法来求解。但是，这些解法都没有充分利用指派问题的特殊性质有效地减少计算量。而美国学者库恩（W. W. Kuhn），根据匈牙利数学家柯尼格（D. Konig）独立0元素定理，于1955年提出了求解指派问题的解法，有效地解决了这个问题。也正因为如此，解指派问题的这种方法虽然后来几经改进，但一直被称作为匈牙利法。

定理1：设指派问题的效率矩阵为 $C = (c_{ij})_{n\times n}$，若将该矩阵的某一行（或某一列）的各个元素都减去同一常数 t（t 可正可负），得到新的效率矩阵 $C' = (c'_{ij})_{n\times n}$，则以 C' 为效率矩阵的新的指派问题与原指派问题的最优解相同，但其最优值比原最优值减少 t。而新问题的约束方程同原指派问题的约束方程。因此其最优解相同，而最优值差一个常数。

定理2：效率矩阵 C 中独立零元素的最多个数等于能覆盖所有零元素的最少直线数。

2. 匈牙利算法

第一步，依效率矩阵建立机会成本矩阵，所谓机会成本矩阵，即比采用最优方案多支付的成本。

第二步，进行最优性检验，检验的方法是：用尽可能少的水平或垂直的直线划去全部的0格，如果所用的直线数恰好等于矩阵的行数或列数，即为最优解。要使所用的直线为最少直线数，一般应首先从0最多的行或列开始划起，直至划完为止。

第三步，调整方案，调整方案的方法是，在所有的未划去的元素中减去其最小元素，然后在所划直线的交叉点上加上这一最小元素，其余位置的元素值保持不变。这样做的目的是增加矩阵中0元素的数目。

第四步，进行试指派，确定最优方案：进行试指派时，在 n 很小的情况下，可用观察法或试探法找出 n 个独立的0元素即可。如果 n 较大，则需要按照一定的步骤做起。

（1）先从只有一个0元素的行开始，给这个0元素加上标记，将所在列的其他0元素划去，表示这一列的任务已经被指派，即不再考虑别人。

（2）再从只有一个0元素的列开始，给这个0元素加上标记，将所在行的其他0元素划去。

（3）反复进行以上两步，直至所有的0元素都被加上标记或被划去。

（4）当标记的0元素的数目恰好等于矩阵的行数或列数时，则最优指派方案找到。

【例8－10】某汽车公司拟将四种新产品配置到四个工厂生产，四个工厂的单位产品成本（元/件）如表8－11所示。求最优生产配置方案。

表8－11　【例8－10】数据资料

工厂/产品	产品1	产品2	产品3	产品4
工厂1	58	69	180	260
工厂2	75	50	150	230
工厂3	65	70	170	250
工厂4	82	55	200	280

第一步：求机会成本矩阵。先找出效率矩阵每行的最小元素，并分别从每行中减去最小元素，有：

$$\begin{bmatrix} 58 & 69 & 180 & 260 \\ 75 & 50 & 150 & 230 \\ 65 & 70 & 170 & 250 \\ 82 & 55 & 200 & 280 \end{bmatrix} \begin{matrix} \text{min} \\ 58 \\ 50 \\ 65 \\ 55 \end{matrix} \Rightarrow \begin{bmatrix} 0 & 11 & 122 & 202 \\ 25 & 0 & 100 & 180 \\ 0 & 5 & 105 & 185 \\ 27 & 0 & 145 & 225 \end{bmatrix}$$

然后找出矩阵每列的最小元素，再分别从每列中减去，有：

$$\begin{matrix} \begin{bmatrix} 0 & 11 & 122 & 202 \\ 25 & 0 & 100 & 180 \\ 0 & 5 & 105 & 185 \\ 27 & 0 & 145 & 225 \end{bmatrix} \\ \qquad\qquad 100 \quad 180 \end{matrix} \Rightarrow \begin{bmatrix} 0 & 11 & 22 & 22 \\ 25 & 0 & 0 & 0 \\ 0 & 5 & 5 & 5 \\ 27 & 0 & 45 & 45 \end{bmatrix}$$

第二步：最优检验。用最少的直线覆盖所有“0”，得：

$$\begin{bmatrix} 0 & 11 & 22 & 22 \\ 25 & 0 & 0 & 0 \\ 0 & 5 & 5 & 5 \\ 25 & 0 & 45 & 45 \end{bmatrix}$$

第三步：方案调整。这里直线数等于3（等于4时停止运算），要进行下一轮计算。从矩阵未被直线覆盖的数字中找出一个最小数 k 并且减去 k，矩阵中 $k=5$。直线相交处的元素加上 k，被直线覆盖而没有相交的元素不变，得到左边所示矩阵。

$$\begin{bmatrix} 0 & 6 & 17 & 17 \\ 30 & 0 & 0 & 0 \\ 0 & 0 & 0 & 0 \\ 32 & 0 & 45 & 45 \end{bmatrix}$$

回到第二步，重新画线进行最优性检验。通过则转第四步，否则继续第三步。

$$\begin{bmatrix} 0 & 6 & 17 & 17 \\ 30 & 0 & 0 & 0 \\ 0 & 0 & 0 & 0 \\ 32 & 0 & 45 & 45 \end{bmatrix}$$

第四步：试指派。覆盖所有零元素最少需要 4 条直线，表明矩阵中存在 4 个不同行不同列的零元素，容易看出 4 个“0”的位置：

$$\begin{bmatrix} (0) & 6 & 17 & 17 \\ 30 & \not{0} & (0) & \not{0} \\ \not{0} & \not{0} & \not{0} & (0) \\ 32 & (0) & 45 & 45 \end{bmatrix} \quad 或 \quad \begin{bmatrix} (0) & 6 & 17 & 17 \\ 30 & \not{0} & \not{0} & (0) \\ \not{0} & \not{0} & (0) & \not{0} \\ 32 & (0) & 45 & 45 \end{bmatrix}$$

得到两个最优解：

$$X^{(1)}\begin{bmatrix} 1 & & & \\ & & 1 & \\ & & & 1 \\ & 1 & & \end{bmatrix},\ X^{(2)} = \begin{bmatrix} 1 & & & \\ & & & 1 \\ & & 1 & \\ & 1 & & \end{bmatrix}$$

方案一：工厂 1→产品 1；工厂 2→产品 3；工厂 3→产品 4；工厂 4→产品 2。

方案二：工厂 1→产品 1；工厂 2→产品 4；工厂 3→产品 3；工厂 4→产品 2。

目标函数：单件产品总成本：$Z = 58 + 150 + 250 + 55 = 513$。

值得指出的是，匈牙利法是根据最优解原理而得到的求解方法。

最优化原理：如果从分配问题效率矩阵的每一行（或列）分别减去（或加上）一个常数，得到的一个新的效率矩阵的最优解不变。

8.4.3　非标准形式的指派问题

在实际应用中，常会遇到非标准形式，解决的思路是：先化成标准形式，然后再用匈牙利法求解。

1. **最大化的指派问题**

其一般形式为：

$$\max Z = \sum_{i=1}^{n}\sum_{j=1}^{n} c_{ij}x_{ij}$$

$$s.t.\begin{cases} \sum_{i=1}^{n} x_{ij} = 1 & j = 1,2,\cdots,n \\ \sum_{j=1}^{n} x_{ij} = 1 & i = 1,2,\cdots,n \\ x_{ij} = 0,1 & i,j = 1,2,\cdots,n \end{cases}$$

处理办法：设最大化的指派问题的系数矩阵为 $C=(c_{ij})_{n\times n}$，$m=\max\{c_{11}, c_{12}, \cdots, c_{m}\}$，令，$B=(B_{ij})_{n*n}=(m-c_{ij})_{n*n}$，则以 B 为系数矩阵的最小化指派问题和以 C 为系数矩阵的原最大化指派问题有相同的最优解。

【例 8－11】某工厂有 4 名工人 A_1，A_2，A_3，A_4，分别操作 4 台车床 B_1，B_2，B_3，B_4。每小时单产量为：$\begin{pmatrix}10 & 9 & 8 & 7\\ 3 & 4 & 5 & 6\\ 2 & 1 & 1 & 2\\ 4 & 3 & 5 & 6\end{pmatrix}$，求产值最大的分配方案。

解：$C=(c_{ij})_{n\times n}=\begin{pmatrix}10 & 9 & 8 & 7\\ 3 & 4 & 5 & 6\\ 2 & 1 & 1 & 2\\ 4 & 3 & 5 & 6\end{pmatrix}$，$m=\max\{10, 9, 8, 7, \cdots 5, 6\}=10$，

$$B=(B_{ij})_{n\times n}=(10-c_{ij})_{n\times n}$$

$$=\begin{pmatrix}0 & 1 & 2 & 3\\ 7 & 6 & 5 & 4\\ 8 & 9 & 9 & 8\\ 6 & 7 & 5 & 4\end{pmatrix}\longrightarrow\begin{pmatrix}0 & 1 & 2 & 3\\ 3 & 2 & 1 & 0\\ 0 & 1 & 1 & 0\\ 2 & 3 & 1 & 0\end{pmatrix}\longrightarrow\begin{pmatrix}0 & 0 & 1 & 3\\ 3 & 1 & 0 & 0\\ 0 & 0 & 0 & 0\\ 2 & 2 & 0 & 0\end{pmatrix}=B'\rightarrow$$

$$\begin{pmatrix}(0) & 0 & 1 & 3\\ 3 & 1 & 0 & (0)\\ 0 & (0) & 0 & 0\\ 2 & 2 & (0) & 0\end{pmatrix}$$

B' 中的◎数 $=n=4$，　所以

$$X^{(1)}=\begin{pmatrix}1 & 0 & 0 & 0\\ 0 & 0 & 0 & 1\\ 0 & 1 & 0 & 0\\ 0 & 0 & 1 & 0\end{pmatrix};\ X^{(2)}=\begin{pmatrix}1 & 0 & 0 & 0\\ 0 & 0 & 1 & 0\\ 0 & 1 & 0 & 0\\ 0 & 0 & 0 & 1\end{pmatrix} \tag{8.3}$$

即为最优解，从而产值最大的分配方案也为（8.3），最大产值为：$Z=10+6+1+5=10+1+5+6=22$。

2. 人数和事数不等的指派问题

（1）若人数 < 事数，添一些虚拟的“人”，此时这些虚拟的“人”做各件事的费用系数取为 0，理解为这些费用实际上不会发生。

（2）若人数 > 事数，添一些虚拟的“事”，此时这些虚拟的“事”被各个人做的费用系数同样也取为 0，如果某人被分配做了虚拟的事情，可理解为此人休假或去做其他的事情。

【例 8－12】现有 4 个人，5 件工作。每人做每件工作所耗时间如表 8－12 所示。

表 8－12　　4 个人做 5 件事的成本

工人/工作	B_1	B_2	B_3	B_4	B_5
A_1	10	11	4	2	8
A_2	7	11	10	14	12

续表

工人/工作	B_1	B_2	B_3	B_4	B_5
A_3	5	6	9	12	14
A_4	13	15	11	10	7

问指派哪个人去完成哪项工作，可使总消耗最小？

解：添加虚拟人 A_5，构造标准耗时阵：

$$C=\begin{pmatrix}10 & 11 & 4 & 2 & 8\\ 7 & 11 & 10 & 14 & 12\\ 5 & 6 & 9 & 12 & 14\\ 13 & 15 & 11 & 10 & 7\\ 0 & 0 & 0 & 0 & 0\end{pmatrix}\xrightarrow{\text{行变换}}\begin{pmatrix}8 & 9 & 2 & 0 & 6\\ 0 & 4 & 3 & 7 & 5\\ 0 & 1 & 4 & 7 & 9\\ 6 & 8 & 4 & 3 & 0\\ 0 & 0 & 0 & 0 & 0\end{pmatrix}=C'$$

所圈0数＝4＜5＝n，往下找最少覆盖0的直线。

$$C'=\begin{pmatrix}8 & 9 & 2 & 0 & 6\\ 0 & 4 & 3 & 7 & 5\\ 0 & 1 & 4 & 7 & 9\\ 6 & 8 & 4 & 3 & 0\\ 0 & 0 & 0 & 0 & 0\end{pmatrix}$$

从未划去的元素中找最小者：{4，3，7，5，1，4，7，9}＝1，未划去的行减去此最小者1，划去的列加上此最小者1，得 C''。

$$C''=\begin{pmatrix}9 & 9 & 2 & 0 & 6\\ 0 & 3 & 2 & 6 & 4\\ 0 & 0 & 3 & 6 & 8\\ 7 & 8 & 4 & 3 & 0\\ 1 & 0 & 0 & 0 & 0\end{pmatrix}$$

◎个数＝n，从而得一最优指派：

$$X^*=\begin{pmatrix}0 & 0 & 0 & 1 & 0\\ 1 & 0 & 0 & 0 & 0\\ 0 & 1 & 0 & 0 & 0\\ 0 & 0 & 0 & 0 & 1\\ 0 & 0 & 1 & 0 & 0\end{pmatrix}$$

从而最少耗时为 $Z=2+7+6+7=22$。

3. 一个人可做几件事的指派问题

若某人可作几件事，则可将该人化作相同的几个“人”来接受指派。这几个“人”做同一件事的费用系数当然一样。

【例8－13】某商业公司计划开办五家新商店。为了尽早建成营业，商业公司决定由5家建筑公司分别承建。已知建筑公司 A_i（$i=1，2，\cdots，5$）对新商店 B_j（1，2，…，5）

的建造费用的报价（万元）为 c_{ij}（i，j = 1，2，…，5），见表 8 – 13。商业公司应当对 5 家建筑公司怎样分派建筑任务，才能使总的建筑费用最少？

表 8 – 13　　5 个项目建造费用报价

c_{ij}	B_1	B_2	B_3	B_4	B_5
A_1	4	8	7	15	12
A_2	7	9	17	14	10
A_3	6	9	12	8	7
A_4	6	7	14	6	10
A_5	6	9	12	10	6

为了保证工程质量，经研究决定，舍弃建筑公司 A_4 和 A_5，让技术力量较强的建筑公司 A_1、A_2、A_3 来承建。根据实际情况，可以允许每家建筑公司承建一家或两家商店。求使总费用最少的指派方案。

解：反映投标费用的系数矩阵为：

$$\begin{array}{c} \begin{matrix} B_1 & B_2 & B_3 & B_4 & B_5 \end{matrix} \\ \begin{pmatrix} 4 & 8 & 7 & 15 & 12 \\ 7 & 9 & 17 & 14 & 10 \\ 6 & 9 & 12 & 8 & 7 \end{pmatrix} \begin{matrix} A_1 \\ A_2 \\ A_3 \end{matrix} \end{array}$$

，由于每家建筑公司最多可承建两家新商店，因此，把每家建筑公司化作相同的两家建筑公司（A_i 和 A_i'，i = 1，2，3）。这样，系数矩阵变为：

$$\begin{array}{c} \begin{matrix} B_1 & B_2 & B_3 & B_4 & B_5 \end{matrix} \\ \begin{pmatrix} 4 & 8 & 7 & 15 & 12 \\ 4 & 8 & 7 & 15 & 12 \\ 7 & 9 & 17 & 14 & 10 \\ 7 & 9 & 17 & 14 & 10 \\ 6 & 9 & 12 & 12 & 7 \\ 6 & 9 & 12 & 12 & 7 \end{pmatrix} \end{array}$$

上面的系数矩阵有 6 行 5 列，为了使“人”和“事”的数目相同，引入一件虚拟事，使之成为标准的指派问题，其系数矩阵为：

$$C = \begin{array}{c} \begin{matrix} B_1 & B_2 & B_3 & B_4 & B_5 & B_6 \end{matrix} \\ \begin{pmatrix} 4 & 8 & 7 & 15 & 12 & 0 \\ 4 & 8 & 7 & 15 & 12 & 0 \\ 7 & 9 & 17 & 14 & 10 & 0 \\ 7 & 9 & 17 & 14 & 10 & 0 \\ 6 & 9 & 12 & 8 & 7 & 0 \\ 6 & 9 & 12 & 8 & 7 & 0 \end{pmatrix} \end{array} \xrightarrow{\text{列变换}} C \begin{pmatrix} 0 & 0 & 0 & 7 & 5 & 0 \\ 0 & 0 & 0 & 7 & 5 & 0 \\ 3 & 1 & 10 & 6 & 3 & 0 \\ 3 & 1 & 10 & 6 & 3 & 0 \\ 2 & 1 & 5 & 0 & 0 & 0 \\ 2 & 1 & 5 & 0 & 0 & 0 \end{pmatrix} = C'$$

C' 的检验线数 $=5<6=n$，下面找 0 元素的最少直线覆盖。

$$C'=\begin{pmatrix} 0 & 0 & 0 & 7 & 5 & 0 \\ 0 & 0 & 0 & 7 & 5 & 0 \\ 3 & 1 & 10 & -6 & 3 & 0 \\ 3 & 1 & 10 & -6 & 3 & 0 \\ 2 & 1 & 5 & 0 & 0 & 0 \\ 2 & 1 & 5 & 0 & 0 & 0 \end{pmatrix} \longrightarrow \begin{pmatrix} 0 & 0 & 0 & 7 & 5 & 1 \\ 0 & 0 & 0 & 7 & 5 & 1 \\ 2 & 0 & 9 & 5 & 2 & 0 \\ 2 & 0 & 9 & 5 & 2 & 0 \\ 2 & 1 & 5 & 0 & 0 & 1 \\ 2 & 1 & 5 & 0 & 0 & 1 \end{pmatrix}=C''$$

从而得一最优指派：

$$X^*=\begin{pmatrix} 0 & 0 & 1 & 0 & 0 & 0 \\ 1 & 0 & 0 & 0 & 0 & 0 \\ 0 & 1 & 0 & 0 & 0 & 0 \\ 0 & 0 & 0 & 0 & 0 & 1 \\ 0 & 0 & 0 & 0 & 1 & 0 \\ 0 & 0 & 0 & 1 & 0 & 0 \end{pmatrix}$$

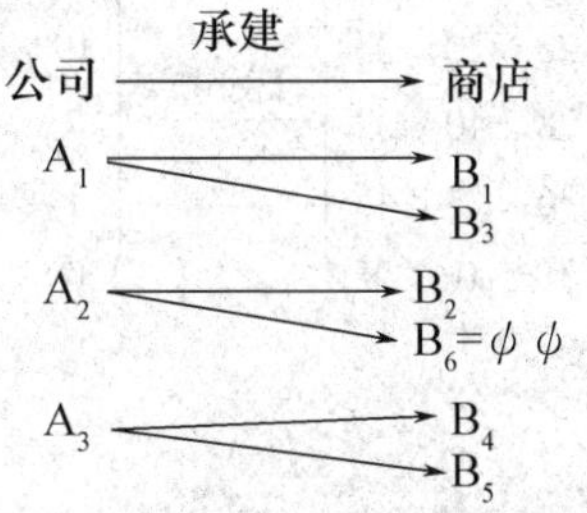

总费用为 $z=7+4+9+7+8=35$（万元）。

4. 某事不能由某人去做的指派问题

如果某事要求一定不能由某人去做，则可将此人做此事的费用取作足够大的 M。

【例 8 – 14】分配甲、乙、丙、丁四个人去完成 A、B、C、D、E 五项任务，每人完成各项任务的时间如表 8 – 14 所示。由于任务重，人数少，考虑：（1）任务 E 必须完成，其他 4 项任务可选 3 项完成。但甲不能做 A 项工作；（2）其中有一人完成两项，其他人每人完成一项。试分别确定最优分配方案，使完成任务的总时间最少。

表 8 – 14　　4 个人完成 5 项任务的成本

人/任务	A	B	C	D	E
甲	25	29	31	42	37
乙	39	38	26	20	33
丙	34	27	28	40	32
丁	24	42	36	23	45

解：这是一个人数与工作不等的指派问题，若用匈牙利法求解，需作以下处理。

（1）由于任务数大于人数，所以需要有一个虚拟的人，设为戊。因为工作 E 必须完成，故设戊完成 E 的时间为 M（M 为非常大的数），即戊不能做工作 E，其余的假想时间为 0，建立的效率矩阵如表 8 – 15 所示。

表 8－15　　　　改进后的分配矩阵

人/任务	A	B	C	D	E
甲	M	29	31	42	37
乙	39	38	26	20	33
丙	34	27	28	40	32
丁	24	42	36	23	45
戊	0	0	0	0	M

用匈牙利法求解过程如下：

$$C=\begin{pmatrix} M & 29 & 31 & 42 & 37 \\ 39 & 38 & 26 & 20 & 33 \\ 34 & 27 & 28 & 40 & 32 \\ 24 & 42 & 36 & 23 & 45 \\ 0 & 0 & 0 & 0 & M \end{pmatrix} \xrightarrow{\text{行变换}} \begin{pmatrix} M & 0 & 2 & 13 & 8 \\ 19 & 18 & 6 & 0 & 13 \\ 7 & 0 & 1 & 13 & 5 \\ 1 & 19 & 13 & 0 & 22 \\ 0 & 0 & 0 & 0 & M \end{pmatrix} \xrightarrow{\text{行变换}} \begin{pmatrix} M & 0 & 2 & 13 & 3 \\ 19 & 18 & 6 & 0 & 8 \\ 7 & 0 & 1 & 13 & 0 \\ 1 & 19 & 13 & 0 & 17 \\ 0 & 0 & 0 & 0 & M \end{pmatrix}$$

由于◎数＝4＜5＝阶数，下找最少覆盖0的直线：$C'=\begin{pmatrix} M & 0 & 2 & 13 & 3 \\ 19 & 18 & 6 & 0 & 8 \\ 7 & 0 & 1 & 13 & 0 \\ 1 & 19 & 13 & 0 & 17 \\ 0 & 0 & 0 & 0 & M \end{pmatrix}\begin{matrix} \\ -1 \\ \\ -1 \\ \\ \end{matrix}$

最小调整量：{19，18.6.13，1，19，13，22}＝1，第2、4行减去1，第4列加上1得 C''：

$$C''=\begin{pmatrix} M & 0 & 2 & 13 & 3 \\ 18 & 17 & 5 & 0 & 7 \\ 7 & 0 & 1 & 14 & 0 \\ 0 & 18 & 12 & 0 & 16 \\ 0 & 0 & 0 & 1 & M \end{pmatrix}$$

从而得最优指派：甲→B，乙→D，丙→E，丁→A。最少的耗时数 $Z=105$。

（2）设有虚拟人戊，它集五人优势为一身，即戊的费用是每人的最低。戊所做的工作即为此项工作的费用最低者的工作。

改进后的分配矩阵如表 8－16 所示。

表 8－16　　　　改进后的分配矩阵

人/任务	A	B	C	D	E
甲	25	29	31	42	37
乙	39	38	26	20	33
丙	34	27	28	40	32
丁	24	42	36	23	45
戊	24	27	26	20	32

以下用匈牙利法求解：

$$C=\begin{pmatrix}25&29&31&42&37\\39&38&26&20&33\\34&27&28&40&32\\24&42&36&23&45\\24&27&26&20&32\end{pmatrix}\xrightarrow{\text{行变换}}\begin{pmatrix}0&4&6&17&12\\19&18&6&0&13\\7&0&1&13&5\\1&19&13&0&22\\4&7&6&0&12\end{pmatrix}\xrightarrow{\text{行变换}}\begin{pmatrix}0&4&6&17&12\\19&18&6&0&13\\7&0&1&13&5\\1&19&13&0&22\\4&7&6&0&12\end{pmatrix}=C'$$

对 C' 加圈确定独立 0 元素，画线条数 $=3<5=n$，作 0 元素的最少直线覆盖：

$$C'=\begin{pmatrix}0&4&6&17&12\\19&18&6&0&13\\7&0&1&13&5\\1&19&13&0&22\\4&7&6&0&12\end{pmatrix}\qquad C''=\begin{pmatrix}0&4&6&18&12\\18&17&5&0&12\\7&0&1&14&5\\0&8&12&0&21\\3&6&5&0&11\end{pmatrix}$$

在 C' 未划去的数中选最小者 1，未划去的行的元素都减去 1，十字交叉处加上 1，得 C''，画线检验，由于线数 $=3<5$，再调整。从未划去的元素中找最小者 4，未划去的行元素都减去这个 4，交叉处都加上这个 4，得 C'''，

$$C'''=\begin{pmatrix}0&0&1&18&3\\18&13&1&0&3\\11&0&0&18&0\\0&4&7&0&12\\3&2&0&0&2\end{pmatrix}$$

画线检验通过，即可试指派，结果为：甲→B；乙→D，C；丙→E；丁→A。

其中戊是虚拟人，不能真做，它做 C 工作是借乙（此列最小时数 26 是 C 所创业绩）的优势，应由 C 来做，即 C 做两件工作：D，C。

本章小结

0 - 1 规划是整数规划的一种特殊情况，它的特点是：变量只能取 0 和 1 两个逻辑变量值，因此 0 - 1 规划较一般整数规划问题具有更好的解决方法。本章介绍的隐枚举法通过增加一个过滤条件，在枚举法的基础上大大减少了计算工作量。

指派问题是一种特殊的 0 - 1 规划问题，也是一种特殊的运输问题。匈牙利方法是对目前这一问题求解最有效的解决方法。但需要注意的是，该方法只能求解目标函数为最小化及人数和任务相等的情况，对于其他情况需要进行转换。

习　题　8

一、判断题

1. 隐枚举法适用于求解所有的 0 - 1 规划。（　　）

2. 0－1 型整数规划的可行解就是 0 和 1 的组合。(　　)

3. 匈牙利算法是对指派问题求最小值的一种求解方法。(　　)

4. 指派问题效用矩阵的每个元素都乘上同一常数 k，将不影响最优指派方案。(　　)

5. 求解效益最大的指派问题，可以用指派矩阵的最小元素减去该矩阵的各元素，得到新的指派矩阵，再用匈牙利算法求解。(　　)

6. 指派问题的数学模型的形式与运输问题十分相似，故也可以用表上作业法求解。(　　)

二、选择题

1. 以下几种对分配问题参数的改动，说法不正确的是（　　）。

A. 分配问题的效率矩阵的每个元素都加上 10，不会影响最优分配方案

B. 分配问题的效率矩阵经过列缩减，不改变最优分配方案，但改变最优值

C. 分配问题的效率矩阵经过行缩减，不改变最优分配方案，但改变最优值

D. 分配问题的效率矩阵的每个元素都乘以 10，会影响最优的分配方案

2. 某钻井队要从 5 个可供选择的井位中确定 2 个钻井开采。若 5 个井位分别记为 x_1，x_2，x_3，x_4，x_5，如要表示开采 x_1 则必开采 x_2，但开采 x_2 不一定开采 x_1，正确的表达式是（　　）。

A. $x_1+x_2\geqslant 0$　　B. $x_1=x_2$

C. $x_1-x_2\leqslant 0$　　D. $x_1+x_2\geqslant 1$

3. 下列哪种情形必须要设置 0－1 变量（　　）。

A. 决定仓库的规模

B. 决定工厂到仓库之间的运输量

C. 决定仓库雇用的人员数量

D. 决定是否在某地设仓库

4. 在用匈牙利法求解分配问题时，最终求得的分配应是（　　）。

A. 零元素　　B. 独立零元素

C. 不同列的零元素　　D. 不同行的零元素

5. 求解指派问题的匈牙利方法要求系数矩阵中每个元素都是（　　）。

A. 非负的　　B. 大于零

C. 无约束　　D. 非零常数

三、简答题

1. 0－1 规划问题与一般的整数规划问题有什么不同？

2. 利用隐枚举法求解 0－1 规划问题的基本思路是什么？

3. 什么是指派问题？为什么要研究指派问题？

4. 如何求解指派问题？

5. 如何建立 0－1 规划模型？

6. 何为启发式算法？

四、建模题

1. 试利用 0－1 变量将下列各题分别表示成一般线性约束条件。

（1）$x_1+x_2\leqslant 2$ 或 $2x_1+3x_2\geqslant 5$。

（2）变量 x 只能取值 0、3、5 或 7 中的一个。

（3）若 $x_1\leqslant 2$，则 $x_2\geqslant 1$，否则 $x_2\leqslant 4$。

（4）以下四个约束条件中至少满足两个：$x_1+x_2\leqslant 5$，$x_1\leqslant 2$，$x_3\geqslant 2$，$x_3+x_4\geqslant 6$。

2. 科学实验卫星拟从下列仪器装置中选若干件装上，有关数据资料如表 8－17 所示。

表 8－17　　习题 2 的数据资料

仪器代号	体积	重量	价值
A_1	V_1	W_1	C_1
A_2	V_2	W_2	C_2
A_3	V_3	W_3	C_3
A_4	V_4	W_4	C_4
A_5	V_5	W_5	C_5
A_6	V_6	W_6	C_6

要求：（1）装入卫星的仪器的总体积不超过 V，总重量不超过 W；（2）A_1与 A_3中最多安装一件；（3）A_2与 A_4中至少安装一件；（4）A_5与 A_6或者都安上，或者都不安。总的目标是装上去的仪器装置使该科学卫星发挥最大的实验价值。试建立这个问题的 0－1 规划模型。

3. 某钻井队要从以下 10 个可供选择的井位中选择 5 个钻井采油，要求使总的费用为最小。若 10 个井位的代号为 s_1，s_2，…，s_{10}，相应的钻探费用为 c_1，c_2，…，c_{10}，并且井位的选择上要满足下列限制条件：

（1）或选择 s_1和 s_7，或选钻探 s_8；

（2）若选择 s_3，就不能选 s_4或 s_5；

（3）在 s_5、s_6、s_7、s_8中最多只能选两个。

4. 某公司计划在今后 3 年内有 5 个工程项目要考虑施工，每项工程的预期收入和年度费用（千元）见表 8－18。假定每一项已经批准的工程都要在 3 年内完成，试确定使总收入达到最大的施工方案。

表 8－18　　习题 4 的数据

工程/费用	第一年	第二年	第三年	收入/千元
1	8	5	1	30
2	10	4	7	35
3	2	3	9	25
4	1	7	4	20
5	10	8	6	25
最大可用的资金数/千元	30	30	30	

5. 某学院的大学书店正在考虑几个扩展计划，包括为在线零售和团购建立网上商店、购买一个校外仓库以及它的后续扩展、开发一个有学校标识装饰的服装和礼品部门、开设一个出售软件和硬件产品的计算机部门，以及在商店外面建立一个有 3 台自动取款机的银行业务厅。因为资金的限制，有一些项目需要开发 2 年时间，而有一些需要 3 年时间。每一个项目的每年净现值成本和 5 年后项目收益的净现值如表 8－19 所示。

表 8-19　　每一个项目的每年净现值成本和5年后项目收益的净现值

项　　目	收益的净现值（1000 美元）	项目成本/年（1000 美元）		
		1	2	3
1. 网站	120	55	40	25
2. 仓库	85	45	35	20
3. 服装部	105	60	25	—
4. 计算机部	140	50	35	30
5. ATM	70	30	30	—
每年可用的资金（1000 美元）		150	110	60

另外，商店没有足够的空间来同时建设一个计算机部和一个服装部。书店的负责人希望知道选择哪些项目能使投资收益最大化。

6. 某学校举行 10×100 米接力赛，规定每队至少包括两名女性，某班现有 30 人，其中 10 名女生，记作 s_1，s_2，s_3，…，s_{10}，20 名男生记作 s_{11}，s_{12}，…，s_{30}，假设 s_i 同学跑100 米的成绩为 g_i，问该班应选择哪些同学参加比赛才能获得最好成绩，试建立这个问题的数学模型。

五、计算题

1. 用隐枚举法求解下列 0—1 规划问题

(1)
$$\max Z = 4x_1 + 3x_2 + 2x_3$$
$$s.t.\begin{cases}2x_1 - 5x_2 + 3x_3 \leqslant 4\\ 4x_1 + x_2 + 3x_3 \geqslant 3\\ x_2 + x_3 \geqslant 0\\ x_1, x_2, x_3 = 0 \text{ 或 } 1\end{cases}$$

(2)
$$\max Z = 2x_1 - x_2 + 5x_3 - 3x_4 + 4x_5$$
$$s.t.\begin{cases}3x_1 - 2x_2 + 7x_3 - 5x_4 + 4x_5 \leqslant 6\\ x_1 - x_2 + 2x_3 - 4x_4 + 2x_5 \leqslant 0\\ x_j = 0 \text{ 或 } 1 (j = 1,2,\cdots,5)\end{cases}$$

2. 某运动队 5 名队员各种泳姿的 50 米平均成绩如表 8-20 所示（单位：秒），现需要从中选择一个参加 200 米混合泳的接力队使预期比赛成绩最好。

表 8-20　　5 名队员平均成绩

泳姿/队员	1	2	3	4	5
仰泳	37.7	32.9	33.8	37.0	35.4
蛙泳	43.4	33.1	42.2	34.7	41.8
蝶泳	33.3	28.5	38.9	30.4	33.6
自由泳	29.2	26.4	29.6	28.5	31.1

3. 一个公司分派 5 个推销员去 5 个地区推销某种产品，其相应推销利润如表 8-21 所示，问如何分派 5 个推销员使公司的总利润达到最大。

表 8-21　　推销员的推销利润

	A	B	C	D	E
甲	15	10	12	10	12
乙	11	12	9	9	9

续表

	A	B	C	D	E
丙	10	20	15	17	13
丁	18	17	9	9	13
戊	7	13	10	13	12

4. 分配甲、乙、丙、丁四个人去完成 A、B、C、D、E 五项任务，每个人完成各项任务的时间如表 8－22 所示。由于任务数多于人数，故考虑：（1）任务 E 必须完成，其他 4 项中可任选 3 项完成；（2）其中有一人完成 2 项，其他每人完成 1 项。试分别确定最优分配方案，使完成任务的总时间为最少。

表 8－22　　**习题 4 数据资料**　　单位：小时

人/任务	A	B	C	D	E
甲	25	29	31	42	37
乙	39	38	26	20	33
丙	34	27	28	40	32
丁	24	42	36	23	45

5. 某单位 5 人翻译 5 种外文的速度（印刷符号/小时）如表 8－23 所示。

表 8－23　　**习题 5 的数据资料**

人/语种	英	俄	日	德	法
甲	900	400	600	800	500
乙	800	500	900	1000	600
丙	900	700	300	500	800
丁	400	800	600	900	500
戊	1000	500	300	600	800

若规定每个人专门负责 1 个语种的翻译工作，试解答下列问题：

（1）应如何指派，使总的翻译效率最高？

（2）若甲不懂德文，乙不懂日文，其他数字不变，则应如何指派？

（3）若将效益阵中各数字都除以 100，然后求解，问最优解有无变化？为什么？

6. 某公司考虑在北京、上海、广州和武汉选点设立库房，负责华北、华中和华南地区的货物供应，库容确定为每月处理货物 1000 件。各地之间的运费（元/件）有关资料如表 8－24 所示。

表 8－24　　**习题 5 数据表**　　（运费单位：元/件）

	华北	华中	华南	月开支/万元
北京	200	400	500	4.5
上海	300	250	450	5

续表

	华北	华中	华南	月开支/万元
广州	600	400	250	7
武汉	300	150	350	4
月需求/件	500	700	800	

公司希望在满足地区需求的前提下，使平均每月的总成本最小，且满足如下条件：

(1) 如在上海设库，则必须在武汉设库；

(2) 最多设两个库；

(3) 武汉和广州不能同时设库。请构造一个适当的模型并求解出最优的方案。

六、案例分析

1. 分销中心选址问题。A 公司在 D_1 处经营一家年生产量为 30 万件产品的工厂，产品被运输到位于 M_1，M_2，M_3 的地区分销中心。由于预期将有需求增长，该公司计划在 D_2，D_3，D_4，D_5 中的一个或多个城市建新工厂以增加生产能力，根据调查，被提议四个城市中建立工厂的固定成本和年生产能力如表 8-25所示，三个分销中心的年需求量如表 8-24 所示。

表 8-25　　固定成本和年生产能力

目标工厂	年固定成本/万元	年生产能力/万件
D_2	17.5	10
D_3	30.0	20
D_4	37.5	30
D_5	50.0	40

M_1，M_2，M_3 三个分销中心的年需求量分别为 30，20，20 万件（表 8-26）。

表 8-26　　三个分销中心的年需求量

	M_1	M_2	M_3
D_1	5	2	3
D_2	4	3	4
D_3	9	7	5
D_4	10	4	2
D_5	8	4	3

请问：公司是否需要在四个地区中建厂，若建厂后，各工厂到各分销中心如何配送调运？

2. 服务中心选址问题。某公司是一家大型机械制造公司，最近公司总裁王先生考虑将中国地区服务中心的布局重新安排。表 8-27 给出了 5 个服务中心候选地址的年运营成本。

表 8－27　　**年运营成本**

候选地址	A	B	C	D	E
成本/百万元	21	20	19	16	18

该公司的主要客户都集中在四个区内，22% 在华北，28% 在华东，30% 在华南，20% 在华中。表 8－28 给出各个候选地址与各区运送零件的平均运输时间（以天为单位）。

表 8－28　　**运输时间**

	A	B	C	D	E
华北	0.7	1	2.5	0.4	2.2
华东	1	0.5	1	1	2
华南	2.6	1	0.5	1	1.5
华中	2	1.2	0.8	0.5	1.5

王先生想知道在哪些候选地址建服务中心，才能使公司运营成本最低，同时要达到以下的服务水平：①在四个区中的每个客户到服务中心的平均运输时间不能超过 1.5 天；②总的平均运输时间不能超过 1.2 天；③服务中心的数量为 2～3 个。

（1）试建立以上问题的线性优化模型。

（2）若增加要求：当候选地 B 设有服务中心时，华中地区至少有一半客户应到 B 中心服务，应如何修正以上模型？

第9章 目标规划

目标规划（Goal Programming，GP）是在线性规划的基础上，为适应经济管理中多目标决策的需要而逐步发展起来的一个运筹学分支，是实行目标管理这种现代化管理技术的一个有效工具。目标规划的有关概念和模型最早在 1961 年由美国学者查恩斯（A. Charnes）和库伯（W. W. Coopor）在他们合著的《管理模型和线性规划的工业应用》一书中提出，以后这种模型又先后经尤吉·艾吉里（Yuji. Ijiri）等人的不断完善改进，1976 年伊格尼齐奥（J. P. Ignizio）发表了《目标规划及其扩展》一书，系统归纳总结了目标规划的理论和方法。他们将目标规划定义为线性规划的一种特殊应用，可以用来解决单个主目标与多个次目标并存、多个主目标与多个次目标并存的问题。1978 年诺贝尔经济学奖获得者西蒙（H. A. Simon）教授提出“满意行为模型要比最大化行为模型丰富得多”，对目标规划这一数学理论在企业管理中的应用做出了开创性的研究。目前研究较多的有线性目标规划、非线性目标规划、线性整数目标规划和 0－1 目标规划等。本章主要讨论线性目标规划，简称目标规划。

9.1 目标规划模型

9.1.1 目标规划问题的提出

【例 9－1】某工厂生产两种产品，受到原材料供应和设备工时的限制。在单件利润等有关数据已知的条件下，要求制订一个获利最大的生产计划。具体数据见表 9－1。

表 9－1　【例 9－1】数据资料

产　品	Ⅰ	Ⅱ	限量
原材料/（千克/件）	5	10	60
设备工时/（小时/件）	4	4	40
利润/（元/件）	6	8	

设产品Ⅰ和Ⅱ的产量分别为 x_1 和 x_2，当用线性规划来描述和解决这个问题时，其数学模型为

$$\max Z = 6x_1 + 8x_2$$

$$s.t.\begin{cases}5x_1 + 10x_2 \leqslant 60\\ 4x_1 + 4x_2 \leqslant 40\\ x_1, x_2 \geqslant 0\end{cases}$$

其最优解，即最优生产计划用单纯形法可解得为 $x_1=8$ 件，$x_2=2$ 件，$\max Z=64$ 元。

从线性规划的角度来看，问题似乎已经得到了圆满的解决。但是，如果站在工厂计划

人员的立场上对此进行评价的话，问题就不是这么简单了。

第一，这是一个单目标最优化问题。但是，一般来说，一个计划问题要满足多方面的要求。如一个企业在追求利润最大化时，还要考虑自己所承担的社会责任，如就业、环保、社会稳定等，故在管理中要把这些作为一个要求的目标。

第二，线性规划问题有最优解的必要条件是其可行解集非空，即各约束条件彼此相容。但是，实际问题有时不能满足这样的要求。

第三，线性规划问题解的可行性和最优性具有十分明确的意义，但那都是针对特定数学模型而言的。解决实际问题时考虑各种因素，通常只要满意就行了。

第四，线性规划认为所有决策变量都是同等重要的，但实际在决策人员的决策中是有区别的。

上述分析表明，同任何其他决策工具一样，线性规划并不是完美无缺的，故对多目标追求问题，需要一个全新的处理方法，即目标规划法来解决。

目标规划在处理实际决策问题时，承认各项决策要求（即使是冲突的）的存在有其合理性；在作最终决策时，不强调其绝对意义上的最优性。由于目标规划一定程度上弥补了线性规划的局限性，因此，目标规划被认为是一种较之线性规划更接近于实际决策过程的决策工具。

通常目标规划可用于以下3种类型的决策分析：

第一，为了达到一组预定目标，它能决定系统投入的需要量。

第二，对于已给定的有限资源，它能决定计划目标所能达到的程度。

第三，在变化的系统输入和目标体系下，它能提供满意解。

当然，目标规划也有其局限性，即在已有约束条件下和给定了优先等级顺序的条件下才能给出系统的满意解。此外，对于目标函数必须附加目标值限制才能组成系统的目标约束，这常常是模型构造过程中人为控制的。

9.1.2　目标规划建模

怎样将一个目标规划问题用数学模型的方式表达出来，并通过求解得到最满意的答案呢？建模在其中起到了关键的作用，建立数学模型的准确性直接关系到模型结果的可靠性和真实性。

【例9-2】假设在【例9-1】的基础上，计划人员还被要求考虑如下意见：

（1）由于产品Ⅱ销售疲软，故希望产品Ⅱ的产量不超过产品Ⅰ的一半；

（2）原材料严重短缺，生产中避免过量消耗；

（3）最好能节约4小时设备工时；

（4）计划利润不少于48元。

针对这些意见，计划人员需要会同有关各方作进一步的协调，最后达成一致意见：原材料使用限额不得突破；产品Ⅱ的产量要求必须优先考虑；设备工时问题其次考虑；最后考虑计划利润的要求。类似这样的多目标决策是典型的目标规划问题。

要对此问题进行描述，首先要引入以下基本概念。

1. 目标值和偏差变量

目标规划通过引入目标值和偏差变量，可以将目标函数转化为目标约束。

目标值：是指预先给定的某个目标的一个期望值。

实现值或决策值：是指当决策变量 x_j 选定以后，目标函数的对应值。

偏差变量（事先无法确定的未知数）：是指实现值和目标值之间的差异，记为 d。

正偏差变量：表示实现值超过目标值的部分，记为 d^+。

负偏差变量：表示实现值未达到目标值的部分，记为 d^-。

在一次决策中，实现值不可能既超过目标值又未达到目标值，故有 $d^+ \times d^- = 0$，并规定 $d^+ \geqslant 0$，$d^- \geqslant 0$。

当完成或超额完成规定的指标则表示：$d^+ \geqslant 0$，$d^- = 0$；当未完成规定的指标则表示：$d^+ = 0$，$d^- \geqslant 0$；当恰好完成指标时则表示：$d^+ = 0$，$d^- = 0$，所以 $d^+ \times d^- = 0$ 成立。

2. 目标约束和绝对约束

引入了目标值和正、负偏差变量后，就对某一问题有了新的限制，即目标约束。

目标约束既可对原目标函数起作用，也可对原约束起作用。目标约束是目标规划中特有的，是软约束。在目标规划中还有一个约束，即绝对约束（系统约束），是指必须严格满足的等式或不等式约束。如线性规划中的所有约束条件都是绝对约束，否则无可行解。所以，绝对约束是硬约束。

3. 达成函数（即目标规划中的目标函数）

达成函数是一个使总偏差量为最小的目标函数，记为 $\min Z = f(d^+, d^-)$。

一般来说，有以下三种情况，但只能出现其中之一：

（1）要求恰好达到规定的目标值，即正、负偏差变量要尽可能小，则 $\min Z = f(d^+ + d^-)$。

（2）要求不超过目标值，即允许达不到目标值，也就是正偏差变量尽可能小，则 $\min Z = f(d^+)$。

（3）要求超过目标值，即超过量不限，但不低于目标值，也就是负偏差变量尽可能小，则 $\min Z = f(d^-)$。

对于管理者的期望和要求，通常我们都要把它表达成上面的某一种形式，各个目标的组合就构成了共识、意愿、努力等，这就是所谓的达成函数。

4. 优先因子（优先等级）与优先权系数

优先因子 P_k 是将决策目标按其重要程度排序并表示出来，$P_1 \gg P_2 \gg \cdots \gg P_{k+1} \gg P_K$，$k=1, 2, \cdots, K$。它不是一个数量的差异，而是数量级的差异。

权系数 W_k 区别具有相同优先因子的两个目标的差别，决策者可视具体情况而定。

5. 满意解（具有层次意义的解）

对于这种解来说，前面的目标可以保证实现或部分实现，而后面的目标就不一定能保证实现或部分实现，有些可能就不能实现。

根据上述概念，【例 9-2】的目标规划数学模型如下：

$$\min\{P_1 d_1^-, P_2 d_2^+, P_3 d_3^-\}$$

$$s.t.\begin{cases} 5x_1 + 10x_2 \leqslant 60 & (9.1) \\ x_1 - 2x_2 + d_1^- - d_1^+ = 0 & (9.2) \\ 4x_1 + 4x_2 + d_2^- - d_2^+ = 36 & (9.3) \\ 6x_1 + 8x_2 + d_3^- - d_3^+ = 48 & (9.4) \\ x_1, x_2, d_i^-, d_i^+ \geqslant 0 \quad i = 1,2,3 \end{cases}$$

其中，式（9.1）为绝对约束，式（9.2）、式（9.3）、式（9.4）为目标约束。根据题意，P_1为两种产品产量要求的优先因子；P_2为节约工时要求的优先因子；P_3为计划利润要求的优先因子，它们应满足$P_1 \gg P_2 \gg P_3$。

【例9－3】某作坊有6名熟练工，3名见习工，单件产品的利润为2.5元/件，具体工况如表9－2所示。

表9－2　【例9－3】的数据资料

	工作时间/小时/月	产量/（件/小时）	工资/（元/小时）	加班工资/（元/小时）
熟练工	160	5	3	4.5
见习工	80	2	2	3

经理期望的目标是：①下月的产量达到6000件；②限制熟练工的加班时间不超过100小时；③在优先考虑熟练工的前提下，保持全体职工充分就业；④尽量减少加班时间。这时两类工人区别对待，优先权因子视其对利润的实际贡献而定。试建立该问题的目标规划模型。

$$\min Z = P_1 d_1^- + P_2 d_{11}^+ + P_3(5d_2^- + 3d_3^-) + P_4 d_1^+$$

解：设全体熟练工下月工作时间为x_1小时，见习工x_2小时，则目标约束为：

（1）销售约束：以d_1^-和d_1^+分别表示下月产量不足或超过6000件的偏差。则：

$5x_1 + 2x_2 + d_1^- - d_1^+ = 6000$，其优化性态为：$\min d_1^-$。

（2）工作时间约束：以d_2^-，d_2^+和d_3^-，d_3^+分别表示全体熟练工、见习工的工作时间不足或超过额定时间的偏差，则：$x_1 + d_2^- - d_2^+ = 6 \times 160$；$x_2 + d_3^- - d_3^+ = 3 \times 80$。

欲体现目标3的要求，则其优化性态应在考虑$\min d_2^-$和$\min d_3^-$时引入权因子，即$\min(5d_2^- + 2d_3^-)$。可以考虑这样一个理由，就是熟练工的生产效率高于见习工。

（3）全体熟练工加班时间约束：以d_{21}^-和d_{21}^+分别表示全体熟练工加班不足或超过100小时的偏差，则：$d_2^+ + d_{21}^- - d_{21}^+ = 100$，其优化性态为：$\min d_{21}^+$。

（4）总加班时间约束：由于d_2^+和d_3^+分别表示熟练工、见习工的加班时间，因此熟练工的实际贡献是：$5 \times 2.5 - 4.5 = 8$（元），见习工的实际贡献是$2 \times 2.5 - 3 = 2$（元），相应的权因子为4∶1，其优化性态应为$\min(d_2^+ + 4d_3^+)$。

于是，可建立如下的目标规划模型：

$$\min Z = P_1 d_1^- + P_2 d_{21}^+ + P_3(5d_2^- + 2d_3^-) + P_4(d_2^+ + 4d_3^+)$$

$$s.t.\begin{cases} 5x_1 + 2x_2 + d_1^- - d_1^+ = 6000 \\ x_1 + d_2^- - d_2^+ = 960 \\ x_2 + d_3^- - d_3^+ = 240 \\ d_2^+ + d_{21}^- - d_{21}^+ = 100 \\ x_1, x_2 \geqslant 0 \text{ 且为整}, d_k^-, d_k^+ \geqslant 0, k = 1,2,3,21 \end{cases}$$

综上所述，目标规划数学模型的一般形式为：

$$\min\left\{P_l\left(\sum_{k=1}^{K}(W_{lk}^- d_{lk}^- + W_{lk}^+ d_{lk}^+)\right), l = 1,2,\cdots,L\right\}$$

$$s.t.\begin{cases}\sum_{j=1}^{n} c_{kj}x_j + d_k^- - d_k^+ = g_k \quad k = 1,2,\cdots,K \\ \sum_{j=1}^{n} a_{ij}x_j \leqslant (=,\geqslant) b_i \quad i = 1,2,\cdots,m \\ x_j \geqslant 0 \quad j = 1,2,\cdots,n \\ d_k^-, d_k^+ \geqslant 0 \quad k = 1,2,\cdots,K \end{cases} \tag{9.5}$$

（9.5）中 g_k为第 k 个目标约束的预期目标值，W_{lk}^- 和 W_{lk}^+ 为 P_1优先因子对应各目标的权系数。

在建立目标规划数学模型时，需要确定预期目标值、优先级和权系数等，应当综合运用各种决策技术，尽可能地减少主观片面性。

由此可见，目标规划建模步骤可总结如下：

第一步：定义决策变量和有关的常量。建立模型的第一步就是定义决策变量和决策目标约束等式右边的常数。等式右边的常数是可利用的资源或是决策者特定的目标值。

第二步：建立决策目标约束。通过分析决策变量之间的关系以及决策变量与目标之间的关系，建立一组目标约束。并从所有的决策目标中，找出绝对决策目标（即，如果不满足将导致最终结果无法实现的目标），将这些目标作为第一优先级，而后再确定其余目标的优先级。

第三步：建立指标偏离函数。根据目标的要求，对于每一个要达到的目标，其相应的偏离变量赋予由第二步对各目标确立的优先等级。通过使各偏差变量的极小化，建立指标偏差函数，并写出目标规划模型。

9.2 目标规划的求解

9.2.1 图解法

对只有两个决策变量的目标规划，可以用图解法进行求解，一般的目标规划用单纯形法求解。目标规划的数学模型与线性规划基本相同，所以用单纯形法求解时方法步骤也基本相同。但由于目标规划中目标函数分不同的优先级，因此应首先寻找使最高优先级的目标达到最优，然后转向下一级，当下一级目标达到最大可能满足后再转入更低一级，这样保证不会出现为满足较低目标的要求而牺牲较高级目标的要求。

1. 目标规划图解法的步骤

第 1 步：根据决策变量绘画所有（软、硬）约束条件的直线图形，偏差变量以移动（平移）直线的方法加以考虑。第 2 步：对 P_1级的各目标，确定解区域 R_1。第 3 步：对下一个优先级别 P_i级各目标，确定它的最优解空间 R_i，但必须是 $R_i \subseteq R_{i-1}(i = 2,3,\cdots)$ 。第 4 步：在这个过程中，如果某解区域 R_i减小到一点，则可结束这个过程，因为此时没有进一步改进的可能。第 5 步：重复第 3、4 步过程，直到解区域 R_i减少到一点或满足了所有 k 个级别的目标为止，此时，R_k即为这个目标规划的最优解区域，其中的任何一点均为目标规划的满意解。

2. 目标规划图解法实例

【例 9－4】用图解法解【例 9－2】的目标规划问题。

解：解题过程见图 9－1。

图 9－1 中，△0AB 区域是满足绝对约束（9－1）和非负条件的解空间。对于所有目标约束，去掉偏差变量，画出相应直线，然后标出偏差变量变化时直线平移方向，如图 9－1 所示。

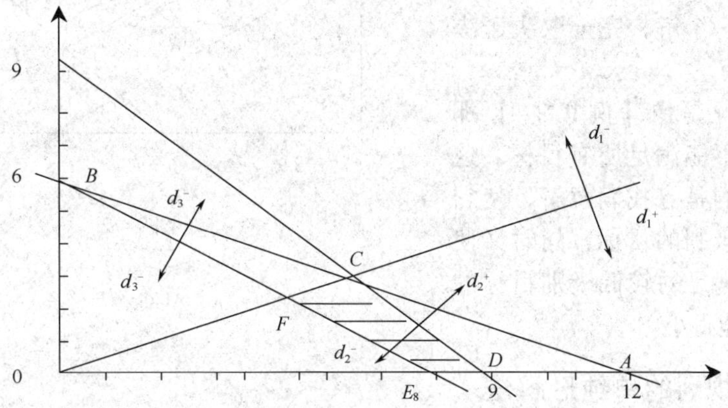

图 9－1

按优先级高低，首先考虑 P_1，此时要求 $\min d_1^-$，因而解空间 R_1 为△0AC 区域；再考虑 P_2，此时要求 $\min d_2^+$，因而解空间 R_2 为△0DC 区域；最后考虑 P_3，此时要求 $\min d_3^-$，因而解空间 R_3 为四边形 EDCF 区域。容易求得 E，D，C，F 四点的坐标分别为（8，0）、（9，0）、（6，3）、（4.8，2.4），故问题的解可表示为：α_1（8，0）$+\alpha_2$（9，0）$+\alpha_3$（6，3），α_4（4.8，2.4）$=8\alpha_1+9\alpha_2+6\alpha_3+4.8\alpha_4$，$3\alpha_3+2.4\alpha_4$

其中：α_1，α_2，α_3，$\alpha_4 \geqslant 0$，$\alpha_1+\alpha_2+\alpha_3+\alpha_4=1$。

本题解能满足【例 9－2】的所有目标的要求，即能使 $\min Z=0$，这种情况并不总是出现，即很多目标规划问题只能满足前面 P_j 级目标的要求。

【例 9－5】用图解法求解下面的目标规划

$$\min\{P_1 d_1^-, P_2 d_2^+, P_3(5d_3^- + 3d_4^-), P_4 d_1^+\}$$

$$s.t.\begin{cases} x_1 + 2x_2 + d_1^- - d_1^+ = 6 \\ x_1 + 2x_2 + d_2^- - d_2^+ = 9 \\ x_1 - 2x_2 + d_3^- - d_3^+ = 4 \\ x_2 + d_4^- - d_4^+ = 2 \\ x_1, x_2, d_i^-, d_i^+ \geqslant 0 \qquad i = 1,2,3,4 \end{cases}$$

解：解题过程见图 9－2。

从图 9－2 可见，在考虑 P_1 和 P_2 的目标后，解空间 R_2 为四边形 ABCD 区域。在考虑 P_3 的目标时，因为 d_3^- 的权系数比 d_4^- 的大，所以先考虑 $\min d_3^-$。此时，x_1 和 x_2 的取值范围缩小为四边形 ABEF 区域；然后考虑 $\min d_4^-$。但在四边形 ABEF 区域内无法满足 $d_4^-=0$，所以，只能退一步，要求在四边形区域 ABEF 中找一点，使 d_4^- 尽可能小，这一点就是点 E（6.5，1.25）。所以，问题的满意解为 $x_1=6.5$，$x_2=1.25$。

在用图解法解目标规划时，可能会遇到下面两种情况。

一般情况是像【例 9 - 3】那样，最后一级目标的解空间非空。这时得到的解能满足所有目标的要求。当解不唯一时（如【例 9 - 3】，R_3 为四边形 *EDCF* 区域），决策者在作实际决策时究竟选择哪一个解，完全取决于决策者自身的考虑。

另一种情况是像【例 9 - 4】那样，得到的解不能满足所有目标。这时，我们要做的是寻找满意解，使它尽可能满足高级别的目标，同时又使它对那些不能满足的较低级别目标的偏离程度尽可能得小。

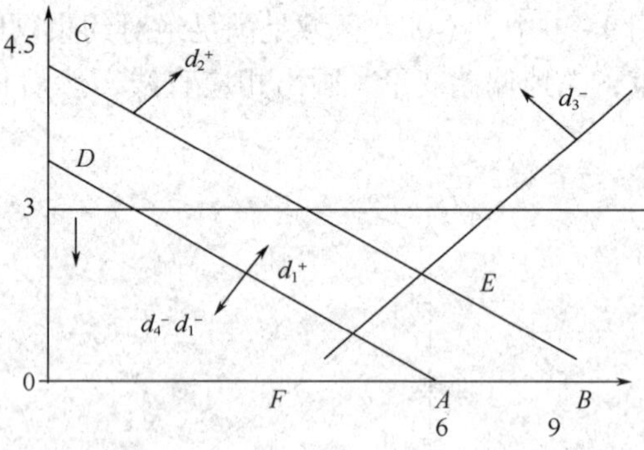

图 9 - 2

9.2.2 目标规划的单纯形解法

目标规划的数学模型实际上是最小化形式的线性规划问题，可以用单纯形法求解，但要考虑目标规划的数学模型的一些特点，作以下规定：

（1）因目标规划问题的目标函数都是最小化，所以检验数中都是以 $c_j - z_j \geqslant 0$，$j = 1$，2，…，n 为最优准则。

（2）因非基变量的检验数中含有不同等级的优先因子，即

$$c_j - z_j = \sum a_{kj} P_k, j = 1,2,\cdots,n;\ k = 1,2,\cdots,K$$

因为 $P_1 \gg P_2 \gg \cdots \gg P_k$，每个检验数的整体来看：检验数的正、负首先决定于 P_1 的系数 a_{1j} 的正负，若 $a_{1j} = 0$，这时此检验的正、负就决定于 P_2 的系数 a_{2j} 的正、负，以下依此类推。

（3）当所有检验数都满足条件 $c_j - z_j \geqslant 0$，$j = 1$，2，…，n 时，从最终单纯形表上就可以得到目标规划的解。

所以，在用单纯形法解目标规划时，检验数是各优先因子的线性组合。因此，在判别各检验数的正负及大小时，必须注意 $P_1 \gg P_2 \gg P_3 \gg \cdots$。当所有检验数都已满足最优性条件（$c_j - z_j \geqslant 0$）时，从最终单纯形表上就可以得到目标规划的解。

1. 目标规划的单纯形法

多目标规划的单纯形法与线性规划的单纯形法基本上是相同的，但由于目标规划数学模型有自身的特点，因此作以下规定：

（1）因目标规划问题的目标函数都是求最小化，所以检验数 $\sigma_j = c_j - z_j \geqslant 0$，$j = 1$，2，…，$n$ 为最优准则。

（2）因非基变量的检验数中含有不同等级的优先因子，即

$$c_j - z_j = \sum c_{kj} P_k \quad j = 1, 2, \cdots, n;\ k = 1, 2, \cdots, K$$

$P_1 \gg P_2 \gg \cdots \gg P_k$，检验数的正、负首先决定于 P_1 的系数 a_{ij} 的正、负，若 $a_{ij} \neq 0$，这时检验数的正、负就决定于 P_2 的系数 a_{ij} 的正、负，以下依此类推。

根据目标规划的特点，应用单纯形法时要采取以下步骤：

第一步：与求解线性规划一样，建立一个初始的单纯形表。一般可以用负偏差变量、松弛变量或人工变量构成初始基本可行解，在表中按优先级别分别列出目标函数行。由于目标规划中的目标函数值一定是求极小化，为了方便起见，不转换为求最大化。在初始单纯形表中将松弛变量的负偏差变量作为基变量，列出初始单纯形表。

第二步：因为目标函数都是求最小值，所以，当目标方程的系数全部为正时，就得到最优解。由于目标方程的系数中会有优先等级系数，所以，目标方程的系数是正还是负，首先取决于 P_1 的系数是正还是负；当 P_1 的系数为零时，就取决于 P_2 的系数是正还是负，依此类推。

第三步：迭代时，先从最高级优先等级系数 P_1 行中挑选换入变量。确定换出变量的方法与一般单纯形法相同。如果 P_1 行的系数已全部非负，则从下一个优先等级系数 P_2 行中挑选换入变量。但应注意：如果 P_2 行中有一个变量 x_k 的系数是负的，但它在 P_1 是否有负的系数，则 x_k 不能调入。以此类推，直到各个目标方程中的系数都为非负，无变量可以调入为止。

2. 目标规划单纯形算法实例

【例9－6】用单纯形法解【例9－2】。

解：引入松弛变量 x_3，将【例9－2】的目标规划模型化为线性规划标准形式：

$$\min\{P_1 d_1^-, P_2 d_2^+, P_3 d_3^-\}$$

$$s.t.\begin{cases} 5x_1 + 10x_2 + x_3 = 60 \\ x_1 - 2x_2 + d_1^- - d_2^+ = 0 \\ 4x_1 + 4x_2 + d_2^- - d_2^+ = 36 \\ 6x_1 + 8x_2 + d_3^- - d_3^+ = 48 \\ x_1, x_2, x_3, d_i^-, d_i^+ \geqslant 0 \quad i = 1,2,3 \end{cases}$$

用单纯形法解上面的标准形式。解题过程的单纯形表见表9－3。

表9－3中，单纯形表Ⅰ为初始单纯形表。其中，非基变量 x_1 的检验数 $-P_1-6P_3<0$，其他非基变量检验数均非负，故确定 x_1 为换入变量。按最小比值规则，确定基变量 d_1^- 为换出变量。经迭代变换得单纯形表Ⅱ。

在单纯形表Ⅱ中，非基变量 x_2 和 d_1^+ 的检验数皆负，但 x_2 的检验数更小些，故确定 x_2 为换入变量。按最小比值规则，d_3^- 为换出变量。经迭代变量得单纯形表Ⅲ。

由于单纯形表Ⅲ中所有非基变量检验数皆非负，故单纯形表Ⅲ为最终单纯形表。从表Ⅲ得到【例9－2】的一个满意解为 $x_1=24/5=4.8$，$x_2=12/5=2.4$，此即图9－1中的F点。

在单纯形表Ⅲ中，由于非基变量 d_1^+ 和 d_3^+ 的检验数都是零，故知例9－2有多重最优解（满意解）。如以 d_1^+ 为换入变量继续进行迭代，可得单纯形表Ⅳ；如以 d_3^+ 为换入变量继续进行迭代，可得单纯形表Ⅴ，分别见表9－4和表9－5。

从单纯形表Ⅳ和Ⅴ中，分别可得到【例9－2】的另两个满意解，即 $x_1=8$，$x_2=0$ 和 $x_1=6$，$x_2=3$。它们就是图9－1中的E点和C点。

在单纯形表Ⅳ中，非基变量 x_2 和 d_3^+ 的检验数为零；在单纯形表Ⅴ中，非基变量 x_3 和 d_1^+ 的检验数也为零。它们都可以作为换入变量继续进行迭代变换，但只能得到一个新的满意解，即 $x_1=9$，$x_2=0$，对应了图9－1中的D点，见表9－6（单纯形表Ⅵ）。

表 9-3　用单纯形法求解过程

	c_j			0	0	0	P_1	0	0	P_2	P_3	0
	C_B	X_B	b	x_1	x_2	x_3	d_1^-	d_1^+	d_2^-	d_2^+	d_3^-	d_3^+
	0	x_3^-	60	5	10	1	0	0	0	0	0	0
	P_1	d_1	0	[1]	−2	0	1	−1	0	0	0	0
Ⅰ	0	d_2^-	36	4	4	0	0	0	1	−1	0	0
	P_3	d_3^-	48	6	8	0	0	0	0	0	1	−1
	c_j-z_j		P_1	−1	2	0	0	1	0	0	0	0
			P_2	0	0	0	0	0	0	1	0	0
			P_3	−6	−8	0	0	0	0	0	0	1
	0	x_3	60	1	20	1	−5	5	0	0	0	0
Ⅱ	0	x_1	0	1	−2	0	1	1	0	0	0	0
	0	d_2^-	36	0	12	0	−4	4	1	−1	0	0
	P_3	d_3^-	48	0	[20]	0	−6	6	0	0	1	−1
	c_j-z_j		P_1	0	0	0	1	0	0	0	0	0
			P_2	0	0	0	0	0	0	1	0	0
			P_3	0	−20	0	6	−6	0	0	0	1
	0	x_3	12	0	0	1	1	−1	0	1	−1	1
Ⅲ	0	x_1	24/5	1	0	0	2/5	−2/5	0	0	1/10	1/10
	0	d_2^-	36/5	0	0	0	−2/5	2/5	1	−1	−3/5	3/5
	0	x_2	12/5	0	1	0	−3/10	3/10	0	0	1	−1/20
	c_j-z_j		P_1	0	0	0	1	0	0	0	0	0
			P_2	0	0	0	0	0	0	1	0	0
			P_3	0	0	0	0	0	0	0	1	0

表 9-4　用单纯形法求解过程

	c_j			0	0	0	P_1	0	0	P_2	P_3	0
	C_B	X_B	b	x_1	x_2	x_3	d_1^-	d_1^+	d_2^-	d_2^+	d_3^-	d_3^+
	0	x_3	20	0	10/3	1	0	0	0	0	−5/6	5/6
	0	x_1	8	1	4/3	0	0	0	0	0	1/6	−1/6
Ⅳ	0	d_2^-	4	0	−4/3	0	0	0	1	−1	−2/3	2/3
	0	d_3^+	8	0	10/3	0	−1	1	0	0	1/6	−1/6
	c_j-z_j		P_1	0	0	0	1	0	0	0	0	0
			P_2	0	0	0	0	0	0	1	0	0
			P_3	0	0	0	0	0	0	0	1	0

表 9－5　　用单纯形法求解过程

	c_j			0	0	0	P_1	0	0	P_2	P_3	0
	C_B	X_B	b	x_1	x_2	x_3	d_1^-	d_1^+	d_2^-	d_2^+	d_3^-	d_3^+
Ⅴ	0	d_3^+	12	0	0	1	1	－1	0	0	－1	1
	0	x_4	6	1	0	1/10	1/2	－1/2	0	0	0	0
	0	d_2^-	0	0	0	－3/5	－1	1	1	－1	0	0
	0	x_2	3	0	1	1/20	－1/4	1/4	0	0	0	0
	c_j-z_j		P_1	0	0	0	1	0	0	0	0	0
			P_2	0	0	0	0	0	0	1	0	0
			P_3	0	0	0	0	0	0	0	1	0

综上所述，【例 9－2】的解为以上四个满意解（即 C，D，E，F 四点）的凸组合，而且，从单纯形表Ⅲ，Ⅳ，Ⅴ，Ⅵ中可知，各非基变量检验数中三个优先因子的系数全部非负，这表示任何一满意解都能满足所有目标的要求。单纯形法和图解法的解题结果完全一致。

表 9－6　　用单纯形法求解过程

	c_j			0	0	0	P_1	0	0	P_2	P_3	0
	C_B	X_B	b	x_1	x_2	x_3	d_1^-	d_1^+	d_2^-	d_2^+	d_3^-	d_3^+
Ⅵ	0	d_3^+	6	0	－2	0	0	0	3/2	－3/2	－1	1
	0	x_1	9	1	1	0	0	0	1/4	－1/4	0	0
	0	d_1^+	9	0	3	0	－1	1	1/4	－1/4	0	0
	0	x_3	15	0	5	1	0	0	－5/4	5/4	0	0
	c_j-z_j		P_1	0	0	0	1	0	0	0	0	0
			P_2	0	0	0	0	0	0	1	0	0
			P_3	0	0	0	0	0	0	0	1	0

此外，求解目标的方法还有主要目标法、“老手法”和特征向量法等将多目标规划转化为单目标规划进行求解。

9.3　目标规划的灵敏度分析

目标规划的灵敏度分析中，各项系数的变化计算与线性规划相同，因此不再重复。这里主要分析优先因子的变化对目标规划解的影响。在目标规划建模时，目标优先级和权系数的确定往往带有一定的主观性，因此，对它们的灵敏度分析是目标规划灵敏度分析的主要内容。

【例 9－7】对以下目标规划问题

$$\min Z = p_1(d_1^+ + d_2^+) + p_2(d_3^- + 2d_4^-) + p_3 d_1^-$$

$$s.t.\begin{cases} x_1 + d_1^- - d_1^+ = 20 \\ x_2 + d_2^- - d_2^+ = 35 \\ -5x_1 + +3x_2 + d_3^- - d_3^+ = 220 \\ x_1 - x_2 + d_4^- - d_4^+ = 60 \\ x_1, x_2 \geqslant 0, d_i^-, d_i^+ \geqslant 0, i = 1,2,3,4 \end{cases}$$

当 d_2^+ 的优先因子由 p_1 改为0时，其解发生怎样的变化?

解：首先用单纯形法对原模型进行计算，见表9－7。

表9－7　　单纯形表

c_j		0	0	P_3	P_1	0	P_1	P_2	0	$2P_2$	0	b
C_B	X_B	x_1	x_2	d_1^-	d_1^+	d_2^-	d_2^+	d_3^-	d_3^+	d_4^-	d_4^+	
P_3	d_1^-	1	0	1	−1	0	0	0	0	0	0	20
0	d_2^-	0	1 *	0	0	1	−1	0	0	0	0	35
P_2	d_3^-	−5	3	0	0	0	0	1	−1	0	0	220
$2P_2$	d_4^-	1	−1	0	0	0	0	0	0	1	−1	60
$c_j - z_j$	P_1	0	0		1		1		0		0	
	P_2	3	−1		0		0		1		2	
	P_3	−1	0		1		0		0		0	
P_3	d_1^-	1	0	1	−1	0	0	0	0	0	0	20
0	x_2	0	1	0	0	1	−1	0	0	0	0	35
P_2	d_3^-	−5	0	0	0	−3	3	1	−1	0	0	115
$2P_2$	d_4^-	1	0	0	0	1	−1	0	0	1	−1	95
$c_j - z_j$	P_1	0			1	0	1		0		0	
	P_2	3			0	1	−1		1		2	
	P_3	−1			1	0	0		0		0	

满意解为：$x_1^* = 0$，$x_2^* = 35$。

由单纯形表知，初始基变量为 d_1^-，d_2^-，d_3^-，d_4^-，则最终单纯形表中基矩阵对应的逆矩阵为

$$B^{-1} = \begin{bmatrix} 1 & 0 & 0 & 0 \\ 0 & 1 & 0 & 0 \\ 0 & -3 & 1 & 0 \\ 0 & 1 & 0 & 1 \end{bmatrix}$$

当 d_2^+ 的优先因子由 p_1 改为0时

$$C_B B^{-1} = (P_3 \quad 0 \quad P_2 \quad 2P_2)\begin{bmatrix} 1 & 0 & 0 & 0 \\ 0 & 1 & 0 & 0 \\ 0 & -3 & 1 & 0 \\ 0 & 1 & 0 & 1 \end{bmatrix} = (P_3 - P_2 \quad P_2 \quad 2P_2)$$

则 d_2^+ 的检验数变为

$$c_j - z_j = 0 - (p_3 \quad -p_2 \quad p_2 \quad 2p_2)\begin{pmatrix} 0 \\ -1 \\ 0 \\ 0 \end{pmatrix} = -p_2$$

由此可知，d_2^+ 优先因子的改变引起基的变化，d_2^+ 作为换入变量重新进行迭代，如表 9－8 所示。

表 9－8　　**单纯形表**

	c_j	0	0	P_3	P_1	0	0	P_2	0	$2P_2$	0	b
C_B	X_B	x_1	x_2	d_1^-	d_1^+	d_2^-	d_2^+	d_3^-	d_3^+	d_4^-	d_4^+	
P_3	d_1^-	1	0	1	−1	0	0	0	0	0	0	20
0	x_2	0	1	0	0	1	−1	0	0	0	0	35
P_2	d_3^-	−5	0	0	0	−3	3*	1	−1	0	0	115
$2P_2$	d_4^-	1	0	0	0	1	−1	0	0	1	−1	95
$c_j - z_j$	P_1	0			1	0	0		0		0	
	P_2	3			0	1	−1		1		2	
	P_3	−1			1	0	0		0		0	
P_3	d_1^-	1	0	1	−1	0	0	0	0	0	0	20
0	x_2	−5/3	1	0	0	0	0	1/3	−1/3	0	0	220/3
P_2	d_2^+	−5/3	0	0	0	−1	1	1/3	−1/3	0	0	115/3
$2P_2$	d_4^-	−2/3	0	0	0	0	0	1/3	−1/3	1	−1	400/3
$c_j - z_j$	P_1	0			1			0	0		0	
	P_2	4/3			0			1/3	2/3		2	
	P_3	−1			1			0	0		0	

则满意解为：$x_1^* = 0$，$x_2^* = 220/3$。

9.4　目标规划案例分析

案例 1. 多目标运输问题

已知有三个产地给四个销地供应某种产品，产销地之间的供需量和单位运价，见表

9-9。有关部门在研究调运方案时依次考虑以下七项目标，并规定其相应的优先等级；

P_1——B_4是重点保证单位，必须全部满足其需要；

P_2——A_3向B_1提供的产量不少于120；

P_3——每个销地的供应量不小于其需要量的80%；

P_4——所订调运方案的总运费不超过最小运费调运方案的20%；

P_5——因路段的问题，尽量避免安排将A_2的产品运往B_4；

P_6——给B_1和B_3的供应率要相同；

P_7——力求总运费最省。

试求满意的调运方案。

表9-9　　供需量和单位运价

产地/销地	B_1	B_2	B_3	B_4	产量
A_1	6	3	3	8	400
A_2	3	5	4	6	200
A_3	5	4	9	7	500
销　量	300	100	400	500	

解：先不考虑目标约束，把问题看为产销不平衡的运输问题，用表上作业法可求得最小运费为4800元，求解过程略。

下面建立该问题的目标规划模型。

设x_{ij}表示从A_i产地运往B_j销地的运量。

供应绝对约束条件：$x_{11}+x_{12}+x_{13}+x_{14}\leqslant 400$；$x_{21}+x_{22}+x_{23}+x_{24}\leqslant 200$；$x_{31}+x_{32}+x_{33}+x_{34}\leqslant 500$

P_1：B_4需求约束：$x_{14}+x_{24}+x_{34}+d_1^- - d_1^+ =500$

P_2：A_3向B_1提供的产品量不少于120：$x_{31}+d_2^- - d_2^+ =120$

P_3：每个销地的销量不小于其需要量的80%：

$$x_{11}+x_{21}+x_{31}+d_3^- - d_3^+ =300\times 80\%$$
$$x_{12}+x_{22}+x_{32}+d_4^- - d_4^+ =100\times 80\%$$
$$x_{13}+x_{23}+x_{33}+d_5^- - d_5^+ =400\times 80\%$$
$$x_{14}+x_{24}+x_{34}+d_6^- - d_6^+ =500\times 80\%$$

P_4：调运方案的总运费不超过最小运费调运方案的20%：$\sum_{i=1}^{3}\sum_{j=1}^{4}c_{ij}x_{ij}+d_7^- - d_7^+ = 4800(1+20\%)$

P_5：因路段问题，尽量避免安排将A_2的产品运往B_4：$x_{24}+d_8^- - d_8^+ =0$

P_6：B_1和B_3的供应率要相同：$(x_{11}+x_{21}+x_{31})-300/400(x_{13}+x_{23}+x_{33})+d_9^- - d_9^+ =0$

P_7：力求总运费最省：$\sum_{i=1}^{3}\sum_{j=1}^{4}c_{ij}x_{ij}+d_{10}^- - d_{10}^+ = 4800$

目标函数为：$\min Z = P_1 d_1^- + P_2 d_2^- + P_3 (d_3^- + d_4^- + d_5^- + d_6^-) + P_4 d_7^+ + P_5 d_8^+ + P_6 (d_9^- + d_9^+) + P_7 d_{10}^+$

案例2. 岗位聘用决策

目标规划是一种重要的多目标决策工具，有着广泛的实际应用，例如某高校有各类教职员工如下：助教、助研、讲师、教授助理、副教授、教授、兼职教师、专家及职工，各类人员所承担的工作性质、工作量和工资各不相同，预计在下一学年要招收一定数量的本科生与研究生，现应用目标规划来确定聘用各类人员的人数，既要保持各类人员之间的适当比例，完成学校的各项工作，同时又要取得最好的经济效益。设聘用各类人员的人数如下：

x_1助研（可由研究生兼任）　y_1教授助理（有博士学位）

x_2助教（可由研究生兼任）　y_2副教授（有博士学位）

x_3讲师　y_3教授（有博士学位）

x_4教授助理（无博士学位）　y_4兼职教师（有博士学位）

x_5副教授（无博士学位）　y_5专家（有博士学位）

x_6教授（无博士学位）　w_1所有教职工的工资总基数

x_7兼职教师（无博士学位）　w_2所有教职工的工资比上一年的总增加数

x_8专家（无博士学位）

x_9职工

现各类人员承担的工作量、工资及所占比例见表9－10。校方确定的各级决策目标为：

P_1：要求教师有一定的学术水平，即75%的教师是专职的，担任本科生教学工作的教师中，至少有40%的人具有博士学位。担任研究生教学的至少有75%的人具有博士学位。

P_2：要求各类人员增加工资的总额不得超过176000元，其中x_1，x_2和x_9增加的工资数为其原工资数的6%，而其他人员为8%。

P_3：要求能完成学校的各项教学工作，即学校计划招收本科生1820名、研究生100名。要求为本科生每周开课共910学时，研究生每周开课100学时，并要求本科生教师与学生人数比为1∶20，研究生教师与学生人数比为1∶10。

表9－10　各类人员工作量，工资及所占比例表

变量	承担的教学工作量/（学时/周）		所占教师的百分比/%		年工资/元
	本科生	研究生	最大	最小	
x_1	0	0	—	—	3000
x_2	6	0	7	—	3000
x_3	12	0	7	—	8000
x_4	9	0	15	—	13000
x_5	9	0	5	—	15000
x_6	6	0	2	—	17000

续表

变量	承担的教学工作量/（学时/周）		所占教师的百分比/%		年工资/元
	本科生	研究生	最大	最小	
x_7	3	0	1	—	2000
x_8	0	3	—	1	30000
x_9	—	—	—	—	4000
y_1	6	3	—	21	13000
y_2	6	3	—	14	15000
y_3	3	3	—	23	17000
y_4	0	3	2	—	2000
y_5	0	3	—	2	30000

P_4：要求各类教学人员之间有适当的比例，即 x_2 所占全体教师比例不超过 7%，x_3 不超过 7%，x_4 不超过 15%，x_5 不超过 5%，x_6 不超过 2%，x_7 不超过 1%，x_8 不低于 1%，y_1 不低于 21%，y_2 不低于 14%，y_3 不低于 23%，y_4 不超过 2%，y_5 不低于 2%。

P_5：要求教师与行政管理职工 x_9 之比不超过 4∶1。

P_6：要求教师与助研 x_1 的比不超过 5∶1。

P_7：要求所有人员总工资基数尽可能得小。

如此可得如下各约束条件：

（1）75% 的教师是专职的：$\sum_{i=3}^{6} x_i + x_8 + \sum_{i=1}^{3} y_i + y_5 - 0.75(\sum_{i=1}^{8} x_i + \sum_{i=1}^{5} y_i) + d_1^- - d_1^+ = 0$

本科生教学中至少 40% 有博士学位：$\sum_{i=1}^{3} y_i - 0.40(\sum_{i=2}^{7} x_i + \sum_{i=1}^{3} y_i) + d_2^- - d_2^+ = 0$

研究生教学中至少 75% 有博士学位：$\sum_{i=1}^{5} y_i - 0.75(x_8 + \sum_{i=1}^{5} y_i) + d_3^- - d_3^+ = 0$

（2）教学任务

本科生：$6x_2 + 12x_3 + 9x_4 + 9x_5 + 6x_6 + 3x_7 + 6y_1 + 6y_2 + 3y_3 + d_4^- - d_4^+ = 910$

研究生：$3x_8 + 3y_1 + 3y_2 + 3y_3 + 3y_4 + 3y_5 + d_5^- - d_5^+ = 100$

教师数：$\sum_{i=2}^{7} x_i + \sum_{i=1}^{3} y_i + d_6^- - d_6^+ = 91$，　$x_8 + \sum_{i=1}^{5} y_i + d_7^- - d_7^+ = 10$

（3）教学人员比例：令 $T = \sum_{i=2}^{8} x_i + \sum_{i=1}^{5} y_i$

$$0.07T - x_2 + d_8^- - d_8^+ = 0;\ 0.07T - x_3 + d_9^- - d_9^+ = 0$$
$$0.15T - x_4 + d_{10}^- - d_{10}^+ = 0;\ 0.05T - x_5 + d_{11}^- - d_{11}^+ = 0$$
$$0.02T - x_6 + d_{12}^- - d_{12}^+ = 0;\ 0.01T - x_7 + d_{13}^- - d_{13}^+ = 0$$
$$0.01T - x_8 + d_{14}^- - d_{14}^+ = 0;\ 0.21T - y_1 + d_{15}^- - d_{15}^+ = 0$$
$$0.14T - y_2 + d_{16}^- - d_{16}^+ = 0;\ 0.23T - y_3 + d_{17}^- - d_{17}^+ = 0$$
$$0.02T - y_4 + d_{18}^- - d_{18}^+ = 0;\ 0.02T - y_5 + d_{19}^- - d_{19}^+ = 0$$

（4）教师与职工（x_9）之比不超过4∶1：$T-4x_9+d_{20}^{-}-d_{20}^{+}=0$

（5）教师与助研（x_1）之比不超过5∶1：$T-5x_1+d_{21}^{-}-d_{21}^{+}=0$

（6）全体人员工资增加总额

$$0.06[3000(x_1+x_2)+4000x_9]+0.08(8000x_3+13000x_4+15000x_5+17000x_6+2000x_7+30000x_8+13000y_1+15000y_2+17000y_3+2000y_4+30000y_5)-\overline{\omega}_2+d_{22}^{-}-d_{22}^{+}=0$$

这里助研 x_1，助教 x_2 和职工 x_9 的工资增长率为6%，其他人员的工资增长率为8%，$\overline{\omega}_2=176000$ 为目标期望值。

（7）全体人员工资总基数约束

$$3000(x_1+x_2)+8000x_3+13000x_4+15000x_5+17000x_6+2000x_7+30000x_8+4000x_9+13000y_1+15000y_2+17000y_3+2000y_4+30000y_5)-\overline{\omega}_1+d_{23}^{-}-d_{23}^{+}=0$$

其中 $\overline{\omega}_1=1850000$ 为目标期望值。

目标优先级别如前面要求，在 P_3 级中，校方认为有关研究生开设的课与师生之比的重要性是本科生的2倍，建立目标函数如下：

$$\begin{aligned}\text{Min}Z=&P_1\sum_{i=1}^{3}d_i^{+}+P_2d_{22}^{+}+P_3(2d_5^{-}+2d_7^{-}+d_4^{-}+d_6^{-})+\\&P_4(\sum_{i=8}^{13}d_i^{-}+d_{18}^{-}+\sum_{i=14}^{17}d_i^{+}+d_{19}^{+})+P_5d_{20}^{+}+P_6d_{21}^{+}+P_7d_{23}^{+}\end{aligned}$$

经计算可得这个问题的解为：

$x_1=32$，$x_2=10$，$x_3=10$，$x_4=22$，$x_5=7$，$x_6=0$，$x_7=1$，$x_8=1$，$x_9=38$

$y_1=42$，$y_2=20$，$y_3=34$，$y_4=0$，$y_5=3$，$w_1=2471000$，$w_2=176000$.

各级目标实现情况：

P_1级：（基本实现）教师的学术水平实现。

P_2级：增加工资总额实现。

P_3级：完成学校的各项教学工作目标实现，师生数比例实现。

P_4级：各类教师之间的比例实现。

P_5级：教师与行政人员之比目标实现。

P_6级：教师与助研人员之比目标实现。

P_7级：全体人员工资总基数超过了预期目标。（未实现）

这时，学校只要能争取到充分的经费，达到2471000元，则以上7个目标都能实现。如校方无法得到比1850000元多的经费，则说明经费限制很重要，即不应当把工资总数目标放在最低的 P_7 级而应提升到 P_2 级，将原 $P_2\sim P_6$ 级目标均降一级，再将无博士学位的教授占全体教师的百分比由最多2%改为至少2%，因为在前面求解中 $x_6=0$。这样新的目标函数为：

$$\begin{aligned}\text{Min}Z=&P_1\sum_{i=1}^{3}d_i^{+}+P_2d_{23}^{+}+P_3d_{22}^{+}+P_4(2d_5^{-}+2d_7^{-}+d_4^{-}+d_6^{-})+\\&P_5(\sum_{i=8}^{11}d_i^{-}+d_{13}^{-}+d_{18}^{+}+d_{12}^{+}+\sum_{i=14}^{17}d_i^{+}+d_{19}^{+})+P_6d_{20}^{+}+P_7d_{21}^{+}\end{aligned}$$

可计算出解为：$x_1=0$，$x_2=9$，$x_3=20$，$x_4=20$，$x_5=7$，$x_6=1$，$x_8=0$，$x_9=0$
$y_1=28$，$y_2=18$，$y_3=30$，$y_4=0$，$y_5=0$，$W_1=1850000$，$W_2=135000$

各级目标实现情况：

P_1级：教师学术水平目标实现。

P_2级：全体人员工资总基数目标实现。

P_3级：全体人员工资增长总数目标实现。

P_4级：学校各项工作任务完成及师生比例目标实现。

P_5级：教师中各类人员的比例未实现。

P_6级：没实现（因 $x_9=0$，即没有职工）。

P_7级：没实现（因 $x_1=0$，即没有助研）。

显然，这会使学校工作不能正常开展。必须再争取经费，同时为保证教学工作的正常开展，目标级别再作适当调整，如将教师与职工数比例提为P_4级，教师与助研人数比例提为P_5级，将完成学校日常工作及师生人数之比目标降为P_6级，将教师中各类人员之比降为P_7级，当经费达到 1 970 000 时再计算，可使各目标基本满足，只有P_7级（教师中各类人员之比）未满足，但不太影响学校工作正常运行。

本 章 小 结

目标规划是在线性规划的基础上，为适应现代经济环境中复杂的多目标最优决策的需要逐步发展起来的，是实现目标管理的有效工具之一。它根据企业制定的多个经营目标以及这些目标间的轻重缓急次序，在考虑现有资源的约束条件下，分析如何达到规定目标或从总体上离规定目标的差距最小。建立目标规划模型需要注意基准值确定和从实际中对一些专门术语语意的挖掘：如不低于，不超过，充分利用（既不低于又不超过）等。同时，在建立目标规划时，还要特别注意目标函数的构建，这是目标规划建模中的难点。另一个要注意的地方是目标规划本身，只有在目标重要性等级间的远远大于关系成立的前提下，才能建立目标规划的模型。

目标规划的求解方法最基本的有两个：图解法和单纯形法。两个变量的目标规划图解法步骤：①画出所有约束条件的直线图形；②标出偏差变量增大时直线的平移方向；③确定绝对约束所满足的可行解域；④对目标约束，根据各目标优先级别，依次确定对应的解区域，直到满足了所有级别的目标或解区域减少到一点为止。

用单纯形法求解目标规划与求解线性规划的过程基本相同，只是最优性检验有所不同：①目标规划的检验数是各目标的优先因子的线性组合（检验数矩阵）；②最优性检验是分优先级进行的，其中 $P_1 \gg P_2 \gg \cdots \gg P_K$。

本章最后介绍了目标规划方法在管理实际的典型应用。

习 题 9

一、判断题

1. 线性规划问题是目标规划问题的一种特殊形式。(　　)

2. 目标规划是针对线性规划中目标单一的局限性而建立起来的。(　　)

3. 目标规划模型中存在约束条件 $x_1 + x_2 + d^- + d^+ = 3$，则该约束是系统约束。(　　)

4. 在多目标决策问题中，当目标中规定了 $x = b$，为达到目标则必须同时满足 $y^+ = y^- = 0$，才算达到了目标。(　　)

5. 正偏差变量应取正值，负偏差变量应取负值。(　　)

6. 目标规划模型中，应同时包含系统约束（绝对约束）与目标约束。(　　)

7. 同一目标约束中的一对偏差量 d_i^-、d_i^+ 至少有一个取值为零。(　　)

8. 目标规划的目标函数中既包含决策变量又包含偏差变量。(　　)

9. 只含目标约束的目标规划模型一定存在满意解。(　　)

10. 目标规划模型中的优先级 p_1，p_2，…，其中 p_i 较之 p_{i+1} 目标的重要性一般为数倍至数十倍。(　　)

二、选择题

1. 目标规划（　　）。

A. 只要求你知道目标是直接利润最大化还是成本最小化

B. 允许你有多个目标，可以有优先级也可以没有优先级

C. 是针对纯整数规划问题的一种快速求解算法

D. 是针对混合整数规划问题的一种快速求解算法

2. 在目标规划的数学模型中，负偏差变量（　　）。

A. ≤0　　B. ≥0　　C. >0　　D. <0

3. 要求不超过第一目标值、恰好完成第二目标值，目标函数是（　　）。

A. $\min Z = p_1 d_1^+ + p_2(d_2^- + d_2^+)$　　B. $\min Z = p_1 d_1^+ + p_2(d_2^- - d_2^+)$

C. $\min Z = p_1 d_1^- + p_2(d_2^- - d_2^+)$　　D. $\min Z = p_1 d_1^- + p_2(d_2^- + d_2^+)$

4. 在目标线性规划问题中（　　）。

A. 正偏差变量取正值，负偏差变量取负值

B. 目标函数可以是求 min，也可以是求 max

C. 目标函数中的优先级 P_1，P_2，P_3，…之间表明数量上的重要性差别，如 P_1 比 P_2 级重要 10 倍或 20 倍等

D. 模型可以含系统约束（刚性约束)，也可以不含

5. 在目标规划的数学模型中，负偏差变量（　　）。

A. ≤0　　B. ≥0　　C. >0　　D. <0

6. 目标规划的目标函数为 $\min f(d) = p_1 d_1^+ + p_2(d_2^- + 2d_3^+)$，其含义是（　　）。

A. 第一目标要求不超过目标值、第二目标是求 d_2^- 与 d_3^+ 加权和最小

B. 第一目标要求不超过目标值、第二目标是先求 d_3^+ 最小，再求 d_2^- 最小

C. 第一目标要求不超过目标值、第二目标要求不超过目标值、第三目标要求不超过目标值

D. 第一目标要求低于目标值、第二目标要求不超过目标值、第三目标要求不低于目标值

三、简答题

1. 目标规划模型与线性规划模型有何区别?

2. 什么是偏差变量？其取值有什么限制?

3. 什么是优先级因子？与权系数有何区别?

4. 目标规划模型中，如果不含绝对约束，是否一定有解？为什么?

5. 目标规划中的满意解与最优解有什么区别?

6. 目标规划的图解法与线性规划的图解法有什么异同?

四、计算题

1. 分别用作图法和单纯形法求下列目标规划问题的满意解。

(1) $\min Z = p_1(2d_1^+ + 3d_2^+) + p_2 d_3^- + p_3 d_4^-$

$$s.t.\begin{cases} x_1 + x_2 + d_1^- - d_1^+ = 0 \\ x_1 + d_2^- - d_2^+ = 4 \\ 5x_1 + 3x_2 + d_3^- - d_3^+ = 56 \\ x_1 + x_2 + d_4^- - d_4^+ = 12 \\ x_1, x_2 \geqslant 0, d_i^-, d_i^+ \geqslant 0 \quad i = 1, \cdots, 4 \end{cases}$$

(2) $\min Z = p_1 d_1^+ + p_2 d_3^+ + p_3 d_2^+$

$$s.t.\begin{cases} -x_1 + 2x_2 + d_1^- - d_1^+ = 4 \\ x_1 - 2x_2 + d_2^- - d_2^+ = 4 \\ x_1 + 2x_2 + d_3^- - d_3^+ = 8 \\ x_1, x_2 \geqslant 0, d_i^-, d_i^+ \geqslant 0 \quad i = 1,2,3 \end{cases}$$

2. 已知某线性规划模型为：

$$\max Z = 100x_1 + 50x_2$$

$$s.t.\begin{cases} 10x_1 + 16x_2 \leqslant 200 (\text{资源 }1) \\ 11x_1 + 3x_2 \geqslant 25 (\text{资源 }2) \\ x_1, x_2 \geqslant 0 \end{cases}$$

假定重新确定这个问题的目标为：p_1：Z 的值应不低于 1900；p_2：资源 1 必须全部利用。将此问题转换为目标规划问题，列出数学模型。

3. 某工厂有两条生产线生产某一产品，第一生产线每小时生产 2 个单位产品，第二生产线每小时生产 1/2 单位产品，正常开工每周 40 小时，每单位产品获利 100 元，设：

P_1：生产 180 个单位产品；

P_2：限制第一条生产线每周加班不得超过 10 小时；

P_3：避免开工不足；

P_4：加班时数达到最少。假定两条生产线的开工费用相同，试建立目标规划模型。

4. 已知三个工厂生产的产品供应四个用户需要，各工厂生产量、用户需要量及从各工厂到用户，单位产品的运输价格如表 9－11 所示。

表 9－11　　运输价格

工厂/用户	1	2	3	4	生产量
1	5	2	6	7	300
2	3	5	4	6	200
3	4	5	2	3	400
需求量	200	100	450	250	

用表上作业法求得最优调运方案，总运费为 2950 元。但上述方案只考虑了运费为最少，没有考虑到很多具体情况和条件。故上级部门研究后确定了制定调配方案时要考虑的七项目标，并规定重要性次序为：

第一目标：第 4 用户为重要部门，需要量必须全部满足；

第二目标：供应用户 1 的产品中，工厂 3 的产品不少于 100 单位；

第三目标：为兼顾一般，每个用户满足率不低于 80%；

第四目标：新方案总运费不超过原方案的 10%；

第五目标：因道路限制，以工厂 2 到用户 4 的路线尽量避免分配运输任务；

第六目标：用户 1 和用户 3 的满足率应尽量保持平衡；

第七目标：力求减少总运费，如表 9 – 12 所示。

表 9 – 12　　　　　　　　　　　　**运输问题最优表**

工厂/用户	1	2	3	4	生产量
1	200	100			300
2	0		200		200
3			250	150	400
虚设				100	100
需求量	200	100	450	250	

试建立目标规划模型。

5. 某商店有职工 5 人，其中经理 1 人，管理员 1 人，2 个全时售货员，临时工 1 人，工作一小时贡献：经理 24 元，管理员 16 元，全时售货员 9 元，临时工 1.5 元。

规定销售额的 0.055 作为工资收入。计划：经理和管理员每月工作 200 小时，全时售货员甲工作 172 小时，乙工作 160 小时，临时工工作 100 小时。

P_1：销售额达到 14500 元；

P_2：保证正常工作；

P_3：管理员的收入不低于 170 元；

P_4：经理、管理员和甲的加班时间不超过规定；

P_5：乙和临时工加班时间不超过规定；

P_6：保证甲、乙的收入分别为 87 元和 52 元。

试建立目标规划模型。

五、案例分析

1. 茶叶拼配问题。由于我国茶区地域辽阔，受各地气候、土壤等自然条件，以及采摘季节、初加工方法等因素影响，各产区茶叶的花香、质量差异很大。因此，原茶的地区性、等级性特点十分突出。精制茶叶时，通常要将一些不同级别、不同地区的原茶，按照一定的规格要求进行拼配，以调和品质、统一价格，使茶叶有比较稳定的质量和经营标准，拼配是茶叶经营中的重要环节。

现以每斤 12 元的茉莉花茶为样茶进行讨论，并规定样茶重量为 1 斤。

茶叶的拼配主要是不同等级、不同地区的原茶的拼配。按主管部门的要求，经调研，从 114 种原茶中，选取了五个等级、五个地区的 20 种原茶作为配方选择范围。有关资料如表 9 – 13 所示。

表 9 – 13　　　　　　　　　　　　**统计数据**

序号	品名	地区	等级	单价/（元/斤）
1	茗落 61001	福建	特级	13.54
2	松 61001	福建	特级	13.49
3	武 6107	浙江	特级	14.20
4	茗 61201	浙江	特级	13.02
5	61103	福建	一级	10.10

续表

序号	品名	地区	等级	单价/（元/斤）
6	闽 61152	福建	一级	9.00
7	苏 611608	江苏	一级	12.06
8	广 61124	江苏	一级	7.98
9	武 61244	浙江	二级	9.60
10	芬 61210	浙江	二级	9.24
11	津 61204	安徽	二级	9.03
12	津 61205	安徽	二级	8.84
13	津 613888	江苏	三级	6.85
14	三号香片	湖南	三级	4.86
15	湘 61323	湖南	三级	4.63
16	蜀 61310	四川	三级	5.39
17	一级花坯	安徽	素坯、珠兰	7.15
18	三级烘青坯	安徽	素坯、珠兰	5.30
19	特级珠兰烘青	安徽	素坯、珠兰	10.64
20	一级珠兰烘青	安徽	素坯、珠兰	8.10

具体拼配要求是：特级、一级、二级、三级、素坯和珠兰分别占12%、30%、40%、10%、8%，允许浮动2%；福建、浙江、江苏、安徽、其他茶区的原茶分别占30%、25%、20%、15%、10%，允许浮动5%；样茶的混合成本为9.45元，允许浮动3%；库存中，福建、浙江两省特级茶（序号2、4），以及江苏、湖南两省的三级原茶（序号13、14）存量少，不宜多用。

按主管部门要求，确定如下目标：

第一优先级：级别比，地区比，总重为1；第二优先级：混合成本最低；第三优先级：特级原茶用量限制；第四优先级：三级原茶用量限制。

综合上述条件，建立拼配样茶的线性目标规划数学模型，并对求解结果进行分析说明。

2. 个人理财。王小姐是一个公司职员，有存款50000元，她打算把这笔钱全部用去投资。她的目标是在满足某些限制的条件下进行投资，使这些投资的年息最大。

王小姐的目标优先等级是：第一，她希望至少投资20000元去购买年息为6%的政府公债；第二，她打算最少用5000元，至多用15000元购买利息为5%的信用卡；第三，她打算最多用10000元购买随时可兑换现款的股票，这些股票的平均利息为8%；第四，她希望给亲戚的新企业至少投资30000元，她的亲戚允诺给她7%的利息。

根据以上信息，请你为王小姐建立一个投资理财的目标规划模型，并对求解结果进行分析说明。

第 10 章　图与网络分析

图论（Graph Theory）是研究图与网络的科学。这门科学是由大数学家欧拉(E. Euler)于 1736 年发表解决著名的哥尼斯堡七桥问题而开创的，随后由于基尔霍夫（Kirchhoff）、英国数学家凯莱（Cayley）和哈密尔顿（Hamilton）等人的贡献，使这门古老的科学获得了巨大的发展。目前它的应用已渗透到各个学科领域，特别是应用到信息论、控制论、运筹学和计算机科学等方面。在现实生活与生产实践中，有许多问题都可以用图和网络来描述。如在企业管理中，如何制订管理计划或设备购置计划，使收益最大或费用最小；在组织生产时，如何使工序衔接好，才能使生产任务完成得既快又好；在交通运输中，如何调运物资数量最多且费用最小等。这些问题都可以借助图与网络得以解决。

本章主要介绍图与网络分析。网络分析内容主要涉及网络优化问题，即最小树问题、最短路问题、最大流问题、最小费用最大流问题等。

10.1　图的基本概念与模型

自然界和人类社会中的许多事物之间的关系都可以用点和线联结起来的图形来描述，例如在交通运输图上，产地和销地通常用点来表示，有连线就意味着这两地可以直接到达，无连线就表示不能到达，可以研究从产地到销地的最短路径或者分析运费最小运输方案。类似地，城市规划、电视网络、信息传递等问题均可以这样用点和线联结起来的图进行模拟。我们除去这些问题的具体名称和含义，保留它们的共同点，便有了图的概念。图论中的图，是对现实世界的具体事物及其相互关系的一种抽象表示，它比地图、天文图、分子结构图、电路图、几何图形等更抽象，也更具随意性，因而它是帮助人们认识客观事物的一种更一般的工具。

10.1.1　图及其图解

1. 图的定义

一个图 G 为一个有序二元组（V, E），记为：$G=(V, E)$。

其中，V 是一个有限非空的集合，其元素称为 G 的结点或顶点，简称点，而 V 称为 G 的节点集，简称点集，一般表示为 $V=\{v_1, v_2, \cdots v_n\}$；$E$ 是由 V 中的无序对（v_i, v_j）所构成的一个集合，其元素称为 G 的边，一般表示为 $e_{ij}=(v_i, v_j)$，而 E 称为 G 的边集。

因此，也可以简单地说，所谓图就是结点与边的集合。

2. 图的图解

若用平面上的点表示图 G 的节点，用连接相应的结点而不经过其他节点的线表示图 G 的边，所画出的图形称为图 G 的平面图解，简称图解。

一般一个图总能用图解表示。但是，由于对结点的位置和边的形状的选取具有随意性，因此一个图可以有几种形状迥异的图解。如图 10 - 1 中的图 G 就可以有如图 10 - 1 所示的 3 个图解。

【例 10－1】试用一个图来表示大连、北京、广东和上海四城市之间的民航客机通航情况。

解：设以 v_1，v_2，v_3，v_4 分别表示大连、北京、广东和上海四个城市，则它们之间的通航情况可表示如下：

$$G=(V,\ E)$$

其中：$V=\{v_1,\ v_2,\ v_3,\ v_4\}$；$E=\{e_1,\ e_2,\ e_3,\ e_4,\ e_5,\ e_6\}$，$e_1=(v_1,\ v_2)$，$e_2=(v_1,\ v_3)$，$e_3=(v_1,\ v_4)$，$e_4=(v_2,\ v_3)$，$e_5=(v_2,\ v_4)$，$e_6=(v_3,\ v_4)$

上述每条边表示相应两市互相通航。

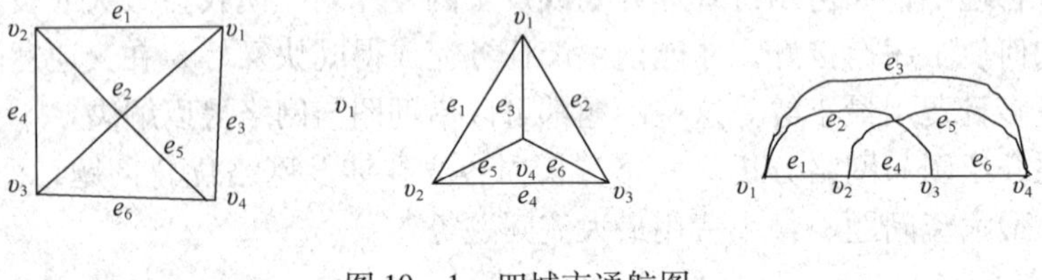

图 10－1　四城市通航图

由此可见，给出图的一个图解，这个图的关系也就明确了。因此，以后我们经常把图的一个图解就看作是这个图。

10.1.2　几个基本概念

定义：图中的点用 v 表示，边用 e 表示。对每条边可用它所连接的点表示，记作：$e_1=[v_1,\ v_1]$；$e_2=[v_1,\ v_2]$。

10.1.2.1　端点，关联边，相邻

若有边 e 可表示为 $e=[v_i,\ v_j]$，称 v_i 和 v_j 是边 e 的端点，反之称边 e 为点 v_i 或 v_j 的关联边。若点 v_i、v_j 与同一条边关联，称点 v_i 和 v_j 相邻；若边 e_i 和 e_j 具有公共的端点，称边 e_i 和 e_j 相邻。

10.1.2.2　环，多重边，简单图

如果边 e 的两个端点相重，称该边为环。如图 10－2 中边 e_1 为环。如果两个点之间的连线多于一条，则称为多重边，如图 10－2 中连接 v_2、v_3 点的边 e_4 和 e_5。对无环、无多重边的图称作简单图。

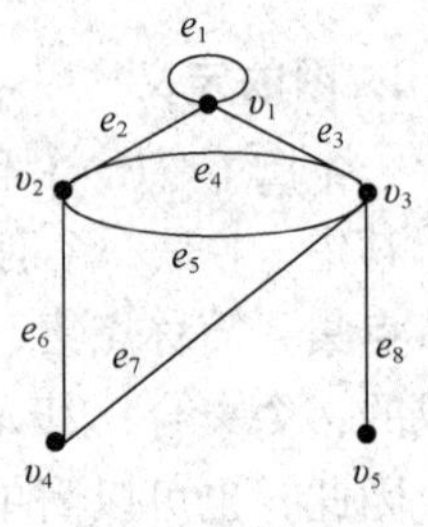

图 10－2　示例

10.1.2.3　次，奇点，偶点，孤立点

与某一个点 v_i 相关联的边的数目称为点 v_i 的次（也叫作度），记作 $d(v_i)$。图 10－2 中 $d(v_1)=4$，$d(v_3)=5$，$d(v_5)=1$。

次为奇数的点称作奇点，次为偶数的点称作偶点，次为 1 的点称为悬挂点，次为 0 的点称作孤立点。

图的次：一个图的次等于各点的次之和。

10.1.2.4　链，圈，路，回路，连通图

图中某些点和边的交替序列，若其中各边互不相同，且对任意 $v_{i,t-1}$ 和 v_{it} 均相邻称为链。用 μ 表示：$\mu=\{v_0, e_1, v_1, \cdots, e_k, v_k\}$。若链 μ 中所有的 e_i 都不相同，则称 μ 为简单链；若链 μ 中所有的 v_i 都不相同，则称 μ 为初等链。

如果链中所有的顶点 v_1，v_2，…，v_k 也不相同，这样的链称为路。

起点与终点重合的链称作圈。起点与终点重合的路称为回路。如果每一对顶点之间至少存在一条链，称这样的图为连通图，否则称图不连通。

10.1.2.5　母图，子图，支撑子图

图 $G_1=\{V_1、E_1\}$ 和图 $G_2=\{V_2,E_2\}$ 如果有 $V_1\subseteq V_2,E_1\subseteq E_2$，称 G_1 是 G_2 的一个子图。若有 $V_1=V_2,E_1\subseteq E_2$，则称 G_1 是 G_2 的一个支撑子图。

例：

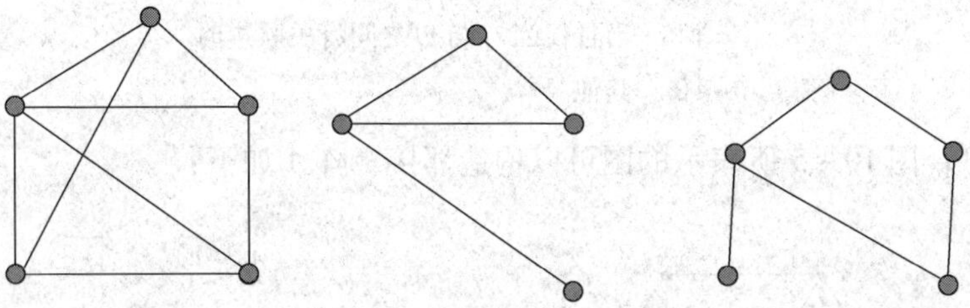

图 10－3　母图、子图和支撑子图

根据所给图 10－3 可直接给出母图、子图和支撑子图的定义：母图，如图 10－3（a）所示，根据问题直接建立的原始图；子图，如图 10－3（b）所示，即保留原图部分点和部分边的图；支撑子图，如图 10－3（c）所示，保留原图全部点和部分边的图。

10.1.2.6　无向图与有向图

由点集 V 与带有方向的边的集合 E 构成的图称为有向图，记为 $D=(V, E)$，将带有方向的边称为弧，记 $e=(v_i, v_j)$，边不带方向的图称为无向图。

10.1.2.7　网络（赋权图）

在实际问题中，往往需用图来描述所研究对象之间的关系还是不够的，若对图中的每条边或弧（v_i，v_j）赋予一个数 w_{ij}，则称 w_{ij} 为边或弧（v_i，v_j）上的权或权值，并称这种图为赋权图，权值在不同情况下含义不同，可表示成本、费用、效益、价值，流量等。连通的赋权图即为网络。

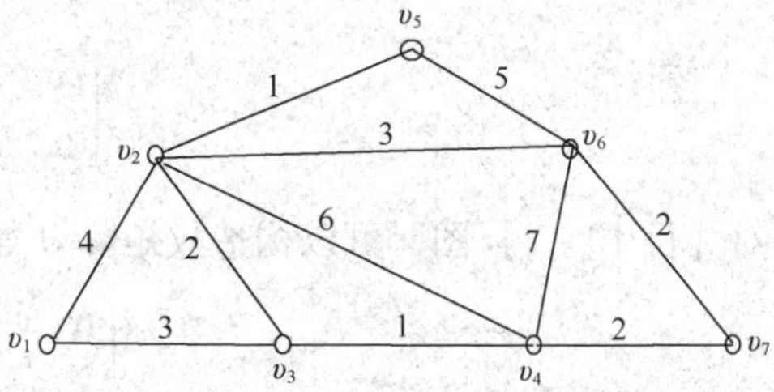

图 10－4　某地铁路网络图

【例 10－2】某铁路部门拟用铁路线将 7 个市镇连接起来，已知修建各市镇间铁路的费用如图 10－4 所示，即为一个网络。

这些都是图形问题的基本概念，据此我们可以建立图形模型，并进行网络问题分析。

已知图的信息：图 $G=\{V,E\}$，其中 $V=\{v_1,v_2,v_3,v_4\}$，$E=\{e_1,e_2,e_3,e_4,e_5,e_6,e_7\}$，$e_1=(v_1,v_2)$，$e_2=(v_1,v_4)$，$e_3=(v_4,v_3)$，$e_4=(v_2,v_2)$，$e_5=(v_4,v_2)$，$e_6=(v_1,v_3)$，$e_7=(v_2,v_1)$

又 $G_1=\{V_1,E_1\}$，$G_2=\{V_2,E_2\}$ 是图 G 的子图，其中：$V_1=\{v_1,v_3,v_4\}$，$E_1=\{e_2,e_6\}$；$V_2=\{v_1,v_2,v_3,v_4\}$，$E_2=\{e_2,e_6,e_7\}$

问题1：画出图 G，子图 G_1，子图 G_2。

问题2：说明图 G_2 与 G_1 的不同。

10.1.2.8　图的矩阵表示

图形虽然直观，但是不便于计算机处理，所以通常情况下，对运筹学中的图，要用计算机进行分析处理时，可以将其变换为矩阵形式，以下是几种表示形式。

1. 邻接矩阵

对于图 $G=(V,E)$，$|V|=n$，$|E|=m$，有 $n\times n$ 阶方矩阵 $A=(a_{ij})_{n\times n}$，其中

$$a_{ij}=\begin{cases}1 & \text{当且仅当 } v_i \text{ 与 } v_j \text{ 之间有关联边时}\\ 0 & \text{其他}\end{cases}$$

【例 10－3】图 10－5 所表示的图可以构造邻接矩阵 A 如下：

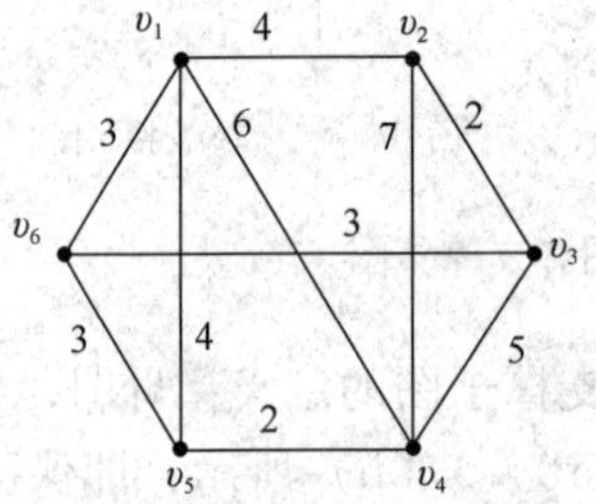

图 10－5　某网络图

$$A_{6\times6}=\begin{array}{c}\\ v_1\\ v_2\\ v_3\\ v_4\\ v_5\\ v_6\end{array}\begin{array}{c}\begin{array}{cccccc}v_1&v_2&v_3&v_4&v_5&v_6\end{array}\\ \begin{bmatrix}0&1&0&1&1&1\\1&0&1&1&0&0\\0&1&0&1&0&1\\1&1&1&0&1&0\\1&0&0&1&0&1\\1&0&1&0&1&0\end{bmatrix}\end{array}$$

2. 权矩阵

对于赋权图 $G=(V,E)$，其中边 (v_i,v_j)，有权 w_{ij}，构造矩阵 $B=(b_{ij})_{n\times n}$，其中：

$$b_{ij}=\begin{cases}w_{ij} & (v_i,v_j)\in E\\ 0 & (v_i,v_j)\notin E\end{cases}$$

对【例 10－3】图，可以构造权矩阵 B 如下：

$$B=\begin{array}{c}v_1\\ v_2\\ v_3\\ v_4\\ v_5\\ v_6\\ \\ \end{array}\begin{array}{c}\begin{bmatrix}0&4&0&6&4&3\\4&0&2&7&0&0\\0&2&0&5&0&3\\6&7&5&0&2&0\\4&0&0&2&0&3\\3&0&3&0&3&0\end{bmatrix}\\ \begin{array}{cccccc}v_1&v_2&v_3&v_4&v_5&v_6\end{array}\end{array}$$

对图形的数字化描述还有其他形式，读者要深入了解时可参考相关的图书资料。

10.2　树及最小树问题

在各种各样的图中，有一类简单又十分重要的图，就是树。人们在探讨一些悬而未决的问题时，往往先从树这一类图入手。树在诸如电路网络分析、管理决策、计算机算法等许多领域，都有着广泛的应用。本节主要介绍树与最小生成树的概念与相关求解方法。

10.2.1　树的基本概念及问题描述

1. 树的定义

连通且不包含圈的无向图称为树（tree）。通常用符号 $T=(V,E)$ 表示，如图 10－6 所示。

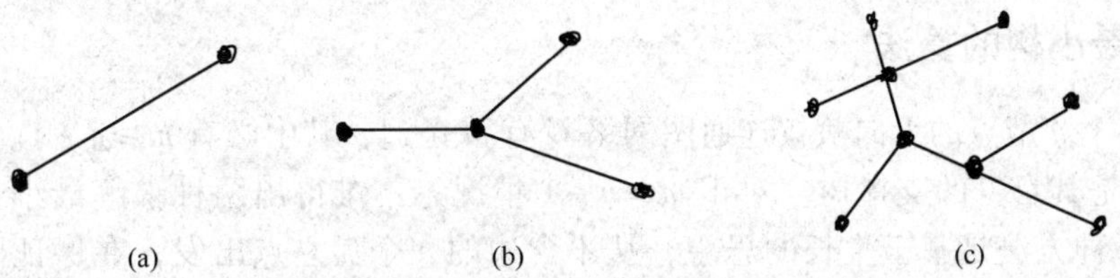

图 10－6　树图

由定义及直观观察，发现一个有 n 个节点的树必定有且只有 $n-1$ 条边，去掉树中任意一条边，树将变为非连通图，而用一条边将树中任意两个非邻接的节点连接起来，则图中将出现唯一的一个回路。此外，树中任意两个节点间必定存在唯一一条简单路径。

2. 支撑树

如果树 T 是图 G 的一个支撑子图，则称 T 为 G 的一个支撑树（spanning tree）

如果两图 $G_1=(V_1,E_1)$，$G_2=(V_2,E_2)$，满足 G_2 是 G_1 的支撑子图，且 G_2 是 G_1 的一个树，则称 G_2 是 G_1 的一个支撑树。如图 10－7 所示，左边是原图，右边两个为原图的支撑树，当然原图还可生成其他多个树图。

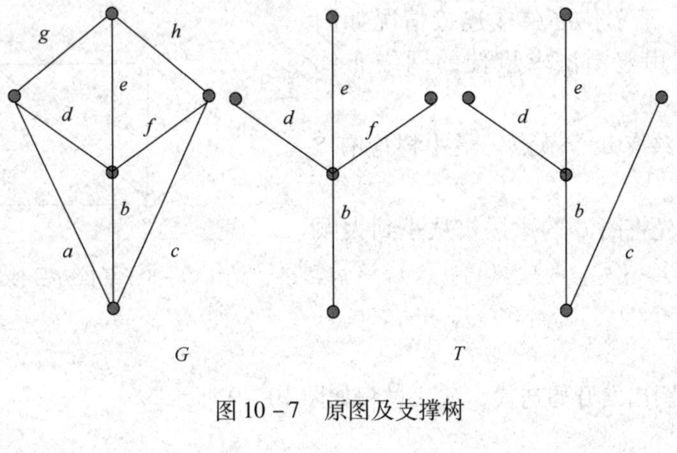

图 10－7　原图及支撑树

3. **最小支撑树**

对于一个无向赋权网络 $G=(V, E, W)$，如果 $T=(V, E')$ 为 G 的一个支撑树，令 $w(T)=\sum_{(v_i,v_j)\in E'} w_{ij}$ 为树 T 的权，则满足：$W(T^*)=\min\{W(T)\}$ 的树 T^*，即 G 所有支撑树中权最小的树，称为 G 的最小支撑树（minimum spanning），简称最小树。

所以，最小树问题就是在一个无向网络中寻找边权总和为最小的支撑树的问题。

10.2.2 树的性质

性质1：任何树中必存在次为1的点。

性质2：n 个顶点的树必有 $n-1$ 条边。

性质3：树中任意两个顶点之间，恰有且仅有一条链。

性质4：树连通，但去掉任一条边，必变为不连通。

性质5：树无回圈，但不相邻的两个点之间加一条边，恰得到一个圈。

10.2.3 最小树的算法

假定一个 n 节点的无向赋权连通图网络 G 有 m 条边，其中必有 $m \geq n-1$。当 $m=n-1$ 时，G 就是其自身的支撑树。对于 $m>n-1$ 情况，不难得出两种求解最小支撑树问题的方法：一种方法是基于生长的思想，从不含边的 n 个孤立点出发，在保证图中无圈的前提下，依次将权重最小的边加入图中，直到图中有 $n-1$ 条边时，就得到了 G 的最小支撑树，这种方法俗称为避圈法，学名为 *Kruskal* 算法；与之相对的另一种方法是从母图 G 出发，在保证网络连通的前提下，依次将权重最大的边从图中拆解掉，从而逐步破掉 G 中的回路，当网络中只剩下 $n-1$ 条边时，得到 G 的最小支撑树，这种方法俗称破圈法。

方法一：避圈法（又称长边法）

初始化：将图 G 的边按权值从小到大的次序排列，从无边的图出发，进入迭代；

迭代：第1步（加边）从排列中顺序选择一条与图中已有边不构成图的边，则将此边加入图中，进入第2步（结束判断）；

第2步（结束判断）若图中已经有 $n-1$ 条边，则已经得到最小支撑树；否则，进入下一轮迭代，返回第1步（删边）。

【例10-4】某单位办公楼连接情况如图10-8所示，试用避圈法求最佳的网络布线方案。

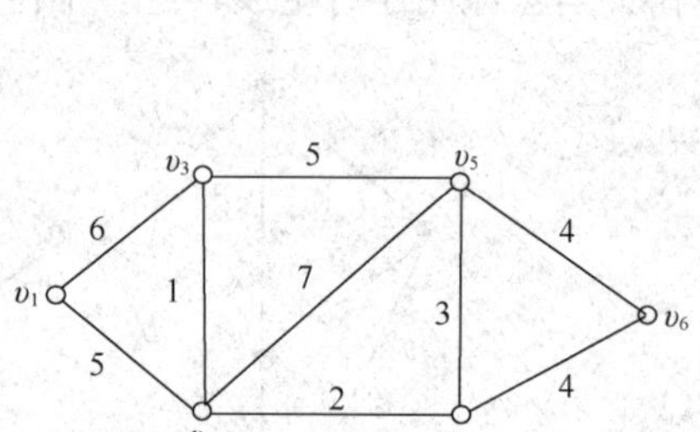

图10-8 某校办公楼连接网络图

解：本问题共有6个节点，最小树应有5条边。

初始化：首先将图 G 的边按权从小到大顺序排列：(v_2, v_3)，(v_2, v_4)，(v_4, v_5)，(v_5, v_6)，(v_4, v_6) (v_3, v_5)，(v_1, v_2)，(v_1, v_3)，(v_2, v_5)

下面从无边图出发开始迭代，迭代过程如图10-9所示。

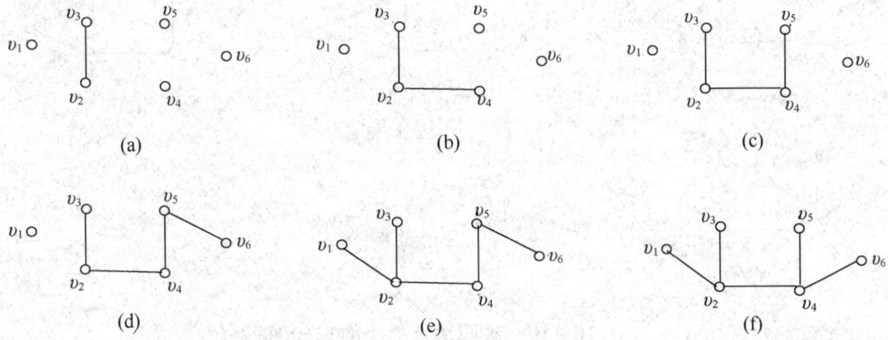

图 10－9　避圈法迭代过程

第 1 轮迭代：图中无边，顺序选择（v_2，v_3）加入图中，得到图 10－4（a），此时边数为 1；

第 2 轮迭代：顺序选择（v_2，v_4），它与已有边不构成圈，加入图中，得到图 10－4（b），此时边数为 2；

第 3、4 轮迭代分别加入边（v_4，v_5）和（v_5，v_6），得到图 10－4（c）和图 10－4（d），此时边数为 4；

第 5 轮迭代：顺序选择（v_4，v_6），但它与已有边（v_4，v_5）和（v_5，v_6）构成圈，故路过此边，图 10－4（d）保持不变。

第 6 轮迭代：顺序选择（v_3，v_5），但它与已有边（v_2，v_3），（v_2，v_4），（v_4，v_5）构成圈，故跳过此边，顺序选择下一条边（v_1，v_2）加入图中，得到图 10－4（e），此时边数为 5，满足算法结束条件，故迭代结束。

图 10－4（e）就是本例的最小支撑树，按照此结果，最小布线长度为：15。

需要指出的是，最小树问题不一定有唯一解，当问题存在多条权重相同的边时，将这些边写入排列中的次序不同，可能会造成求解结果的差异。本例中，边（v_5，v_6），（v_4，v_6）有相同的权重 4，但初始化步骤中将（v_5，v_6）排在（v_4，v_6）之前，后者在第 5 轮迭代时被排除。如果初始化步骤中将（v_4，v_6）排在（v_5，v_6）之前，则得到的最小树就是图 10－4（f）。由此，不难理解，如果问题中所有边的权重都相等时，则其最小树必定是不唯一的；而当问题中所有边的权重都不相同时，它必定有唯一的最小树。

方法二：破圈法

与避圈法思路相反，破圈法的求解步骤为：

初始化：将图 10－8 中的边按权值从大到小的次序排列，从原图中开始迭代；

迭代：第 1 步（删边）从排列中顺序选择一条与图中剩余边构成圈的边，则将此边从图中删除，进入第 2 步（结束判断）；

第 2 步（结束判断）若图中剩下 $n-1$ 条边，则已经得到最小支撑树；否则，进入下一轮迭代，返回第 1 步（删边）。

用破圈法求解【例 10－4】的过程如图 10－10 所示。

解：本问题共有 6 个节点，最小树应有 5 条边。

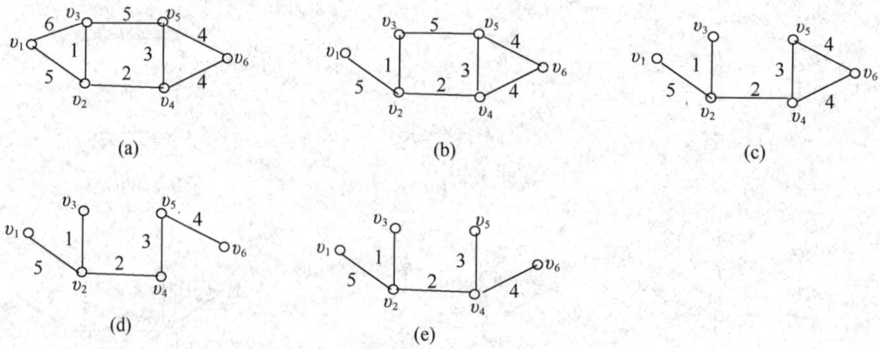

图 10－10　破圈法求最小树迭代图

初始化：首先将图 G 的边按权从大到小顺序排列：（v_2，v_5），（v_1，v_3），（v_1，v_2），（v_3，v_5），（v_5，v_6），（v_4，v_6），（v_4，v_5），（v_2，v_4），（v_2，v_3）。

下面从母图出发开始迭代，迭代过程如图 10－10 所示。

第 1 轮：图中有圈，顺序选择（v_2，v_5），从图中删除，因为它最长，得到图 10－10（a），此时边数为 8。

第 2 轮：图 10－10（a）中还有圈，顺序选择（v_1，v_3），因为（v_1，v_3）与（v_1，v_2）和（v_1，v_3）形成圈，故删除（v_1，v_3），得到图 10－10（b），此时边数为 7。

第 3 轮：图 10－10（b）中还有圈，顺序选择（v_3，v_5），因为（v_3，v_5）与（v_4，v_5），（v_2，v_4），（v_2，v_3）形成圈，故删除（v_3，v_5），得到图 10－10（c），此时边数为 6。

第 4 轮：图 10－10（c）中还有圈，顺序选择（v_5，v_6），但因为（v_4，v_6）与（v_5，v_6）权值相同，故任意删除一个，如果删除（v_4，v_6）即得图 10－10（d），如果删除（v_5，v_6）即得图 10－10（e），此时的边数都是 5，满足终止条件，迭代结束。

上面介绍的方法看似简单，但这些解法只适用于规模比较小又能凭肉眼判断的问题，很多实际问题则需要借助计算机才可求解。与图论的其他问题的研究重点类似，针对最小支撑树的算法研究主要集中在求解效率上。对于较复杂的最小支撑树问题，目前使用得比较多的算法是 kruskal 算法和 prim 算法，破圈法的应用则比较少。

10.2.4　应用举例

【案例 1】今有煤气站 A，将给一居民区供应煤气，居民区各用户所在位置如图 10－11 所示，铺设各用户点的煤气管道所需的费用（单位：万元）如图边上的数字所示。要求设计一个最经济的煤气管道路线，并求所需的总费用。

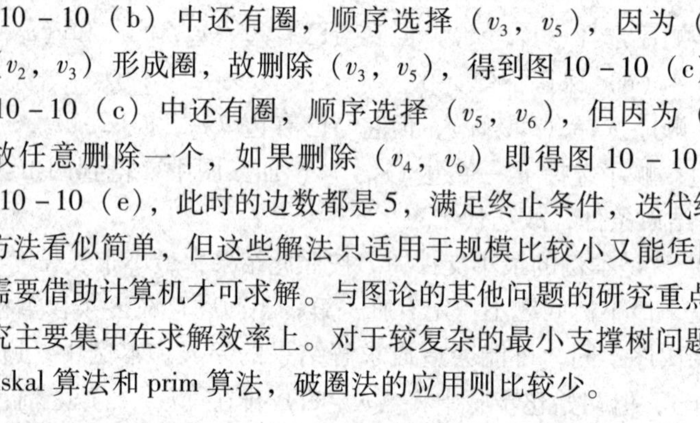

图 10－11　煤气站 A 与居民区位置关系

解：这是一个最小树问题，因为既要把各个居民点连通，又要使所花费的工程总费用为最小，故可用破圈法求得最优图解。

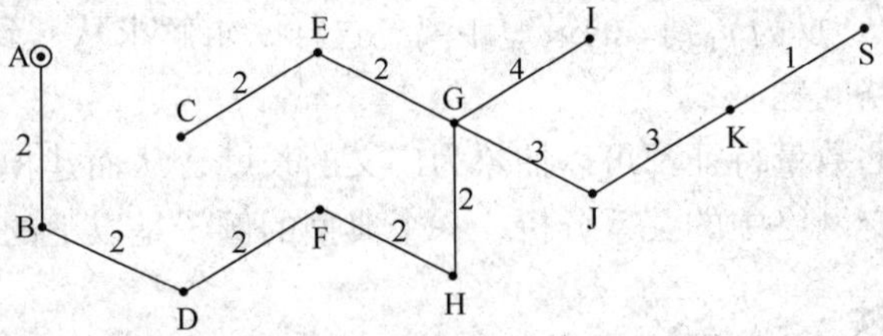

图 10 - 12　最小成本供气方案

此即为最经济的煤气管道路线，所需的总费用为 25 万元。

【案例 2】已知有 A、B、C、D、E、F 六个城镇间的道路网络如图 10 - 13 所示，现要在六个城镇间架设通信网络（均沿道路架设），每段道路上的架设费用如图 10 - 13 所示。求能保证各城镇均能通话且总架设费用最少的架设方案。

解：此题由于道路连接交叉，不易找到相应的圈，故比较适宜用避圈法进行求解。求解结果如图 10 - 14 所示。

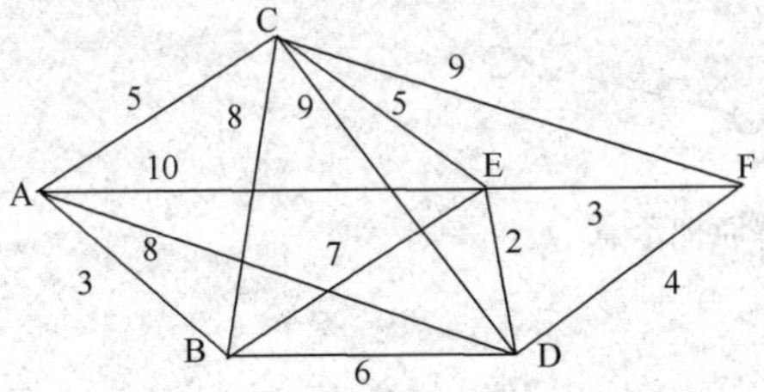

图 10 - 13　六个城镇间的网络图

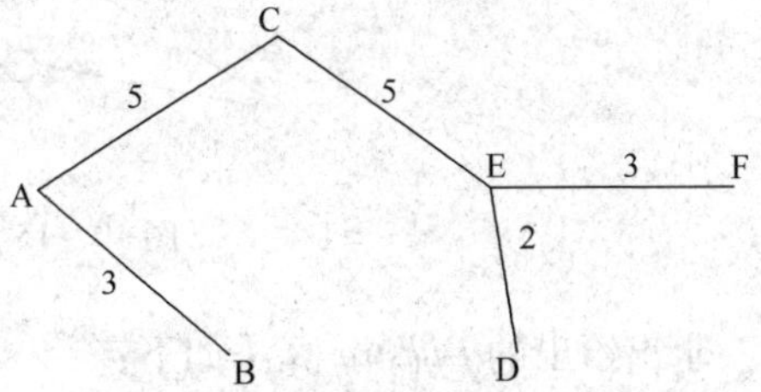

图 10 - 14　六个城镇间的通信网络铺设方案

图 10 - 14 即为用避圈法求得的最小成本网络铺设方案，最小成本为：3 + 5 + 5 + 2 + 3 = 18。

10.3　最短路问题

最短路问题是重要的最优化问题之一，它不仅可以直接应用于解决生产实际中的许多问题，如管道铺设、线路安排、厂区布局、设备更新等，而且常被作为一种基本工具，用于解决其他优化问题。如一位旅客要从 A 城到 B 城：他希望选择一条途中中转次数最少的路线；他希望选择一条途中所花时间最短的路线；他希望选择一条途中费用最小的路线；……故需要用科学的方法迅速解决问题。

10.3.1　最短路

对于最短路问题的一般定义为，给定 $D=(V, A, W)$，其中 $w_{ij}\in W$，表示弧 (v_i, v_j) 的权（可以是费用、时间、距离等）。设 v_s 和 v_t 是 D 中任意两顶点，求一条路，使它

是从 v_s 到 v_t 的所有路中总权最小的路，其数学模型为：

$$W(P^*) = \min_{(vi,vj)\in P} \sum W_{ij}$$

其弧权之和 W（P^*）为 v_1 到 v_j 的最短距离。这样，求解求从 v_1 到 v_j 的最短路和最短距离的问题就称为最短路问题。

许多实际问题中的数量特征都可以抽象为广义的长度，从而建模成最短路问题，如某些成本控制问题、社交网络中的关系分析，一个典型的例子是以下的设备更新问题。

10.3.2 最短路算法

1959 年 E. W. Dijkstra 提出了求网络最短问题的标号法，用给节点记标号来逐步形成起点到各点的最短路径及其距离值，被公认为是目前较好的一种算法，因此该算法为 *Dijkstra* 算法。

其求解原理是：如果 $v_1 \to v_2 \to v_3 \to v_4$ 是 $v_1 \to v_4$ 的最短路径，则 $v_1 \to v_2 \to v_3$ 一定是 $v_1 \to v_3$ 的最短路径，$v_2 \to v_3 \to v_4$ 一定是 $v_2 \to v_4$ 的最短路径，也就说最短路的一部分也是最短的，如图 10－15 所示。

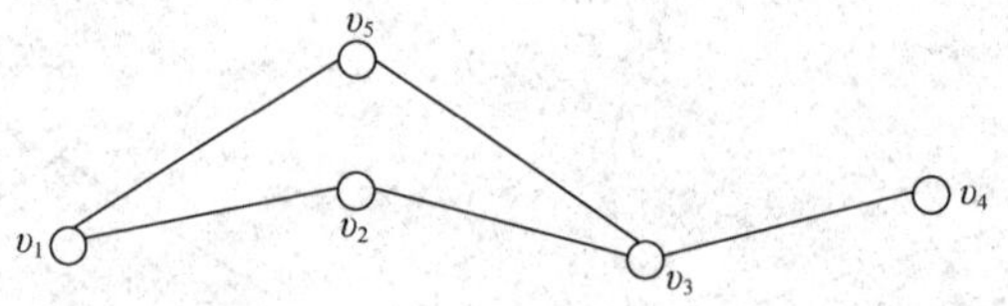

图 10－15　最短路求解原理示意

求出给出的 *Dijkstra* 算法如下：

第一步：预备，起点标：P（v_s）$=0$；其余标：T（v_j）$=\infty$。

第二步：修正，与 P 相邻的所有 T 标号的值，公式：$T(v_j) = \min\{T(v_j), P(v_i) + d_{ij}\}$。

第三步：生成，在当前 T 标号中选值最小者，使 $P(v_i) = \min\{T(v_j)\}$。

第四步：判断，刚得到 P 标号点是否为终了点，否则重复第二、第三步，直到终了点得到 P 标号。

说明，*Dijkstra* 算法的适用条件是网络中所有权数 $w_{ij} \geq 0$，否则算法失效。标号中 P 为永久标号，一旦标定，其值在以后的计算过程中将不再改变；T 为临时标号，其值在计算过程中根据比较结果，可被修改。所以说最短路的寻找，实际上是一个逐步探询的过程。最后当终了点得到永久标号时，即求得网络的最短路长，同时根据计算过程，反向追踪，可得到最短路线。

【例 10－5】用单标号法求图 10－16 从 v_s 到 v_t 的最短路。

解：对此问题，首先提出几个问题思考一下，你能直接观察出从 v_s 到 v_t 的最短路吗？你敢肯定吗？你的依据是什么？其他类似问题也能这样吗？

也许你能看出这个问题的答案，但是更复杂的问题呢？所以我们需要用运筹学中的 *Dijkstra* 算法给出问题的解答，其求解过程如图 10－17、图 10－18、图 10－19 所示。

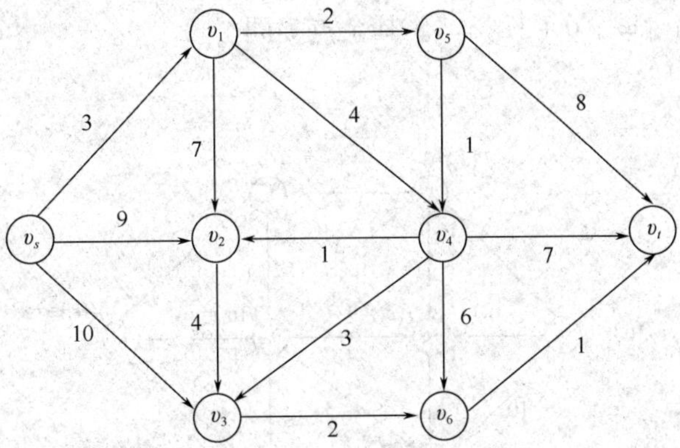

图 10－16　某地公路网络

第一步，预备。

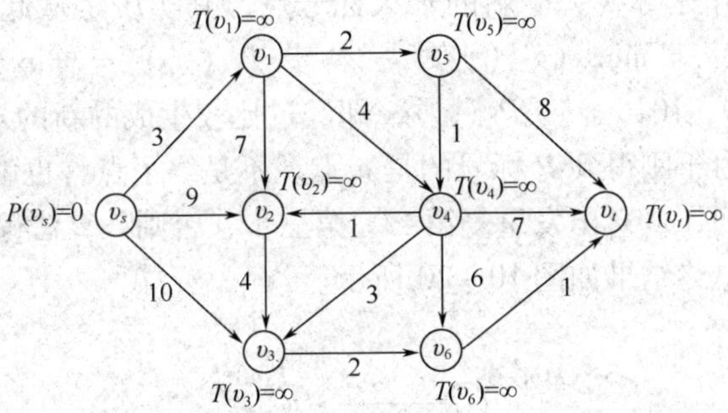

图 10－17　求最短路的第一步

这一步主要是为起点 v_s 标上永久标号 P，为其余节点标上临时标号 T，为一下计算做好准备。

第二步，修正。

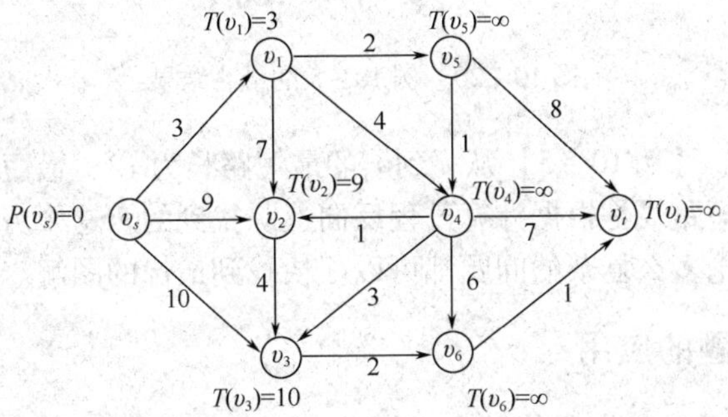

图 10－18　求最短路的第二步

这一步主要的工作是，修改与 P（v_s）相邻的 v_1、v_2 和 v_3 点临时标号的值，修正公式为：$T(v_j)=\min\{T(v_j),\ p(v_i)+d_{ij}\}$，例如：对 v_1 点：$T(v_1)=\min\{T(v_1),\ p(v_s)+d_{s1}\}=\min\{\infty,\ 0+3\}=3$。其余点类同。

第三步，生成。

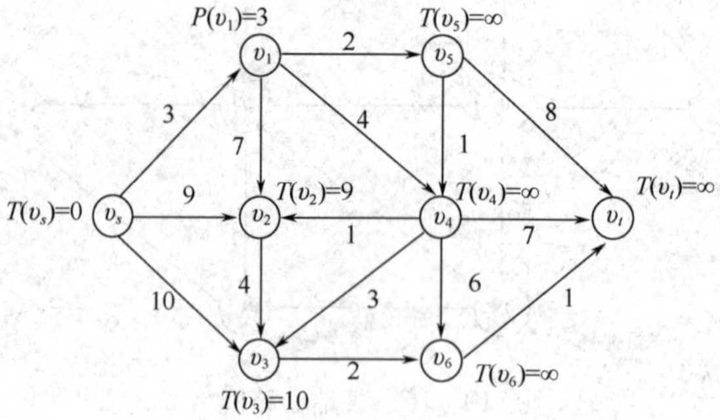

图 10－19　求最短路的第三步

这一步的主要工作是寻找一个新的永久标号点，其实质是从起点找出下一个最近的点，公式为：$P(v_i)=\min\{T(v_j)\}$。本步 $P(v_i)=\min\{T(v_1),\ T(v_2),\ T(v_3)\}=\min\{3,\ 9,\ 10\}=3\rightarrow P(v_1)$，即经过比较生成的新的永久标号是 v_1 点。

第四步，判断。由于刚得到 P 标号的是 v_1 点，不是终了点，也就是说寻找最短路还没有到终了点，故需返回，从 v_1 出发重复第二、第三步，否则，算法停止。

经过多次计算，最终结果如图 10－20 所示。

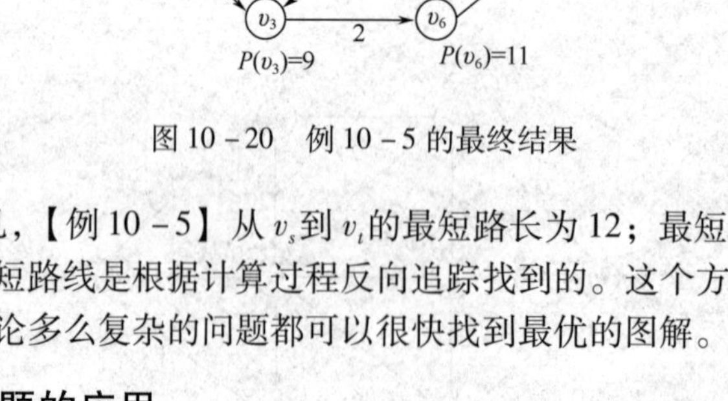

图 10－20　例 10－5 的最终结果

由图 10－20 可见，【例 10－5】从 v_s 到 v_t 的最短路长为 12；最短路线为：$v_s\rightarrow v_1\rightarrow v_5\rightarrow v_4\rightarrow v_3\rightarrow v_6\rightarrow v_t$，此最短路线是根据计算过程反向追踪找到的。这个方法适用于网络权值大于等于零的网络，不论多么复杂的问题都可以很快找到最优的图解。

10.3.3　最短路问题的应用

【例 10－6】某企业生产需要使用一台设备，每年年初决策者都面临是继续使用旧设备，还是购置新设备的选择。若购置新设备，旧设备就完全报废（无残值），购置新设备需支付一定的购置费，但可使维修费有所下降。现在的问题是如何制定一个五年的设备更新计划，使五年支付的购置费和维修费的总和最少。

已知该设备在各年年初的价格预测值如表 10－1 所示，不同使用时间下的设备维修费用如表 10－2 所示。

表 10－1　　单位：万元

年　份	1	2	3	4	5
价　格	11	11	12	12	13

表 10－2　　单位：万元

使用年度	1	2	3	4	5
维修费用	5	6	8	11	18

解：可供选择的设备更新方案显然是很多的，例如，每年年初都更新设备，则五年合计购置费用为 59 万元；维修费用为 25 万元（每年 5 万元），于是五年支付的总费用为 84 万元。如第一年年初购置一台新设备，该设备一直使用到第五年年底，则支付的购置费是 11 万元，支付的维修费是 48 万元，于是总费用为 59 万元。以上两个极端的情况已经显示出，不同的设备更新策略将对应不同的总费用支出。

如何制定最优设备更新策略呢？将此问题化为最短路问题来求解，问题会变得简单明了，见图 10－21。

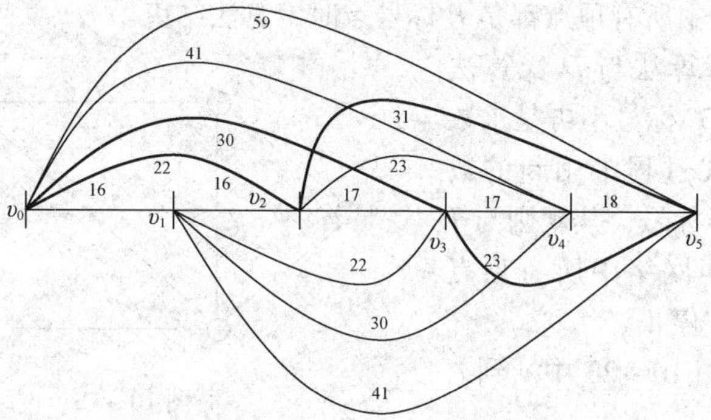

图 10－21　设备更新模型

用点 v_i 代表第 i 年年底（加设一点 v_0 可以理解为第 1 年年初）。从 v_i 到 v_j 画一条弧，弧（v_i，v_j）表示在第 i 年年底（第 $i+1$ 年年初）购进设备并一直使用到第 j 年年底。每条弧的权可按已知信息计算出来；例如，弧（v_0，v_3）代表第 1 年年初购进一台新设备（支付购置费 11 万元），一直使用到第三年年底（支付维修费 $5+6+8=19$ 万元），故（v_0，v_3）上的权数为 30。这样一来，制定一个最优的设备更新计划的问题就等价于寻求从 v_0 到 v_5 的最短路问题。按求解最短路的计算方法，可以求得最短路 $\{v_0, v_2, v_5\}$ 和 $\{v_0, v_3, v_5\}$，即有两个最优方案：一个方案是在第 1、第 3 年年初各购置一台新设备；另一个方案是在第 1、第 4 年年初各购置一台新设备，五年总的支付费用均为 53 万元。

10.3.4 含负权的最短路问题

Dijkstra 算法只适用于所有 $w_{ij} \geqslant 0$ 的情形，当赋权有向图中存在负权时，如图 10－22 所示，则算法失效，而要采用福特（*ForT*）算法。例如：

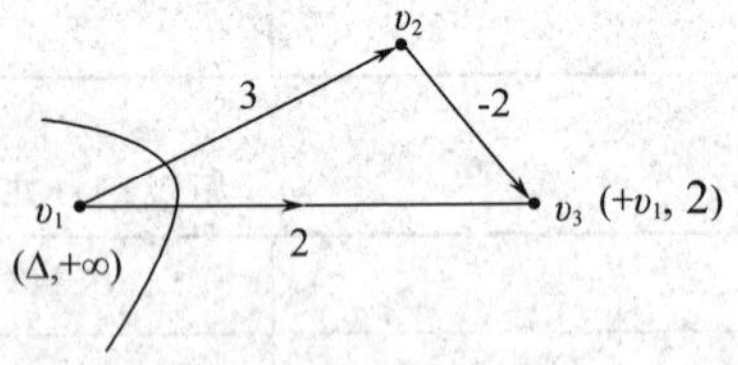

图 10－22 有负权的网络图示意

求 v_1 到 v_3 的最短路。实际最短路线应该是哪一条？直观观察应该是 $v_1 \to v_2 \to v_3$，但按 D 氏算法是 $v_1 \to v_3$，所以要寻求新的方法。

在实际当中，网络的权值可能是负的吗？会。比如设备管理中的使用费和收回的设备残值费；物流运输中的运费（利润）和空驶中的耗油费（支出）等。对此类问题必段用福特算法求最短路线。

福特算法：

第一步，令 $P(v_s)=0$，其余 $T(v_j)=\infty$；

第二步，以新的 P 标号为始点 i，检查以 i 为始点的边的每一个终点 j，是否存在 $P(i)+d_{ij}<P(j)$ 或者 $P(i)+d_{ij}<T(j)$，如果存在，转向第三步。如果不存则保留原标号。

第三步，将 j 点处的 T 标号或 P 标号改为新的 T 标号 $T(j)=P(i)+d(i, j)$ 或者 $T(i)+d_{ij}$。取网络中现有的 T 标号点的最小值，定为新的 P 标号点，重复第二步。

第四步，当网络中所有顶点都是 P 标号点时，算法结束。

对比可见，福特算法与 D 氏算法有两点不同：第一，P 标号不再是永久标号，它可以在迭代过程中用新的数值代替，同时改为 T 标号，其规则与 T 标号相同。第二，当网络中所有顶点都是 P 标号时算法才停止。

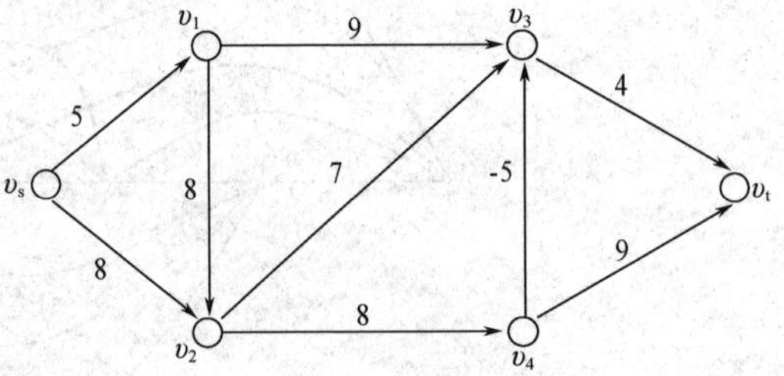

图 10－23 网络图

【例 10－7】求图 10－23 中 v_s 到 v_t 的最短路。

解：因为图中有负权，故应用福特算法。

第一轮：$P(v_s)=0$，$T(v_j)=\infty$，$j=1, 2, \cdots, t$

$$T(v_1)=\min\{T(v_1), P(v_s)+d_{s1}\}$$
$$=\min\{\infty, 0+5\}$$
$$=5$$
$$T(v_2)=\min\{T(v_2), P(v_s)+d_{s2}\}$$
$$=\min\{\infty, 0+8\}$$
$$=8$$
$$\therefore P(v_i)=\min\{T(v_j)\}, j=1, 2, \cdots, t$$
$$=T(v_1)$$

即新的永久标号为：$P(v_1)$。

第二轮：

$T(v_2)=\min\{T(v_2), P(v_1)+d_{12}\}=\min\{8, 5+8\}=8$

$T(v_3)=\min\{T(v_3), P(v_1)+d_{13}\}=\min\{\infty, 5+9\}=14$

新的永久标号为：$P(v_2)$。

第三轮：

$T(v_3)=\min\{T(v_3), P(v_2)+d_{23}\}=\min\{14, 8+7\}=14$

$T(v_4)=\min\{T(v_4), P(v_2)+d_{24}\}=\min\{\infty, 8+8\}=16$

新的永久标号为：$P(v_3)$。

第四轮：

$T(v_t)=\min\{T(v_t), P(v_3)+d_{3t}\}=\min\{\infty, 14+4\}=18$

新的永久标号为：$P(v_4)$。

第五轮：

$T(v_3)=\min\{P(v_3), P(v_4)+d_{43}\}=\min\{14, 16-5\}=11$

$T(v_t)=\min\{T(v_t), P(v_4)+d_{4t}\}=\min\{18, 16+9\}=18$

新的永久标号为：$P(v_3)$。

第六轮：

$T(v_t)=\min\{T(v_t), P(v_3)+d_{3t}\}=\min\{18, 11+4\}=15$

现在 T 标号为终点的标号，自然变为永久标号，图上全部标号都得到永久标号，故算法停止。

由此求得最短路长为 15，最短路线为：$v_1 \to v_2 \to v_4 \to v_3 \to v_t$。

10.4　最大流问题

许多系统中都包含流量问题。如：公路系统中的车辆流，控制系统中的信息流，供水系统中的水流，金融系统中的现金流等。对于这样一些包含了流量问题的系统，我们往往要求出其系统的最大流量。例如，某工路系统的容许通过的最多车辆数，某供水系统的最大水流量等，以便我们加深对某个系统的认识并加以改造。

给一个带收点的网络，每条弧的赋权称为容量，在不超过每条弧的容量的前提下，确定每条弧的流量，求出从发点到收点的最大流量，这类问题通常称为最大流问题。下面先介绍最大流浪的有关概念。

本节研究类似流量问题，讨论如何发挥一个网络系统的能力，使得系统在一定条件的限制下，通过的流量最大。

10.4.1　基本概念和基本定理

1. 可行流与增广链

在一个发点为 v_s，收点为 v_t 的有向图 $D=(V, A)$ 中，对应每一个弧 $(v_i, v_j) \in A$ 有一个 $C(v_i, v_j) \geq 0$，它表示该弧的最大通过能力（即弧的容量），我们把这样的图叫作一个容量网络，记为 $D=(V, A, C)$。

定义在弧集 A 上的函数 $f=\{v_i,\ v_j\}$ 称为网络上的流，并称 $f(v_i,\ v_j)$ 为该弧上的流量。

在运输网络的实际问题中，对流有两个明显的要求：一是弧上的流量不能超过弧的容量；二是中间点的流量为零（即中间点只起转运作用，而没有贮存作用），由此得出可行流的概念。

满足下述条件的流 f 称为可行流：

（1）容量限制条件：$0\leqslant f_{ij}\leqslant c_{ij}\ (v_i,\ v_j)\in A$

（2）中间点平衡条件：$\sum f_{ij}-\sum f_{ji}=\begin{cases} v(f) & i=s \\ 0 & i\neq s,t \\ -v(f) & i=t \end{cases}$

式中：$v(f)$ 称为这个可行流的流量。

这里的网络只有以发点 v_s 为起点，或者以收点 v_t 为终点的弧。事实上，对于这种网络的可行流来说，发点的流出量等于收点的流入量，即：

$$v(f)=\sum_{(vs,vj)\in A} f_{sj}=\sum_{(vj,vt)\in A} f_{jt}$$

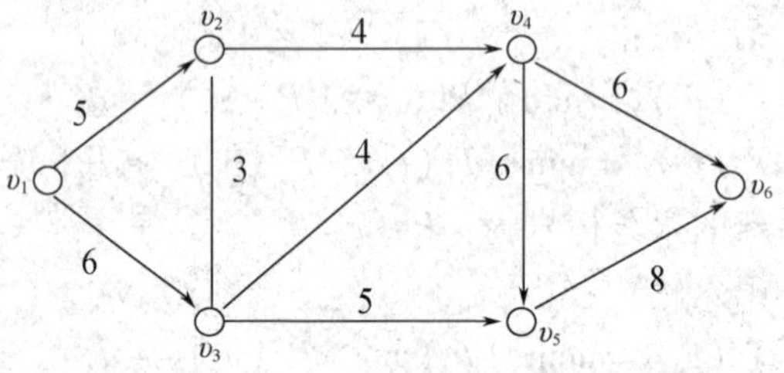

图 10－24　运输网络

称 $v(f)$ 为网络的总流量。当可行流给定时，其流值被唯一确定，可行流的流量 x_{ij} 被调整时，其流值一般也会发生变化。特别地，若所有的 $f_{ij}=0$，则称该可行流为零流，记为 $f=0$，其总流量亦为 0。

【例 10－8】假设某公司的产品在市场上供不应求，公司决定加班生产，并将尽可能多的产品运送到指定的市场上销售。产品从工厂到市场要经过一些转运站。运送途径如图 10－10 所示。图 10－10 中 v_1 和 v_6 分别表示工厂和市场，$v_2\sim v_5$ 表示转运站，弧表示可供运货的途径，弧的权数表示该途径允许通过的最大货物数量。问该公司如何安排运送方案，才能使送到市场的产品数量最大。

这是一个交通运输网络的最大流量问题。类似地，在电力、通信、供水等网络中，也有电流量、信息流量和水流量等的最大化问题。

我们假设图 10－24 中弧 $(v_i,\ v_j)$ 上货物的流量为 f_{ij}，F 为从工厂发出的产品数量，则数学模型为：

$$\max F=f_{12}+f_{13}$$

$$s.t.\begin{cases} f_{12}+f_{32}=f_{24} \\ f_{13}=f_{32}+f_{34}+f_{35} \\ f_{24}+f_{34}=f_{45}+f_{46} \\ f_{35}+f_{45}=f_{56} \\ f_{46}+f_{56}=f_{12}+f_{13} \\ 0\leqslant f_{ij}\leqslant c_{ij} \end{cases}$$

其中 c_{ij} 为权数。约束条件中前 4 个方程表示 4 个转运站应该具有的性质：流入的货物数量等于流出的货物数量。第 5 个约束方程表示从工厂发出的货物数量应与市场收到的货物数量相等。第 5 个约束方程表示从工厂发出的货物数量应与市场收到的货物数量相等。最后的不等式表示货物流量非负且不突破运输能力的限制。显然，网络最大流问题是一个典型而又特别的线性规划问题，一个可行流就相当于一个可行解，而寻求最大流就相当于求网络容量的最优解，自然可用介绍过的单纯形法进行求解。但是，利用单纯形法求解网络最大流问题的解的计算量过大，而由于这一问题的特殊性，用网络模型求解则更加直观、简便。

一般地，寻求网络最大流就是找到一个可行流 f，使网络发点到收点的总流量 v（f）达到最大，其数学模型为：

$$\max V(f) = \sum_{(v1,vj)\in A} f_{1j}$$

$$s.t.\begin{cases} 0 \leqslant f_{ij} \leqslant c_{ij},(v_i,v_j) \in A \\ \sum\limits_{(v_i,v_j)\in A} f_{ij} - \sum\limits_{(v_j,v_i)\in A} f_{ji} = 0, i,j \neq 1,n \\ \sum\limits_{(v_1,v_j)\in A} f_{1j} = \sum\limits_{(v_j,v_n)\in A} f_{jn} \end{cases}$$

下面介绍求解网络最大流问题算法的相关概念和系统。

最大流问题就是求一个流 $\{f_{ij}\}$ 使其流量 v（f）达到最大，且满足上述条件（1）、（2）。这实际是一个特殊的线性规划问题，我们将会发现，利用图论来解决这个问题比线性规划的一般方法要方便、直观得多。

2. 增广链

首先，我们定义一些相关概念。

给定一可行流 $f = \{f_{ij}\}$ 中，使 $f_{ij} = c_{ij}$ 的弧称为饱和弧；使 $f_{ij} < c_{ij}$ 的弧称为非饱和弧；$f_{ij} = 0$ 的弧称为零流弧；$f_{ij} > 0$ 的弧称为非零流弧。

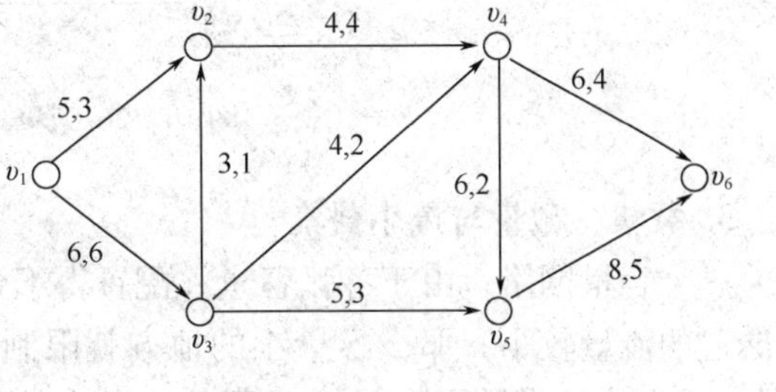

图 10－25　网络图

若 μ 是网络中联结 v_s 和 v_t 的一条链，我们定义链的方向是从 v_s 到 v_t，若：（1）弧的方向与链的方向一致，则称此弧为前向弧，其全体记为 μ^+；（2）弧的方向与链的方向相反，则称后向弧，其全体记为 μ^-。在图 10－25 中，在链 $\mu = \{v_1, v_2, v_3, v_4, v_5, v_6\}$ 上，$\mu^+ = \{(v_1, v_2), (v_2, v_3), (v_3, v_4), (v_5, v_6)\}$，$\mu^- = \{(v_5, v_4)\}$。

下面我们给出增广链的概念。

设 f 是一个可行流，μ 是从 v_s 到 v_t 的一条链，若满足：

（1）在弧（v_i，v_j）$\in \mu^+$ 上，$0 \leqslant f_{ij} < c_{ij}$（即 μ^+ 中每一弧都是非饱和弧）；（2）在弧（v_i，v_j）$\in \mu^-$ 上，$0 < f_{ij} \leqslant c_{ij}$（即 μ^- 中每一弧都是非零流弧），即

$$\begin{cases} f_{ij} \in [0, c_{ij}) & (v_i, v_j) \in \mu^+ \\ f_{ij} \in (0, c_{ij}] & (v_i, v_j) \in \mu^- \end{cases} \tag{10.3}$$

则称μ是网络D上从v_1到v_n关于可行流f的一条增广链。

如图10－25中，链μ＝（v_1，v_2，v_3，v_5，v_4，v_6）是一条增广链，其中弧旁边的有序数字分别表示（w_{ij}，f_{ij}），前向弧集μ^+ ＝ ｛（v_1，v_2），（v_3，v_5），（v_4，v_6）｝，后向弧集μ^- ＝ ｛（v_3，v_2），（v_4，v_5）｝。

设μ是网络D上关于可行流f的增广链，令$\theta = \min\{\min(c_{ij} - f_{ij}), \min f_{ij}\}$，则由式（10.1）知$\theta > 0$，对于$f$可做如下调整：

$$f'_{ij} = \begin{cases} f_{ij} + \theta, (v_i, v_j) \in \mu^+ \\ f_{ij} - \theta, (v_i, v_j) \in \mu^- \\ f_{ij}, (v_i, v_j) \notin \mu \end{cases} \tag{10.4}$$

调整量$\theta = \min\{\min\{5-3, 5-3, 6-4\}, \min\{1, 2\}\} = 1$，这样$V(F) = 10$。

调整后的网络如图10－26所示。

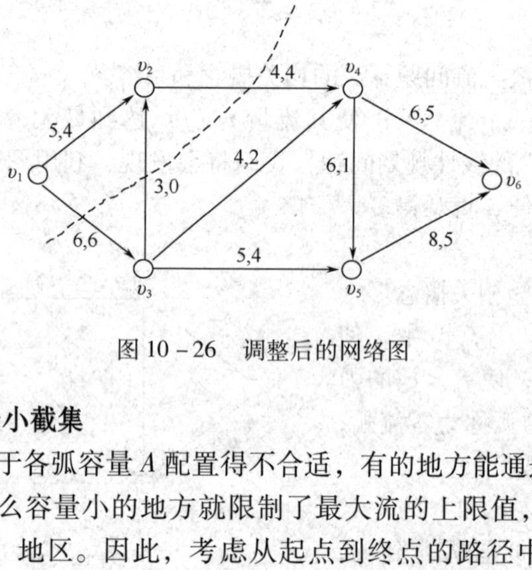

图10－26　调整后的网络图

3. 截集、截量与最小截集

一个容量网络，由于各弧容量A配置得不合适，有的地方能通过较大流量，有的地方能通过的流量较小。那么容量小的地方就限制了最大流的上限值，称之为网络流的“瓶颈”，或俗称“卡脖子”地区。因此，考虑从起点到终点的路径中，寻找网络流的“瓶颈”地区具有很强的实际意义，下面介绍研究网络流“瓶颈”的工具——截集。

定义10.1　设D＝（V，A，W）为网络，顶点集V满足$S \cup T = V$，$S \cap T = \phi$，且起点$v_1 \in S$，终点$v_n \in T$，令（S，T）＝｛（v_i. v_j）A | $v_i \in S$，$v_j \in T$｝，则称（S，T）为分离v_1和v_n的一个截集。

直观而言，截集是起点到终点的必由之路，显然分离v_1和v_n的截集（S，T）不是唯一的。（S，T）中所有弧的容量之和称为该截集的截量，记为W（S，T），即

$$W(S, T) = \sum_{(v_i, v_j) \in (S, T)} W_{ij}$$

在D的所有截集中，称截量最小的截集为最小截集，在图10－26中，取S ＝ ｛v_1，v_2｝，T＝ ｛v_3，v_4，v_5，v_6｝，则（S，T） ＝ ｛（v_1，v_3），（v_2，v_4）｝，注意（v_3，v_2）$\notin$

(S，T)，因为 $v_3 \notin S$，相应的该截集的裁量为 W（S，T）$=6+4=10$。

4. **基本定理**

定理 1　可行流 f^* 是最大流，当且仅当不存在关于 f^* 的增广链。

定理 2　最大流量最小截量定理：任一网络中，从 v_s 到 v_t 的最大流的流量等于分离 v_s、v_t 的最小截集的容量。

以上定理给我们提供了寻求最大流的方法依据，若给定一个可行流 f，只需不断改进 f，使其没有增广链，则可求得最大流，同时也得到了一个最小截集。

10.4.2　寻找最大流的标号法

由 Ford 与 Fulkerson 于 1956 年提出。

基本思路为：从网络的一个可行流 $\{f_{ij}\}$ 出发，在图中的顶点旁进行标号，目的是寻找关于此流从发点到收点的一条可扩充链，若存在可扩充链，则 $\{f_{ij}\}$ 可改进，按上述改进行法可构造新的可行流 $\{f_{ij}\}$，对于新可行流继续在图上标号，找可扩充链，若不存在可扩充链，则得最大流。

对于图中每个点 v_k 的标号形式为（i，+）或（i，-），第一个标号 i 表明在从 v_s 到 v_k 的链上，与 v_k 相邻的点是 v_i，第二个标号是 + 则表明弧（v_i，v_k）是前向弧，第二个标号是 - 则表明弧（v_k，v_i）是后向弧。

标号法步骤如下：

（1）确定初始可行流 $\{f_{ij}\}$（可以取零流）。

（2）给发点 v_s 标号（0，+），这时 v_s 是已标号未检查点。

（3）若收点 v_t 已标号，则转至（6）；否则转至（4）。

（4）若存在已标号未检查点，转至（5）；若已标号点均检查过，且标号过程进行不下去，转至（7）。

（5）设 v_i 为已标号未检查点，考虑所有以 v_i 为起点的弧（v_i，v_j），且 v_j 未标号，若有 $f_{ij}<c_{ij}$，则给点 v_j 标号（i，+），否则不给 v_j 标号；考虑所有以 v_i 为终点的弧（v_k，v_i），且 v_k 未标号，若 $f_{ki}>0$，则给点 v_k 标号（i，-），否则不给 v_k 标号，这时点 v_i 成为已标号已检查点，在 v_i 的标号旁加星 * 号，以示区别，转回（3）。

（6）从收点 v_t 开始，根据各标号点的第一个标号逆向追踪，找出一条从发点 v_s 到收点 v_t 的可扩充链 P，按第二个标号的正或负确定链上的弧是前向弧还是后向弧，然后在可扩充链上按上述方法对当前流进行调整。经调整后去掉所有标号，再以新可行流为起点，转回（2）。

（7）找不到可扩充链，最大流已得，算法终止。

【例 10-9】求图 10-27 中从 v_s 到 v_t 的网络最大流，图中已给出了初始可行流，弧旁数字为（c_{ij}，f_{ij}）。

第二次标号、第三次标号如图 10-28、图 10-29 所示。

解：第一次标号

给 v_s 标号（0，+），检查 v_s，考虑以 v_s 为起点的所有弧，在弧（v_s，v_1）上，$f_{s1}<c_{c1}$，（$5<8$），给 v_1 标号（s，+）；在弧（v_s，v_2）上，$f_{s2}=c_{s2}=2$，v_2 不标号。v_s 检查，在 v_s 标号旁加 *，检查 v_1，给点 v_2，v_3 标号（1，+），给点 v_4 标号（1，-），在 v_1 标号旁加 *，

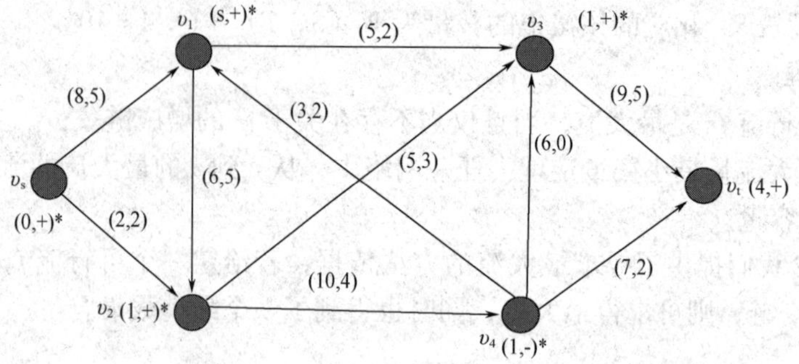

图 10－27　网络图

与 v_2 相邻的点均已标号，v_2 已检查，在 v_2 标号旁加 *，检查 v_4（或 v_3），给 v_t 标号（4，+），v_3，v_4 均已检查，分别在标号旁加 *，由于 v_t 已标号，可得一扩充链 $P=\{v_s, v_1, v_4, v_t\}$，在此链上调整当前流。

$$\varepsilon_1=\min\{c_{ij}-f_{ij} \mid P\text{上的前向弧}\}=\min\{8-5, 7-2\}=3$$

$$\varepsilon_2=\min\{f_{ij} \mid P\text{上的后向弧}\}=\min\{f_{41}\}=2$$

$$\varepsilon=\min\{\varepsilon_1, \varepsilon_2\}=2$$

$$\varepsilon=\min\{\varepsilon_1, \varepsilon_2\}$$

得新可行流为：

$$f'_{s1}=f_{s1}+2=5+2=7, f'_{4t}=f'_{4t}+2=2+2=4$$

$$f'_{41}=f_{41}-2=2-2=0, f'_{ij}=f_{ij}$$

对于其他弧抹去所有标号，以新可行流为起点进行第二次标号。

第二次标号

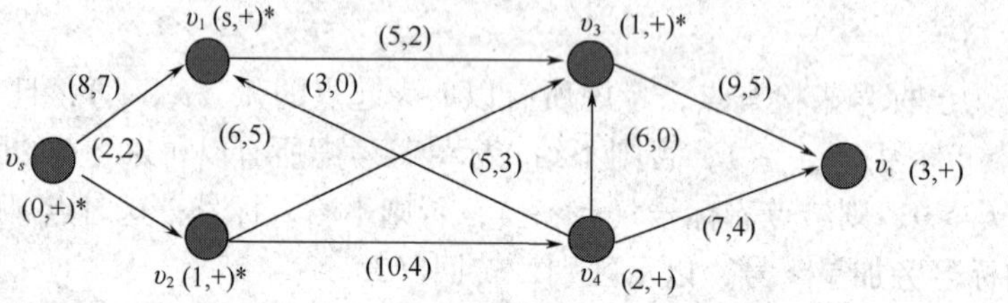

图 10－28　网络图

重复上述各步骤，得一可扩充链 $P=\{v_s, v_1, v_3, v_t\}$，计算出 $\varepsilon=1$，经调整又得一新可行流，抹去所有标号，以新可行流为起点进行第三次标号。

第三次标号

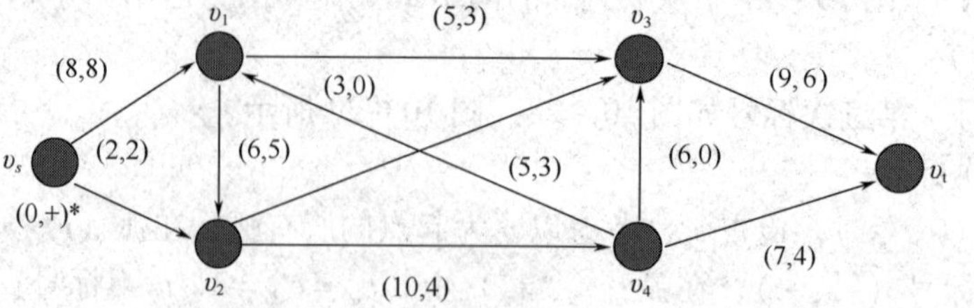

图 10－29　网络图

给 v_s 标号（0，+），检查 v_s 可知标号过程进行不下去了，找不到从 v_s 到 v_t 的可扩充链，故当前可行流即为最大流值为 $w(f)=8+2=10$。

10.5　最小费用最大流问题

上节讨论了网络最大流问题。只考虑了流的数量，没有考虑流的费用。在现实生活中，还要求人们考虑可行流的运行成本。如在运输网络中，从发点 v_1 到收点 v_n 所经过的路程，往往因为交通工具不同或道路本身结构不同而产生各路段交通费用不同。此时问题就不仅要求 v_1 到 v_n 的运输量最大，而且要求这种运输方案的总费用最小。这类问题就是最小费用最大流问题。

设 $D=(V, A, C, v_s, v_t)$ 为一给定网络，对任意 $(v_i, v_j)\in E$，除了给出容量 $c_{ij}=c(v_i, v_j)$ 外，还给出了这段弧的单位流量的费用 $b_{ij}=b(v_i,v_j)$。对 D 上的一个可行流 $f=(f_{ij})$ 称 $B(f)=\sum b_{ij}f_{ij}$ 称为可行流的费用。所谓最小费用最大流问题就是当最大流不唯一时，在这些最大流中求一个流，使该流的总费用最小。

下面我们介绍解决最小费用最大流问题的方法，其基本思想是在寻求最大流的算法过程中考虑费用最小的流。

首先我们考虑当沿着一条关于可行流 f 的增广链 μ，以 θ 调整 f，得到新的可行流 f' 时，$b(f')$ 比 $b(f)$ 增加多少？显然有

$$b(f')-b(f)=[\sum_{\mu+}b_{ij}(f_{ij}'-f_{ij})-\sum_{\mu-}b_{ij}(f_{ij}'-f_{ij})]=\theta[\sum_{\mu+}b_{ij}-\sum_{\mu-}b_{ij}]$$

我们把 $\theta[\sum_{S+}b_{ij}-\sum_{S-}b_{ij}]$ 称为这条增广链 μ 的费用。

若 f 是流量为 $v(f)$ 的所有可行流中费用最小者，而 μ 是关于 f 的费用最小的增广链，那么沿 μ 去调整，得到的可行流 f'，就是流量为 $v(f')$ 的所有可行流中费用最小的流。

以上分析为求最小费用最大流找到了方法，即先取一个最小费用流，然后找出最小费用增广链并进行调整，一直这样调整下去，直到找不出增广链为止，这时的可行流即为最小费用最大流。那如何寻找最小费用增广链呢？

为了寻找最小费用增广链，我们构造一个有向赋权图 $w(f)$。$w(f)$ 的顶点为原网络 D 的顶点，把 D 中的每条弧 (v_i, v_j) 变为两条相反方向的弧 (v_i, v_j)，(v_j, v_i)；规定 $w(f)$ 中弧 (v_i, v_j) 的权 w_{ij} 为

$$w_{ij}=\begin{cases}b_{ij} & \text{当} f_{ij}<c_{ij}\text{时}\\ +\infty & \text{当} f_{ij}=c_{ij}\text{时}\end{cases}$$

$$w_{ji}=\begin{cases}b_{ij} & \text{当} f_{ij}>0\text{时}\\ +\infty & f_{ij}=0\text{时}\end{cases}$$

长度为 $+\infty$ 的弧可以略去。

于是求最小费用增广链等价于在 $w(f)$ 中求从 v_s 到 v_t 的最短路。

由以上讨论可得出求最小费用最大流的算法：

（1）第一步取零流为初始最小费用可行流，记为$f^{(0)}$。

（2）若第（1）步得到最小费用流$f^{(k)}$，构造一个有向赋权图w（$f^{(k)}$），在w（$f^{(k)}$）中寻求从v_s到v_t的最短路。若不存在最短路，则（$f^{(k)}$）即为网络D的最小费用最大流；若存在最短路，则在原网络D中得到了相应的最小费用增广链μ，对（$f^{(k)}$）做调整，调整量为

$$\theta = \min\{\min_{u^+}(c_{ij} - f_{ij}^{(k)}), \min_{u^-}(f_{ij}^{(k)})\}$$

（3）令

$$f_{ij}^{(k+1)} = \begin{cases} f_{ij}^{(k)} + \theta (v_i, v_j) \in \mu^+ \\ f_{ij}^{(k)} - \theta (v_i, v_j) \in \mu^- \\ f_{ij}^{(k)} (v_i, v_j) \notin \mu \end{cases}$$

得到新的可行流　$f^{(k+1)} = \{f_{ij}^{(k+1)}\}$。

（4）令$k = k+1$，返回（2）。

【例10－10】求网络（图10－30）的最小费用最大流。弧旁的数字为（b_{ij}，c_{ij}）。

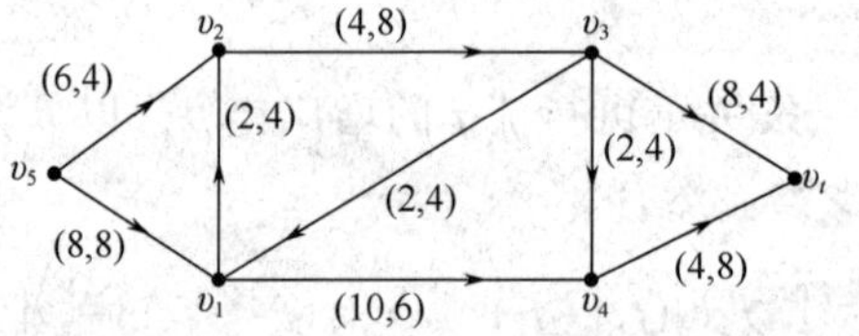

图10－30　网络图

解（1）取$f^{(0)}=0$为初始可行流。

（2）构造W（$f^{(0)}$），见图10－30（1），最短路$\mu =$（v_s，v_1，v_3，v_4，v_t）。

（3）在μ上进行调整，$\theta = \min$｛4，8，4，8｝＝4，得到新的可行流f（1），见图10－30（2）。

（4）构造相应的赋权有向图W（$f^{(1)}$），见图10－30（3），最短路$\mu =$（v_s，v_1，v_3，v_4，v_t）。

（5）按上述方法依次得$f^{(2)}$，W（$f^{(2)}$，$f^{(3)}$，W（$f^{(3)}$）），见图10－30（4）到图10－30（7）。

（6）可以看到W（$f^{(3)}$）中已不存在从v_s到v_t的路，所以$f^{(3)}$即为最小费用最大流，$f^* = f^{(3)}$，V（f^*）＝12，B（$f^{(2)}$）＝240。

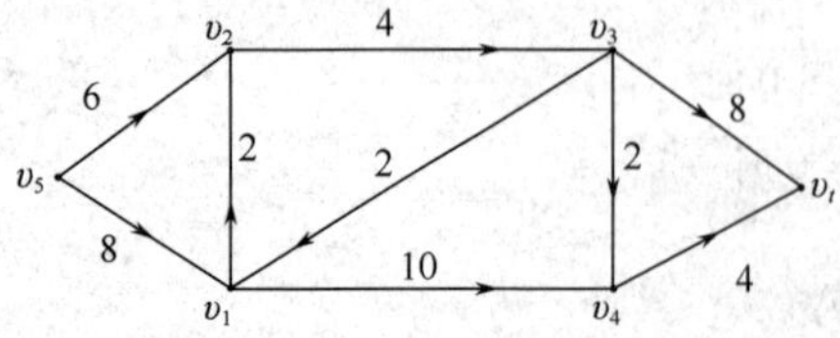

图10－30（1）

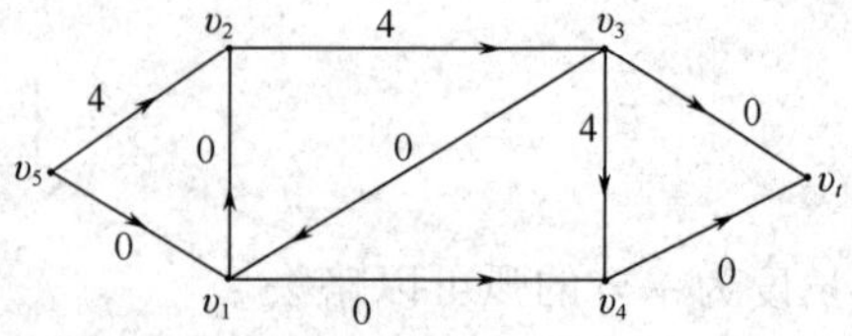

图10－30（2）

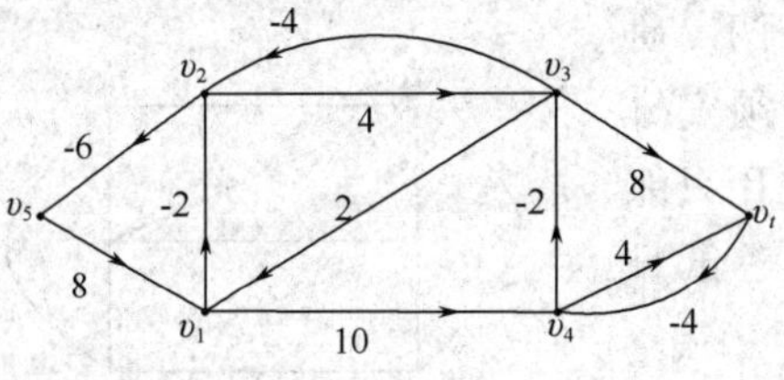

图 10－30（3）

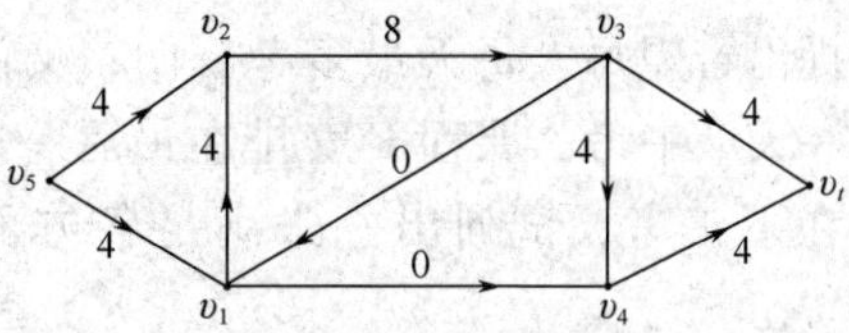

图 10－30（4）

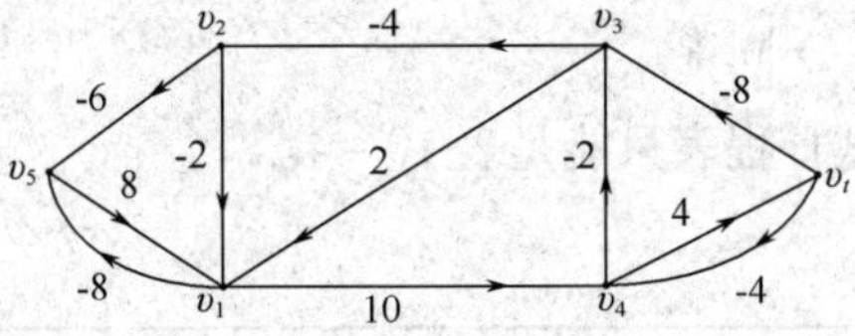

图 10－30（5）

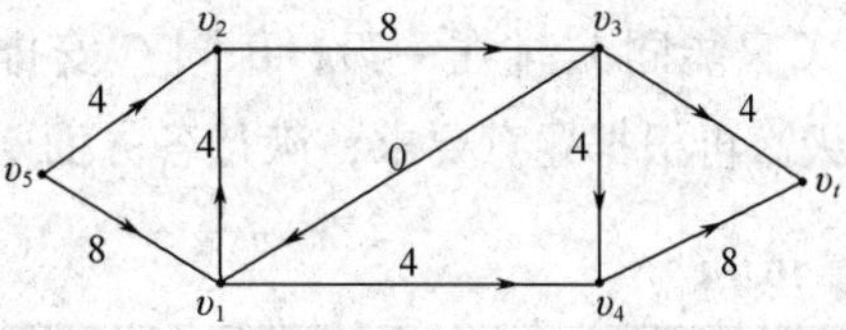

图 10－30（6）

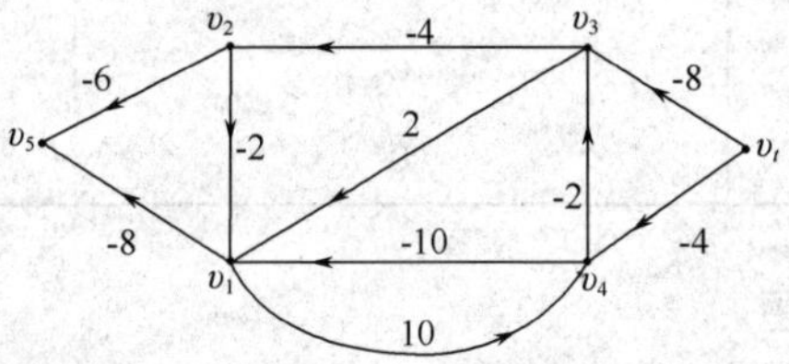

图 10－30（7）

10.6　图与网络案例分析

【案例 1】考试安排问题。

10 名研究生参加 6 门课程的考试。由于选修内容不同，考试门数也不一样。表 10－3 给出了每个研究生应参加考试的课程（打※的）。

表 10－3

研究生/考试课程	A	B	C	D	E	F
1	※	※		※		
2	※		※			
3	※				※	
4		※			※※	
5	※		※	※		
6			※		※	
7			※		※※	
8		※		※		
9	※	※				※
10	※		※			※

规定考试在三天内结束，每天上午各安排一门。研究生提出希望每人每天最多考一门，又课程 A 必须安排在第一天上午考，课程 F 安排在最后一门，课程 B 只能安排在下午考，试列出一张满足各方面要求的考试日程表。

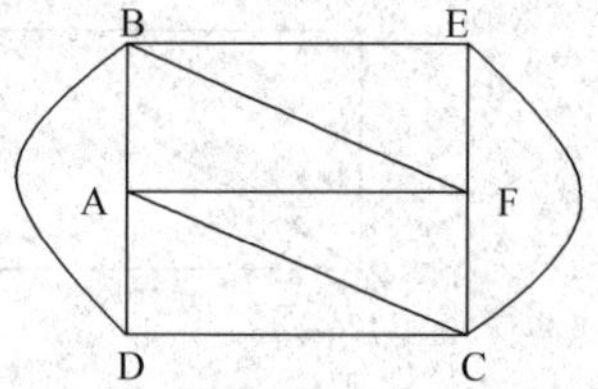

图 10 - 31

解：将各门课程用结点表示，把同一个研究生参加的考试课程用边连接，得图 10 - 31，由图 10 - 31 看出，课程 A 只能同 E 排在一天，B 同 C 安排在一天，D 同 F 在一天。再根据题意要求，满足各方面要求的考试日程表只能是表 10 - 4。

表 10 - 4

	上午	下午
第一天	A	E
第二天	C	B
第三天	D	F

【案例 2】小学选址问题。

已知有 6 个村子，相互间道路的距离如表 10 - 5 所示。拟合建一所小学，已知 A 处有小学生 50 人，B 处有小学生 40 人，C 处有小学生 60 人，D 处有小学生 20 人，E 处有小学生 70 人，F 处有小学生 90 人，问小学应建在哪一个村子，使学生上学最方便（走的总路程最短）？

解：先求出任意两点间的最短路程如表 10 - 5 所示。将表中每行数字分别乘上各村小学生数得表 10 - 6，按列相加，其总和最小的列为 D，即小学校应建立在 D 村。

表 10 - 5

从/到	A	B	C	D	E	F
A	0	2	6	7	8	11
B	2	0	4	5	6	9
C	6	4	0	1	2	5
D	7	5	1	0	1	4
E	8	6	2	1	0	3
F	11	9	5	4	3	0

表 10 - 6

从/到	A	B	C	D	E	F
A	0	100	300	350	400	550
B	80	0	160	200	240	360
C	360	240	0	60	120	300

续表

从/到	A	B	C	D	E	F
D	140	100	20	0	20	80
E	560	420	140	70	0	210
F	990	810	450	360	270	0
总和	2130	1670	1070	1040	1050	1500

本章小结

本章介绍了图论在网络分析中的应用，在正确理解相关概念的基础上，重点讨论了网络分析中的三大应用领域——网络最短路问题、最大流问题和最小费用最大流问题。网络最短路问题运用二次比较（自身比较和横向比较）思想保证了从起点开始每向前一步的探寻都是最短的。最大流问题以最大流最小割定理为理论支撑，以寻求从起点到终点的增广链的标号过程为关键阐述了 Ford – Fulkerson 标记化方法的实施步骤。以增广费用网络图为纽带，将最短路算法和最大流算法巧妙地结合解决了最小费用最大流的求解。问题的解决过程也是创新思维的应用过程，举一反三，对于其他各种应用的理解和掌握就很容易，这些应用有非常广泛的实际背景，也是理论联系实际的绝好选题。

习　题　10

一、判断题

1. 任何有 n 个节点 n 条边的简单图中必存在圈。（　　）

2. 无向图和有向图的数学表达方式完全一样。（　　）

3. 只要一条链的首尾点是同一个点，则这条链就是一条回路。（　　）

4. 去掉树 T 的任一条边，则它将是不连通的。（　　）

5. 如果图中从 v_i 至各点均有唯一的最短路，则连接至其他各点的最短路在去掉重复部分后，恰好构成该图的最小支撑树。（　　）

6. 若图 T 是树，则 T 中任意两点有唯一链相连。（　　）

7. 网络最短路径是指从网络起点至终点的一条权和最小的路线。（　　）

8. *DijKstra* 算法可用于正权网络也可用于负权网络。（　　）

9. *DijKstra* 算法可以用于求解有负权的网络最短路问题。（　　）

10. 网络最大流量是网络起点至终点的一条增流链上的最大流量。（　　）

11. 图的一条链 f 是增流链与 f 是不饱和链是等价的。（　　）

12. 一个图的最小割集不是唯一的。（　　）

二、选择题

1. 图的基本要素是（　　）。

A. 点　　　　B. 线

C. 点和线　　　　D. 点和点与点之间的连线

2. 若一个闭链 C 除了第一个顶点和最后一个顶点相同外，没有相同的顶点和相同的边，则该闭链 C

称为（　　）。

A. 初等链　　B. 圈

C. 回路　　D. 饱和链

3. 一个连通图中的最小树的总长度（　　）。

A. 是一定的，唯一的　　B. 一定有多个

C. 可能不存在　　D. 可能有多个

4. 为了在各住宅之间安装一条供暖管道，若要求所用材料最省，则应采用（　　）。

A. 求最大流量法　　B. 求最小树法

C. 求最短路法　　D. 求最小费用法

5. 最短路线是（　　）。

A. 连接起点到终点总长度最短的路线

B. 连接所有点总长度最短的路线

C. 所有点之间长度最短的路线

D. 从起点出发经过各点到终点总长度最短的路线

6. 一个城市到另一个城市有多条路线，求此城市到另一个城市的最短距离，此问题属于（　　）。

A. 最短路问题　　B. 最小树问题

C. 最大流问题　　D. 最小费用最大流问题

7. 在最大流问题中，下列说法正确的是（　　）。

A. 截集是子图　　B. 截量等于截集中弧的流量之和

C. 截量不小于最大流量　　D. 截量不大于最大流量

8. 关于可行流的增广链，叙述正确的是（　　）。

A. 增广链上的任意弧，其方向必相同

B. 增广链上的任意弧，其流量必不为零

C. 增广链上的任意弧，其流量必大于零

D. 增广链上的前向弧的流量必不饱和，后向弧的流量必大于零

9. 在最大流问题中，下列关于最小截集说法正确的是（　　）。

A. 最小截集的截量等于最大流的流量

B. 最小截集等于最大流

C. 最小截集的截量等于零

D. 只有在最大流下才能找到最小截集

10. （多选）μ 是关于可行流 f 的一条增广链，则在 μ 上有（　　）。

A. 对任意的 $(i, j) \in \mu^+$，有 $f_{ij} \leqslant c_{ij}$

B. 对任意的 $(i, j) \in \mu^+$，有 $f_i < c_{ij}$

C. 对任意的 $(i, j) \in \mu^-$，有 $f_{ij} \leqslant c_{ij}$

D. 对任意的 $(i, j) \in \mu^-$，有 $f_{ij} > 0$

E. 对任意的 $(i, j) \in \mu^-$，有 $f_{ij} \geqslant 0$

三、简答题

1. 现实中的问题在怎样的情况下可以抽象成图或网络问题？

2. 如何判定一个图形是图还是网络？

3. 在用 *Dijkstra* 算法求解网络最短路以后，如何找出从起点到其他点的最短路径及其长度？

4. 若发现使 $l(v_1)$ 值为最小的点有多个，该怎样处理？

四、计算题

1. 有九个城镇 v_1，…，v_9，公路网如图 10－32 所示。弧旁数字是该段公路的长度，有一批货物要从

v_1 运到 v_9，问走哪条路最短（用双标号法求解），最短距离是多少？

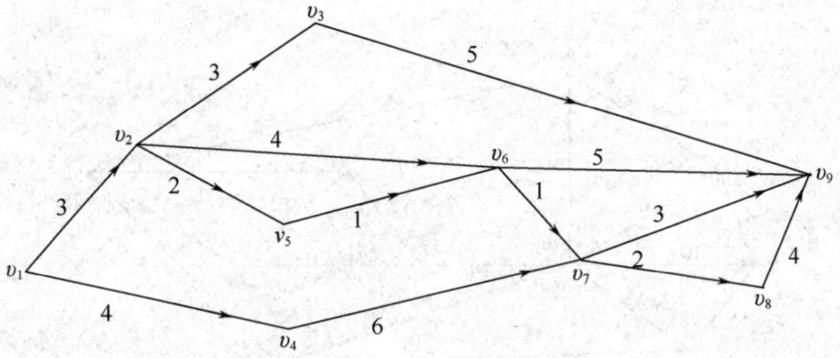

图 10－32　习题 1 网络图

2. 某企业使用一台设备，在每年年初，企业领导部门就要决定是购置新的，还是继续使用旧的。若购置新设备，就要支付一定的购置费用；若继续使用旧设备，则需支付一定的维修费用。如何制定一个五年之内某种的设备更新计划，使得总的支付费用最少。已知该种设备在各年年初的价格如表 10－7 所示。

表 10－7

第 1 年	第 2 年	第 3 年	第 4 年	第 5 年
11	11	12	12	13

还已知使用不同时间（年）的设备所需要的维修费用如表 10－8 所示。

表 10－8

使用年数	0—1	1—2	2—3	3—4	4—5
维修费用	5	6	8	11	18

3. 某企业计划在下一年度购入并保证未来 6 年可以使用某种型号的设备一台，为降低由购置和维护产生的总成本，该企业需要决策未来更新设备的策略。各年年初，该企业可以购置新设备，同时出售旧设备，回收一定的残值；也可以继续使用旧设备，但需根据设备的役龄（已使用年数）支付维护费用。已知该设备未来 6 个自然年度的预估购买价格（表 10－9，单位：万元）和各役龄年度的维护成本和出售回收的残值（表 10－10，单位：万元）。问，该企业应如何决策可使总成本最低？

表 10－9　　　　**该设备未来 6 个自然年度的报价**

自然年度	第 1 年	第 2 年	第 3 年	第 4 年	第 5 年	第 6 年
购买价格	14	15	16	17	18	18

表 10－10　　　　**该设备按役龄的维护成本**

役龄	第 1 年	第 2 年	第 3 年	第 4 年	第 5 年	第 6 年
维护成本	5	6	7	9	11	13
出售残值	4	3	2	2	1	0

如果将费用视为一种广义的长度，则这个问题就可以建模为一个最短路问题。

4. 求图 10－33 中的网络最大流。

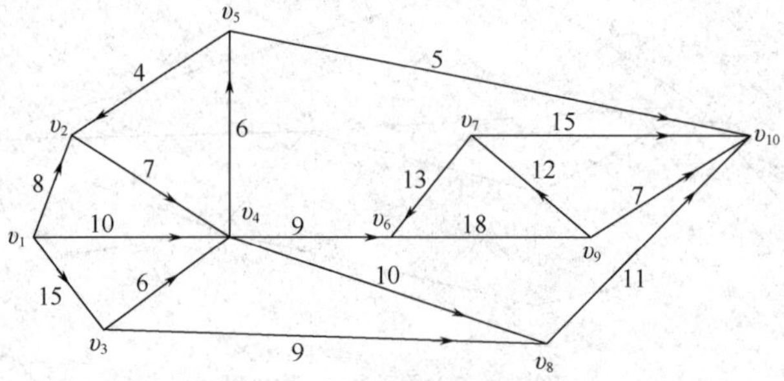

图 10－33　习题 4 网络图

5. 指出图 10－34 所示的所有截集、最小截集及最小截量（弧旁的数字是（c_{ij}，f_{ij}））。

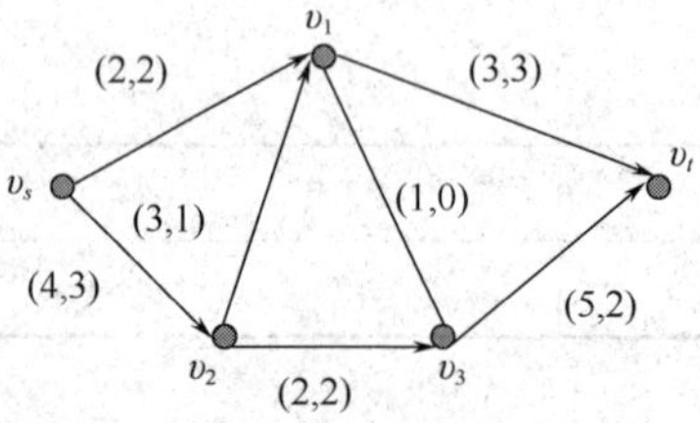

图 10－34　习题 5 网络图

6. 某地区有 3 个城镇，某个城镇每天产生的垃圾运往该地区的 4 个垃圾处理场处理，现考虑各城镇到各处理场的道路对各城镇垃圾外运的影响，假设各城镇每日产生的垃圾量、各处理场的日处理能力及各条道路（可供运垃圾部分）的容量（其中容量为 0 者表示无此直接道路）如表 10－11 所示，试用网络流方法分析目前的道路状况能否使所有垃圾都运到处理场得到处理，如果不能，应首先拓宽哪条路。请画出相应的网络图，并说明分析的过程（可不具体求解）。

表 10－11　　　　习题 6 数据

处理场城镇	1	2	3	4	垃圾量
1	30	20	10	0	50
2	0	0	20	40	70
3	50	40	20	30	80
处理量	60	40	90	30	

五、案例分析

1. 火车调车场作业调度问题的分析。某火车货运调车场，主要调运建筑材料中的黄沙、碎石、水泥。该调车场有三个装运点：黄沙装运点、碎石装运点和水泥装运点；另有两个机车挂钩处（挂火车头的地方），即图 10－35 中的节点 1、2、5 和 9、10。货运火车的各节车厢在一个装运点装货后，必须由调车场的火车头把装好货的各车厢，按调车场的铁路网络某一线路运行到某一机车挂钩处，由那里的火车头把满载的车厢拉走。图 10－35 的网络图中，各条弧的数字代表距离（单位：百米），这里需注意的是：

图 10－35 所示的网络图，只是描述了各换轨点（即交叉口）、装运点、机车挂钩处之间的关系，并不表示铁路线的实际走向。调车场的调度室需要解决的问题是：各车厢在某一装运点装好货后，应把它拉到哪一个机车挂钩处，而且应走哪一条运行路线才最短，从而提高调车场作业的效率，减少装载的车厢等待挂钩时间而尽快拉离调车场。

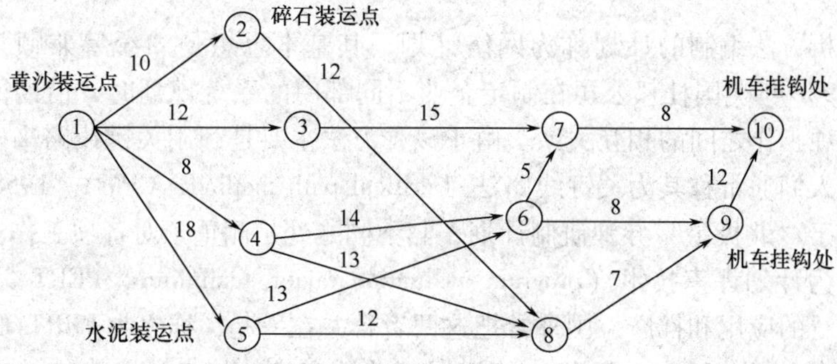

图 10－35　火车货运调车场运输路线图

2. 电力公司增建输电线路问题。某地的电力公司有三个发电站，它们负责 5 个城市的供电任务，其输电网络如图 10－36 所示。由图可知，城市 8 由于经济的发展，要求供应电力 65MW，三个发电站在满足城市 4、5、6、7 的用电需要量后，它们还分别剩余 15MW、10MW、40MW，剩余发电能力共有 65MW，与城市 8 的用电量刚好相等。输电网络的输电能力是否满足输电 65MW 的电力？如不满足，需要增建或改建哪些输电线路？

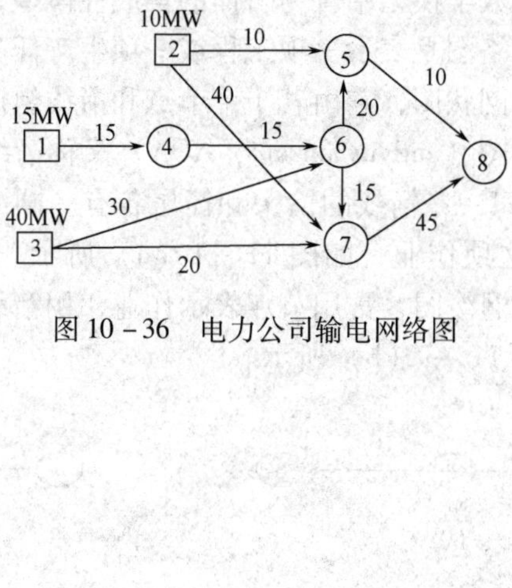

图 10－36　电力公司输电网络图

第11章　网 络 计 划

用网络分析方法编制的计划称为网络计划，其基本思想是“统筹兼顾”“求快、求好、求省”。1956年美国杜邦公司在制定企业不同部门的系统规划时，借助网络图表示各项工作及其各项工作之间的相互关系。由于该种方法主要是利用关键线路来实现时间、费用优化，所以人们通常称其为关键线路法（critical path method，CPM）。1958年美国海军将网络图应用于“北极星”导弹研制计划，其不同之处是侧重于对各项工作安排的评价和审查，故称其为计划评审技术（program evaluation review technique，PERT）。这两种方法后来得到了广泛的应用和推广，国外常把这两者合并在一起，称之为PERT/CPM。20世纪60年代我国开始应用CPM和PERT，并根据其统筹安排的特点称之为统筹法。据资料统计，应用网络计划模型的工程项目，一般能缩短工期20%左右，节约费用10%左右，这种效果是在不增加设备、人力和投资，不采用新技术、新工艺、新材料、仅仅是因为加强管理而获得的。本章主要介绍绘制网络图，计算时间参数和网络计划优化三大内容。

11.1　网络图构成及绘制

网络计划是图形模型与数学模型结合为一体的集成性模型，主要结构由网络图及网络时间参数两大部分组成。网络图是表示一项工程或一项生产任务中各个工作环节或各项作业的先后关系和所需时间的网状图，它由若干个节点和箭线组成。网络图分为双代号和单代号两种形式。双代号网络图（activity on arc，AOA）又称箭线型网络图，用箭线表示作业（或称为工序、活动）。每一条箭线的箭头和箭尾各有一圆圈，圆圈上编有号码，用前后两个圆圈中的号码表示这项作业，如图11－1（a）所示。单代号网络图（activity on node，AON）又称为节点型网络图，常用节点表示作业，用箭线表示作业之间的关系。单代号网络图的表示方法如图11－1（b）所示。

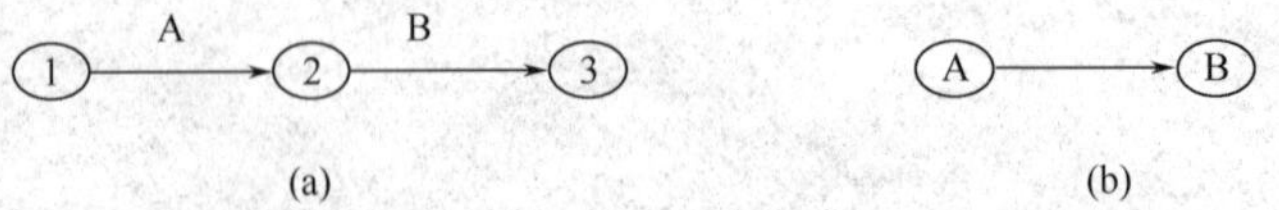

图11－1　双代号和单代号网络图

相比而言，双代号网络图比单代号网络图更方便描述问题，因而深受管理人员和工程技术人员的欢迎，故本章重点讨论双代号网络图。

11.1.1　双代号网络图的组成要素

双代号网络图由作业、节点和线路三要素组成。

11.1.1.1　作业（活动，工序）

作业是指任何消耗时间或资源的行动，如新产品设计中的初步设计、技术设计、工装制造等。通常在双代号网络图中根据作业性质将作业分为正常作业和虚作业。

1. **正常作业**

可以独立存在，需要消耗一定时间和资源，能够定以名称的活动。例如“产品设计”这项作业既需要有一定的时间，又需要有技术人员、绘图工具等资源。在实际工作中，有的活动只需消耗一定时间，而不需要消耗人力资源，如铸造中的“自然时效”，这样的活动也称为正常作业。在双代号网络图中，正常作业用带起、止节点的箭线表示。一条箭线代表一项作业，箭线上方可以写作业名称或作业代号，下方写该项作业的活动时间，通常用 t_{ij} 表示，如图 11－2 所示。

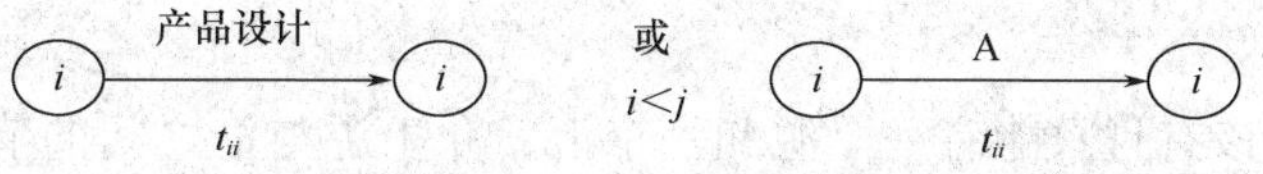

图 11－2　工序的表示方法

2. **虚作业**

既不需要消耗时间也不需要消耗资源的活动称为虚作业。

在双代号网络图中，虚作业是为了准确而清楚地表达各项作业之间的逻辑关系而引入的，一般用虚箭线表示。虚作业在实际工作中并不存在，但在双代号网络图中却有着重要的作用，在绘制网络图中需要合理添加。

3. **作业关系**

网络图中作业之间的关系有四种：①先行作业（又称紧前作业），指处于某一作业之前的那些作业，图 11－3 中所示的 M 就是 P 的先行作业；②后续作业（又称紧后作业），指处于某一作业结束之后才能开始的那些作业，图 11－3 中所示的 N 就是 P 的紧后作业；③并行作业，指可与某一作业同时开始的那些作业：图 11－3 中所示的 A 就是 P 的并行作业；④中途作业，指某项作业中途可以进行的那些作业，图 11－3 中所示的 Q 就是作业 P 进行途中开始的作业活动。

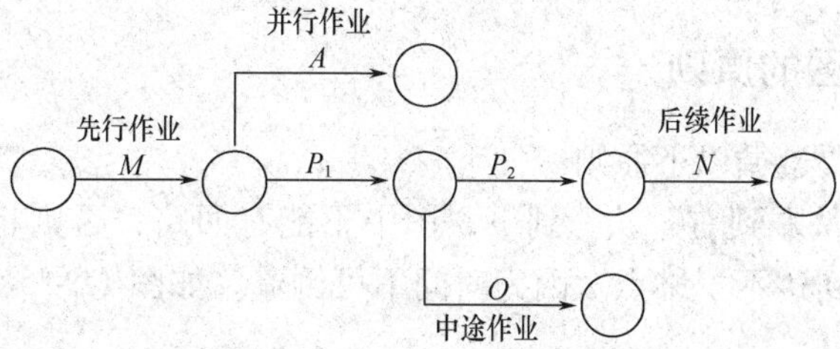

图 11－3　4 种作业之间的关系

11.1.1.2　节点（事项，节点）

节点表示一项作业开始或结束的瞬间，本身不占用时间。在双代号网络图中，节点用圆圈及圆圈内的数字表示（图 11－4）。

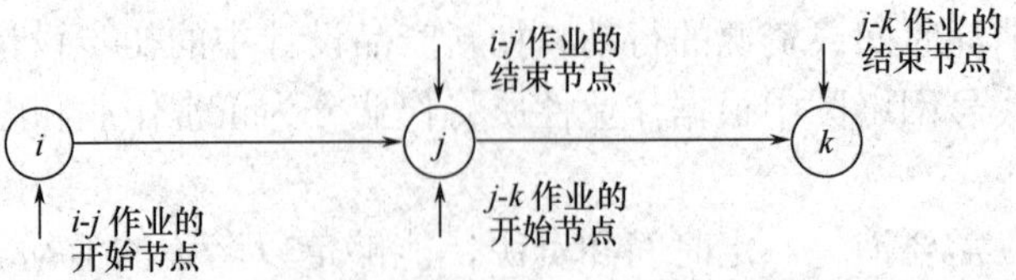

图 11－4　双代号网络图中的节点

一个节点如果没有引入箭线，只有箭尾与其相连，即只表示某些作业的开始时间，而不表示任何作业的结束瞬间，则该节点称为起始节点，或网络图的“源”。

一个节点如果没有引出的箭线，而只有引入的箭线，即只与箭头相连，则只表示某些作业的结束瞬间，而不表示任何作业的开始瞬间，这样的节点称为终节点，或网络图的“汇”。

一个网络图应该有且只能有一个源和一个汇，介于源与汇之间的节点都是中间节点。中间节点连接着前面作业箭线的箭头和后续作业箭线的箭尾。因此，中间节点的时间状态既表示前面作业的结束时刻，又表示后续作业的开始时刻。

11.1.1.3　路线

路线有时又称为线路。是指从网络图的源节点出发，顺箭线方向经过一系列节点和箭线，到达网络图的终节点的若干条通路，每一条通路都称为一条路线。路线上各项作业延续时间之和称为该路线的长度，其中花费时间最长的路线称为关键路线，或主要矛盾线，其他线路则称为非关键路线。

关键线路的性质：①关键线路的线路时间代表整个网络计划的计划总工期；②关键线路上的作业都称为关键作业；③关键线路没有时间储备，关键作业也没有时间储备；④在网络图中关键线路至少有一条；⑤当管理人员采取某些技术组织措施，缩短关键作业的持续时间就可能使关键线路变为非关键线路。

非关键线路的性质：①非关键线路的线路时间只代表该条线路的计划工期；②非关键线路上的作业，除了关键作业之外，都称为非关键工作；③非关键线路有时间储备，非关键作业也有时间储备；④在网络图中，除了关键线路之外，其余的都是非关键线路；⑤当管理人员由于工作疏忽，拖长了某些非关键作业，就可能使非关键线路转变为关键线路。

11.1.2　绘制网络图的原则

画双代号网络图要遵循以下原则：

（1）网络图一般从左到右，从上到下，图中不能有回路，否则将造成逻辑上的错误，使回路上的活动永远到达不了终点。因为时间不可倒流，如图 11－5 和图 11－6 所示。

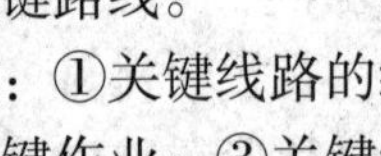

图 11－5　错误表示

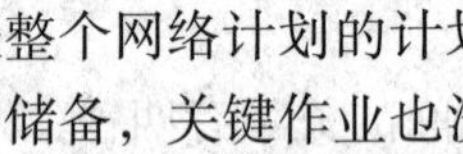

图 11－6　正确表示

（2）网络图必须正确表达已定的逻辑关系，因为网络图反映的是客观事物的运动规律。例：A、B、C 三项工作，A 结束后，B、C 才能开始，如图 11－7 和图 11－8 所示。

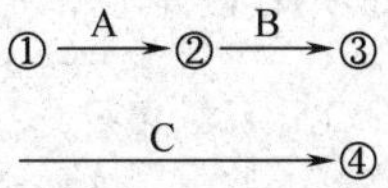

图 11－7　错误表示

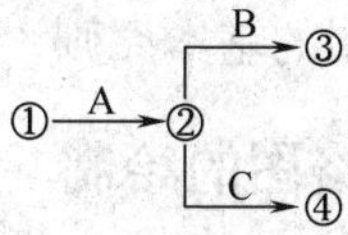

图 11－8　正确表示

（3）网络图只能有一个总始点（总开工节点）和一个总终点（总完工节点），即在计划网络图中，除始点和终点外，其他各节点的前后都必须有箭线连接，不可中断，不可出现缺口。因为在网络计划中是把研究对象作为一个系统来看待的，如图 11－9 和图 11－10 所示。

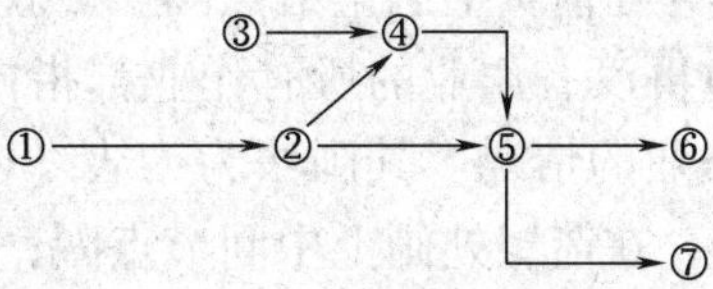

图 11－9　错误表示

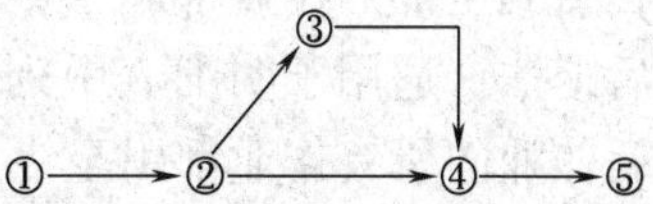

图 11－10　正确表示

（4）两个节点之间不能有两条或两条以上的工序，要注意虚工序的应用。因为在双代号网络图中，两个节点代表唯一的一个作业，如果有平行作业就会产生二义性。如图 11－11 中节点①③究竟代表的是作业 a 还是作业 b 不清楚，但添加虚作业②③后就具有唯一性了，如图 11－12 所示。

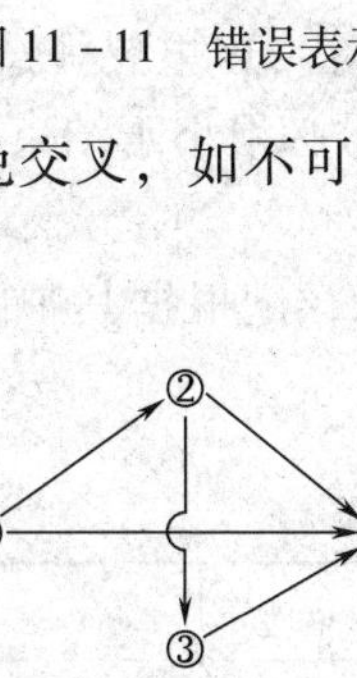

图 11－11　错误表示

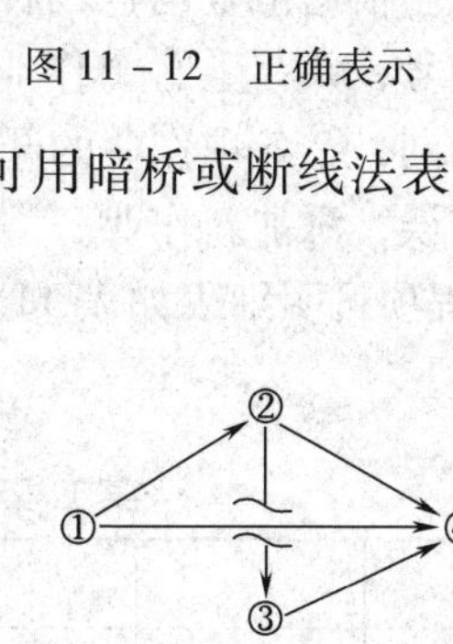

图 11－12　正确表示

（5）箭线尽量避免交叉，如不可避免时可用暗桥或断线法表示，如图 11－13 和图 11－14 所示。

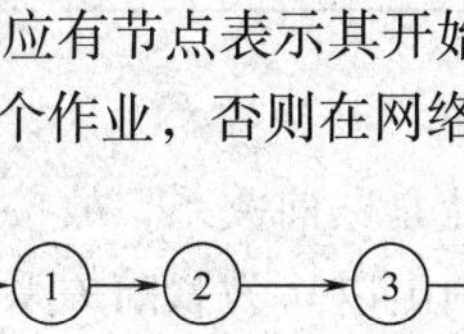

图 11－13　暗桥法

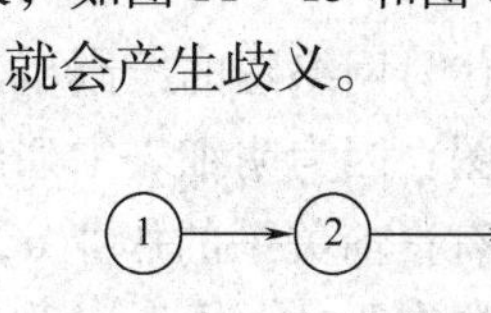

图 11－14　断线法

（6）每项活动都应有节点表示其开始与结束，如图 11－15 和图 11－16 所示。也不能从箭线的中间引出一个作业，否则在网络计划中就会产生歧义。

图 11－15　错误表示

图 11－16　正确表示

以上是绘制网络图的基本原则，在实际操作中必须用心体验，严格遵循。

11.1.3 双代号网络图的绘制

1. **准备工作**

绘制网络图的准备工作主要有三项：第一是作业任务分解；第二是作业逻辑关系的确定；第三是将一二的工作结果列于一个表中，并作适当说明，形成工程项目明细表。

2. **画图步骤**

第一步，勾画草图。方法之一：前进法：适用于明细表中列出紧前作业的情况。其画法为：先把没有紧前作业的所有作业都从起始节点引出，在箭头处画上中间节点圈；再在已画的作业后画出紧前作业为此作业的各作业，并在箭头上画上节点圈……就这样从左到右依次进行，直到全部的作业都画出，并将后边再没有作业的所有作业都指向终止节点。方法之二：后退法：适用于明细表中列出紧后作业的情况。其画法为：从终止节点开始，先把没有紧后作业的所有作业都引至终止节点上，在箭尾处画上中间节点圈；再在已画的作业前画出紧后作业为此作业的各作业，并在箭尾处画上节点圈……就这样从右向左依次进行，直到全部的作业都画出，并将前边没有作业的所有作业从起始节点上引出。

第二步：检查纠正。勾画好草图后，应认真检查草图所反映的各作业之间的关系与明细表中所列作业之间的关系是否完全一致以及是否遵从网络画图的基本原则。如线路有无交叉，逻辑关系有无错误，是否存在闭合回路，作业有无遗漏重复，有无多余的节点等。发现错误，应立即纠正。

第三步：调整布局。对草图进行调整，尽可能消除不必要的箭线，并注意合理布局，尽量避免箭线交叉，而且应该考虑把关键线路安排在图面中心位置，使整个网络图清晰、整洁、平稳。

第四步：绘制正图。根据检查调整之后所得到的正确草图画出图面整洁、布局合理的网络图。最后为节点编号，并写上每个作业的时间等。这里要注意的是网络图节点编号：①各节点的编号不能相同；②各项作业的开始节点号必须小于结束节点号；③节点编号可以不连续，便于纠正错误，添加新作业。

【例 11－1】某工程项目明细表如表 11－1 所示，试根据其中的数据绘制出双代号网络图。

表 11－1　　某工程项目明细表

工序代号	a	b	c	d	e	f	g
紧前工序	–	a	a	b	b, c	d, e	d, e
工时	4	2	3	2	3	3	5

根据以上所述双代号网络图的绘制步骤有：

第一步，画出草图：因为明细表中列出的作业是紧前关系，故按前进法画出草图。

过程是先画出没有紧前关系的作业 a，然后画出以 a 为紧前关系的作业 b、c，接下来画出以 b 为紧前关系的作业 d，以 b、c 为紧前关系的作业 e；最后画出以 d、e 为紧前关系的作业 f、g。结果如图 11－17 所示。

第二步，检查纠正：对照明细表中列出的工作顺序逐一检查，检查是否有遗漏或逻辑错误，包括违背绘图原则的关系。由此发现图 11－17 存在两个明显的错误。一个是 d、e，另一个是 f、g。d 的紧前作业是 b，而 e 的紧前作业是 b、c，不能用实线将 b、c 作业连在一起，否则就相当于满足了 e 作业的要求，但违背了 d 作业的要求，故须将此实线变为虚线，表示逻辑上联系，并用箭头指示。f、g 明显表示平行，故按绘图原则应将 f 作业断开，加一个虚箭线，如图 11－18 所示。

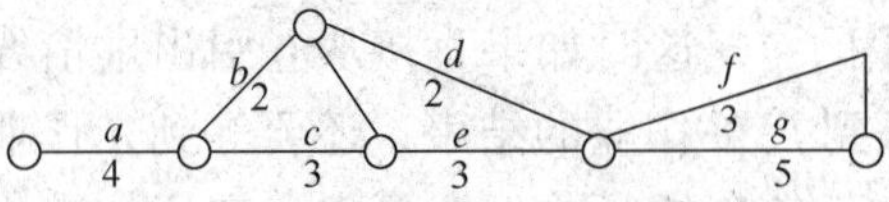

图 11－17　【例 11－1】草图

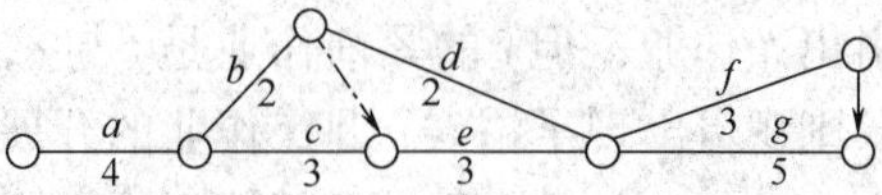

图 11－18　【例 11－1】修改图

第三步，调整布局：尽可能消除不必要的箭线，并注意合理布局，尽量避免箭线交叉，并使用图形更加整齐、美观，重心平稳。调整结果如图 11－19 所示。

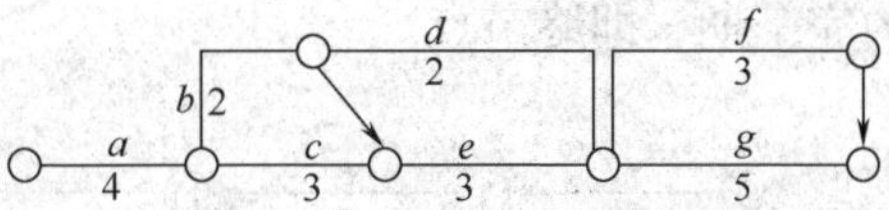

图 11－19　【例 11－1】调整图

第四步，画出正图：对以上三步画出的网络图检查无误后，正图主要作这样几件事：①对每个作业加上箭头；②对每个节点按编号原则加上编号；③检查每个作业的时间参数是否有遗漏等。这样就得到了一张完整的工程网络图，如图 11－20 所示。

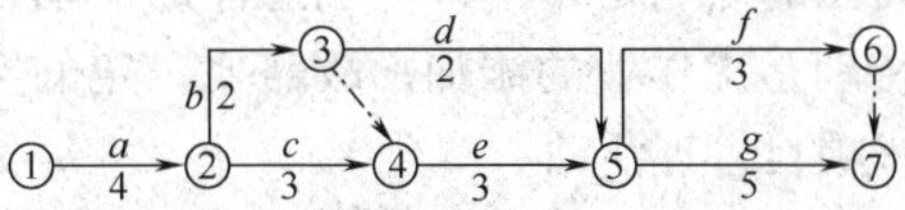

图 11－20　【例 11－1】正图

当网络关系不太复杂时，画网络图时也可以把以上几步合并，同时进行，一次完成。

【例 11－2】绘制某工程项目的网络图，数据如表 11－2 所示。

表 11－2　　　　　　　　　　　**某工程项目数据**

工作	a	b	c	d	e	f	g	h	i	j	k	l
紧前工序	—	a	a	b	c	b, c	d	d, f	e, f	g, h	h, i	j, k
时间	4	3	2	1	5	7	6	3	8	9	6	4

解：此问题关系比较复杂，需要一边分析，一边画图，结果如图 11－21 所示。其主要过程如下：

（1）先画出没有紧前作业的 a 作业，然后从 a 作业的结束节点引出以 a 作业为紧前作

业的 b、c 作业。

（2）从 b 作业的结束节点引出 d 作业，从 c 作业的结束节点引出 e 作业。

（3）因为 f 作业要以 b、c 为紧前作业，同时 f 与并行的 d、e 的紧前作业不同，故需要分别从 b、c 作业的结束节点引出两个虚箭线③⑤与④⑤作为 f 的紧前作业，否则不论从 b 作业的结束节点引出 f，还是从 c 作业的结束节点引出 f，都会出现作业之间的逻辑错误。

（4）因为 g、h、i 三个作业关系比较复杂，先要分析。g 作业的紧前作业是 d，故从 d 的结束节点可引出 g；h 的紧前作业是 d、f，需要引出一个虚箭线⑦⑥连接 d、f 作业，然后引出 h 作业；但 i 的紧前作业是 f 与 e，与 h 共用了 f，这时如果直接从⑥引出虚箭线⑥⑧，则逻辑出现了错误，即 i 作业的开展不仅要等到 f、e 作业的结束，还要等到 d 作业的结束，这与 i 本身的要求不相符。故为了保证 h 与 i 各自的紧前作业要求，需添加虚作业⑥⑨断开 f 作业，使其分别满足 h 与 i 的需要。

（5）因为 j 和 k 作业的紧前作业不同，故需从节点⑩分别引出两个虚作业⑩⑪与⑩⑫，然后分别画出 j 作业与 k 作业。

（6）在 j、k 作业的结束节点画出 l 作业。因为 l 作业画完后再无后续作业，故 l 作业的结束节点就是整个网络的完工期，即终节点。

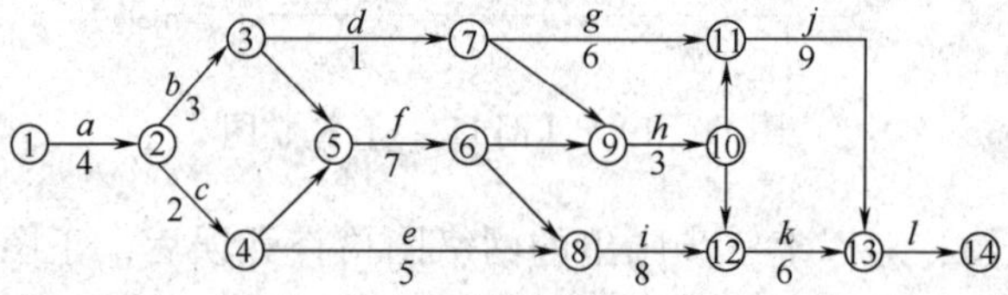

图 11-21　网络计划图

由此可见，双代号网络图的绘制是一个带有创造性的活动，既需要遵守一定的规则，同时又需要一定的想象，特别是虚作业的添加，故需要一定的实践积累，才能比较正确、流利地表达一个复杂的工程项目管理活动。

11.1.4　单代号网络图的绘制

（1）单代号网络图的基本符号。

单代号网络图也是由节点和箭线组成的，但是它们所代表的含义与双代号网络图不同。

1）节点。

一个节点代表一项作业（活动、工作），一般用圆圈或方框表示，将作业名称、作业时间和编号等标注在内，如图 11-22 所示。

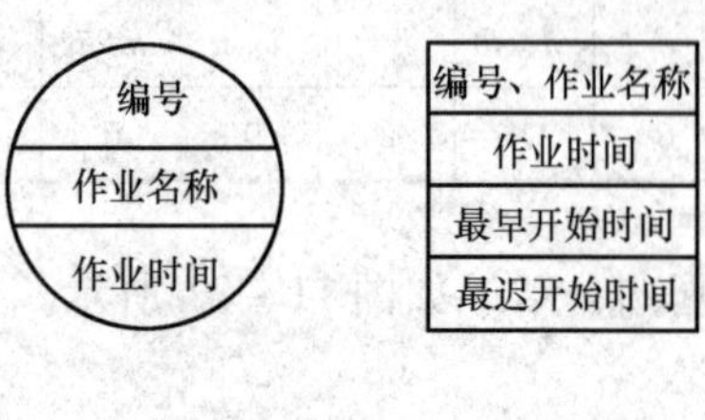

图 11-22　单代号网络

2）箭线。

只表示作业之间的联系，它既不占用时间，也不消耗资源，相当于双代号网络图中的节点。单代号网络图中不用虚箭线。

（2）网络图的绘制。

单代号网络图中，各项作业之间的逻辑关系

仍然是按照工程中的客观顺序来确定的。具体绘制时，先把各个作业节点按照先后顺序从左向右布置，然后按逻辑关系用箭线将它们彼此相连接。单代号网络图的绘制也必须遵守一定的规则，这与双代号网络图的要求基本相同。

【例 11－3】将例【例 11－2】画成单代号网络图，如图 11－23 所示。

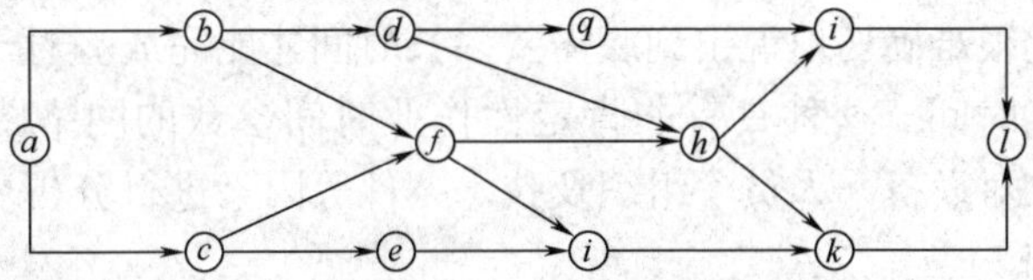

图 11－23　单代号网络图

从直观观察可见，单代号网络图比较双代号网络图相对简洁一些，图中没有虚箭线，连接关系相对容易，所以在计算软件中网络图常用单代号的形式表示。

11.2　网络时间参数计算

一个完整的网络图不仅要能反映出工程中所有作业之间的相互关系，而且要表明工程的时间进度，还要标出工程中的关键作业和关键路线，这样才能使项目管理人员集中精力抓重点，合理调配资源，确保工程进度，为此必须进一步计算出网络图的时间参数。网络时间参数主要是：作业持续时间 $t_{i,j}$；节点最早时间 T_E（i）、最迟时间 T_L（i）；活动最早开始时间 T_{ES}（i，j）、最早完成时间 T_{EF}（i，j）、最迟开始时间 T_{LS}（i，j）、最迟完成时间 T_{LF}（i，j）、总时差 R（i，j）、单时差 r（i，j）等。

11.2.1　作业时间估计

作业时间是指在一定的技术组织条件下，为完成一项作业所需要的时间，是一项作业活动的持续时间。作业时间常以 $t_{i,j}$ 表示，其时间单位可以是小时、日、周、月等，实际中依具体作业性质及工程项目的复杂程度以及网络图使用对象而定。根据作业性质的不同，作业时间有如下两种估计方法。

1. **单一时间估计法**

单一时间估计法是指对各种活动的作业时间，仅确定一个时间值。在进行时间估计时，应以完成活动可能性最大的作业时间为准。这种方法适用于有同类作业或类似产品的时间参考资料、不可控因素较少的情况。一般不考虑偶然性因素对完成活动内容的影响。因此，采用单一时间估计法的网络图也称为确定型网络图。

2. **三种时间估计法**

三种时间估计法，又称三点时间估计法，就是对活动的作业时间预估三个时间值，然后求出可能完成的平均值。这三个时间值是：

最乐观时间（Optimistic Time）是指在最有利的条件下顺利完成一项作业所需要的时间，常以 a 表示。

最可能时间（Most Likely Time）是指在正常条件下完成一项作业所需要的时间，常以

m 表示。

最悲观时间（Pessimistic Time）是指在最不利的条件下完成一项作业所需要的时间，常以 b 表示。

引入三种时间的概念，是考虑到工程项目中存在非确定性因素。例如新产品开发中常遇到一些新结构设计和加工问题，由于没有十分准确的设计参数，一切都需要设计人员进行不断的探索，因此很难确切地说出到底需要多长时间才能完成。对于这类活动就必须估计出作业完成的可能时间。这种具有非肯定性作业时间参数的网络图又称不确定型网络图。三种时间都要在对设备、人员、组织及技术条件等因素进行分析后做出，并在此基础上计算平均作业时间。

$$\text{计算平均作业时间：} t_{i,j} = \frac{a + 4m + b}{6} \tag{11.1}$$

11.2.2 节点的时间参数计算

1. 节点最早开始时间（T_E）

节点最早开始时间是指从该节点开始的各项活动最早可能进入开工状态的时间，它从网络图的始点开始计算。一般假定网络图的源节点最早开始时间为零。若源节点编号为1，则 $T_E(1)=0$，其他节点最早开始时间可按下式计算：

$$T_E(j) = \max\{T_E(i) + t_{i,j}\} \tag{11.2}$$

式中，i 和 j 分别代表箭尾事件和箭头事件；$t_{i,j}$为作业（i，j）所需时间。

2. 节点最迟结束时间（T_L）

节点最迟时间是指进入该节点的活动最迟必须完成的时间。节点最迟时间的计算从网络图的终节点开始，按节点编号逆向顺次计算，直到网络图的源节点为止。由于节点所代表的事项本身不消耗时间，所以网络终节点的最迟结束时间就等于它的最早开始时间。但有时会遇到工程有规定工期的情况，此时则应令网络终节点最迟结束时间等于规定工期。本书在不做特别声明的情况下，均以终节点的最早开始时间（即网络计算的工期）作为终节点的最迟时间。

节点最迟时间可按下式计算：

$$T_L(i) = \min\{T_L(j) - t_{i,j}\} \tag{11.3}$$

式中，i 和 j 分别代表箭尾事件和箭头事件；t_{ij}为作业（i，j）所需时间。

【例 11－4】对图 11－20 各节点计算其最早、最迟时间，并由此给出关键线路。

解：按式（11.2）和式（11.3）分别计算，如：

$T_E(4) = \max\{T_E(2) + t_{2,3},\ T_E(2) + t_{2,4}\} = \max\{4+2,\ 4+3\} = 7$；$T_L(3) = \min\{T_L(5) + t_{3,5},\ T_L(4) + t_{3,4}\} = \min\{10-2,\ 7-0\} = 7$

图 11－20 中其他各节点最早、最迟时间的计算结果如图 11－24 所示（其中图框中前面的数字代表某节点的最早时间，后面的数字代表某节点的最迟时间）。

由于节点①②④⑤⑦上的最早时间和最迟时间相同，说明这些工作必须连续进行，没有机动时间，故由这些节点连接的路线就形成关键路线①→②→④→⑤→⑦，其活动 a、c、e、g 就是关键活动，其持续时间总和就是该工程项目的总工期为 15 天。

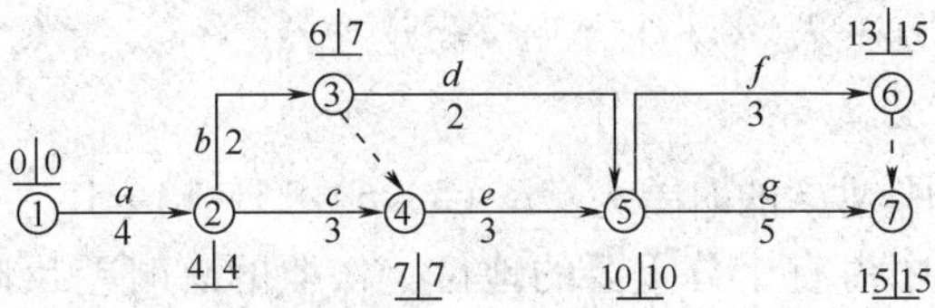

图 11－24　【例 11－1】网络图节点时间

【例 11－4】题中在网络图上直接计算时间参数的方法称为图算法，这种方法比较简明，此外网络时间参数的计算还可以用表算法、矩阵法和计算机算法等得到。

11.2.3　作业的时间参数计算

（1）作业最早开始时间和最早结束时间

假定工程项目的起始时间等于零，则网络图中每一项活动相对于开始事项（首项）都有一个最早开始和最早结束时间。

作业最早开始时间是指一项作业最早可能开始进行的时刻，用 $T_{ES}(i,j)$ 表示。作业最早开始时间等于该作业的箭线的箭尾节点的最早开始时间，即：

$$T_{ES}(i,j)=T_E(i) \tag{11.4}$$

作业最早结束时间是指一项作业最早能够结束的时刻，用 $T_{EF}(i,j)$ 表示。作业最早结束时间等于该作业的最早开始时间与持续时间之和，即

$$T_{EF}(i,j)=T_{ES}(i,j)+t_{i,j}=T_E(i)+t_{i,j} \tag{11.5}$$

（2）作业最迟结束时间和最迟开始时间

作业最迟结束时间是指一项作业为保证紧后作业按时开工，最迟必须结束的时刻，常记为 $T_{LF}(i,j)$。作业最迟结束时间就等于该作业箭线的箭头节点最迟结束时间，即

$$T_{LF}(i,j)=T_L(j) \tag{11.6}$$

作业最迟开始时间是指一项作业最迟必须开始的时间，即为保证该项作业在规定的最迟时刻能够完成，常记为 $T_{LS}(i,j)$。

$$T_{LS}(i,j)=T_{LF}(i,j)-t_{i,j} \tag{11.7}$$

11.2.4　作业时差

有了作业最早时间和最迟时间，就可以计算作业的时差。时差，是指在不影响整个计划项目完工时间的条件下，某项作业最迟开始（结束）时间与最早开始（结束）时间的差值，也就是这项作业活动开始时间容许推迟的最大限度。因此，时差也称为“宽裕时间”或“缓冲时间”，记为 SK。时差可以分为总时差和单时差。

（1）总时差

总时差又称“总宽裕时间”或“总缓冲时间”，它是指在不影响工程周期，亦即不影响紧后作业最迟开始时间的前提下，作业可以推迟开始或推迟结束的一段时间。作业 (i,j) 的总时差计算公式为：

$$R(i, j) = T_{LS}(i, j) - T_{ES}(i, j) = T_{LF}(i, j) - T_{EF}(i, j) = T_L(j) - T_E(i) - t_{i,j} \quad (11.8)$$

例如，图 11－24 的作业 f 的时差为：$R(5, 6)$ 15－13＝15－10－3＝2（天）。

总时差在网络计划中占有十分重要的地位。作业的总时差反映出该作业在整个工程中的地位和它的潜力。如果一道工序的总时差为零，说明这项作业是影响工程周期的关键工序，其持续时间的任何耽搁都将延长整个工程周期。若某项作业的时差大于零，说明这项作业可以滞后一定时间（$\leq SK$）完成而不影响总工期。一项作业的总时差大于零，还说明该作业在资源上有富裕，可适当抽调一部分资源支援其他工序，特别是关键作业。

（2）单时差

单时差又称自由时差、局部时差，是指在不影响紧后作业最早开始时间的前提下，该作业可以推迟开始或结束的一段时间。作业单时差常记为 $r(i, j)$，其计算公式为：

$$r(i, j) = T_E(j) - T_E(i) - t_{i,j} \quad (11.9)$$

以图 11－23 为例，计算作业 f 单时差为：$r(5, 6) = T_E(6) - T_E(5) - t_{5,6} = 13 - 10 - 3 = 0$（天）

根据以上公式可计算出所有作业的总时差和单时差，具体如图 11－25 所示。

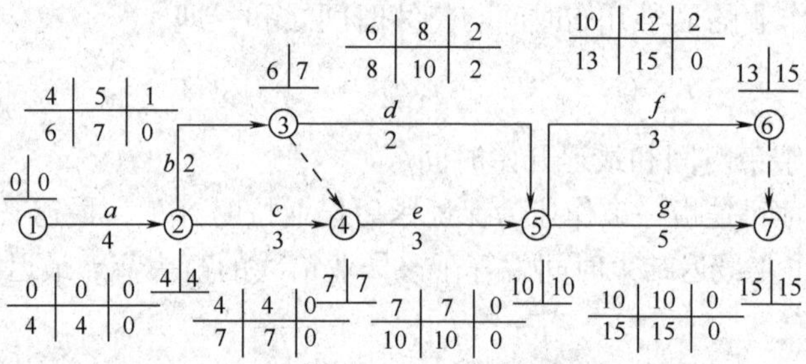

图 11－25 【例 11－1】作业时间参数

作业单时差与总时差的区别是，单时差的前提条件是不影响紧后作业的最早开始时间，而总时差的前提条件是不影响紧后作业的最迟开始时间。两者的关系是，单时差小于总时差，是总时差的一部分。由于单时差以不影响紧后工序最早开始时间为前提，因而单时差只能在本工序中利用，不能让给后续作业。而总时差可以让给后续作业使用，但此时这条线路上其他作业可利用的缓冲时间就减少了。因此，它是指构成这条线路的所有作业可共用的缓冲时间。

当网络图作业项目数很多、结构比较复杂时，图算法使得图上参数太多，容易造成读图困难，也影响图面美观，因此往往采用表算法。

表算法就是根据时间参数的计算公式，借助于表格进行计算的一种方法。使用这种方法，可直接求出作业的时间参数，而不需要计算节点时间参数。表 11－3 为【例 11－1】网络图 11－23 中各项作业活动的 T_{ES}、T_{EF}、T_{LS}、T_{LF} 值计算表。

表11－3　　表算信息

作业代号	$i-j$	$t_{i,j}$	T_{ES}	T_{EF}	T_{LS}	T_{LF}	R（i，j）	r（i，j）
a	1，2	4	0	4	0	4	0*	4－4＝0
b	2，3	2	4	6	5	7	1	6－6＝0
c	2，4	3	4	7	4	7	0*	7－7＝0
d	3，5	2	6	8	8	10	2	10－8＝2
e	4，5	3	7	10	7	10	0*	10－10＝0
f	5，6	3	10	13	12	15	2	13－13＝0
g	5，7	5	10	15	10	15	0*	15－15＝0

表算法的具体方法步骤如下：

1）根据工程网络图建立相应的工序时间参数表，并填入各道工序及其工序时间。

2）按以下顺序和方法在表上计算各时间参数。

①自上而下逐个计算 T_{ES}（i，j）和 T_{EF}（i，j）；②自下而上逐个计算 T_{LS}（i，j）和 T_{LF}（i，j）；③逐个按公式计算 R（i，j）和 r（i，j）。

3）将 R（i，j）＝0 的工序即为关键工序，并在表中关键工序列中相应的位置注以标记*，从而确定工程计划网络图的关键路线。

用图算法确定关键路线，直观、简单、迅速。但在工序很多和网络图复杂的情况下，图算法容易出错和遗漏，因此，在实际工作中图算法与表算法通常结合使用。

11.3　工程项目按期完工的概率分布

在前面介绍的网络图有关时间参数计算中，都是把每项作业所需时间处理成一个确定的数值，因而计算出来的总工期也是确定的数值。在这种处理方式下，把工程完工总的需要时间就看作是工程总预定完成时间，即前面介绍的 $T_L=T_E$。这就是说，经过科学计算，一项工程需要多少时间，就给它多少时间，这样找出的关键路线是以时差为零来确定的。

但是在实际工作中，各项作业所需时间是不容易确定为某一数值的，比如订购的外购件不能按时到货，零件加工中设备突然出了故障等无法预先确定的事件，因而只能做一定的概率估计。前面讲过，作业时间可以用“三种时间”估计的平均时间，因而用公式算出的最早可能开始时间，也必然有某些不确定的因素在内，并不是非常准确的时间。因此，在网络计划中就必须研究由于这些不确定性因素所引起的任务是否能按期完工的问题，即该任务按期完成的可能性有多大？这就是工程项目按期完成的概率分析的由来。

11.3.1　项目完成时间的分布

根据概率论中的“中心极限定律”，对作业时间不确定的问题，整个任务最后完成时间是一个正态分布，其均值为：

$$t'_i = \sum_{i=1}^{n} (\frac{a_i + 4m_i + b_i}{6}) \tag{11.10}$$

方差：

$$\sigma_i^2 = \sum_{i=1}^{n} (\frac{b_i - a_i}{6})^2 \tag{11.11}$$

这是当 n 充分大时的一个渐近估计。中心极限定律说明了 n 个独立活动之和的分布，当 n 增大时，接近正态分布。

一条关键路径的总方差为路径上各个关键工序的方差之和，即 $\sigma_{cp} = \sqrt{\sum_{cp} \sigma_i^2}$。

11.3.2 按期完工的概率计算

因此，项目在规定时间 D 之前能够完成的概率服从正态分布，可以通过下面公式计算得到：

$$Z = \frac{D - T_E}{\sigma_{cp}} = \frac{D - \sum_{cp} t'_i}{\sqrt{\sum_{cp} \sigma_i^2}} \tag{11.12}$$

式中，Z 代表概率因子，CP 代表关键路径上的关键工序集合；T_E 代表关键路径的总工期估计值，即各个关键工序持续时间估计值之和。

根据正态分布表，就可以计算出概率 $P = P\ (Z)$。

PERT 方法的计算步骤可以描述为：

（1）各个工序持续时间的估值计算，即多个时间数据的合成。

（2）应用 CPM 方法计算得到项目的关键工序和关键路径。

（3）计算关键工序以及关键路径持续时间的波动范围。

（4）计算规定时间内项目能够完工的可能性概率。

【例 11－5】机电产品 X 主要由核心部件 XC 和外部设备 XD 两部分组成。其产品的升级换代主要是对其核心部件进行功能改进，而外部设备也做相应的调整，现将 X 升级研发项目分解为如表 11－4 所示的 8 项工序。它们之间的逻辑先后关系以及花费时间估计值现在也已经与公司研发经理讨论得到。

表 11－4　　　　机电产品 X 升级研发项目工作清单

工序代号	工序内容	工序关系	工序持续时间		
			最乐观完成时间	最可能完成时间	最悲观完成时间
a	产品设计	—	10	22	28
b	制造 XC 样品	a	2	4	12
c	制造 XD 样品	a	2	4	6
d	XC 样品测试	b	1	2	3

续表

工序代号	工序内容	工序关系	工序持续时间		
			最乐观完成时间	最可能完成时间	最悲观完成时间
e	XD 样品测试	*c*	1	3	5
f	产品功能测试	*d*，*e*	1	5	9
g	撰写产品手册	*d*，*e*	7	8	9
h	撰写产品报告	*f*，*g*	2	2	2

面对千变万化的消费市场，研发部门必须在 36 周之内完成新产品的开发和测试报告。试采用 PERT 方法确定项目的关键路径和关键工序，并估计项目在 36 周内完成的可能性。

解：(1) 应用式 (11.10) 和式 (11.11) 计算得到每项工序的持续时间估计值和方差（表 11－5）。

表 11－5　　产品 X 升级研发项目工序时间参数

工序代号	工序持续时间			持续时间	方差
	最乐观完成时间	最可能完成时间	最悲观完成时间		
a	10	22	28	21	9
b	2	4	12	5	25/9
c	2	4	6	4	4/9
d	1	2	3	2	1/9
e	1	3	5	3	4/9
f	1	5	9	5	16/9
g	7	8	9	8	1/9
h	2	2	2	2	0

(2) 根据工序之间的逻辑先后关系以及式 (11.10) 计算得到的工序持续时间估计值，绘制项目的双代号网络图（图 11－26）。

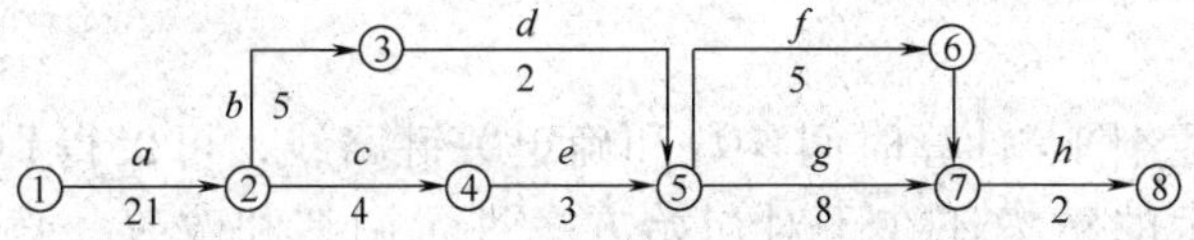

图 11－26　产品 X 升级研发项目网络图

(3) 应用关键路径法计算项目的关键路径和关键工序（图 11－27）。

从图中数据可以得到，项目中关键工序包括 *a*、*b*、*c*、*d*、*e*、*g* 和 *h*，关键路径含两

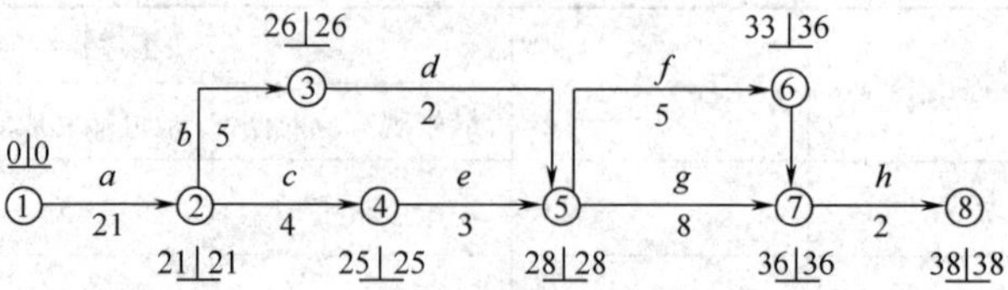

图 11－27　产品 X 升级研发项目网络节点时间参数图

条：$a-b-d-g-h$ 和 $a-c-e-g-h$。

(4) 计算两条关键路径上关键工序的持续时间方差之和。

由表 11－5 中单个工序的方差可以得到，关键路径 CP_1——"$a-b-d-g-h$"的持续时间 $\sum_{cp_1} t_i'$ 为 38 周，方差 $\sum_{cp_1}\sigma_i^2 = 9+\frac{25}{9}+\frac{1}{9}+\frac{1}{9}+0=12$；关键路径 CP_2——"$a-c-e-g-h$"的持续时间 $\sum_{cp_2} t'_i$ 为 38 周，方差 $\sum_{cp_2}\sigma_i^2 = 9+\frac{4}{9}+\frac{4}{9}+\frac{1}{9}+0=10$。

(5) 计算规定时间内完工的可能性。

由于关键路径 CP_1 的方差大于关键路径 CP_2 的方差，而方差越大代表时间波动变化越大，因此从风险规避的角度出发，通常选择方差大的关键路径进行计算。由式（11.12）可以得到：

$$Z=\frac{D-T_E}{\sigma_{cp}}=\frac{D-\sum_{cp}t_i'}{\sqrt{\sum_{cp}\sigma_i^2}}=\frac{36-38}{\sqrt{12}}=-0.5773$$

查累积标准正态分布概率表可以得到，对应 $Z=-0.5773$ 的标准正态概率为 0.2818，即对于本研发项目而言，在 36 周之内能够完工的可能性为 28.18%。

一般几种情况：

(1) 当 $0\leqslant P<0.3$ 时，表示计划在规定的完工期内完成的可能性不大，计划太冒进；

(2) 当 $0.3\leqslant P<0.7$ 时，表示计划在规定的完工期完成的可能性较大，较积极而稳妥；

(3) 当 $0.7\leqslant P\leqslant 1$ 时，表示计划在规定的完工期内很容易完成，计划太保守。

因此如果能获得各关键工序的平均作业时间与方差资料，就可以计算出 T_E 和 σ_E^2，进而计算出工程在不同完工时间的概率，并对项目采取适当的管理措施。

11.4　网络计划的优化

通过绘制工程网络图、计算时间参数和确定关键路线，可以得到一个初始的计划方案。而网络计划技术的精华还在于对初始方案进行调整和改善，直至得到最优的计划方案。

在实际工作中，编制一个计划，不仅要考虑工期、时间合理利用的问题，还要考虑资源合理利用和低成本费用问题，但目前尚没有一个这样的能反映所有因素的综合模型。对于具体问题，只能确定优先规则，按某一衡量指标优化。从管理的角度看，网络计划的优化可以分为三个主要内容：①缩短工期，以符合规定完工时间的要求，即时间（工期）优化。②寻求总费用最低的最佳工期，即时间—费用优化。③工期基本不变，但资源利用最合理，即时间—资源优化。网络计划的优化主要是利用时差，不断改善初始方案，最终编制一个工期短、资源消耗少、成本低的计划方案。

11.4.1　工程工期优化

工程工期优化就是在人力、物力、财力等条件有保证的前提下，寻求缩短工程的指标，使工程周期符合目标工期的要求。这种情况通常发生在计划任务比较紧急，目标工期比在关键路线上持续时间短的时候。

由于工程工期由关键路线决定，因此，压缩工程工期的核心在于如何压缩关键路线。关键路线又是由关键作业组成的，因此，从根本上说，时间优化的中心是如何缩短关键作业的作业时间。

缩短关键路线的途径主要有：

（1）最积极的措施是大搞技术革新，以缩短作业、特别是关键作业时间。

（2）做好管理工作，利用非关键作业上的时差，适当调配人力、设备和其他资源，支援关键作业。

（3）尽量采用标准件、通用件、预制件等，以缩短设计周期和制造周期。

（4）组织平行作业以缩短工期，如两头开挖隧道，分段修筑堤防等。

（5）组织交叉作业，即前道工序把整批零件的一批加工完后，即开始下道工序的加工，使两道工序平行连续地进行。

（6）在人力资源有保证时，改一班制为多班制，以缩短工程工期。

（7）有时也可通过重新制订工艺流程，也就是用改变网络图结构的办法来达到缩短时间的目的，不过这种方法工作量大，只有在对整个工作的持续时间有十分严格的要求，而其他方法均不能奏效的情况下才采用。

【例 11－6】某工程项目，串行工作如图 11－28 所示，需花费 20 个月时间；但如对此采用并行工作，即把装修厂房分为两段，前一段边装修厂房，同时还开展购买设备的活动，如图 11－29 所示，这样，工程的工期就变为 12 个月，总工期缩短了 8 个月时间。

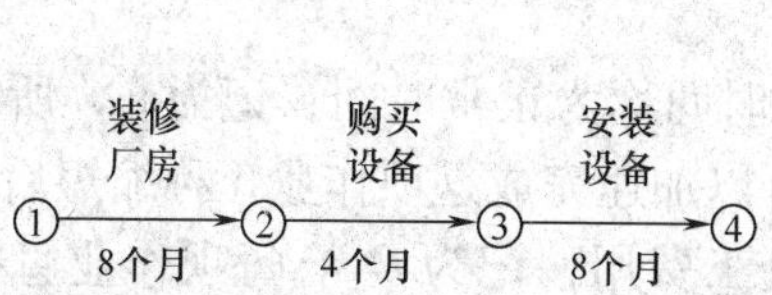

图 11－28　串行工作

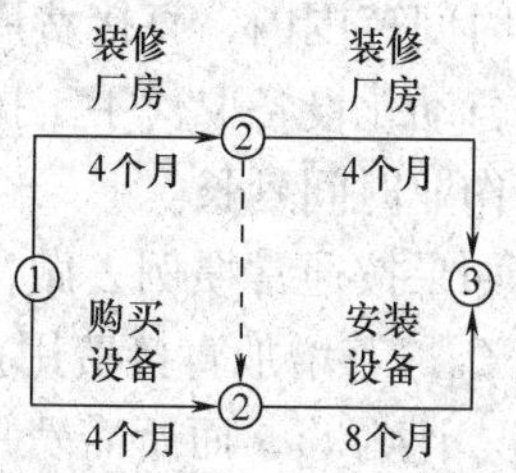

图 11－29　平行工作

交叉作业是指对于一些需较长时间才能完成的工序，在工艺流程、生产组织和现有资源条件允许的情况下，并不是在工序全部结束后再执行其紧后工序，而是采用分期、分批次地执行其紧后工序。例如，某面包坊制作面包的流程可以简单地分解为制作面包和包装

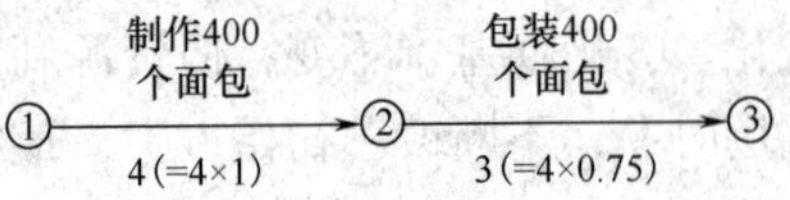

图 11-30 串行工作

两个工序。其中，制作面包的花费时间为1小时100个，而包装100个面包需要花费时间45分钟，即0.75小时。假定面包坊每天清晨都需要制作400个面包，那么面包坊员工必须在凌晨2点钟就开始制作面包才能够保证9点钟开张时就有400个面包现货，如图11-30所示。

串行工作需要7个小时。为了缩短工作时间，面包坊可以采用交叉作业的措施，即采用一批100个面包为单位，一边制作，一边包装。这样，面包坊员工只需要在早上4点15分开始工作就满足要求了，如图11-31所示。

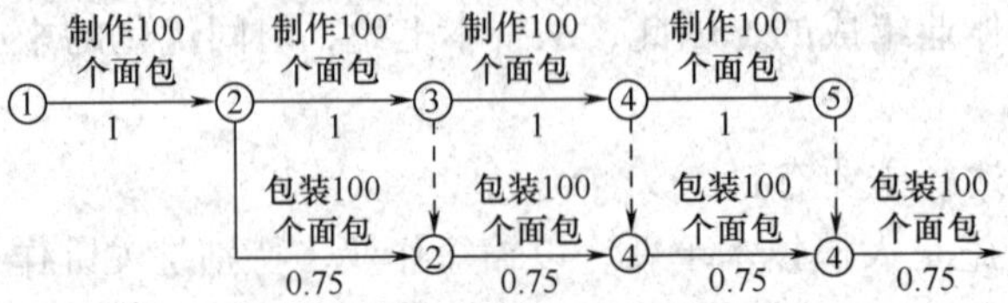

图 11-31 交叉作业

这样，相对于原来的串行工作方式，采用交叉作业，总共节约时间2.25小时，即节约时间32.14%。

11.4.2 工期—费用优化

在讨论时间优化问题时，对资源投入采取了妥协和尽量兼顾的原则，没有过多考虑工程费用这一因素，而事实上工程项目工期的长短也关系到工程费用的高低。时间—费用优化是综合考虑工期与费用两者之间的关系，寻求以最低的工程总费用获得最佳工期的一种方法。工程总费用可以分为直接费用和间接费用。

1. **直接费用**

直接费用是指用在每个作业活动上，可由每项作业单独核实的费用，它包括完成该项作业所需的直接人工费用、原材料费用、机械设备和工装使用费用等。

在一定的时间范围内，直接费用的高低与作业时间的长短成反比关系。如果增加直接费用，例如用自动化设备取代手工操作设备，可使工序作业时间缩短，相反，如果减少直接费用，则使作业时间延长。

一项作业如果按通常惯例去做，其延续时间称为正常时间，记为 t_0，所需费用称为正常费用，记为 C_0。若增加直接费用投入，可以加速完成这项作业，称缩短后的作业延续时间为赶工时间。记为 t_m，而所需费用称为赶工费用，记为 C_m。每项作业直接费用与作业时间之间的关系如图11-32所示。

作业的时间—费用曲线实际上是很复杂的，为简化优化过程，可将其视为一种线性关系，这种假设引起的误差一般可以忽略不计。在线性假定条件下，作业每缩短一个单位时间所引起的直接费用增加称为费用变化率，记为 α。

$$\alpha = (C_m - C_0) / (t_0 - t_m) \tag{11.13}$$

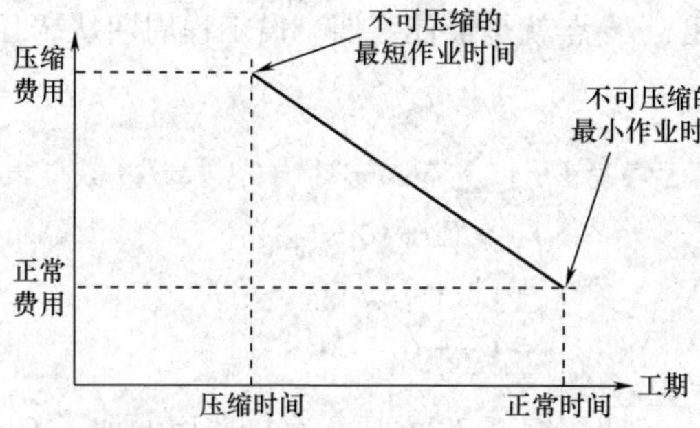

图 11－32　赶工费用率

如果作业时间缩短了 Δt 单位时间，则直接费用增加额为 $\alpha\Delta t$。一项工程所有作业的直接费用之和，就构成了工程的直接费用，若将正常情况下任务的直接费用记为 C_{OZ}，则：

$$C_{oz} = \sum_{i=1}^{n} C_{oi} \tag{11.14}$$

式中，C_{oi}代表第 i 项作业的正常直接费用。

2. **间接费用**

间接费用是与整个工程有关的、不能或不直接分摊给某一作业的费用，它包括工程管理费用、拖延工期罚款、提前完工的奖金、占用资金应付利息等。间接费用与工期成正比关系，即工期越长，间接费用越高，反之则越低。通常将间接费用与工期的关系看作是线性的，在知道单位时间的间接费用额时，在正常情况下间接费用为：

$$C_J = C_j T \tag{11.15}$$

式中，C_J为工程项目的间接费用；C_j为单位时间间接费用额；T 为正常情况下的工程周期。

而工程总费用 C_T为：

$$C_T = C_{OZ} + C_J \tag{11.16}$$

工程总费用和直接费用、间接费用的关系如图 11－33 所示。

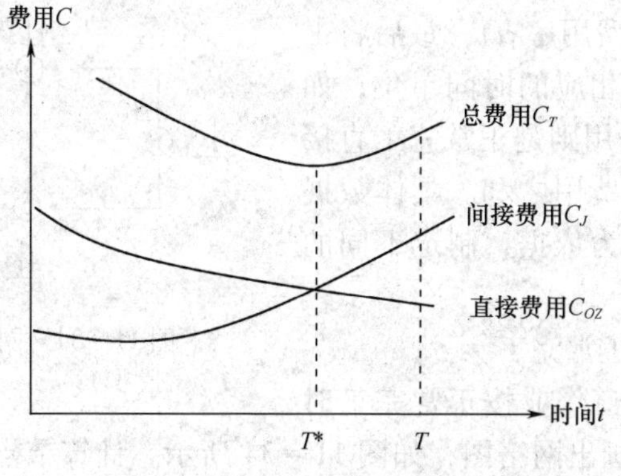

图 11－33　费用和工期的关系

由图 11－33 可以看出，T^* 点就是最佳工期。设工程周期从 T 压缩至 Tx，相应的总费用变化为：

$$C_T = C_{oz} + \sum \Delta t_i a_i + C_J - C_j(T - T_k);$$

$$\begin{aligned} & C_{oz} + C_1 + C_J - C_2 \\ &= C_{oz} + C_J - (C_2 - C_1) \\ &= C_{oz} + C_J - \Delta C \end{aligned} \tag{11.17}$$

由式（11.17）可知，工期压缩至 T_x 之后，直接费用增加了 C_1，间接费用减少了 C_2，如果 $\Delta C > 0$，说明压缩后的总费用低于正常作业情况下的费用，ΔC 越大，总费用降低越多。

【例 11－7】某工程作业流程如表 11－6 所示，现在要缩短工期，试寻求工期较短而费用最少的优化方案。

表 11－6　　某工程作业流程及其费用统计数据

作业	紧前作业	作业时间/天		作业直接费用/万元		赶工费用
		正常完工	极限完工	正常完工	极限完工	
a	—	4	3	8	12	4
b	—	2	1	16	17	1
c	a，b	3	2	20	21.2	1.2
d	a	5	2	10	13	1
e	c，d	5	3	15	19	2
f	a	5	3	10	12	1
g	e，f	6	4	9	17	4
合计				88		
间接费用				2 万元/天		

解：首先，根据工程预算，分别确定每道作业正常完工的直接费用，然后再预算每道作业每赶工一个时间单位（可以是周、天、小时等）所需费用（即费用率 α），最后将工程间接费用平均分摊到相应的时间单位，如万元/天，而整个工程费用则是正常完工直接费用与赶工费用、间接费用之和。具体数据如表 11－6 所示，以此为依据，制定不同的方案。

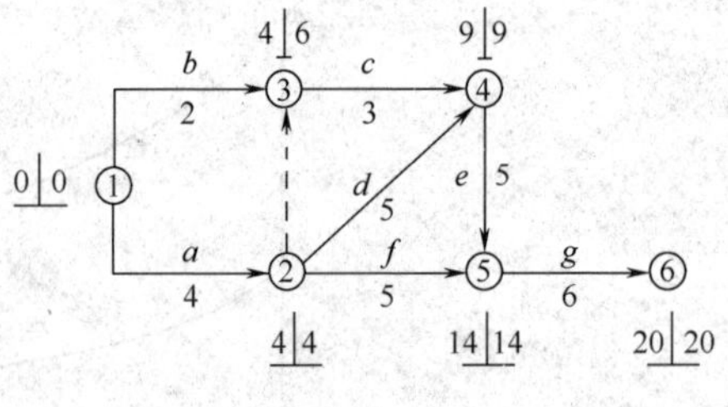

图 11－34　网络节点时间参数图

方案Ⅰ：各道作业正常完工。

制定初始方案。各道作业按正常完工时间进行。根据表 11－6 画出网络图，如图 11－34 所示。计算节点时间参数，寻求得到工程的关键作业为：$a \to d \to e \to g$，总工期是 20 天。

工程费用 C（Ⅰ）＝正常完工直接费用＋间接费用＝$88 + 2 \times 20 = 128$（万元）

方案Ⅱ：关键路线赶进度。

确定赶进度作业：在关键路线上缩短时间，现有 a、d、e、g 四道关键作业，赶工费用分别为：4、1、2、4，即作业 d 赶工 1 天所增加的直接费用最少，所以选择关键作业 d 赶进度。

确定赶进度时间：赶进度的时间应考虑该作业本身最多能赶几天；同时保证赶进度后，原来的关键路线仍是关键路线。从表 11－6 中可以看出 d 最多能赶 3 天，为了保证原关键路线仍是关键路线，故计算非关键作业的总时差，$R(b)=4, R(c)=2, R(f)=5$。作业 d 赶进度时间 $\Delta T_d=\min\{4, 2, 5\}=2$，因此决定作业 d 赶进度 2 天。其赶进度后网络图如图 11－35 所示，这时出现了两条关键路线：$a \to d \to e \to g$ 和 $a \to c \to e \to g$。

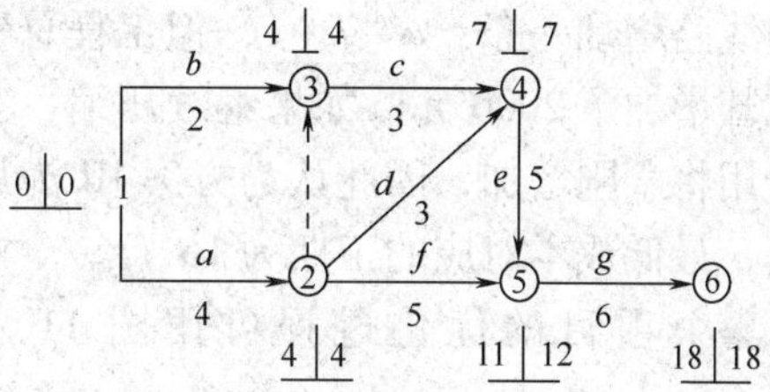

图 11－35　关键作业 d 赶工网络图

工程费用 C（Ⅱ）＝正常完工直接费用＋赶进度增加的直接费用＋间接费用

$$=88+2\times1+2\times18=126\text{（万元）}$$

比较两个方案，方案Ⅱ比方案Ⅰ的工程周期缩短 2 天，同时工程费用降低 2 万元。

方案Ⅲ：关键路线上赶进度。

确定赶进度作业：再继续看关键路线 $a \to d \to e \to g$，其中作业 d 赶工 1 天所增加的直接费用最少（1 万元），但是如果选择作业 d 赶进度，那么另一条关键路线 $a \to c \to e \to g$ 上关键作业 c 需要同时赶进度，c 赶工 1 天所增加直接费用 1.2 万元，这样需要增加直接费用 2.2 万元才能缩短工程工期 1 天。然而它们共有的关键作业 e 赶单位时间进度增加的直接费用更低（2 万元），故选择关键作业 e 赶进度。

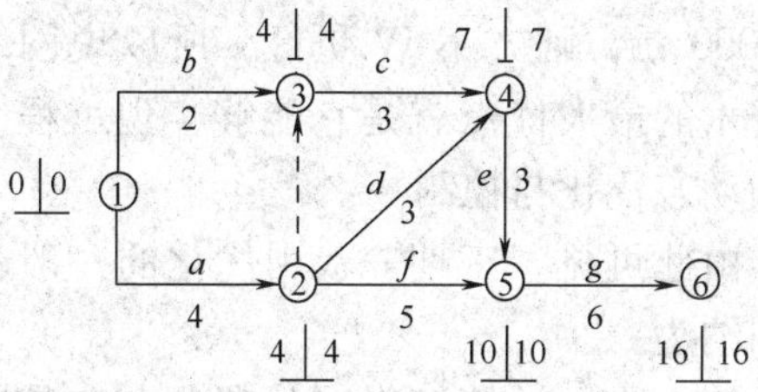

图 11－36　关键作业 e 赶工网络图

确定赶进度时间：从表 11－6 中可以看出作业 e 最多能赶工 2 天，为了保证原关键路线仍是关键路线，需要计算非关键作业 f 的总时差，$R(f)=3$，则作业 e 赶进度时间 $\Delta T_d=\min\{2, 3\}=2$，因此决定赶工 2 天。其网络图如图 11－36 所示。

工程费用 C（Ⅲ）＝正常完工直接费用＋赶进度增加的直接费用＋间接费用

$$=88+2\times1+2\times2+2\times16=126\text{（万元）}$$

比较 II 和 III 两个方案，方案 III 比方案 II 的工程总工期缩短 2 天，同时工程费用没有增加。

方案 IV：关键路线上赶进度。

方案 III 有两条关键路线，在关键路线 $a \to d \to e \to g$ 上赶进度增加直接费用最少的关键作业是 d；在另一条关键路线 $a \to c \to e \to g$ 上赶工费最低的是 c，故确定同时压缩关键作业 d、c 的作业时间。作业 d 本身最多只能再赶工 1 天，作业 c 最多能赶工 1 天；为保证关键路线仍是关键路线，计算非关键路线作业的总时差 $R(f)=1$，$R(b)=2$，所以作业 d，c 同时赶进度时间 $\Delta Tc=\min\{1, 2\}=1$，即只能同时各赶工 1 天，其网络图如图 11－37 所示。

$$\text{工程费用 } C(\text{Ⅳ}) = \text{正常完工直接费用} + \text{赶进度增加的直接费用} + \text{间接费用}$$
$$= 88 + 2\times1 + 2\times2 + 1\times(1+1.2) + 2\times15 = 126.2\text{（万元）}$$

方案 IV 比方案 III 的工程工期缩短 1 天，关键线路增加一条：$a \to f \to g$，但工程总费用相比却增加了 2000 元。如果继续压缩，工程总费用将急剧增加，因此认为方案 III 为最优方案，最低成本对应的工期为 16 天。

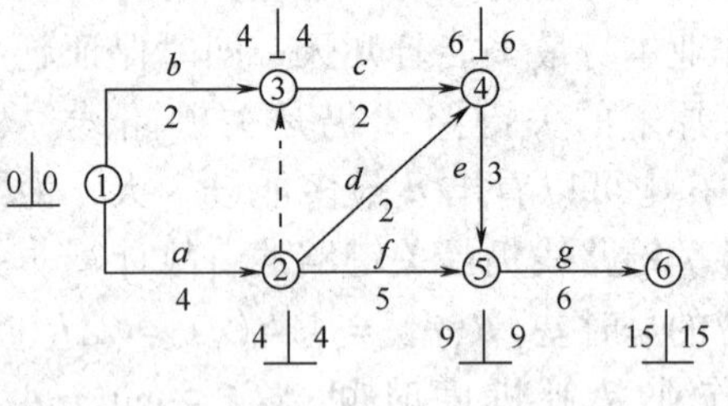

图 11－37　关键作业 d，c 同时赶工网络图

整个项目的优化过程可用图 11－38 示意。

从图 11－38 中可以比较清楚地看出，随着工期延长，间接费用呈直线增加趋势，而直接费用随工期增加而减少，当工期缩短时，由于要赶工，所以直接用于工程的费用会增加，并且越短，增加越显著。故由直接费用和间接费用合成的总费用最低点，就是工期—费用优化的理想点，即 16 天为最佳工期。

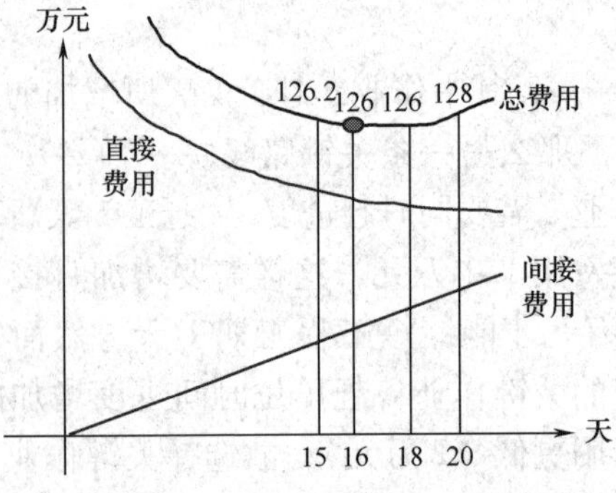

图 11－38　费用和工期的关系示意图

实际决策时具体应该选择方案 III 还是方案 IV 呢？这需要其他信息，例如合同关于完工时间要求以及延期完工惩罚、提前完工奖励的条款、贷款利息等。如果因工期延误 1 天的惩罚或因工期提前 1 天的奖励的数目大于 2000 元，则方案 IV 更好，所以说网络计划技术的最大优点就是它能够实现工程全周期的动态优化与控制。

由此可见，工期—费用优化的一般步骤可归纳为：

第一步，计算正常时的费用和工期。按工作的正常持续时间确定计算工期和关键线路；计算各项工作的直接费用率；

第二步，选择要压缩的作业。关键线路只有一条时，找直接费用率最小的关键作业进行压缩；当有多条时，找组合直接费用率最小的一组关键作业进行压缩；

第三步，压缩量大小确定。对于选定的压缩对象，首先比较其直接费用率或组合直接费用率与工程间接费用率的大小进行压缩，其原则是：①缩短后作业的持续时间不能小于其最短持续时间；②缩短时间的作业不能变成非关键作业；

第四步，修正压缩后的网络图。修改压缩后的网络计划图，重新计算关键作业持续时间缩短后相应增加的总费用；

第五步，优化决策判断。根据修正后计算的工程总费用，判断费用变化趋势，如果减少，则重复上述（2）～（4），直至计算工期满足要求；如果增加，即被压缩对象的直接费用率或组合直接费用率大于工程间接费用率则停止，由此可决定最佳工期。

11.4.3　工期—资源优化

工期—资源的优化是指在一定的工期条件下，通过平衡资源，求得工期与资源的最佳结合。在编制网络计划安排工程进度的同时，就要考虑尽量合理地利用现有资源，并缩短工程周期。但是，由于一项工程所包含的工序繁多，涉及的资源利用情况比较复杂，往往不可能在编制网络计划时，一次把进度和资源利用都能够做出统筹合理的安排，常常是需要进行几次综合平衡之后，才能得到在时间进度及资源利用方面都比较合理的计划方案。

具体的要求和做法是：①优先安排关键工序所需要的资源。②利用非关键工序的总时差，在不影响总工期的前提下，推迟其开工时间，尽量均衡资源的调配，使其不超过日均可供的限量。③在确实受到资源限制，或者在考虑综合经济效益的条件下也可以适当地推迟工程的完工时间。下面仅以某项目人力资源分配为例，说明如何在工程进度的横道图上进行合理安排资源的调整的方法。

【例11-8】设图11-39表示某项工程的网络计划，箭线旁 $(t_{i,j}, x_{i,j})$，前者是某作业时间，后者是某作业每天所需技术工人数。假定担任这项工程施工的技术工人有9人，且均能胜任各个作业的工作。各作业的作业时间、所需技术工人数及可机动时间用横道图表示，如表11-7所示。

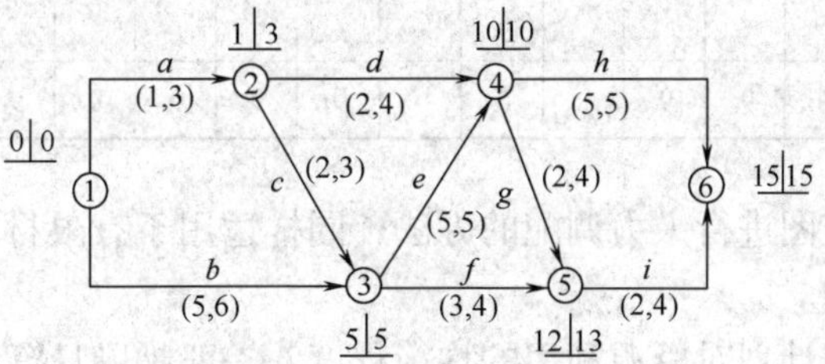

图11-39　网络计划及所需人力

表11-7　　项目进度及人力使用

工序 (i, j)	t_{ij}	$R(i, j)$	工程进度/天														
			1	2	3	4	5	6	7	8	9	10	11	12	13	14	15
a (1, 2)	1	2	3	…	…												
b (1, 3)	5	0	6	6	6	6	6										
c (2, 3)	2	2		3	3	…	…										
d (2, 4)	2	7		4	4	…	…	…	…	…	…	…					
e (3, 4)	5	0						5	5	5	5	5					
f (3, 5)	3	5						4	4	4	…	…	…	…	…		
g (4, 5)	2	1											4	4			
h (4, 6)	5	0											5	5	5	5	5
i (5, 6)	2	1													4	4	…
每天技术工人合计			9	13	13	6	6	9	9	9	5	5	9	9	9	9	5

——表示非关键工序的进度；═══表示关键工序的进度；…表示工序可推迟的机动时间；工序进度上面的数字表示该工序每天所需技术工人数

显然，表 11 -7 中的资源负荷是不均匀的，其中第 2、3 天所需的工人数都超过了现有工人人数。还有第 9、10、15 天所需工人只要 5 人，因此需要进行调整。按照资源调整规划进行调整，调整后的方案见表 11 -8。

表 11 -8　　调整后某项工程的横道图

工序 (i,j)	t_{ij}	$R(i,j)$	工程进度/天														
			1	2	3	4	5	6	7	8	9	10	11	12	13	14	15
a (1, 2)	1	2	3														
b (1, 3)	5	0	6	6	6	6	6										
c (2, 3)	2	2		3	3												
d (2, 4)	2	7						3	3								
e (3, 4)	5	0						5	5	5	5	5					
f (3, 5)	3	5								4	4	4					
g (4, 5)	2	1											4	4			
h (4, 6)	5	0											5	5	5	5	5
i (5, 6)	2	1													4	4	
每天技术工人合计			9	9	9	6	6	9	9	9	9	9	9	9	9	9	5

利用工程进度横道图进行人力调配的方法，同样适用于有限材料、设备、能源等资源的合理安排与调配问题。

如何评价一个工程计划对资源利用的均衡程度？一般是以日资源利用量的方差为标准的。方差值越小，则均衡性越好。

设 λ_t 是第 t 天对资源的需求量，T 是计划工期，则可计算日资源利用量的均值和方差。

均值为：$\bar{\lambda} = \frac{1}{T}\sum_{t=1}^{T}\lambda_t$

方差为：$\lambda_\sigma^2 = \frac{1}{T}\sum_{t=1}^{T}(\lambda_t - \bar{\lambda})^2 = \frac{1}{T}\sum_{t=1}^{T}(\lambda_t^2 - \overline{\lambda^2})$

因此资源均衡问题是要在计划工期固定条件下，找寻一种工程进度计划方案，并使该方案的资源利用方差最小。

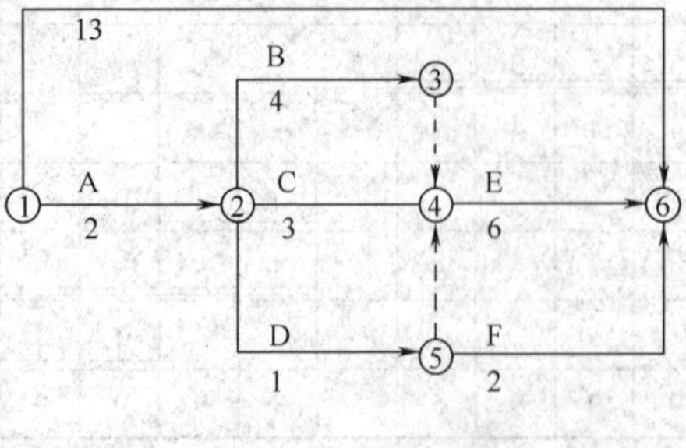

图 11 -40　某工程网络图

【例 11 -9】某工程网络计划如图 11 -40 所示，时间单位：月。

问题：

（1）计算该网络计划的时间参数，并确定关键路线。

（2）根据上面的计算情况，回答下列问题（计划中各工作按最早时间安排下达；

某工作的进度发生偏差时，认为其他工作是按计划进行的）。

①该工程的计算工期是多少？

②该工程的计划工期等于计算工期，实施中E工作拖后2个月完成，对工期有何影响？

③若实施中G工作提前2个月完工，工期变为多少？

④若D工作拖延1个月完成，F工作的总时差如何变化？

解：（1）计算网络计划的时间参数，如图11－41所示并确定关键路线。

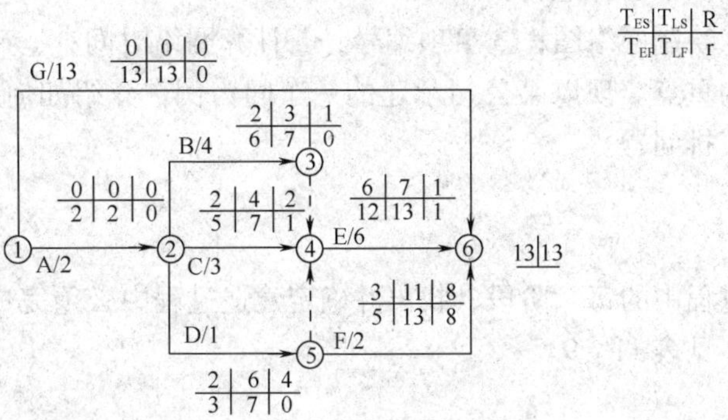

图11－41　某工程网络图

关键路线为：①→⑥。

（2）根据计算可确定：

①该工程的计算工期是13个月。

②实施中若E工作拖后2个月完成，工程工期将延长1个月，因为它有一个月的总时差机动，可以吸收一个月的工作拖期。

③实施中G工作提前2个月完工，工程工期将变为12个月。因为此时，①→⑥由关键线路变为了非关键线路（线路时间变为11个月），而原来的非关键线路①→②→③→④→⑥则由非关键线路变为了关键线路，工期变为12个月。

④若D工作拖后1个月完成，F的总时差由原有的8个月变为7个月。

思考练习：某建设工程项目，合同工期12个月。承包人向监理机构呈交的施工进度计划如图11－42所示。图11－42中工作持续时间单位为月。

问题：

（1）该施工进度计划的计算工期为多少个月？是否满足合同工期的要求？

（2）该施工进度计划中哪些工作应作为重点控制对象？为什么？

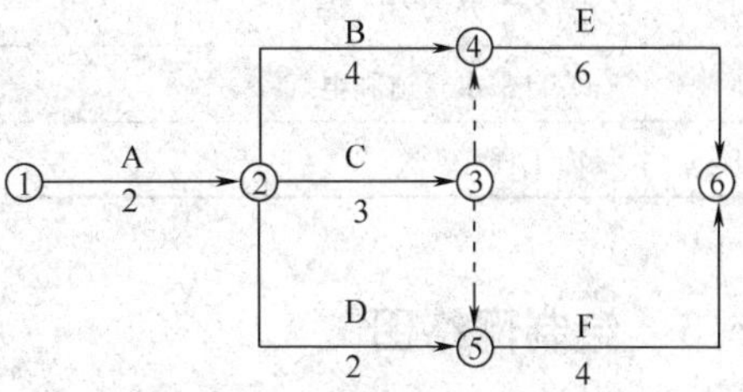

图11－42　某工程网络图

（3）施工过程中检查发现，工作C将拖后1个月完成，其他工作均按计划进行，工作C的拖后对工期有何影响？

11.5 网络计划应用案例分析

——网络计划在建筑工程中的应用

11.5.1 问题的提出

绘制网络图应按以下步骤进行：

①任务分析；②绘制网络图；③事项编号；④计算网络时间；⑤确定关键路线等。其中以计算网络时间为重点。现以某公司承建的一车间为例，介绍如何应用网络计划技术，解决施工中工期的安排问题。

11.5.2 工程分析

通过分析建造过程中的每一阶段，找出并确定建造过程中必须完成的各道工序以及它们各自所需的时间，见表 11－9。

表 11－9　工程作业及时间

序号	工序（作业）	乐观估计（天）	最可能估计（天）	悲观估计（天）
A	平整场地	26	28	30
B	打桩	6	7	8
C	运进钢筋及钢结构	18	21	23
D	浇筑混凝土	12	14	16
E	运进其他材料	10	14	16
F	运进自来水管道电器设备等	6	7	8
G	浇水泥地基	45	49	52
H	六楼框架、焊接钢梁	90	105	110
I	安装生产设备	32	35	37
J	分隔各个办公室	60	70	75
K	安装自来水管道和电气	68	77	80
L	装饰工程	32	35	38

11.5.3 绘制网络图

1. 计算各作业的期望时间

按一般情况，可根据 $(a+4m+b)/6$ 的公式来计算各作业的期望时间，例如，平整场地的 A 作业，其期望时间为：$(26+4\times28+30)/6=28$（天），按同样方法计算，其余各个作业的期望时间分别为：7 天、20.8 天、14 天、13.67 天、48.8 天、103.3 天、34.8 天、69.2 天、75 天和 35 天。

2. 排出各个作业的紧前事项（表11－10）

表11－10 **工程作业关系**

序号	工序（作业）	紧前作业
A	平整场地	无
B	打桩	A平整场地
C	运进钢结构	无
D	浇筑混凝土	无
E	运进其他材料	无
F	运进水管和电器	无
G	浇注地基	B. 打桩；C. 运进钢材；D. 浇筑混凝土
H	焊接钢梁	C. 运进钢材；G. 浇注地基
I	安装生产设备	G. 浇注地基；H. 焊接钢梁
J	分隔各个办公室	E. 运进其他材料；G. 浇注地基；H. 焊接钢梁
K	安装水、电设备	F. 运进水管；H. 焊接钢梁；J. 分隔各办公室
L	装饰工程	H. 焊接钢梁；J. 分隔各个办公室；K. 安装水、电设备

3. 进行事项编号，并相应排出各个作业的期望时间（表11－11）

表11－11 **作业编号**

序号	事项编号	作业时间（T_E）（天）
A	①→②	28.00
B	②→⑦	7.00
C	③→⑦	20.80
D	④→⑦	14.00
E	⑤→⑩	13.67
F	⑥→⑪	7.00
G	⑦→⑧	48.80
H	⑧→⑩	103.30
I	⑨→⑫	34.80
J	⑩→⑪	69.20
K	⑪→⑫	76.00
L	⑫→⑫	35.00

4. **绘制双代号网络图**

根据表 11－11 的数据，绘制网络图，见图 11－43。

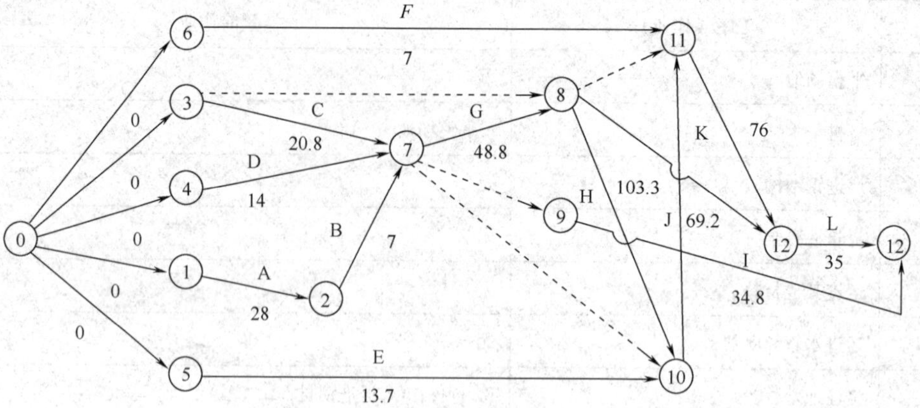

图 11－43　某车间建造网络图

11.5.4　找出双代号网络中的关键线路

找出双代号网络中的关键线路，就要将网络时间分为事项的最早时间（也可细分为最早开始时间 T_{ES} 和最早结束时间 T_{EF}），事项的最迟时间（也可细分为最迟开始时间 T_{LS} 与最迟结束时间 T_{LF}）以及时差（机动时间 S），即事项最迟时间与最早时间的差。计算各项活动（工序）时间的方法，计算 T_{EF} 用前进法，即从始点开始至终点，自左向右加法，取最大值；计算 T_{LF} 用后退法，自终点开始，倒向始点即自右向左，用减法取最小值，逐点计算。总时差 $R = T_{LS} - T_{ES} = T_{LF} - T_{EF}$。时差为零的线路是关键线路。按照表 11－11 和 CMP 网络提供的数据，列出表 11－12。

表 11－12　　网络时间参数

活动（工序）	事项编号	T_{LS}（天）	T_{ES}（天）	T_{LF}（天）	T_{EF}（天）	R（天）	关键 工作	关键 线路
A	①→②	0	0	28	28	0	①→②	A↓B
B	②→⑦	28	28	35	35	0		
C	③→⑦	14.2	0	35	20.8	14.2		
D	④→⑦	19	0	35	14	19		↓
E	⑤→⑩	173.4	0	187.1	13.7	173.4		
F	⑥→⑪	165.5	0	172.5	7	165.5		
G	⑦→⑧	35	35	83.8	83.8	0	②→⑦	G↓H
H	⑧→⑩	83.8	83.8	187.1	187.1	0	⑦→⑧	
I	⑨→⑫	332.5	187.1	367.3	221.9	145.4		↓
J	⑩→⑪	187.1	187.1	256.3	256.3	0	⑧→⑩	
K	⑪→⑫	256.3	256.3	332.3	332.3	0	⑩→⑪	J↓K↓L
L	⑫→⑫	332.3	332.3	367.3	367.3	0	⑪→⑫	

由表 11－12 可见，该工程的关键线路为：A→B→G→H→J→K→L。

最长线路为：0→①→②→⑦→⑧→⑩→⑪→⑫→⑬。

该工程的施工天数（总长度）为 367.3 天。

五、对关键路线进行调整，缩短施工期

在分析了关键路线中的各个作业后，找出三个关键作业；即为 H 工序的大楼框架、焊接钢梁：J 工序的分隔各个办公室；K 工序的安装水电工程。由于这三个关键作业不受操作面的限制，可以分段操作，齐头并进，因此只要多投入管理人员、工人、设备，就可加速工期。

1. 调整三个作业的工期估计（表 11－13）

表 11－13　　　　**三点作业时间**

序号	工序（作业）	乐观估计（天）	最可能估计（天）	悲观估计（天）
H	大楼框架、焊接钢梁	80	95	100
J	分隔各个办公室	57	68	72
K	安装水、电工程	64	73	76

根据 $(a+4m+b)/6$ 的计算公式，重新调整后三个作业的期望时间为：H93.3 天、J66.83 天、K72 天。这样，调整后的总天数为：$28+7+48.8+93.3+66.83+72+35=350.93$ 天。

由于调整了关键线路中的 H→J→K 这段工序间的作业时间，这就比原来的作业时间缩短了 16.37 天（376.3－350.93），为保证工期如期完成打下了基础。

2. 分析非关键线路，如期完成施工任务

在分析了施工中关键线路后，为了确保工期的完成，还要分析一些非关键线路，以免出现不必要的差错。在多条非关键线路中，只有一条非关键线路，即 A→B→G→H→I，因为这条线路中作业 I，正好是关键线路调整后的作业 H 与作业 J 的中间，所以必须考虑调整时间与这条线路的松弛时间。这条线路的松弛时间为 145.4 天，而调整的时间为 16.37 天，机动时间（松弛）大于调整时间。

3. 用概率分析期望完成时间 350.93 天的可靠性

其中：$\sigma_A^2=(\frac{b-a}{6})^2=(\frac{30-26}{6})^2=0.45$

$\sigma_B^2=(\frac{8-6}{6})^2=0.111,\sigma_G^2=(\frac{52-45}{6})^2=1.361$

$\sigma_H^2=(\frac{110-90}{6})^2=11.11,\sigma_J^2=(\frac{75-60}{6})^2=6.25$

$\sigma_K^2=(\frac{80-68}{6})^2=4,\sigma_L^2=(\frac{38-32}{6})^2=1$

方差：

$\sigma^2=\sigma_A^2+\sigma_B^2+\sigma_G^2+\sigma_H^2+\sigma_J^2+\sigma_K^2+\sigma_L^2=0.45+0.111+1.36+11.11+6.25+4+1=24.282$，求出这个项目在 365 天或更少天数内得以完成的概率：

$$P(T \leqslant 365) = P(\frac{T - 350.93}{\sqrt{24.282}}) \leqslant \frac{365 - 350.93}{\sqrt{24.28}} =$$

$$P(\frac{T - 350.93}{\sqrt{24.282}} \leqslant \frac{14.07}{4.927} = P(Z \leqslant 2.856) = 0.9979$$

通过以上分析，该项目要在规定的时间内完成是完全可能的，后来的实践证明，工程队在不到一年时间，就保质完成了原来需要一年零三个月才能完成的任务。

本章小结

本章主要介绍了网络计划技术（又称统筹法）中重要的分析方法——关键路径法。主要内容包括网络计划图的绘制方法、作业持续时间确定情景下的计算方法、工序时间不确定情景下估值计算方法——PERT，以及三种网络计划的优化方法的思路和应用实例。

网络计划图的组成要素包括事件、作业和作业时间。作业时间的确定分为确定型概率型，其中概率型需要采用三点时间估计法来确定作业时间。

网络计划图的时间参数包括作业时间，事件最早、最迟时间，作业的最早、最迟时间，总时差和单时差。网络计划图时间参数的计算方法包括图上计算法和表上计算法。

网络计划图中关键线路的寻找有三种方法：一是通过比较所有路线的长度，最长路线就是关键路线；二是找出总时差为 0 的关键事件，将它们连接起来，即得到关键路线；三是找出总时差为零的作业，将它们连接起来，即得到关键路线。

网络计划的优化：①当网络计划图的任务总工期大于规定的工期时需要进行时间优化；②当绘制网络计划图并确定关键路线后，需要保证任务总工期不变的条件下均衡地利用资源时需要进行时间—资源优化；③研究如何使完成任务的工期与所需费用的最佳组合，需要进行时间—费用优化。

由于复杂项目中活动众多、关系复杂，因此实际应用中必须借助专业软件进行网络计划时间进度分析。

习　题　11

一、判断题

1. 网络图中的逻辑关系就是指工作的先后顺序。（　　）
2. 网络中不允许出现闭合回路。（　　）
3. 在双代号网络图中，虚箭杆只具有断路与联系作用。（　　）
4. 双代号网络图中不允许出现箭线交叉。（　　）
5. 工程计划网络中的关键路线上事项的最早时间和最迟时间往往不相等。（　　）
6. 网络中通常只允许出现一条关键线路。（　　）
7. 总时差为 0 的各项作业所组成的路线即为关键路线。（　　）
8. 总时差总是大于等于零。（　　）
9. 总时差具有双重性，既为本工作所有，又属于整条线路。（　　）
10. 工程网络图中关键路线是最长路线。（　　）

二、选择题

1. 网络模型，例如 PERT 和 CPM，用于（　　）。

A. 计划大型复杂的项目　　B. 安排大型复杂的项目

C. 监控大型复杂的项目　　D. 控制大型复杂的项目

E. 以上答案都正确

2. PERT 和 CPM 的主要区别是（　　）。

A. PERT 使用一个时间估计值　　B. CPM 有三个时间估计值

C. PERT 有三个时间估计值　　D. 使用 CPM 时，可以假设所有的活动可以同时执行

3. 关于网络计划方法的命题中，下列说法正确的是（　　）。

A. 关键路径法的实质是求网络图中耗时最长的路径

B. 网络计划方法中引入的虚拟活动不可能位于关键路径上

C. 时差为零的各事项所组成的路线就是网络图的关键路径

D. 工序的最早开始时间等于该工序箭头事项最早开始时间

4. 下列有关虚工作的错误说法是（　　）。

A. 虚工作只表示工序之间的逻辑关系　　B. 混凝土养护可用虚工作表示

C. 只有双代号网络图中才有虚工作　　D. 虚工作一般用虚箭线表示

5. 网络计划中，工作最早开始时间应为（　　）。

A. 所有紧前工作最早完成时间的最大值　　B. 所有紧前工作最早完成时间的最小值

C. 所有紧前工作最迟完成时间的最大值　　D. 所有紧前工作最迟完成时间的最大值

6. 在网络计划中，若某项工作的（　　）最小，则该工作必为关键工作。

A. 自由时差　　B. 持续时间

C. 时间间隔　　D. 总时差

7. 箭线式网络图中，关键线路是从始结点到终结点（　　）。

A. 占用时间最长的线路　　B. 节点数目最多的线路

C. 作业数目最多的线路　　D. 节点数目最少的线路

8. 网络图关键线路的长度（　　）工程完工期。

A. 大于　　B. 小于

C. 等于　　D. 不一定等于

9. 下列有关关键线路的说法中，不正确的是（　　）。

A. 关键线路又叫主要矛盾线路　　B. 它是从始点到终点的一条线路

C. 它的总作业时间最短　　D. 它的总作业时间最长

10. 某项工作有两项紧后工作 C、D，最迟完成时间：C = 30 天，D = 20 天，工作持续时间：C = 5 天，D = 15 天，则本工作的最迟完成时间是（　　）。

A. 3 天　　B. 5 天

C. 10 天　　D. 15 天

三、简答题

1. 网络计划的方法有哪些？其基本原理是什么？
2. 网络计划的特点有哪些？
3. 网络图分为哪几类？
4. 何谓工艺关系和组织关系？试举例说明。
5. 双代号网络图中工作逻辑关系有哪些？
6. 虚箭线在网络图中有哪些用途？
7. 何谓工作的总时差和自由时差？什么是关键线路？如何确定关键线路？
8. 网络计划优化包括哪些方面？

四、建模题

1. 某工程项目明细表如表 11－14 所示。

表 11－14　　明细表

作业	A	B	C	D	E	F	G	H	I
紧前作业	—	—	—	A	B	C	B，D	E	B，F
作业时间	12	30	8	15	20	9	11	30	18

试根据表中内容绘制网络图。

2. 某工程包含 A、B、…、P 十六项工序，其工序关系如下：

（1）工序 A、B、C 同时开始；

（2）工序 D、E、F 在 A 完成后同时开始；

（3）工序 I、G 在 B、D 都完成后开始；

（4）工序 H 在 C、G 都完成后开始；

（5）工序 K、L 紧接在工序 I 之后；

（6）工序 J 紧接在工序 E、H 之后；

（7）工序 M、N 紧接在工序 F 之后，但必须在 E、H 都完成后才能开始；

（8）工序 O 紧接在 M、I 之后；

（9）工序 P 紧接在 J、L、O 之后；

（10）工序 K、N、P 是工程的结束工序。

试根据上述关系绘制该工程的计划网络图。

五、计算题

1. 表 11－15 中给出一个汽车车库及引道的施工计划。

表 11－15　　汽车车库及引道的施工计划

作业编号	作业内容	作业时间/天	紧前作业
A	清理场地，准备施工	10	—
B	料场	8	—
C	车库地面施工	6	A，B
D	墙基房顶桁架预测	16	B
E	车库混凝土地面保养	24	C
F	竖立墙架	4	D，E
G	竖立房顶桁架	4	F
H	装窗及边墙	10	F
I	装门	4	F
J	装天花板	12	G
K	油漆	16	H，I，J

续表

作业编号	作业内容	作业时间/天	紧前作业
L	引道混凝土施工	8	C
M	引道混凝土保养	24	L
N	清理场地，交工验收	4	K，M

求：

(1) 该项工程施工期；

(2) 若引道混凝土施工工期拖延 10 天，对整个工程进度有何影响？

(3) 若装天花板的施工时间从 12 天缩短到 8 天，对整个工程进度有何影响？

(4) 为保证工期不拖延，装门这项作业最晚应从哪一天开工？

(5) 如果要求该项工程必须在 75 天内完工，应采取什么措施？

2. 已知某计划项目的资料如表 11－16 所示。

(1) 计算完成这一项目需要的时间；(2) 估计该项目在 60 天内完工的概率。

表 11－16　　作业明细表

工序	紧前工序	需要天数		
		最乐观时间 a	最可能时间 m	最悲观时间 b
A	–	7	7	7
B	–	6	7	9
C	–	8	10	15
D	B，C	9	10	12
E	A	6	7	8
F	D，E	15	20	27
G	D，E	18	20	24
H	C	4	5	7
I	G，F	4	5	7
J	I，H	7	10	30

3. 某企业拟开发一新产品，该新产品投产前工序资料如表 11－17 所示。

表 11－17　　习题 3 的数据资料

工序	A	B	C	D	E	F	G	H	I	J	K	L
紧前关系	–	–	A	A	D	C，E	F	B，G	B，G	H	G	I，J，K
工时（周）	4	10	3	6	8	2	3	2	8	5	2	1

绘制网络图、计算时间参数、确定关键线路。

4. 某工程项目网络计划如图 11－44 所示，图中箭线下方为工序时间（月）。试确定该工程的完工时间，并按工序计算网络计划的时间参数，确定出关键路线。

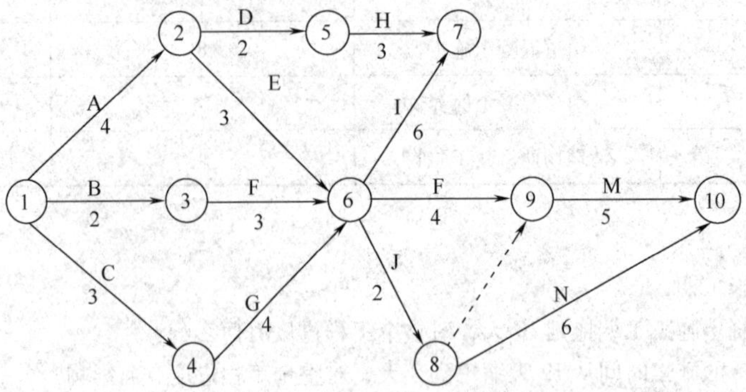

图 11－44　习题 4 网络计划图

5. 考虑由 A，B，…，I 九道工序组成的加工任务，各工序的顺序和完成时间的估计值如表 11－18 所示。

表 11－18　　习题 5 数据资料

工序	A	B	C	D	E	F	G	H	I
紧前工序	–	–	A	A	C	D	B	E，F	G
最乐观时间（a）	3	2	6	2	8	3	3	1	4
最可能时间（m）	6	5	12	5	11	6	9	4	19
悲观时间（b）	15	14	30	8	17	15	27	7	28

要求：（1）画出计划网络图；（2）求出关键路线，期望工期和方差；（3）总工期不迟于 40 天的概率是多少？（4）如要求完工的概率至少为 0.95，完工日期定为多少天？

6. 已知某项工程的资料如表 11－19 所示，求该项工程的最低成本日程。

表 11－19　　习题 6 数据资料

活动	作业时间（天）	紧前工序	正常完成进度的直接费用（百元）	赶进度一天所需费用（百元）
A	4	—	20	5
B	8	—	30	4
C	6	B	15	3
D	3	A	5	2
E	5	A	18	4
F	7	A	40	7
G	4	B，D	10	3
H	3	E，F，G	15	6
合计			153（元）	
工程间接费用			5（百元/天）	

7. 某厂产品制造网络计划如表 11 - 20 所示。

表 11 - 20　　习题 7 明细表

作　业	作业代码	作业时间（天）	紧前作业
产品设计与工艺设计	A	60	—
外购零、部件	B	45	A
下料与锻造	C	10	A
工艺装备制造 1	D	20	A
模具与铸造	E	40	A
机械加工 1	F	18	C
工艺装备制造 2	G	30	D
机械加工 2	H	15	D，E
机械加工 3	K	25	G
装配调试	L	35	B，F，K，H

（1）某新产品研发工程的各项作业、作业时间以及它们之间的相互关系如表 11 - 20 所示，试绘制该工程的网络图并进行网络的节点和作业时间计算。

（2）若该工程每天的间接费用为 600 元，各项作业的直接费用与时间数据如表 11 - 21 所示，试确定使总费用最小的最优方案。

表 11 - 21　　赶工情况下明细表

作业	正常情况下		采取措施的情况下		直接费用率（元/天）
	作业时间	直接费用	极限时间	直接费用	
A	60	10000	60	10000	—
B	45	4500	30	6300	120
C	10	2800	5	4300	300
D	20	7000	10	11000	400
E	40	10000	35	12500	500
F	18	3600	10	5440	230
G	30	9000	20	12500	350
H	15	3750	10	5750	400
K	25	6250	15	9150	290
L	35	12000	35	12000	—

8. 某施工单位承接的项目如表 11 - 22 所示，每天可用设备只有 13 台，工程计划 10 天完成，试合理安排生产进度。

表 11－22　　　　习题 8 数据资料

工序	A	B	C	D	E	F	G
紧前工序	—	—	A	A	B，C	E，D	A
作业时间	3	1	2	3	4	1	5
每天所需设备数	13	5	8	2	6	12	5

六、案例分析

1. 某项工程的资料如表 11－23 所示。用户提出：承包单位如能把施工日期压缩到 42 天完成，除正常的承包费用外，还给奖金 1000 元，问承包单位是否应接受这一要求？

表 11－23　　　　项目相关资料

工序代号	A	B	C	D	E	F	G	H	I	J	K
紧前工序	—	—	A	B	C	D，E	C	G，F	G，F	H	I，J
工序时间	1	8	10	8	6	5	2	8	20	10	6
直接费用变动率	—	50	75	150	25	—	—	150	50	150	150
最大可能赶工天数	0	1	1	2	3	0	0	1	6	2	2

2. 科信建筑公司从一个大制造商那里成功中标价值 540 万美元的新工厂建设项目，工程资料如表 11－24 所示。制造商要求这个新工厂在一年之内能够投入使用，合同中有以下条款：

（1）在 47 周内不完工，科信公司将赔偿 30 万美元。

（2）若项目能在 40 周之内完成，公司将获得 15 万美元的奖金。

项目经理将负责整个进度的安排，主要解决以下问题：

（1）如何用网络图表示整个项目流程？

（2）如果没有延误工期，完成该项目需多少时间？

（3）各工序最晚什么时候必须开始，以及到什么时候必须完成，才能赶上工程的完工日期？

（4）如果没有延误，每个单项工序最早何时开始，最早何时完工？

（5）为了不耽误工程的完工日期，应该关键控制哪些“瓶颈”工序？

（6）在不影响完工时间的基础上，其他的活动能够承受多长时间的推迟？

表 11－24　　　　项目的工序列表

工序编号	工序说明	紧前工序	估计工期（周）
A	挖掘	—	2
B	打地基	A	4
C	承重墙施工	B	10
D	封顶	C	6
E	安装外部管道	C	4
F	安装内部管道	E	5

续表

工序编号	工序说明	紧前工序	估计工期（周）
G	外墙施工	D	7
H	外部上漆	E，G	9
I	电路铺设	C	7
J	竖墙板	F，I	8
K	铺地板	J	4
L	内部上漆	J	5
M	安装外部设备	H	2
N	安装内部设备	K，L	6

第12章　决策分析

诺贝尔奖获得者西蒙认为，管理就是决策，他认为决策是对稀有资源备选分配方案进行选择排序的过程。学者 Gregory 在《决策分析》中提及，决策是对决策者将采取的行动方案的选择过程。

决策的重要性不言自明，轻则关系个人利益，重则牵动企业国家。无论是在日常生活，或是经营活动中，人们不可避免地随时都要做出决策，正因为如此，一门专门研究决策科学的学问形成，称之为决策科学。决策科学包括决策心理学、决策的数量化方法、决策评价以及决策支持系统、决策自动化等。

前面各章主要探讨结果具有相当程度的确定性的可选决策。决策，Decision 或 Decision Making，本课中使用 Decision Making，强调决策是一种对已知目标和方案的选择过程，当人们已知确定需实现的目标是什么，根据一定的决策准则，在供选方案中做出决策的过程。决策通常必须在充满不确定性的环境下做出。下面举几个例子：

（1）制造商将新产品推向市场。潜在顾客是什么反应？应该生产多少？在决定全面推销之前产品是否应该在小范围内进行试销？成功地推广这种产品需要多少广告？

（2）金融公司投资证券。哪些市场部门和个人证券更有前景？经济走向如何？利率如何？这些因素怎样影响投资决策？

（3）政府承包人投标新合同。工程项目的实际成本如何？哪些公司可能投标？它们的投标价可能是多少？

（4）农业企业为了下一季度选择庄稼和牲畜的养殖组合。天气条件如何？价格走势如何？成本是多少？

（5）石油公司决定是否在某特定地点开采石油。出油的可能性有多大？储量多少？需要钻探多深？需要在开采前进行进一步的地质勘探吗？

这些是面临很大不确定性的决策问题，需要决策分析来解决。当结果不确定时，决策分析提供了理性决策的框架和方法。

本章主要介绍在不确定条件下和风险条件下的决策理论和方法及应用。

12.1　决策的基本概念

决策　国际上对决策有许多不同的定义，但基本上分为两派，即所谓的狭义派和广义派。狭义决策认为决策就是作决定，单纯强调最终结果；广义决策认为将管理过程的行为都纳入决策范畴，决策贯穿于整个管理过程中。

本课中的决策，在狭义决策分析的基础上扩大概念，运用系统论的理念，将决策过程看作一个系统，讨论在决策系统中如何科学地做出决策。

决策目标　指决策者希望达到的状态，工作努力的目的。一般而言，在管理决策中决策者追求的当然是利益最大化。

决策准则　决策判断的标准，备选方案的有效性度量。

决策属性　决策方案的性能、质量参数、特征和约束，如技术指标、重量、年龄、声誉等，用于评价它达到目标的程度和水平。

科学决策过程　任何科学决策的形成都必须执行科学的决策程序，如图 12－1 所示。决策最忌讳的就是决策者拍脑袋决策，只有经历过图 12－1 所示的“预决策→决策→决策后”三个阶段，才有可能产生科学的决策。

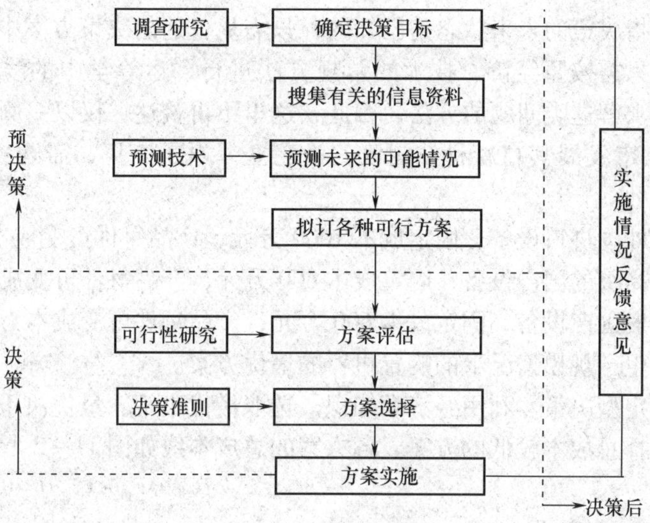

图 12－1　科学决策过程

状态空间、策略空间、损益函数构成了决策系统。

（1）状态空间。是指不以人的意志为转移的客观因素，设一个状态为 S_i，有 m 种不同状态，其集合记为：

$$S=\{S_1,\ S_2,\ S_3,\ \cdots,\ S_m\}=\{S_i\}\quad i=1,\ \cdots,\ m$$

S 称为状态空间；S 的元素 S_i 称为状态变量。

（2）策略空间。是指人们根据不同的客观情况，可能做出主观的选择，记一种策略方案为 U_i，有 n 种不同的策略，其集合：$U=\{u_1,\ u_2,\ \cdots,\ u_n\}=\{u_j\}\quad j=1,\ 2,\ \cdots,n$

U 称为策略空间；U 的元素 U_j 称为决策变量。

（3）损益函数。是指当状态处在 S_i 情况下，人们做出 U_j 决策，从而产生的损益值 V_{ij}，显然 V_{ij} 是 S_i，U_j 的函数，即：$V_{ij}=V(S_i,\ u_j)\quad i=1,\ 2,\ \cdots,\ m,\ j=1,\ 2,\ \cdots,\ n$

当状态变量是离散型变量时，损益值构成的矩阵叫损益矩阵。

$$V=(V_{ij})_{m\times n}=\begin{bmatrix} V(S_1,U_1) & V(S_1,U_2) & \cdots & V(S_1,U_n) \\ V(S_2,U_2) & V(S_2,U_2) & \cdots & V(S_2,U_n) \\ \vdots & \vdots & \vdots & \vdots \\ V(S_m,U_1) & V(S_m,U_2) & \cdots & V(S_m,U_n) \end{bmatrix}$$

上述三个主要素组成了决策系统，决策系统可以表示为三个主要素的函数：$D=D(S,\ U,\ V)$。

人们将根据不同的判断标准原则，求得实现系统目标的最优（或满意）决策方案。

在本课中，重点研究非确定型决策和风险型决策问题。

12.2 确定型和非确定型决策

12.2.1 确定型决策

确定型决策是指决策的未来状态是已知的，只需从备选的决策方案中，挑选出最优方案即可，这种问题只需按照经济、技术的常规方法进行，运筹学中的线性规划、整数规划、网络图等都是求解这类问题的方法，因此，这里不再赘述，仅以一例说明。

【例 12－1】A 市发展其高新科技园区，为建立一电子工厂，需购置一台数控机床，可采用的方式有三种：

甲方案：引进外国进口设备，固定成本 1000 万元，产品每件可变成本为 12 元；

乙方案：用较高级的国产设备，固定成本 800 万元，产品每件可变成本为 15 元；

丙方案：用一般国产设备，固定成本 600 万元，产品每件可变成本为 20 元。

试确定在不同生产规模情况下的购置机器的最优方案。

解　此题为确定型决策。利用经济学知识，选取最优决策。最优决策也就是在不同生产规模条件下，选择总成本较低的方案。各方案的总成本线如图 11－2 所示。

$$TC_{甲} = F_{甲} + Cv_{甲}Q = 1000 + 12Q$$
$$TC_{乙} = F_{乙} + Cv_{乙}Q = 800 + 15Q$$
$$TC_{丙} = F_{丙} + Cv_{丙}Q = 600 + 20Q$$

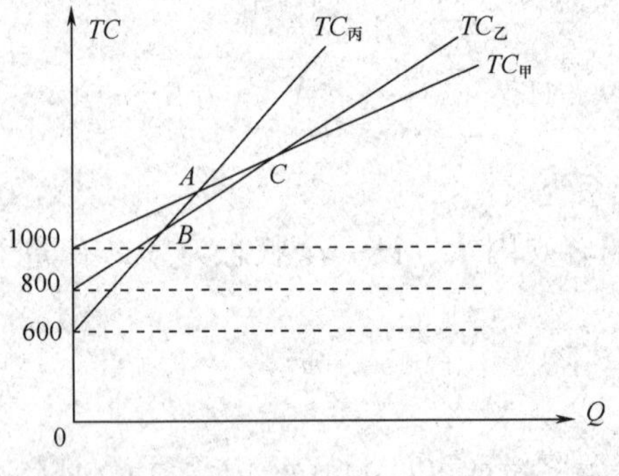

图 12－2　量本利决策

图中出现了 A、B、C 三个交点，其中 A 点经济意义：在 A 点采用甲方案与丙方案成本相同 $TC_{甲} = TC_{丙}$，$F_{甲} + Cv_{甲}Q_A = F_{丙} + Cv_{丙}Q_A$

$$Q_A = \frac{F_{甲} - F_{丙}}{Cv_{丙} - Cv_{甲}} = \frac{1000 - 600}{20 - 12} = 50(\text{万件})$$

同理：B 点 $TC_{乙} = TC_{丙}$，$F_{乙} + Cv_{乙}Q_B = F_{丙} + Cv_{丙}Q_B$

$$Q_B = \frac{F_{乙} - F_{丙}}{Cv_{丙} - Cv_{乙}} = \frac{800 - 600}{20 - 15} = 40(\text{万件})$$

B 点经济意义为：当生产 40 万件时，采用乙方案和采用丙方案成本相同均为 1400 万元。

C 点：$TC_{甲} = TC_{乙}$，$F_{甲} + Cv_{甲}Q_C = F_{乙} + Cv_{乙}Q_C$

$$Q_C = \frac{F_{甲} - F_{乙}}{Cv_{乙} - Cv_{甲}} = \frac{1000 - 800}{15 - 12} = \frac{200}{3}(\text{万件})$$

其经济意义为：当生产规模为 $\frac{200}{3}$ 万件时，采用甲、乙方案成本相同。从图 12－2 中可知：当生产规模 $\leqslant Q_B$ 时，采用丙方案；当 $Q_B <$ 生产规模 $\leqslant Q_C$ 时，采用乙方案；当生产规模时 $> Q_C$ 时，采用甲方案。

由以上计算可知，得到生产规模最优方案为：当生产规模产量小于 40 万件时，采用丙方案；当生产规模产量大于 40 万件，小于 $\frac{200}{3}$ 万件时，采用乙方案；当生产规模产量大于 $\frac{200}{3}$ 万件时，采用甲方案。

12.2.2　非确定型决策

由于在非确定型决策中，各种决策环境是不确定的，所以对于同一个决策问题，用不同的方法求值，将会得到不同的结论，在现实生活中，同一个决策问题，决策者的偏好不同，也会使得处理相同问题的原则方法不同。通过下面的例子，用不同的准则求解说明常用的五种非确定型决策方法。

【例 12－2】某公司为经营业务的需要，决定要在现有生产条件不变的情况下，生产一种新产品，现可供开发生产的产品有 I、II、III、IV 四种不同产品，对应的方案为 A_1，A_2，A_3，A_4。由于缺乏相关资料背景，对产品的市场需求只能估计为大中小三种状态，而且对于每种状态出现的概率无法预测，每种方案在各种自然状态下的效益值如表 12－1 所示。

表 12－1　　效益值表　　单位：万元

供选方案 A_i/效益 a_{ij}/自然状态	需求量大 S_1	需求量中 S_2	需求量小 S_3
A_1：生产产品 I	800	320	－250
A_2：生产产品 II	600	300	－200
A_3：生产产品 III	300	150	50
A_4：生产产品 IV	400	250	100

对此问题，常采用的处理方法有：

（1）小中取大（max min）法。又称为 Wald 法，一般是保守悲观主义者偏好的方法。

基本原则：首先求出在各种状态下的目标最小值，再从这些决策的最小值中取一个最大值。

经济意义：由于决策者认为自身实力有限，分析所有情况下的最坏结果，可选择其中的最好者，以这种决策为最优策略。即先求出 $Z_i = \min\limits_{j}\{a_{ij}\}$，再求出 $Z_l^* = \max\limits_{i} Z_i$，则 Z_l^* 对应的 l 方案为所求决策方案。

解 1：由题意知

$$Z_i = \min_{j}\{a_{ij}\} = \begin{Bmatrix} -250 \\ -200 \\ 50 \\ 100 \end{Bmatrix}$$

$Z_e^* = \max\limits_{i} Z_i = 100$，则对应的 A_4 方案为最好决策方案，即生产产品 IV。

（2）大中最大（max max）法。这是乐观主义者偏好的方法。

基本原则：取各种情况的收益最大值中的最大值，即先求出 $Z_i = \max\limits_{j}\{a_{ij}\}$，再求出

$Z_l^* = \max\limits_i Z_i$，则 Z_l^* 对应的 l 方案为所求决策方案。

经济意义：决策者可能为了取得最大收益，而宁愿冒风险。

解 2：由题意知

$$Z_i = \max_j\{a_{ij}\} = \begin{Bmatrix} 800 \\ 600 \\ 300 \\ 400 \end{Bmatrix}$$

$Z_e^* = \max\limits_i Z_i = 800$，则对应的 A_1 方案为最好决策方案，即生产产品 I。

（3）最小机会损失法。又称 Savage 法，或后悔值准则，从机会损失值最小的角度考虑。

机会损失值（后悔值）是指当某种情况发生，决策者所选策略的收益与因此而放弃的可能最大收益之间的差额。

方法：

①首先找到 a_{ij} 在自然条件下的最大收益值 $\max\limits_i\{a_{ij}\}$。

②分别求出在各种 S_j 条件下，各方案的机会损失 a'_{ij} 等于最大收益值减去本方案收益值，即 $a'_{ij} = \{\max\limits_j\{a_{ij}\} - a_{ij}\}$。

③编制机会损失表，找出每个方案的最大机会损失 Z_i，$Z_i = \max\limits_i\{a'_{ij}\}$。

④选择最小的机会损失益 Z_l^*，对应的方案 l 即为所决策方案 $Z_l^* = \min\limits_i\{Z_i\}$。

解 3：由判断条件可知其机会损失值如表 12－2 所示。

表 12－2　　机会损失值表

供选方案	机会损失值			最大机会损失 Z_i
	S_1	S_2	S_3	
A_1	0	0	350	350
A_2	200	20	300	300
A_3	500	170	50	500
A_4	400	70	0	400

$Z_i^* = \min\limits_i\{Z_i\} = 300$，则应选对应的 A_2 方案为决策方案，即生产产品Ⅱ。

（4）等可能法，又称 Laplace 法。

基本原则：认为每种情况发生概率均应相等，为 $\frac{1}{m}$。选取各方案收益的期望值最大者为最优方案，即

$$E(A_i) = \sum_{i=1}^{m} \frac{1}{m}a_{ij} = \frac{1}{m}\sum_{i=1}^{m} a_{ij}$$

$$E(A_l^*) = \max\{E(A_i)\}$$

解 4：由题意知，用等可能法求解

$$E(A_1) = 800 \times \frac{1}{3} + 320 \times \frac{1}{3} + (-250) \times \frac{1}{3} = 290$$

$$E(A_2)=600\times\frac{1}{3}+320\times\frac{1}{3}+(-200)\times\frac{1}{3}=\frac{700}{3}$$

$$E(A_3)=300\times\frac{1}{3}+150\times\frac{1}{3}+50\times\frac{1}{3}=\frac{500}{3}$$

$$E(A_4)=400\times\frac{1}{3}+250\times\frac{1}{3}+100\times\frac{1}{3}=250$$

$E(A_i^*)=\max\{E(A_i)\}=290$，则应选择对应的 A_1 方案为最好决策方案，即生产产品Ⅰ。

（5）折中法。折中法又称乐观系数法或赫威茨准则。这是一种介于乐观和悲观之间的一种折中方法。由于 max min 法和 max max 法过于极端，因此采用此种折中的方法。

基本原则：决策者给出乐观系数 α，$\alpha\in[0,1]$，$\alpha\to0$ 则说明决策者越接近悲观；$\alpha\to1$ 则说明决策者越接近乐观。

$$H(a_j)=\alpha\max\{a_{ij}\}+(1-\alpha)\min_j\{a_{ij}\}$$

$$\max_{a_j\in A}H(a_j)=H(a_l^*)$$

$a_l{}^*$ 为最佳方案。在这种方法中 a 的取值对最终决策选择影响颇大，需要结合实际情况给出。

max min 法是当 $a=0$ 时状态，max max 是 $a=1$ 时状态。

解5：设 $a=0.3$，由表12－3知

$$H_1=0.3\times800+(1-0.3)\times(-250)=65;\ H_2=0.3\times600+(1-0.3)\times(-200)=40;$$

$$H_3=0.3\times300+(1-0.3)\times50=125;\ H_4=0.3\times400+(1-0.3)\times100=190$$

$$H(a_l^*)=\max_i H(a_i)=190$$

则应选择对应的决策方案 A_4，即生产产品Ⅳ。

另外，用矩阵描述更简单，即设 $P_{\max}=(\max a_{1j},\ \max a_{2j},\ \cdots,\ \max a_{mj})^T$，$P_{\min}=(\min a_{1j},\ \min a_{2j},\ \cdots,\ \min a_{mj})^T$

$$H=(P_{\max}P_{\min})(\alpha,\ 1-\alpha)^T=(H_1,\ H_2,\ \cdots,\ H_m)^T$$

$$H=\begin{pmatrix}800 & -250\\600 & -200\\300 & 50\\400 & 100\end{pmatrix}(0.3\quad 0.7)^T=\begin{pmatrix}65\\40\\125\\190\end{pmatrix}$$

结论同上。

12.3 风险型决策

风险型决策是指决策者在目标明确的前提下，对客观情况并不完全了解，存在着决策者无法控制的两种或两种以上的自然状态，但对于每种自然状态出现的概率大体可以估计，并可算出在不同状态下的效益值，主要应用于战略决策或非程序化决策，如投资方案决策，产品R&D决策等。

12.3.1 期望值准则

期望值准则是指通过比较和评价效益期望值，选择决策方案，效益期望值因为各种自

然状态不同而有所不同。

方法：①根据不同自然状态下的效益值 v_{ij} 和各种自然状态 s_j 出现的概率 P_j，求效益期望值 EMV。

$$效益期望值 = 条件效益值 \times 概率，即 EMV_i = \sum v_{ij}P_j$$

②比较效益期望值的大小，选择最大效益期望值所对应的方案为决策方案：$EMV^* = \max\{EMV_i\}$

【例 12－3】某工厂决定开发新产品，需要对产品品种做出决策，但有三种产品 A_1，A_2，A_3 可供生产开发。未来市场对产品需求情况有三种，即较大、中等、较小，经估计各种方案在各种自然状态下的效益值，见表 12－3。各种自然状态发生的概率分别为 0.3，0.4 和 0.3。那么工厂应生产哪种产品，才能使其收益最大。

表 12－3　效益表　　单位：万元

方案/效益/自然状态及概率	需求量较大，$P_1 = 0.3$	需求量中等，$P_2 = 0.4$	需求量较小，$P_3 = 0.3$
A_1	50	20	－20
A_2	30	25	－10
A_3	10	10	10

解：①先求效益的期望值

$EMV_1 = 50 \times 0.3 + 20 \times 0.4 + (-20) \times 0.3 = 17$；$EMV_2 = 30 \times 0.3 + 25 \times 0.4 + (-10) \times 0.3 = 16$；$EMV_3 = 10 \times 0.3 + 10 \times 0.4 + 10 \times 0.3 = 10$

②$max\{EMV_1, EMV_2, EMV_3\} = EMV^1 = EMV^*$

即生产 A_1 产品。

此外，可以用矩阵方法求解更方便，记 V 为条件效益矩阵，P 为概率矩阵，EMV 为效益期望值，则 $EMV = V \times P^T$，代入【例 12－3】有

$$V = \begin{bmatrix} 50 & 20 & -20 \\ 30 & 25 & -10 \\ 10 & 10 & 10 \end{bmatrix}, P = (0.3, 0.4, 0.3)$$

$$EMV = V \times P^T = \begin{bmatrix} 50 & 20 & -20 \\ 30 & 25 & -10 \\ 10 & 10 & 10 \end{bmatrix}\begin{bmatrix} 0.3 \\ 0.4 \\ 0.3 \end{bmatrix} = \begin{bmatrix} 17 \\ 16 \\ 10 \end{bmatrix}$$

$\max EMV = 17$（万元），因此选择相应方案，即生产 A_1 产品。

12.3.2　决策树法

决策树是由决策点、事件点及结果构成的树形图，一般应用于序列决策中。以最大收益期望值或最低期望成本作为决策准则，决策树通过图解方式求解在不同条件下各方案的效益值，然后通过比较，做出决策。

决策树基本模型如图 12－3 所示。图中包括有：

□：表示决策点，也称为树根，由它引发的分枝称为方案分枝，方案节点被称为树枝。n 条分枝表示有 n 种供选方案。

○：表示策略点，其上方数字表示该方案的最优收益期望值，由其引出的 m 条线称为概率枝，表示有 m 种自然状态，其发生的概率已标明在分枝上。

△：表示每个方案在相应自然状态的效益值。

╪：表示经过比较选择此方案被删除掉了，称之为剪枝。

方法：

①根据题意作出决策树图；

②从右向左计算各方案期望值，其中 $E(H_i) = \sum_{j=1}^{n} p_j V_{ij} \quad i = 1,\cdots,n$，并进行标注；

③对期望值进行比较，选出最大效益期望值，写在□上方，表明其所对应方案为决策方案，同时在其他方案上打上╪删除。

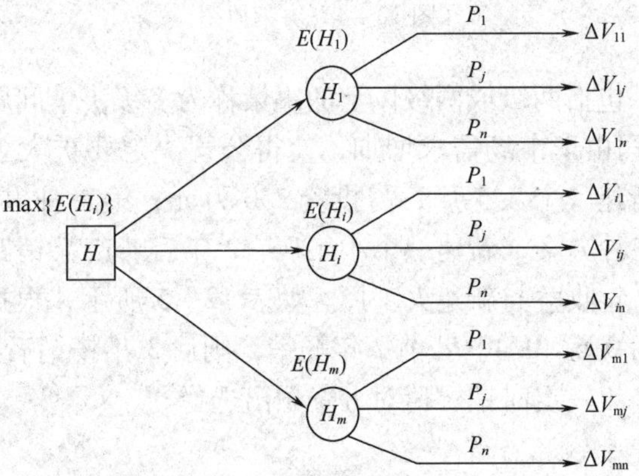

图 12－3　决策树图

【例 12－4】某厂决定生产某产品，要对机器进行改造。投入不同数额的资金进行改造有三种方法，分别为购新机器、大修和维护，根据经验，销路好发生的概率为 0.6。相关投入额及不同销路情况下的效益值如表 12－4 所示，请选择最佳方案。

表 12－4　　效益值表　　单位：万元

供选方案	投资额 T_i	销路好 $P_1=0.6$	销路不好 $P_2=0.4$
A_1：购新	12	25	－20
A_2：大修	8	20	－12
A_3：维护	5	15	－8

解：①根据题意，作出决策树，见图 12－4。

②计算各方案的效益期望值，$E(A_i) = \sum_j p_j V_{ij} - T_i$

$E(A_1) = 0.6 \times 25 + 0.4 \times (-20) - 12 = -5$；$E(A_2) = 0.6 \times 20 + 0.4 \times (-12) - 8 = -0.8$；$E(A_3) = 0.6 \times 15 + 0.4 \times (-8) - 5 = 0.8$

③max 为 $E(A_3)$，选对应方案 A_3，即维护机器，并将 A_1，A_2 剪枝。

【例 12－4】这种类型称为单级决策问题，在序列决策中，常常需要根据阶段的不同

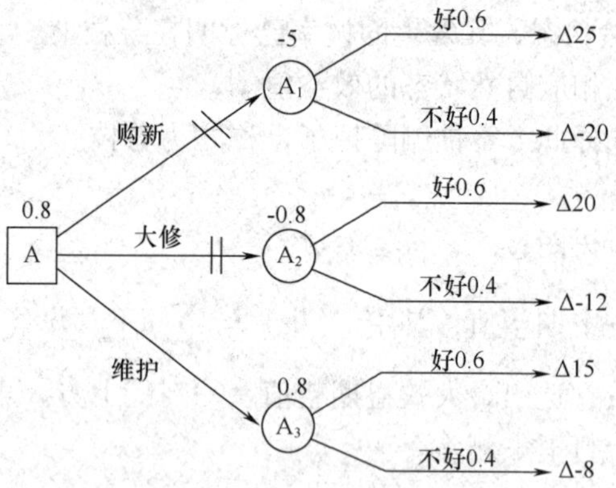

图 12－4　决策树图

做出不同的多次决策，包括两级或两级以上的决策称为多级决策问题。

【例 12－5】某公司由于市场需求增加，使得公司决定要扩大公司规模，供选方案有三种：第一种方案，新建一个大工厂，需投资 250 万元；第二种方案，新建一个小工厂，需投资 150 万元；第三种方案，新建一个小工厂，2 年后若产品销路好再考虑扩建，扩建需追加 120 万元，后 3 年收益与新建大工厂。如表 12－5 所示，根据预测该产品前三年畅销和滞销的概率分别为 0.6，0.4。若前 2 年畅销，则后 3 年畅销后滞销概率为 0.8，0.2；若前 2 年滞销，则后 3 年一定滞销。请对方案做出选择。

表 12－5　　**效益值**　　单位：万元

自然状态	概率		供选方案与效益			
	前 2 年	后 3 年	大工厂	小工厂	先小后大	
					前 2 年	后 3 年
畅销	0.6	畅销 0.8 滞销 0.2	150	80	80	150
滞销	0.4	畅销 0 滞销 1	－50	20	20	－50

解：（1）决策树如图 12－5 所示。

（2）①计算节点 5、6、7、8、10 的期望值：

$$E(5)=[150\times0.8+(-50)\times0.2]\times3=330,\ E(6)=[-50\times1.0]\times3=-150$$

$$E(7)=[80\times0.8+20\times0.2]\times3=204,\ E(8)=[20\times1.0]\times3=60$$

$$E(10)=[20\times1.0]\times3=60$$

③于存在二级决策，即□是决策点，则应该首先计算出结点 11、12 的效益期望值，决定是否扩建。

$$E(11)=[150\times0.8+(-50)\times0.2]\times3-120=210;$$

$$E(12)=[80\times8.0+20\times0.2]\times3-120=84$$

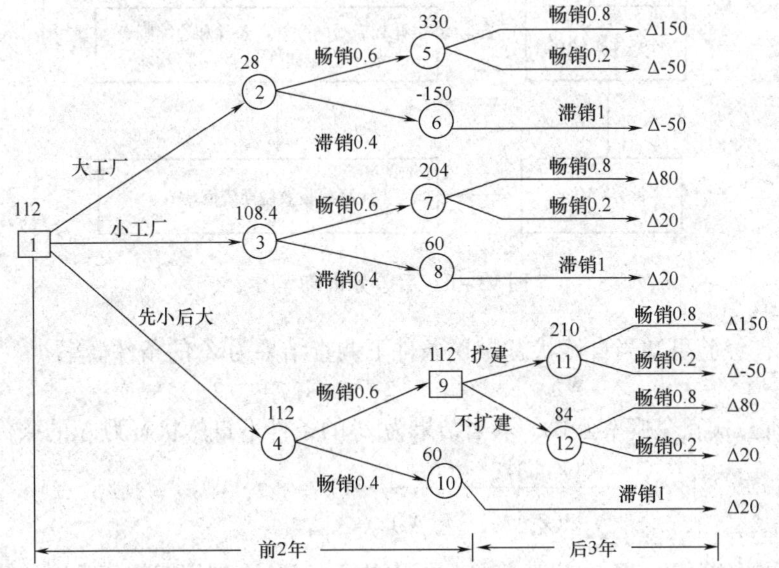

图 12－5　决策树图

由于 E（11）$>E$（12），因此取最大值对应的方案，即在□决策点上，删去不扩建方案，选择扩建方案。

结点 2、3、4 的效益期望值。分别为

$$E(2)=[150\times0.6+(-50)\times0.4]\times2+[330\times0.6+(-150)\times0.4]-250=28$$

$$E(3)=[80\times0.6+20\times0.4]\times2+[204\times0.6+60\times0.4]-150=108.4$$

$$E(4)=[80\times0.6+20\times0.4]\times2+[250\times0.6+60\times0.4]-150=112$$

（3）比较方案，E（4）最大，则□取最大值 112，对应的方案是先小后大作为选定方案，即先建小厂，后扩建大工厂的方案为最终方案。

12.3.3　贝叶斯决策

在风险型决策中，除了通过估计，也可能通过利用购买或调查获取新信息，对自然状态的发生概率进行估计和修正，做出决策。概率的估计精度直接影响到决策的效益期望值大小。

将依据过去的信息或经验由决策者估计的概率称之为主观概率；用随机试验确定出的概率称为客观概率。未收到新信息时根据已有信息和经验，估计出的概率分布称为先验概率；收到新信息，修正后的概率分布称为后验概率。

贝叶斯（Bayesian）决策中，常用方法步骤为：

（1）验前分析：根据先验概率按照期望值准则做出决策，得到效益期望值 EMV_1；

（2）验后分析：经过试验调查计算所得结果对先验概率分布作修正，得出后验概率分布再作新决策，得到效益期望值 EMV_2。

若对效益型指标而言，$EMV_2-EMV_1>$ 调查费用，则我们认为调查是合算的。

如图 12－6 所示，设调查后得到结果为 l 种：Z_1，Z_2，…，Z_l。效益函数为 f（S_j，

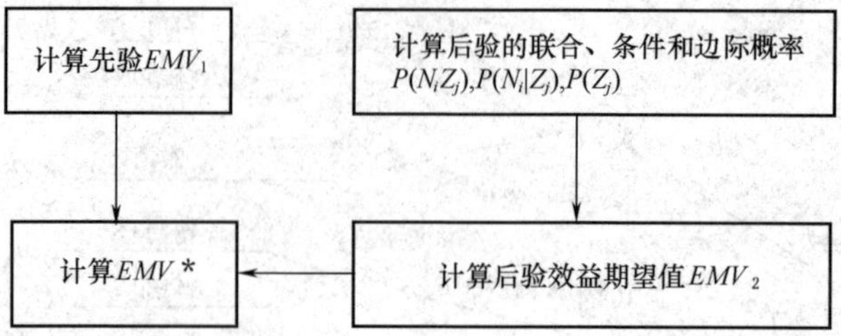

图 12－6　后验分析流程图

N_j)。根据过去经验可知当自然状态为N_j条件下调查结果为Z_k的条件概率

$$P(Z_k \mid N_j) \qquad (k=1,\ 2,\ \cdots,\ l;\ j=1,\ 2,\ \cdots,\ n) \tag{12.1}$$

再利用贝叶斯公式和全概率公式，求当结果为Z_K的条件下自然状态为N_j的条件概率

$$P(N_j|Z_k) = \frac{P(Z_k|N_j)\cdot P(N_j)}{\sum_{i=1}^{n} P(Z_k|N_i)\cdot P(N_i)} \quad (k=1,2,\cdots,l;\ j=1,2,\cdots,n) \tag{12.2}$$

在后验分析中用$P(N_j \mid Z_k)$代替前验分析中的$P(N_j)$，利用期望值准则计算出EMV_1

$$EMV_1 = \max\{\sum_{j=1}^{n} f(S_i,N_j)P(N_j|Z_k) \mid i = 1,2,\cdots,m\}$$

再根据全概率公式，可知结果为Z_k的概率为$P(Z_k) = \sum_{i=1}^{m} P(Z_k|N_i)\cdot P(N_i)$。因此，后验分析的效益期望值为：$EMV_2 = \sum_{k=1}^{l} E_k \cdot P(Z_k)$。

【例 12－6】某厂对一台机器的换代问题做决策，有三种方案：A_1为买另一台新机器；A_2为对老机器进行改建；A_3是维护加强。输入不同质量的原料，三种方案的收益见表12－6。约有 30% 的原料是质量好的，还可以花 600 元对原料的质量进行测试，这种测试可靠性见表 12－7。求最优方案。

表 12－6　　收益表　　单位：万元

原料质量N_i	购新机器A_1	改建老机器A_2	维护老机器A_3
N_1好	3	1.0	0.8
N_2差	－1.5	0.5	0.6

表 12－7　　测试可靠性

$P(Z_y \mid N_i)$		原料的实际质量	
		N_1好	N_2差
测试结果	Z_1好	0.8	0.3
	Z_2差	0.2	0.7

解：(1) 若不做测试，各方案的先验收益：

$EMV_1=3\times0.3+(-1.5)\times0.7=-0.15$，$EMV_2=1.0\times0.3+0.5\times0.7=0.65$

$$EMV_3 = 0.8 \times 0.3 + 0.6 \times 0.7 = 0.66$$

$EMV_3^* = EMV_3 = 0.66$ 万元，应选方案 3，维护老机器。

（2）计算后验概率：

已知 $P(Z_y \mid N_i)$，求联合概率：

$$P(N_1Z_1) = P(Z_1 \mid N_1)\ P(N_1) = 0.8 \times 0.3 = 0.24;$$
$$P(N_1Z_2) = P(Z_2 \mid N_1) \mid P(N_1) = 0.2 \times 0.3 = 0.06$$
$$P(N_2Z_1) = P(Z_1 \mid N_2) \mid P(N_2) = 0.3 \times 0.7 = 0.21;$$
$$P(N_2Z_2) = P(Z_2 \mid N_2) \mid P(N_2) = 0.7 \times 0.7 = 0.49$$

边际概率为：

$$P(Z_1) = P(N_1Z_1) \mid + P(N_2Z_1) = 0.24 + 0.21 = 0.45;$$
$$P(Z_2) = P(N_1Z_2) \mid + P(N_2Z_2) = 0.06 + 0.49 = 0.55$$

代入（12.2）从而可得后验概率

$$P(N_1 \mid Z_1) = P(N_1Z_1) \mid P(Z_1) = 0.24/0.45 = 0.533;$$
$$P(N_1 \mid Z_2) = P(N_1Z_2) \mid P(Z_2) = 0.06/0.55 = 0.109$$
$$P(N_2 \mid Z_1) = P(N_2Z_1) \mid P(Z_1) = 0.21/0.45 = 0.467;$$
$$P(N_2 \mid Z_2) = P(N_2Z_2) \mid P(Z_2) = 0.49/0.55 = 0.891$$

则有

$$E_k = \begin{pmatrix} 0.533 & 0.467 \\ 0.109 & 0.891 \end{pmatrix}\begin{pmatrix} 3 & 1.0 & 0.8 \\ -1.5 & 0.5 & 0.6 \end{pmatrix} = \begin{pmatrix} 0.8985 & 0.7665 & 0.7066 \\ -1.0095 & 0.5545 & 0.6218 \end{pmatrix}$$

$E_k^* = \begin{pmatrix} 0.8985 \\ 0.6218 \end{pmatrix}$，即当测试结果为原料的质量好，则购买新机器；若测试结果为原材料的质量差，则维护老机器。

$$EMV_2 = P \cdot E_k^* = \begin{pmatrix} 0.45 \\ 0.55 \end{pmatrix}\begin{pmatrix} 0.8985 \\ 0.6218 \end{pmatrix} = 0.747$$
$$EMV_2^* = EMV_2 - C = 0.747 - 0.06 = 0.687$$
$$EMV_2^* > EMV_1^*$$

决策为：应花 600 元进行测试，测试后若质量好，购入新机器生产；若质量差，维护老机器生产。

12.3.4　效用理论

1. 效用

贝努利首次提出效用概念，他用图 12－7 表示出人们对钱财的真实价值的考虑与其钱财拥有量之间有对数关系。

效用是一种相对的指标值，它的大小表示决策者对于风险的态度，对某事物的倾向、偏差等主观因素的强弱程度。

在不同程度的风险下，不同的效益值可能有相同的价值；在相同程度的风险下，不同的决策者的态度可能不同，即相同的效益值在不同决策者心目中的价值也可能不同，而这个效益值在人们心目中的价值被称为这个效益值的效用，用于量度决策者对于风险的

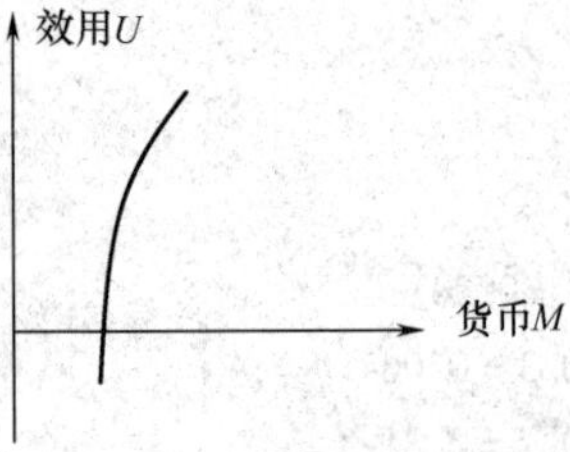

图 12－7　贝努利效用曲线

态度。

一般来说效用值在［0，1］之间取值，凡是决策者最看好、最倾向、最愿意的事物（事件）的效用值可取1；反之，效用值取0。当各方案期望值相同时，一般用最大效用值决策准则，选择效用值最大的方案。

2. **效用曲线的绘制**

在直角坐标系内，以横坐标 x 表示决策方案的效益值，纵坐标 y 表示效用值，将某决策者对风险态度的变化关系画成曲线，称之为决策者的效用曲线。

确定效用曲线的基本方法有两种：一种是直接提问法，需要决策者回答提问，主观衡量，应用较少；第二种是对比提问法，此法使用较多。具体方法如下：

设现有 A_0，A_1 两种方案供选。A_0 表示决策者不需要花费任何风险可获益 x_0；而 A_1 有两种自然状态，可以概率 P 获得收益 x_1，以概率（$1-P$）获得收益 x_2，且 $x_1>x_0>x_2$。

令 y_i 表示效益 x_i 的效用值，则 x_0，x_1，x_2 的效用值分别表示为 y_0，y_1，y_2。若在某条件下，决策者认为 A_0，A_1 两方案等价，则有：

$$Py_1+(1-P)y_2=y_0 \tag{12.3}$$

用对比提问法来测定决策者的风险效用曲线，可提问如下：

（1）x_0，x_1，x_2 不变，改变 P，问“当 P 为何值时，A_1，A_2 等价”；（2）P，x_1，x_2 不变，改变 x_0，问“当 x_0 为何值时，A_1，A_2 等价”；（3）P，x_0，x_1/x_2 不变，改变 x_2/x_1，问“当 x_2 为何值时，A_1，A_2 等价”。

一般采用改进 $V-M$ 方法，固定 $P=0.5$，x_1，x_2 改变 x_0 三次，得出相应的 y 的值，确定三点，作出效用曲线。

【例 12－7】设 $x_1=100$，$x_2=300$，取 $y_1=1$，$y_2=0$ 代入（12.3）得

$$0.5y_1+0.5y_2=y_0 \tag{12.4}$$

对决策者进行提问①：当 x_0 为何值时，（12.4）式成立？回答为当 $x_0=-200$ 时，则有此时 $y_0=0.5$，所得点为（-200，0.5）。将 $x_0=-200$ 代入（12.4）得

$$0.5y_1+0.5y_0=y_0' \tag{12.5}$$

提问②：当 x_0' 取何值时，（12.5）式成立？回答为当 $x_0'=600$ 时，则有此时

$y_0'=0.5\times1+0.5\times0.5=0.75$，所得点为（600，0.75）。将 x_0' 代入得

$$0.5y_0+0.5y_2=y_0'' \tag{12.6}$$

提问③：当 x_0'' 取何值时，（11.6）式成立？回答为当 $x_0''=-400$，则有此时 $y_0''=0.5\times0.5+0.5\times0=0.25$，得点为（$-400$，0.25）。

由点（-200，0.25）（600，0.75）（-400，0.25）可绘制效用曲线为图 12－8。

3. **效用曲线类型**

不同决策者对待风险态度不同，因而会得到不同形状的效用曲线。一般可分为保守型、中间型、风险型，如图 12－9 所示。

图中 I 为保守型，其特点为：当收益值较小时，效用值增加较快；随着收益值增大时，效用值增加速度变慢，表明决策者不求大利，谨慎小心，保守。

图中 II 为中间型，其特点为：收益值和效用值成正比，表明决策者完全按机遇办事，

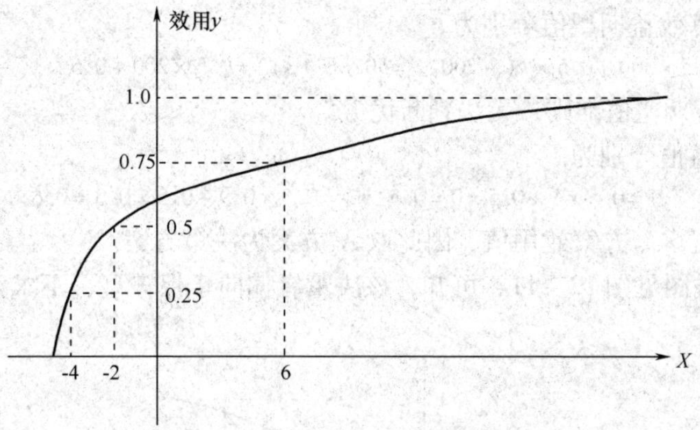

图 12－8　效用曲线图

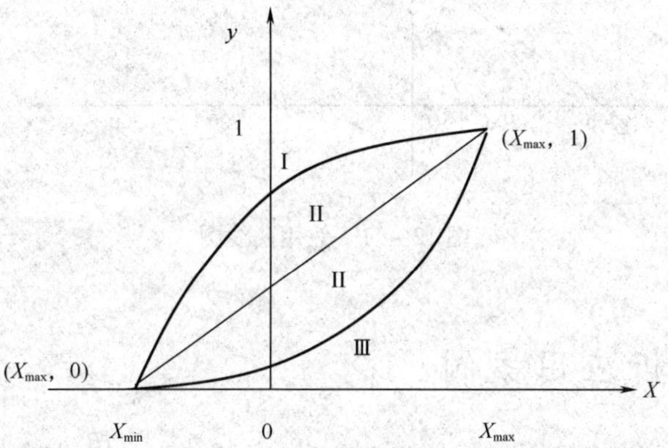

图 12－9　不同类型的效用曲线图

心平气和。

图中 III 为风险型，其特点为：与 I 保守型恰好相反，当收益值较小时，效用值增加较慢；随收益值增大时，效用值增加速度变快，表明决策者对增加收益反应敏感，愿冒较大风险，谋求大利，不怕冒险。

4. **效用曲线的应用**

【例 12－8】若某决策问题的决策树如图 12－10 所示，其决策者的效用期望值同时附在效益期望值后，请做出决策。

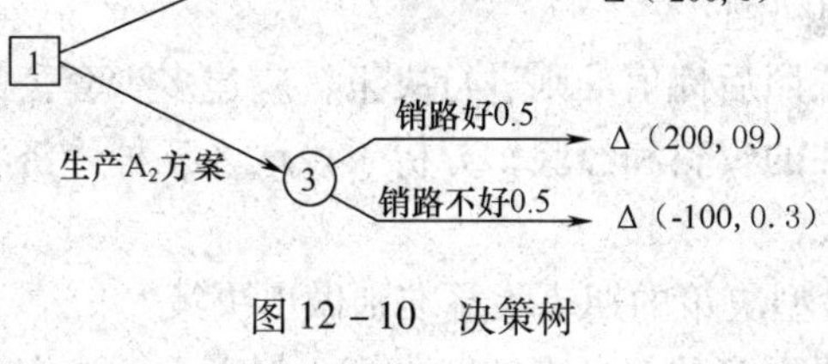

图 12－10　决策树

解：（1）计算效益期望值分别为

$E(2)=0.5\times300+0.5\times(-200)=50$；$E(3)=0.5\times200+0.5\times(-100)=50$

根据最大效益期望值准则，无法判断优劣。

（2）计算效益值分别为

$$y_2=0.5\times1+0.5\times0=0.5;\ y_3=0.5\times0.9+0.5\times0.3=0.6$$

A_2方案效用值 > A_1方案效用值，因此取 A_2方案为决策方案。

绘制效用曲线图见图 12－11，可知，该决策者偏向于保守型，不求大利，谨慎小心。

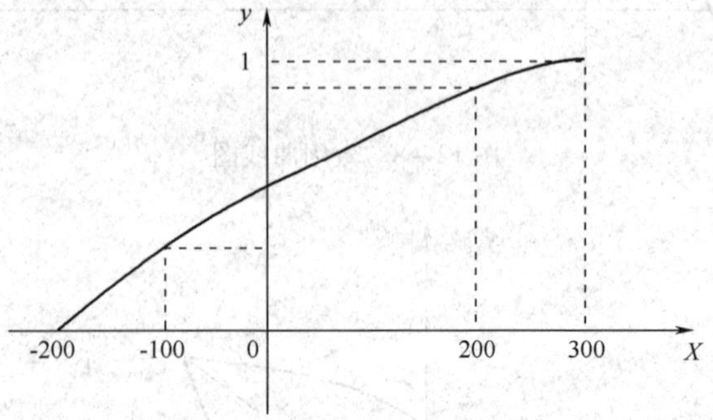

图 12－11　效用曲线图

12.4　决策分析应用案例

【例 12－9】某房地产开发公司计划沿青林湖岸建造一批公寓。根据资金和设计等方面的因素，该公司提出建造 60 套、120 套、180 套公寓三个建筑方案。这些公寓的销售收入与该地区的经济发展状况有关。基于建筑价格和销售额的估计，计算出三个方案在不同状态下的利润，如表 12－8 所示。

表 12－8　【例 12－9】的数据

方案/收益值/概率/状态	S_1：繁荣	S_2：一般	S_3：萧条
A_1（60 套）	30	30	30
A_2（120 套）	90	90	0
A_3（180 套）	150	60	－20

试根据要求回答下列问题：

（1）该公司决策者依照后悔值准则进行决策，应建多少套公寓为宜？

（2）决策者根据以往的资料和经验，分析了该地区三种经济状态的可能性，得到其先验分布，如表 12－9 所示。

决策者如何根据风险型决策的期望收益准则做出决策？

（3）决策者为了获得更多的信息来辅助决策，打算委托咨询公司进行市场调查，以便获得经济环境有利于房地产开发及不利于房地产开发的有关研究结果。此外，以往市场调查结果表明，在各个不同自然状态下，该地区经济环境有利于房地产开发或不利于房地产开发的条件概率（$P(X_i/S_i)$）如表 12－10 所示。

表 12－9　　先验分布

S	S_1（繁荣）	S_2（一般）	S_3（萧条）
P	0.2	0.5	0.3

表 12－10　　条件概率

	S_1（繁荣）	S_2（一般）	S_3（萧条）
X_1（有利）	0.8	0.6	0.1
X_2（不利）	0.2	0.4	0.9

解：（1）根据后悔值准则，各种状态下的最大收益为 $q_1^* = 150$，$q_2^* = 90$，$q_3^* = 30$，得到的后悔值如表 12－11 所示。

表 12－11　　后悔值

	S_1（繁荣）	S_2（一般）	S_3（萧条）	$\max\limits_{1\leqslant j\leqslant 3} R_{ij}$
A_1（60 套）	120	60	0	120
A_2（120 套）	60	0	30	60
A_3（180 套）	0	30	50	50
最优决策	$\min\limits_{1\leqslant i\leqslant 3, 1\leqslant j\leqslant 3}\{\max R_{ij}\}$			50

故方案 A_3 是最优决策方案，即应建 180 套。

（2）根据期望收益准则，对于每个方案 A_i（$i=1, 2, 3$），计算得到的期望收益如表 12－12 所示。

表 12－12　　期望收益

	S_1（繁荣）：0.2	S_2（一般）：0.5	S_3（萧条）：0.3	期望 $E(A_i)$
A_1（60 套）	30	30	30	30
A_2（120 套）	90	90	0	63
A_3（180 套）	150	60	－20	54
最优决策	$\max\limits_{1\leqslant i\leqslant 3}\{E(A_i)\}$			A_2

故方案 A_2 是最优决策方案，即应建 120 套。

(3) 在有利的情况下，根据全概率公式求得

$$P(X_1) = 0.8 \times 0.2 + 0.6 \times 0.5 + 0.1 \times 0.3 = 0.49$$

进一步利用逆概率公式求得各种状态发生的后验概率：

$$P(S_1 \mid X_1) = (0.8 \times 0.2)/0.49 = 0.3265;\ P(S_2 \mid X_1) = (0.6 \times 0.5)/0.49 = 0.6123;$$

$$P(S_3 \mid X_1) = (0.1 \times 0.3)/0.49 = 0.0612$$

利用后验概率计算最大期望收益值，对于每个方案 A_i（$i = 1, 2, 3$），有

$$E(A_1 \mid X_1) = 0.3265 \times 30 + 0.6123 \times 30 + 0.0612 \times 30 = 30$$

$$E(A_2 \mid X_1) = 0.3265 \times 90 + 0.6123 \times 90 + 0.0612 \times 0 = 84.492$$

$$E(A_3 \mid X_1) = 0.3265 \times 150 + 0.6123 \times 60 + 0.0612 \times (-20) = 84.489$$

故方案 A_2 的期望收益值最大。

在不利情况下，根据全概率公式求得：$P(X_2) = 0.2 \times 0.2 + 0.4 \times 0.5 + 0.9 \times 0.3 = 0.51$

进一步利用逆概率公式求得各种状态发生的后验概率：

$P(S_1 \mid X_2) = (0.2 \times 0.2)/0.51 = 0.0784$；$P(S_2 \mid X_2) = (0.4 \times 0.5)/0.51 = 0.3922$；$P(S_3 \mid X_2) = (0.9 \times 0.3)/0.51 = 0.5294$

利用后验概率计算最大期望收益值，对于每个方案 A_i（$i = 1, 2, 3$），有

$$E(A_1 \mid X_2) = 0.0784 \times 30 + 0.3922 \times 30 + 0.5294 \times 30 = 30$$

$$E(A_1 \mid X_2) = 0.0784 \times 90 + 0.3922 \times 90 + 0.5294 \times 0 = 42.354$$

$$E(A_3 \mid X_2) = 0.0784 \times 150 + 0.3922 \times 60 + 0.5294 \times (-20) = 24.704$$

故方案 A_2 的期望收益值最大。

所以，无论是处于有利还是不利的经济环境，都应选择第二个方案。

根据后验概率求得的最大期望收益为：$P(X_1)E(A_2 \mid X_1) + P(X_2)E(A_2 \mid X_2) = 63$。

前面已计算出先验最大期望收益值也为63，这个结果表明，委托咨询公司进行市场调查没有必要。

本章小结

决策是管理过程中经常发生的一种活动，在一切失误中，决策的失误是最大的失误。本章主要内容为：

决策问题的基本要素包括：策略集、状态集和损益函数。

按问题所处的条件和环境，决策可分为确定型决策、风险型决策和不确定决策。

最大可能准则把确定的自然状态看作必然事件，其发生的概率看作1，这一准则适用于自然状态发生的概率相差很大，而相应的损益值又差别不大的情况。

使用期望值准则进行风险型决策时，首先计算每个方案在各个自然状态下的期望损益值，然后根据决策目标，选择期望损益值最大（或最小）的方案为最优方案。决策树是应用期望值准则进行决策时的一个常用方法。

折中准则引入了乐观系数 α，显然，若 $\alpha = 1$，折中准则就变成乐观准则；若 $\alpha = 0$，则变成悲观准则。

后悔值是每种状态下最大损益值与此状态下其他损益值之差。在所有方案的最大后悔值中选最小者，此时对应的方案为最优策略。

利用效用函数进行决策，是用效用值代替损益值，根据效用值和相应的概率计算出期望效用值，最后进行决策。

习 题 12

一、判断题

1. 所谓主观概率基本上是对事件发生可能做出一种主观猜想和臆测，缺乏必要的科学依据。(　　)

2. 决策树比决策矩阵更适合于描绘序列决策过程。(　　)

3. 决策树中的机会节点引出的分枝反映可能的行动方案。(　　)

4. 与风险型决策相比较，不确定型决策中决策人员无法估计各自然状态出现的概率。(　　)

5. 决策稳定系数越大越好，稳定系数大的决策对由于信息不准确造成决策失误的风险具有更好的防范能力。(　　)

6. 对利润而言，乐观主义决策标准是最大最小决策标准。(　　)

7. 最小最大决策准则用来解决不确定条件下的决策问题。(　　)

8. 对于不确定性决策问题，采用 max min 准则、等可能准则等各种方法所得到的结果都相同。(　　)

9. 已知一个决策问题有三种环境因素，但不知其发生的概率，因此可用悲观主义原则决策。(　　)

10. 已知一个决策问题有三种环境因素，但不知其发生的概率，因此可用最大可能原则来决策。(　　)

二、选择题

1. 在决策分析中，期望值是指应用概率论中（　　）的数学期望值。

A. 离散随机变量　　B. 连续随机变量

C. 连续或离散随机变量　　D. 标准偏差变量

2. 决策分析指的是为了合理分析涉及（　　）的决策问题时提出的一整套概念和方法。

A. 资源有效利用　　B. 收入最多

C. 管理者的利益　　D. 不确定性

3. 在决策树中，从状态节点引出的分枝叫（　　）分枝。

A. 方案　　B. 状态

C. 概率　　D. 决策

4. 应用悲观法决策不确定型问题是根据（　　）原则进行的。

A. 最大—最大　　B. 最小—最大

C. 最大—最小　　D. 最小—最小

5. 风险条件下进行决策，应采用（　　）决策准则。

A. 乐观　　B. 期望值

C. 悲观　　D. 后悔值

6. 在不确定性决策中，（　　）不正确。

A. 有两个或两个以上可供选择的可行方案

B. 决策目标是使利润最大

C. 有两种或两种以上的自然状态，且各状态出现的概率未知

D. 可以预测或估计出不同的可行方案在各自然状态下的收益值或损失值

7. 对支付费用表而言，保守主义决策标准是（　　）决策准则。

A. 最大最小　　B. 最大最大

C. 最小最大　　D. 最小最小

8. 对利润表而言，乐观主义决策标准是（　　）决策标准。

A. 最大最小　　B. 最大最大

C. 最小最小　　D. 最小最大

9. 决策树法是一种（　　）条件下的决策方法。

A. 确定性　　B. 不确定性

C. 风险　　D. A，B，C 都不是

10. 应用决策树法进行决策，实际上它是（　　）。

A. 确定型决策

B. 不确定型决策

C. 与期望值的表格计算法一致

D. 与期望值的表格计算法是本质上不同的两种计算方法

三、简答题

1. 简述确定决策，风险型决策和不确定型决策之间的区别。

2. 简述一般决策问题的四个约束条件。

3. 简述风险型决策的三种选优原则。

4. 简述决策树求解一般步骤。

5. 简述折衷法的决策过程。

6. 简述决策工作的一般步骤。

四、计算题

1. 某人 2000 元的效用值为 10；500 元的效用值为 6；－100 元的效用值为 0。试找出概率 P 使得以下情况对他来说无差别：肯定得到 500 元或以概率 P 得到 2000 元和以概率（$1-P$）失去 100 元。

2. 某投资者面临一风险投资决策问题。该投资的最大收益为 1000 万元，最小收益为－100 万元，试用 $V-M$ 法确定该投资者的效用曲线。

3. 某地方书店希望订购最新出版的图书。根据以往经验，新书的销售量可能为 50，100，150 或 200 本。假定每本新书的订购价为 4 元，销售价为 6 元，剩书的处理价为每本 2 元。要求：(1) 建立损益矩阵；(2) 分别用悲观法、乐观法及等可能法决策该书店应订购的新书数字；(3) 建立后悔矩阵，并用后悔值法决定书店应订购的新书数。若书店据以往统计资料，新书销售量的规律见表 12－13。(4) 分别用期望值法和后悔值法决定订购数量；(5) 如某市场调查部门能帮助书店调查销售量的确切数字，该书店愿意付出多大的调查费用？

表 12－13　　习题 3 的数据资料

需求数	50	100	150	200
比例（%）	20	40	30	10

4. 某非确定型决策问题的决策矩阵如表 12－14 所示。

表 12－14　　决策矩阵

方案/事件	E_1	E_2	E_3	E_4
S_1	4	16	8	1

续表

方案/事件	E_1	E_2	E_3	E_4
S_2	4	5	12	14
S_3	15	19	14	13
S_4	2	17	8	17

（1）若乐观系数 $\alpha = 0.4$，矩阵中的数字是利润，请用非确定型决策的各种决策准则分别确定出相应的最优方案。

（2）若表12－14中的数字为成本，问对应于上述决策准则所选择的方案有何变化？

5. 在一台机器上加工制造一批零件共10000个，如加工完后逐个进行修整，则全部可以合格，但需修整费300元。如不进行修理数据以往资料统计，次品率情况见表12－15。

表12－15　　次品率情况

次品率（E）	0.02	0.04	0.06	0.08	0.10
概率 P（E）	0.20	0.40	0.25	0.10	0.05

一旦装配中发现次品时，需返工修理费为每个零件0.50。要求：

（1）用期望值决定这批零件要不要整修；（2）为了获得这批零件中次品率的正确资料，在刚加工完的一批10000件中随机抽取130个样品，发现其中有9件次品，试修正先验概率，并重新按期望值决定这批零件要不要整修。

6. 某工厂正在考虑是现在还是明年扩大生产规模问题。由于可能出现的市场需求情况不一样，预期利润也不同。已知市场需求方高（E_1）、中（E_2）、低（E_3）的概率及不同方案时的预期利润，如表12－16所示。

表12－16　　预期利润　　单位：万元

方案/概率/事件	E_1：0.2	E_2：0.5	E_3：0.3
现在扩大	10	8	－1
明年扩大	8	6	1

对该厂来说损失1万元效用值为0，获利10万元效用值为100，对以下事件效用值无差别：①肯定得8万元或0.9概率得10万元和0.1概率失去1万元；②肯定得6万元或0.8概率得10万元和0.2概率失去1万元；③肯定得1万元或0.25概率得10万元和0.75概率失去1万元。

要求：（1）建立效用值表；（2）分别根据实际盈利额和效用值按期望值法确定最优决策。

7. 某投资商有一笔投资，如投资于A项目，一年后能肯定得到一笔收益 C；如投资于B项目，一年后或以概率 P 得到收益 C_1，或以概率（$1-P$）得到收益 C_2，已知 $C_1 < C < C_2$。试依据 EMV 原则讨论 P 为何值时，投资商将分别投资于A，B，或两者收益相等。

8. A和B两家厂商生产同一种日用品。B估计A厂商对该日用品定价为6，8，10元的概率分别为0.25，0.50和0.25。若A的定价为 P_1，则B预测自己定价为 P_2 时它下一月度的销售额为 $1000+250(P_2-P_1)$ 元。B生产该日用品的每件成本为4元，试帮助其决策当将每件日用品分别定价为6，7，8，9元时的各自期望收益值，按 EMV 准则选哪种定价为最优。

五、案例分析

1. 比尔是斯隆管理学院的 MBA 学生，正在寻找夏季的工作，他面临各种可能的机会：

（1）从他以前的老板约翰处获得工作：工作 12 周薪金为 12000 美元，但他必须在 10 月底之前决定是否接受；

（2）飞机上认识的经理温尼萨可能提供工作：工作 12 周薪为 14000 美元，但只有 60% 的可能性，要在 11 月中旬前确定是否接受；

（3）选择参加明年 1 月学院举办的招聘会，根据历年的统计，MBA 学生获得工作的薪金概率分布如下：21600 美元（5%），16800 美元（25%），12000 美元（40%），6000 美元（25%），0 美元（5%）。

比尔应如何进行决策？

2. 某工业企业为了适应市场的需要，准备开发生产一种新产品，这就要求企业对原有设备和生产线进行重大技术改造，技术改造的方案经过讨论研究有如下三种：

方案 A：引进一条自动化程度很高的流水线。其特点是操作工人少，生产效率高，产品质量有保证，但投资大。若产品销路好，则获利大；若销路不好，则亏损也大，因此投资的风险较大。

方案 B：购买成套设备组成机械化程度较高的流水线。其特点是生产效率较高，产品质量有保证，投资比引进自动线的购买金额低。因此，当产品销路好时能够获得较大收益，销路不好时会发生亏损。

方案 C：利用企业原有设备进行革新改造，再适当添置一些小型设备组成生产线。这个方案投资较少，但生产能力受到限制，生产效率较低，产品质量一般有保证，不论市场如何变化均能获利，但获利不多，风险较小。

企业有关部门对上述三种方案的设备使用年限做了估计，估计均可使用 10 年。

企业对该新产品上市后的销路进行了市场调查和分析，认为有可能出现如下三种状态，并根据有关资料预测了三种状态出现的概率：

N_1：未来市场需求大，销路好，出现的概率为 0.3；

N_2：未来市场需求中等，销路一般，出现的概率为 0.4；

N_3：未来市场需求小，销路较差，出现的概率为 0.3。

企业有关部门对市场销路可能出现这三种状态的每年收益情况也做了估算，具体数据如表 12－17 所示。

表 12－17　　　　收益情况

方案/收益值/概率/状态	销路好 N_1：0.3	销路一般 N_2：0.4	销路差 N_3：0.3
方案 A	50	20	－20
方案 B	30	25	－10
方案 C	10	10	10

企业在上述分析的基础上，为了慎重起见，又考虑投资 5 万元组建一个小批量试生产的基地，以进一步摸清未来市场对新产品的需求情况。小批量试生产新产品后，当前市场销路也有好、一般和较差三种状态，即：

Z_1：当前市场需求大，销路好，出现的概率为 0.32；

Z_2：当前市场需求中等，销路一般，出现的概率为 0.35；

Z_3：当前市场需求小，销路较差，出现的概率为 0.33。

根据当前市场销路情况，可以进一步推断未来的市场销路情况，其概率值如表 12－18 所示。

表 12 - 18　　市场销路情况

	N_1	N_2	N_3
Z_1	0.5625	0.25	0.1875
Z_2	0.2572	0.5714	0.1714
Z_3	0.0909	0.3636	0.5455

根据上述情况，企业面临的决策问题是：是否需要组建一个小批量试生产的基地？采用哪一个设备投资方案更妥当？

附录　上机实验指导

实验一　线性规划

一、实验目的

熟悉 WinQSB 软件 LP－ILP 子系统界面内容，掌握操作命令。用 WinQSB 软件求解线性规划问题。

二、实验平台和环境

Windows9X/ME/NT/2000/XP 平台下，WinQSB V2.0 版本已经安装在 D：\ WinQSB 中。

三、实验内容和要求

安装并启动 WinQSB 软件，熟悉软件界面内容，掌握操作命令。建立线性规划新问题，使用 WinQSB 软件输入模型，求解模型，对问题的结果进行一定的分析。

四、实验操作步骤

1. 熟悉 WinQSB 软件 LP－ILP 子菜单内容及其功能，掌握操作命令。

2. 求解线性规划。启动程序，点击 WinQSB→Linear and Integer Programming。输入模型，点击菜单栏 Solve and Analyze 或点击工具栏中的图标用单纯形法求解。

五、分析讨论题

参考上述实验过程，分别用图解法或单纯形法求解下列线性规划问题。

(1) $\max Z = x_1 + 3x_2$

$$s.t.\begin{cases}5x_1 + 10x_2 \leqslant 50\\ x_1 + x_2 \geqslant 1\\ x_2 \leqslant 4\\ x_1, x_2 \geqslant 0\end{cases}$$

(2) $\min Z = -3x_1 + 4x_2 - 2x_3 + 5x_4$

$$s.t.\begin{cases}4x_1 - x_2 + 2x_3 - x_4 = -2\\ x_1 + x_2 + 3x_3 - x_4 \leqslant 14\\ -2x_1 + 3x_2 - x_3 + 2x_4 \geqslant 2\\ x_1, x_2, x_3 \geqslant 0, x_4 \text{ 无约束}\end{cases}$$

(3) $\max Z = 2x_1 + 4x_2$

$$s.t.\begin{cases}4x_1 \leqslant 16 \\ 4x_2 \leqslant 12 \\ x_1 + 2x_2 \leqslant 8 \\ x_1, x_2 \geqslant 0\end{cases}$$

(4) $\min Z = \sum_{j=1}^{6} x_j$

$$s.t.\begin{cases}x_1 + x_6 \geqslant 60 \\ x_1 + x_2 \geqslant 70 \\ x_2 + x_3 \geqslant 60 \\ x_3 + x_4 \geqslant 50 \\ x_4 + x_5 \geqslant 20 \\ x_5 + x_6 \geqslant 30 \\ x_j \geqslant 0, j = 1,2,\cdots,6\end{cases}$$

说明：实验报告要求按正规的报告纸书写，基本内容应包括三个部分：实验目的、实验内容和实验结果。对结果根据线性规划的有关理论和方法作适当分析说明，最后写一些对本次实验的若干体会，比如对某个概念的理解，或对某个定理的理解等。

讨论题：

（1）观察第 1 题与第 3 题的求解结果，说明两者有什么不同？

（2）第 2 题中 x_4是什么变量？如何设置？

（3）如何知道一个线性规划问题是否有无穷多最优解？知道了，如何表示这些解？

六、LP 常用术语词汇及其含义（表 1－1）

表 1－1

常用术语	含义
Alternative solution exists	存在替代解，有多重解
Basic and nonbasic variable	基变量和非基变量
Basis	基
Basis status	基变量状态，提示是否为基变量
$C_j - Z_j$	检验数
Combined report	组合报告
Constraint summary	约束条件摘要
Constraint	约束条件
Constraint direction	约束方向
Constraint status	约束状态
Decision variable	决策变量
Dual problem	对偶问题
Entering variable	入基（进基）变量
Feasible area	可行域

续表

常用术语	含义
Feasible solution	可行解
Infeasible	不可行
Infeasibility analysis	不可行性分析
Leaving variable	出基变量
Left - hand side	左端
Lower or upper bound	下界或上界
Minimum and maximum allowable C_j	最优解不变时，价值系数允许变化范围
Minimum and maximum allowable RHS	最优基不变时，资源限量允许变化范围
Objective function	目标函数
Optimal solution	最优解
Parametric analysis	参数分析
Range and slope of parametric analysis	参数分析的区间和斜率
Reduced cost	约简成本（价值），检验数，即当非基变量增加一个单位时目标函数的改变量
Range of feasibility	可行区间
Range of optimality	最优区间
Relaxed optimum	松弛最优
Relaxed problem	松弛问题
Right - hand side	右端常数
Sensitivity analysis of OBJ coefficients	目标函数系数的灵敏度分析
Sensitivity analysis of Right - hand side	右端常数的灵敏度分析
Shadow price	影子价格
Simplex method	单纯形法
Slack，surplus or artificial variable	松弛变量、剩余变量或人工变量
Solution summary	最优解摘要
Subtract（Add）more than this from A（i，j）	减少（增加）约束系数，调整工艺系数
Total contribution	总体贡献，目标函数 $c_j x_j$ 的值
Unbounded	无界
Unbounded solution	无界解
Unboundedness Analysis	无界性分析
Upper Bound	上界
Variable Type	变量类型

实验二 整数规划

一、实验目的

熟悉 WinQSB 软件 LP－ILP 子系统界面内容，掌握操作命令。用 WinQSB 软件求解整数规划问题（分支定界法）。

二、实验平台和环境

WindowsXP 平台下，WinQSB V2.0 版本已经安装在 D：\ WinQSB 中。

三、实验内容和要求

建立整数规划新问题，使用 WinQSB 软件输入模型，求解模型，并对问题的结果进行简单分析。

四、实验操作步骤

（一）求解整数规划

（1）启动程序：点击开始 → 程序 → WinQSB → Linear and Integer Programming。

（2）输入模型：给出模型名称、决策变量个数、约束方程数、模型类型及整数变量类型。

（3）求解分析：点击菜单栏 Solve and Analyze → Solve and Display Steps 或点击工具栏中的图标用分枝定界法求解，观察一下软件用分枝定界法求解 IP 的迭代步骤。

（二）求解指派问题

（1）启动程序：点击开始 → 程序 → WinQSB → Network Modeling → Assingnment Problem.

（2）输入模型：给出模型名称，人员数，工作数及追求目标。

（3）求解分析：点击菜单栏 Solve and Analyze。

注：1）修改人员和工作的名称：菜单栏，Edit→node name

2）多重最优解：菜单栏，Results→obtain Alternate optinal

五、分析讨论题

1．求以下整数规划问题的最优解

（1）$\max Z = 40x_1 + 90x_2$

$$s.t.\begin{cases}9x_1 + 7x_2 \leqslant 56 \\ 7x_1 + 20x_2 \leqslant 70 \\ x_1, x_2 \geqslant 0 \text{ 且取整数}\end{cases}$$

（2）$\max Z = x_1 + x_2$

$$s.t.\begin{cases}2x_1 + x_2 \leqslant 6 \\ 4x_1 + 5x_2 \geqslant 20 \\ x_1, x_2 \geqslant 0 \text{ 且为整数}\end{cases}$$

思考题：通过 1、2 题的计算结果，对比一下，说明整数规划与一般线性规划的不同。

2．求以下 0，1 规划问题的最优解

$$\max Z = 3x_1 - 2x_2 + 5x_3$$

$$s.t.\begin{cases} x_1 + 2x_2 - x_3 \leqslant 2 \\ x_1 + 4x_2 + x_3 \leqslant 4 \\ x_1 + x_2 \leqslant 3 \\ 4x_2 + x_3 \leqslant 6 \\ x_1, x_2, x_3 = 0 \text{ 或 } 1 \end{cases}$$

3. 某校组织 4 人篮球队，要从 6 个人名单中选择总身高最高的首发阵容。队员名单如表 2 - 1 所示。

表 2 - 1

队员号码	身高	位置
1	1. 90	中锋
2	1. 89	中锋
3	1. 86	前锋
4	1. 86	前锋
5	1. 84	后卫
6	1. 79	后卫

出场阵容必须满足下列约束条件：

(1) 至少有一个后卫；

(2) 2 号与 5 号队员中必须保留一个不出场；

(3) 中锋只能出一个；

(4) 如果 2 号与 4 号两个人都出场，则 6 号不能出场。

要求：(1) 写出这个问题的整数规划模型；(2) 用 WinQSB 软件求出最优阵容。

思考题：对于约束 4，如何构造判断表达式？

4. 有 4 个工人，要指派他们分别完成 4 项工作。每人做各项工作所消耗的时间（h）如表 2 - 2 所示，问如何分派工作，使总的消耗时间最少？

表 2 - 2

工人/消耗/工作	A	B	C	D
甲	3	3	5	3
乙	3	2	5	2
丙	1	5	1	6
丁	4	6	4	10

思考题：此题是否存在无穷多整数最优解？为什么？

六、说明

1. 第一大题是纯整数规划问题，第二、第三题是 0—1 规划问题，第四大题是指派问题。

2. 第三大题要先建立模型，然后再进行求解，并对运行结果进行分析说明。

3. 实验报告：实验题目、实验目的、实验内容、操作方法、求解结果、多重最优解、本次实验总结。

实验三　图与网络分析

一、实验目的

掌握不同问题的输入方法，求解网络模型：最小树、最短路、最大流问题，观察求解步骤，显示并读出结果。

二、实验平台和环境

WindowsXP 平台下，WinQSB V2.0 版本已经安装在 D：\ WinQSB 中。

三、实验内容和要求

用 WinQSB 软件求解最小支撑树，最短路及网络最大流等问题。

四、实验操作步骤

1. 启动程序：点击开始→程序→WinQSB→Network Modeling。

2. 求最小支撑树：选 Minimal spanning tree，输入节点数，沿编号从小到大依次输入各树枝的长。

3. 求最短路：选 Shortest path，输入节点数，沿箭头方向输入各段弧上的数据。

4. 求最大流：选 Maximal flow，输入节点数，输入各段弧的容量（c_{ij}，f_{ij}）：（容量，流量）。

五、分析讨论题

（一）应用求最小树子程序，求解图 3－1、图 3－2 所示问题的最小树。

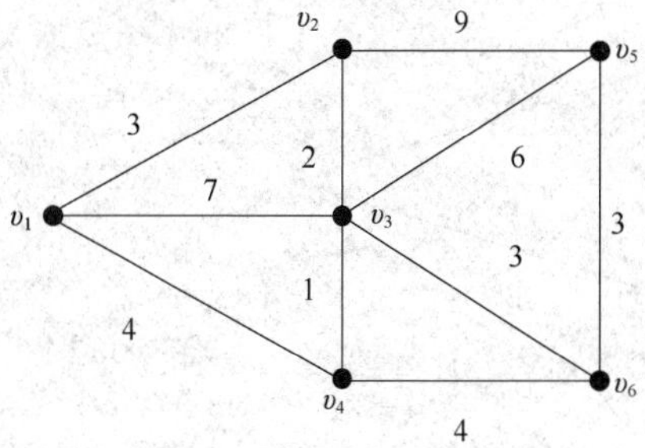

图 3－1　最小树问题网络图

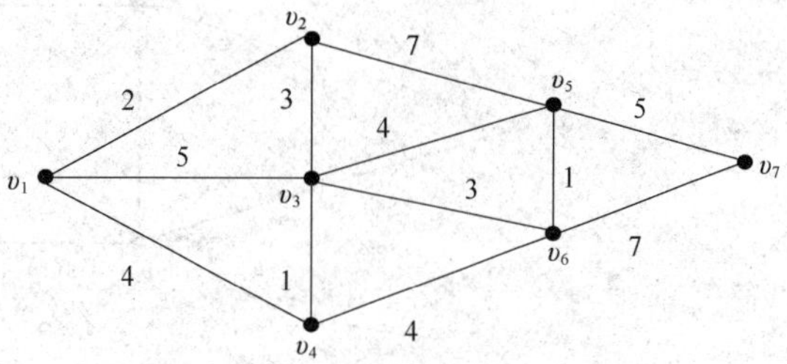

图 3－2　最小树问题网络图

思考题：最小树能解决哪些管理问题？

（二）应用求最短路子程序，求解下述问题从 v_1 到各点的最短路。

1. 求图 3－3 所示网络中 $v_1 \sim v_7$ 的最短路线及最短路长。

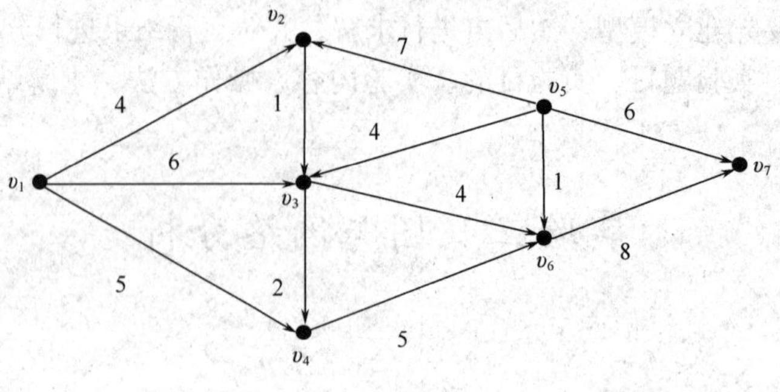

图 3－3

思考题：能否用观察法找网络上的最短路？

2. 求图 3－4 所示网络中 $v_1 \sim v_{12}$ 的最短路线及最短路长。

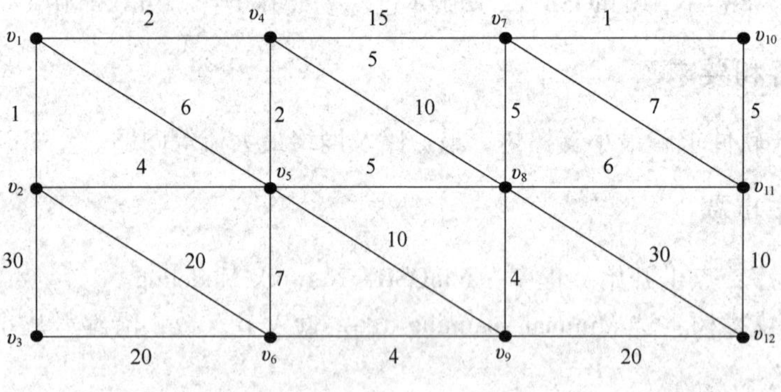

图 3－4　最短路问题网络图

思考题：最短路求解的原理是什么？

（三）应用求最大流的子程序，求解下述问题从 v_s 到 v_t 的网络最大流，图中弧旁数字为容量 c_{ij}。

1. 求图 3－5 所示网络的最大流。

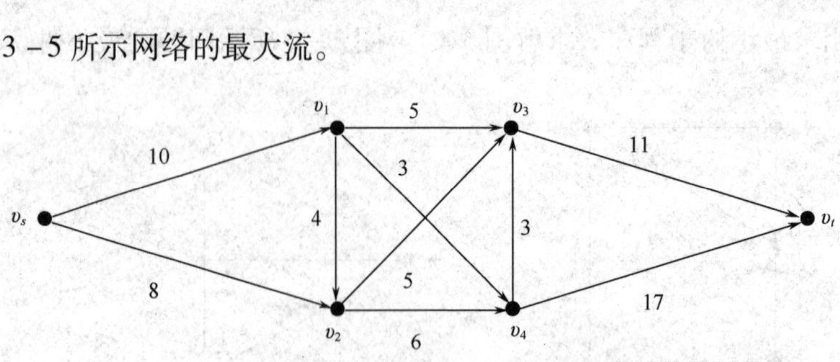

图 3－5　最大流问题网络图

思考题：如何判断此网络的流量已达到最大？是多少？

2. 求图 3－6 所示网络的最大流。

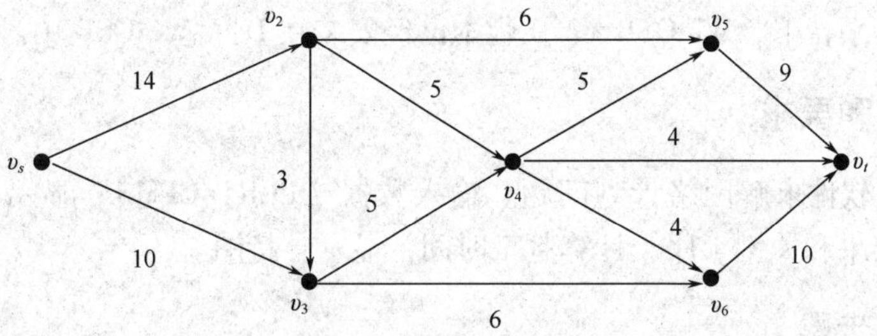

图 3－6　最大流问题网络图

思考题：如果要对此网络进行改造（即扩容），应该选择哪些弧，为什么？

六、图论模型常用术语词汇及其含义（表 3－1）

表 3－1

常用术语	含义
Network modeling	网络模型
Node	节点
Distance	距离
Arc	弧
Branch	边
Flow capacity	流量
Net flow	网络流量
Connect node	连接节点
Shortest path	最短路
Maximal flow	最大流
Minimalspanning tree	最小支撑树
Parametric analysis	参数分析
Arc coefficients	权数

实验四　网络计划

一、实验目的

掌握 WinQSB 软件绘制计划网络图，计算时间参数，求关键路线，对 PERT 项目估计在规定时间内完工的可能性。

二、实验平台和环境

WindowsXP 平台下，WinQSB V2.0 版本已经安装在 D:\ WinQSB 中。

三、实验内容和要求

用 WinQSB 软件求解网络计划问题。输入数据（PERT/CPM），显示网络图，计算时间参数，显示结果和关键工序，计算赶工时间，显示甘特图。

四、实验操作步骤

启动程序。点击开始 → 程序 → WinQSB → PERT_ CPM。（课堂演示）

五、分析讨论题

参考上述实验过程，编制下述项目的网络计划图，计算有关参数并指出关键工序。

1. 某工程项目明细如表 4 – 1 所示。

表 4 – 1

工序	紧前工序	工序时间/d	工序	紧前工序	工序时间/d
A	G	3	G	B，C	2
B	H	4	H	/	5
C	/	7	I	A，K	2
D	K	3	J	F，I	1
E	C	5	K	B，C	7
F	A，E	5	L	C	3

思考题：这是一个什么类型的网络？为什么？

2. 某工程项目明细如表 4 – 2 所示。

表 4 – 2

工序	紧前工序	工序时间/d	工序	紧前工序	工序时间/d
A	/	60	J	D，G	10
B	A	14	K	H	25
C	A	20	L	J，K	10
D	A	30	M	J，K	5
E	A	21	N	I，L	15
F	A	10	O	N	2
G	B，C	7	P	M	7
H	E，F	12	Q	O，P	5
I	F	60			

思考题：此题中如果要对工期进行压缩，可先考虑哪些活动，为什么？

3. 已知某项目的工作逻辑关系以及完成时间如表 4-3 所示。试采用 PERT 方法确定关键路径和关键工作，并估计项目在 35 周内完成的可能性。

表 4-3　　某项目的工序列表

工序代号	紧前工序	工序持续时间		
		最乐观完成时间	最可能完成时间	最悲观完成时间
A	—	1	3	4
B	—	5	7	8
C	—	6	7	9
D	—	1	2	3
E	A	3	4	5
F	B，E	10	15	20
G	A	7	8	9
H	B，E	12	13	14
I	C，F	10	12	15
J	C，F	8	10	12
K	D，L	5	6	7
L	G，H	7	8	11
M	G，H	2	4	8

思考题：第 3 题所描述的问题与第 1、2 题的问题有什么不同？

六、网络计划常用术语词汇及其含义（表 4-4）

表 4-4

常用术语	含义	常用术语	含义
Activity	工序	Critical path	关键路线
Activity name	工序名称	Total cost	总费用
Start node	最初节点	Optimistic time	乐观时间
End node	最终节点	Most likely time	最可能时间
CPM analysis	CPM 分析	Pessimistic time	悲观时间
Activity time	工序的工时	Slack LS - ES	总时差
Earliest start	最早开工时间	Variations	方差
Earliest finish	最早完工时间	Desired completion time	总工时期望值
Latest start	最迟开工时间	Probability analysis	不确定性分析
Latest finish	最迟完工时间	3 - Time estimate	三时估计法
Completion time	总工时	Immediate predecessor	紧前工序

互联网站及参考书目

互联网资料

[1] 西安交通大学:《运筹学》精品课程: http: //or. xjtu. edu. cn

[2] 天津大学:《运筹学》精品课程(国家): http: //www. icourses. cn/coursestatic/course_ 2241. html

[3] 深圳大学:《运筹学》精品课程: http: //jingpin. szu. edu. cn/yunchouxue/

[4] 中国石油大学(北京)公开课: 事理求精运筹学: http: //open. 163. com/special/cuvocw/yunchouxue. html

[5] 天津大学公开课: 智慧运筹: http: //open. 163. com/special/cuvocw/zhihuiyunchou. html

[6] 中国大学 MOOC: http: //www. icourse163. org/search. htm? search = 管理运筹学#/search

[7] 南京航空航天大学:《运筹学》精品课程: http: //gc. nuaa. edu. cn/dlff/or/

[8] 大连理工大学:《运筹学》精品课程: http: //ycx. dlut. edu. cn/

[9] 同济大学公开课: 生活中的博弈论: http: //open. 163. com/special/cuvocw/shenghuoboyilun. html

参考书目

[1] 钱颂迪. 运筹学(第4版)[M]. 北京: 清华大学出版社, 2013.

[2] 熊伟. 运筹学(第3版)[M]. 北京: 机械工业出版社, 2014.

[3] 徐渝, 李鹏翔, 郑斐峰. 运筹学 [M]. 北京: 中国人民大学出版社, 2013.

[4] 熊义杰, 曹龙. 运筹学教程 [M]. 北京: 机械工业出版社, 2015.

[5] 李峰, 庄东. 运筹学 [M]. 北京: 机械工业出版社, 2014.

[6] 陈士成. 运筹学 [M]. 兰州: 兰州大学出版社, 2009.

[7] 徐辉, 张延飞. 管理运筹学 [M]. 上海: 同济大学出版社, 2011.

[8] 刘文华. 管理运筹学 [M]. 天津: 天津大学出版社, 2010.

[9] 李珍萍, 等. 管理运筹学 [M]. 北京: 中国人民大学出版社, 2011.

[10] 张延飞, 颜七笙, 丁木华. 管理运筹学 [M]. 上海: 同济大学出版社, 2013.

[11] 徐选华. 管理运筹学 [M]. 武汉: 武汉理工大学出版社, 2010.

[12] 于丽英, 等. 管理运筹学教程 [M]. 上海: 同济大学出版社, 2012.

[13] 秦侠. 卫生管理运筹学(第2版)[M]. 北京: 人民卫生出版社, 2013.

[14] 韩伯棠. 管理运筹学(第三版)[M]. 北京: 高等教育出版社, 2010.

[15] 张晓东. 管理运筹学 [M]. 北京: 化学工业出版社, 2011.

[16] 刘满风. 数据、模型与决策案例集 [M]. 北京: 清华大学出版社, 2010.

[17] 李荣钧. 运筹学导论 [M]. 北京: 科学出版社, 2013.

[18] 龙子泉. 管理运筹学 [M]. 北京: 清华大学出版社, 2014.

[19] 宁宣熙．管理运筹学教程（第三版）[M]．北京：科学出版社，2015.

[20] 陈华友．运筹学 [M]．北京：人民邮电出版社，2015.

[21] 云俊，等．运筹学：原理及应用 [M]．北京：北京大学出版社，2012.

[22] 韩大卫．管理运筹学（第五版）[M]．大连：大连理工大学出版社，2006.

[23] 刘蓉，熊海欧．运筹学 [M]．北京：北京理工大学出版社，2015.

[24]（美）弗雷德里克·S. 希利尔．运筹学导论（第9版）．胡运权等译 [M]．北京：清华大学出版社，2006.

[25]（美）Wayne L. Winston. 运筹学：概率模型应用范例与解法（第4版）．杨振凯等译 [M]．北京：清华大学出版社，2006.